Betzler (Hrsg.) · Autonomie der Person

map ▷ mentis anthologien philosophie

Herausgegeben von
Thomas Spitzley und Ralf Stoecker

In der Reihe **map – mentis anthologien philosophie** *erscheinen in regelmäßigen Abständen Studienbücher zu systematischen philosophischen Themen. Getreu der mit dem Reihentitel* **map** *verknüpften Landkartenassoziation enthält jeder Band eine für das jeweilige Thema repräsentative Auswahl von (gegebenenfalls übersetzten) Texten. Um die Benutzung von Sekundärliteratur zu erleichtern, sind alle Übersetzungen um die Originalpaginierungen ergänzt. Außerdem umfasst jeder Band eine ausführliche Einleitung sowohl in das Thema als auch in die ausgewählten Texte, eine Auswahlbibliographie, sowie ein Sach- und ein Personenregister. Aufgrund ihres Aufbaus, Umfangs und Preises können die Bände gut als Textgrundlage für Anfänger- oder Fortgeschrittenenseminare dienen oder auch zur eigenständigen Einarbeitung in das Thema verwendet werden.*

Zuletzt erschienen:

Ralf Stoecker (Hrsg.): Handlungen und Handlungsgründe
    ISBN 978-3-89785-401-7

Mark Textor (Hrsg.): Neue Theorien der Referenz
    ISBN 978-3-89785-402-4

Weyma Lübbe (Hrsg.): Tödliche Entscheidung. Allokation von Leben und Tod in Zwangslagen
    ISBN 978-3-89785-405-5

Michael Hampe (Hrsg.): Naturgesetze
    ISBN 978-3-89785-410-9

Sven Walter (Hrsg.): Vagheit
    ISBN 978-3-89785-411-6

Markus Stepanians (Hrsg.): Individuelle Rechte
    ISBN 978-3-89785-406-2

Albert Newen, Joachim Horvath (Hrsg.): Apriorität und Analytizität
    ISBN 978-3-89785-412-3

Thomas Spitzley (Hrsg.): Willensschwäche (2., erw. Auflage 2013)
    ISBN 978-3-89785-414-7

Monika Betzler (Hrsg.)

Autonomie der Person

mentis
MÜNSTER

Bibliografische Information der Deutschen Nationalbibliothek

Die Deutsche Nationalbibliothek verzeichnet diese
Publikation in der Deutschen Nationalbibliografie;
detaillierte bibliografische Daten sind im Internet über
http://dnb.dnb.de abrufbar.

Gedruckt auf umweltfreundlichem, chlorfrei gebleichtem
und alterungsbeständigem Papier ⊗ ISO 9706

© 2013 mentis Verlag GmbH
Eisenbahnstraße 11, 48143 Münster, Germany
www.mentis.de

Alle Rechte vorbehalten. Dieses Werk sowie einzelne Teile desselben sind urheberrechtlich
geschützt. Jede Verwertung in anderen als den gesetzlich zulässigen Fällen ist ohne vorherige
Zustimmung des Verlages nicht zulässig.

Printed in Germany
Einbandgestaltung: Anne Nitsche, Dülmen (www.junit-netzwerk.de)
Druck: AZ Druck und Datentechnik GmbH, Kempten
ISBN 978-3-89785-415-4

Inhalt

Monika Betzler
Einleitung: Begriff, Konzeptionen und Kontexte der Autonomie — 7

Harry G. Frankfurt
Willensfreiheit und der Begriff der Person — 37

Gary Watson
Freies Handeln — 52

Harry G. Frankfurt
Die schwächste Leidenschaft — 67

Michael E. Bratman
Drei Theorien der Selbstbestimmung — 81

John Christman
Autonomie und die Vorgeschichte einer Person — 109

Paul Benson
Handlungsfreiheit und Selbstwert — 131

Diana Tietjens Meyers
Personale Autonomie ohne Transzendenz — 149

Bernard Berofsky
Die Befreiungstheorie der Autonomie: Objektivität — 171

Marina A. L. Oshana
Personale Autonomie und das soziale Umfeld — 196

Christian Seidel
Kommentierte Auswahlbibliographie — 221

Quellenangaben — 227

Personenregister — 229

Sachregister — 232

Monika Betzler

Einleitung: Begriff, Konzeptionen und Kontexte der Autonomie

1 Wozu Autonomie?

Die Idee der personalen Autonomie[1] treibt viele um, obwohl der Begriff meist nur im Fachjargon gebraucht wird. „Werde, der Du bist", „Sei Du selbst", „Steh zu dem, was Du tust", „Nimm Dein Leben selbst in die Hand", „Misch Dich nicht in ihre Angelegenheiten ein", „Lass ihn selbst entscheiden" sind Slogans, die mehr oder weniger deutlich Intuitionen ausdrücken, die unserem Verständnis von Autonomie zugrunde liegen. Dazu gehören u. a. die Vorstellung von Selbstkontrolle, von Unabhängigkeit, von der eigenen Autorität und des eigenen Willens, sowie die Idee, eine mündige, selbstständige und authentische Person zu sein.

Mit dem in seinem Wortursprung griechischen Terminus, der im Deutschen meist mit recht akademischen Begriffen wie „Selbstbestimmung", „Selbstgesetzgebung" oder „Eigengesetzlichkeit" wiedergegeben wird, verbinden viele von uns einen zentralen Wert, den es zu befördern und zu erreichen, zu bewahren und zu respektieren gilt. Umgekehrt scheint es ein beklagenswerter Verlust, wenn Autonomie fehlt oder beeinträchtigt ist, der häufig auf Unterdrückung, Entmündigung oder psychische Krankheit deutet. Selbst wenn Autonomie von einer bestimmten Person nicht angestrebt wird, so scheint es sich doch um eine Fähigkeit zu handeln, die zu aktualisieren als Leistung betrachtet wird und die es zu schützen gilt. Eine autonome Person wird aufgrund ihrer Autonomie anders behandelt als eine nicht-autonome Person. Autonomie ist eine notwendige Voraussetzung dafür, unser eigenes Leben zu führen, und umgekehrt bewahrt sie uns vor Einmischung und Paternalismus.

Doch warum genau ist Autonomie wertvoll? Zum einen kommt Autonomie ein intrinsischer Wert zu. Dass eine autonome Person ihre Wünsche und Ziele als die „ihren" betrachten, sich somit selbst definieren und auf dieser Basis mit einem „eigenen Willen" entscheiden kann, wird als ein Wert betrachtet, der keiner weiteren Begründung zu bedürfen scheint.[2] Wirklich hinter dem stehen zu können, was man tut, und dies selbst

---

[1] Autonomie kann neben Personen auch anderen Entitäten zugeschrieben werden. Vgl. Fußnote 7. Im Rahmen des vorliegenden Bandes sowie in dieser Einleitung geht es ausschließlich um die Autonomie von Personen.
[2] Siehe etwa G. Dworkin (1988): *The Theory and Practice of Autonomy*. Cambridge: Cambridge University Press, 26.

erreicht zu haben, scheint um seiner selbst willen wertvoll zu sein. Man könnte diese metaphorische Redeweise auch so interpretieren, dass „Autorschaft" und „Eignerschaft" - d. h. Handelnder auf Basis der wirklich eigenen Ziele und Motive zu sein - eine wertvolle Errungenschaft darstellt, die die Frage, warum dies so sei, nicht mehr aufkommen lässt.

Zum andern steht Autonomie in einem konstitutiven Zusammenhang zu anderen Werten. So glauben manche, dass Autonomie das Leben einer Person sinnvoll macht und ihr Wohlergehen verbessert.[3] Man kann sich etwa vorstellen, dass Autonomie erlaubt, uns unser Tun selbst zuzuschreiben und uns als selbstwirksam zu erleben. Wer nach seinem eigenen Willen handelt, erfährt sich u. a. als selbstbestimmt, eigenständig und in innerer Harmonie. Und dies scheint Menschen glücklich und ihr Leben gelungen zu machen.

Autonomie verleiht Personen aber auch erst einen moralischen Status. Ihnen kommen deshalb Rechte und der spezifische Wert der Würde zu.[4] Autonomie gilt daher als wertvoll, weil sie Personen Würde verleiht und dem Recht auf Achtung und Respekt unterliegt. Denn was ein Wesen zu einer Person macht, ist nach einer berühmten Auffassung, die auf Kant und Rousseau zurück geht, ihre Fähigkeit zur Autonomie. Diese Fähigkeit ist es wiederum, die den Anspruch legitimiert, Personen niemals nur als Mittel zu gebrauchen, sondern in ihrer Würde zu achten. Zugleich wird Autonomie von vielen als wesentliche Voraussetzung für die Zuschreibung moralischer Verantwortung betrachtet.[5] Hinter dieser Auffassung steht die Vorstellung, dass man nur dann voll und ganz für sein Tun einstehen kann, wenn man autonom ist. Der Wert der Autonomie besteht folglich auch darin, dass sie dazu beiträgt, einerseits die Ansprüche anderer zu begründen - sie können mich zur Verantwortung ziehen - und andererseits den Bereich, der in der Verantwortung einer Person liegt, vor den Ansprüchen anderer zu schützen - ich kann mich gegen ihre Einmischung wehren. Kurz: Autonomie gilt als konstitutiv wertvoll, weil sie einerseits Bestandteil eines guten und sinnvollen Lebens ist. Andererseits verleiht Autonomie einer Person Würde und moralische Verantwortung.

Vor diesem Hintergrund ist es das Ziel der vorliegenden Einleitung, in einem ersten Schritt den Begriff der Autonomie zu präzisieren. Im Anschluss werden verschiedene Konzeptionen der Autonomie unterschieden und innerhalb der Debatte um eine angemessene Theorie der Autonomie verortet. Abschließend zeige ich kursorisch, in welch unterschiedlichen normativen Kontexten - wie etwa in der angewandten Ethik und der politischen Philosophie - Autonomie eine zentrale rechtfertigende Rolle mit zum Teil recht unterschiedlicher Bedeutung zukommt. Vor diesem Hintergrund verweise ich auf

---

[3] Vgl. W. Sumner (1996): *Welfare, Happiness, and Ethics*. New York: Oxford University Press. Siehe auch J. Griffin (1986): *Well-Being: Its Meaning, Measurement, and Moral Importance*. Oxford: Oxford University Press.

[4] T. May (1994): The Concept of Autonomy, in: *American Philosophical Quarterly* 31, 133, hält Autonomie für „fast synonym" mit Würde.

[5] Siehe J.M. Fischer und M. Ravizza (1998): *Responsibility and Control. A Theory of Moral Responsibility*. New York: Oxford University Press. N. Arpaly (2005): Responsibility, Applied Ethics and Complex Autonomy Theories, in: J. S. Taylor (Hg.): *Personal Autonomy. New Essays on Personal Autonomy and its Role in Contemporary Moral Philosophy*. Cambridge: Cambridge University Press, 162–180, bestreitet, dass die Klasse autonomer Handlungen mit der Klasse von Handlungen, für die eine Person moralisch verantwortlich ist, identisch ist.

einige Lücken und Schwierigkeiten, mit denen eine angemessene Konzeption der Autonomie zu kämpfen hat und die immer noch einer Lösung harren.

2 Der Begriff der Autonomie

Der Begriff der Autonomie ist schillernd und facettenreich. Manche halten ihn sogar für „überstrapaziert"[6]. Bei näherer Betrachtung liegen ihm sehr verschiedene Intuitionen zugrunde, die in unterschiedlichen Kontexten eine Rolle spielen. Autonomie kann zwar verschiedenen Entitäten zugeschrieben werden.[7] Im Folgenden soll es jedoch ausschließlich um die Autonomie von Personen, und davon abgeleitet, um die Autonomie ihres Charakters, ihrer Einstellungen, Entscheidungen, Handlungen sowie ihres Lebens gehen.[8] Zunächst soll genauer gezeigt werden, worin die normative Relevanz dieses Begriffs besteht und welche Sinne und Verwendungsweisen von Autonomie unterschieden werden können.

Die verschiedenen eingangs skizzierten Weisen, in denen Autonomie als wertvoll betrachtet werden kann, verleihen ihr eine jeweils unterschiedliche normative Relevanz. Diese besteht darin, dass sowohl eine autonome Person mit sich selbst als auch andere mit ihr in einer anderen Weise umgehen *sollen*, als wenn Autonomie nicht vorliegt. Sie ist ein Wert, der zum einen einer Person Gründe gibt, diesen für sich selbst als perfektionistisches Ideal zu realisieren. Sie ist zum andern ein Wert, der anderen Gründe gibt, diesen zu schützen und zu achten. Autonomie besitzt somit eine *normative Innen- und Außenwirkung*. Hieran wird deutlich, dass der Begriff der Autonomie erst-, zweit- und drittpersonal verwendbar ist. So kann eine Person aus ihrer Sicht und damit erstpersonal um ihre eigene Autonomie besorgt sein. Sie kann sich fragen, wie sie autonomer werden kann oder ob eine bestimmte Entscheidung, die sie gefällt hat, autonom war. Personen können sich zweitpersonal und damit wechselseitig als autonome Wesen wertschätzen und in ihren Ansprüchen und Forderungen die Autonomie des jeweils anderen voraussetzen bzw. absprechen, sich autonom auf andere ausrichten und andere als bedeutsam für die eigene Autonomie ansehen. Dies gilt besonders im Rahmen wechselseitiger, zwischenmenschlicher Beziehungen, wie etwa zwischen Bürgerinnen, Freunden oder Eltern und Kindern. Schließlich kann die Autonomie anderer drittpersonal erkannt und respektiert, aber auch verletzt und missachtet werden. So können sich z. B. politische Institutionen fragen, wie mit nicht-autonomen Personen umgegangen werden darf (etwa mit

---

[6] N. Arpaly (2002): Varieties of Autonomy, in: dies.: *Unprincipled Virtue. An Inquiry into Moral Agency.* Oxford: Oxford University Press, 117.

[7] So werden Kollektive, wie Institutionen, Protestbewegungen, Staaten oder Regionen als autonom oder nicht autonom betrachtet. Bisweilen wird Autonomie sogar von ganzen Wissensgebieten und Bereichen menschlicher Tätigkeit, wie etwa der Kunst, der Philosophie oder der Moral (etwa im Gegensatz zu den empirischen Wissenschaften) ausgesagt.

[8] Die Anwendung auf Personen kommt bereits vereinzelt in der Antike vor, doch erst Kant hat diese Idee ins Zentrum gerückt. Vgl. I. Kant (1785/2004): *Grundlegung zur Metaphysik der Sitten.* Hgg. von Jens Timmermann. Göttingen: Vandenhoeck und Ruprecht. Er verdankt diese Idee Rousseau. Siehe J.-J. Rousseau (1762/1986): *Vom Gesellschaftsvertrag.* Stuttgart: Reclam.

Komatösen oder schwer geistig Behinderten), oder inwiefern autonome Personen keine Hilfe des Staates im Fall riskanter Entscheidungen erwarten dürfen.

Der Begriff der Autonomie kann zudem mit unterschiedlichen zeitlichen Ausdehnungen, d. h. lokal oder global zugeschrieben werden. Autonomie kann in einem lokalen Sinn einer einzigen Entscheidung zukommen. Es kann aber auch global ein ganzes Leben als autonom ausgezeichnet werden. In analoger Weise bezeichnet Autonomie einerseits einen Zustand, in dem sich Akteure zu einem bestimmten Zeitpunkt befinden. Andererseits kann damit eine grundlegendere Fähigkeit gemeint sein, sich selbst über die Zeit hinweg zu bestimmen.

Ferner lässt sich ein minimaler von einem maximalen Sinn von Autonomie unterscheiden. Autonomie als Charakterideal scheint ein maximales Verständnis von Autonomie auszudrücken, das graduell zugeschrieben werden kann. Man kann etwa von einer Person aussagen, sie sei mehr oder weniger autonom. Entsprechend hat sie den Wert der Autonomie als persönliches Ideal oder als Tugend mehr oder weniger gut perfektioniert und ihre Fähigkeit zur Autonomie mehr oder weniger gut aktualisiert. Autonomie in einem minimalen Sinne, der sich sowohl auf einen momentanen Zustand als auch auf die grundlegende (aber nicht notwendigerweise aktualisierte) Fähigkeit zur Autonomie bezieht, ist relevant, wenn es darum geht, die Autonomie anderer zu respektieren. Eine Person muss ihre Autonomie nicht als Charakterideal perfektioniert haben, um Anspruch oder ein Recht darauf zu haben, dass andere sie nicht bevormunden und sie für sich selbst ohne Einmischung von außen entscheiden kann. In diesem minimalen Sinne ist Autonomie eine Eigenschaft, die zutrifft oder nicht.[9] Insofern handelt es sich um einen Schwellenbegriff.

Doch selbst wenn wir verstehen, worauf sich Autonomie bezieht, worin ihre normative Relevanz besteht, und welche Sinne von Autonomie unterscheidbar sind, so wissen wir immer noch nicht, was Autonomie genau ist. Was heißt es, sich selbst zu bestimmen oder die Selbstbestimmung anderer zu respektieren? Worin besteht dieser Zustand bzw. worin zeigt sich die Fähigkeit dazu? Wann sind die Bedingungen minimaler Autonomie erfüllt. Worin besteht Autonomie als Ideal? Um sich diesen Fragen anzunähern, hilft die Analyse von Alltagsbeispielen, in denen Autonomie nicht vorhanden oder abhanden gekommen ist. Der Begriff der Autonomie lässt sich auf diese Weise von seinen Grenzen her besser bestimmen:

1. Ada ist unzufrieden mit ihrem Medizinstudium. Sie fühlt sich zerrissen und weiß nicht, welches Leben sie eigentlich führen möchte. Sie fragt sich, ob sie bei der Wahl ihres Studiums lediglich die konventionellen Vorstellungen ihrer Eltern übernommen hat anstatt ihre eigenen Prinzipien zu entwickeln und diesen entsprechend zu folgen. Ist sie das Opfer ihrer konservativen Erziehung oder wollte sie ihre Eltern einfach nicht enttäuschen? Worin besteht ihr eigener Wille, so dass

---

[9] J. Feinberg (1986): Autonomy, in: ders.: *Harms to Self.* Oxford: Oxford University Press, 27ff., hat die Unterscheidung von Autonomie als Zustand, Fähigkeit, Charakterideal und Recht eingeführt. Mir scheint, dass die Unterscheidung zwischen minimaler und maximaler Autonomie grundlegender ist.

sie selbstständig einen eigenen Lebensweg wählen kann? Ihren zaghaft geäußerten Wunsch, Kunst studieren zu wollen, halten ihre Eltern für ein Hirngespinst.
2. Bert ist außer sich. Soeben hat er seine 8-jährige Tochter geschlagen, als sie sich weigerte, ihm die Schuhe zu bringen. Ihre Aufsässigkeit ließ ihn die Kontrolle verlieren. Doch war er wirklich Herr seiner selbst als er dies tat? Oder war es seine Alkoholsucht, die ihn zu solchen Zornesausbrüchen und Tätlichkeiten trieb? Er selbst verachtete seinen Zorn und seine Aggression gegen seine eigene Tochter, aber es schien, als konnte er nicht anders handeln.

Diese beiden Beispiele beschreiben Phänomene der Fremdbestimmung, der Entfremdung, der Abhängigkeit und der Unbeherrschtheit, die uns auf den ersten Blick nicht nur vertraut scheinen, sondern auch Kennzeichen mangelnder Autonomie sind. Adas ganze Lebensweise als Medizinstudentin scheint nicht autonom, weil sie nicht hinter ihrer Studienwahl stehen kann. Sie fühlt sich zerrissen, fremdbestimmt und ist sich selbst nicht hinreichend im Klaren darüber, was sie wirklich im Leben tun möchte. Der Fall Berts ist so beschrieben, dass seine Einstellung (die Emotion des Zorns) ebenso wie seine daraus resultierende partikulare Handlung (das Schlagen) nicht autonom erscheinen. Er fühlt sich von seinen eigenen Leidenschaften übermannt und von seiner Sucht geleitet, ohne sein Tun selbst gut zu heißen.

Die Beispiele helfen, die Unterscheidung zwischen autonomieunterminierenden und autonomiefördernden Faktoren präziser zu treffen. In einer ersten Annäherung ist Autonomie negativ bestimmbar. Personen sind demzufolge autonom, wenn weder andere Personen oder äußere Umstände sie bevormunden, noch psychische Mechanismen verhindern, dass sie mit sich im Reinen sind. Entscheidend scheint hierbei zu sein, dass eine autonome Person nicht aufgrund innerer oder äußerer Zwänge handelt. Vor diesem Hintergrund besteht die positive Bedeutungskomponente von Autonomie darin, dass eine Person in der Lage ist, nach ihren eigenen Regeln zu leben und aus Gründen zu handeln, die das ausdrücken, was sie selbst wirklich wichtig findet. Grundsätzlich handelt es sich daher um einen Begriff, der die eigene Herrschaft von der Fremdherrschaft absetzt und hervorhebt.[10]

Es ist jedoch nicht einfach, die Kernbedeutung von Autonomie auf den Punkt zu bringen. Dies erklärt, warum sich viele einer metaphorischen Redeweise bedienen. Um jedoch weiter zu präzisieren, worum es im Fall der Autonomie geht, ist auch eine Unterscheidung von „defekten" Handlungen sowie von „herkömmlichen" Handlungen hilfreich. Willensschwache Handlungen beispielsweise sind Handlungen, die einem Akteur zugeschrieben werden können. Dies liegt daran, dass der Akteur aus Gründen handelt, wenn es auch nicht die von ihm selbst erachteten besten Gründe sind, die er zu haben

---

[10] Diese Bedeutung kommt dem Begriff seit seiner ursprünglichen griechischen Verwendung zu. In der Antike ist etwa das Recht griechischer Stadtstaaten gemeint, die eigenen inneren Angelegenheiten unabhängig von einer äußeren Macht und damit unabhängig von Fremdherrschaft zu bestimmen. Doch auch ungeachtet seiner begrifflichen Verwendung ist die Idee der Selbstkontrolle einer Person bereits in der Antike weit verbreitet.

meint. Handlungen dieser Art sind jedoch „defekt", da er das, was er tut, selbst nicht gutheißt. Er handelt sozusagen nach seinen eigenen Maßstäben suboptimal.[11] Das, was eine Person zu einer handelnden Person macht, sind die Gründe, aus denen sie handelt. Dies setzt nicht voraus, dass diese Gründe ein besonderes Qualitätsmerkmal aufweisen. Es können falsche, schlechte oder schwache Gründe sein.[12] Autonome Handlungen sind hingegen solche, die aus Gründen geschehen, die in einer besonderen Hinsicht gute Gründe sind: Es sind Gründe, die das charakterisieren, was den Akteur ausmacht, was ihm besonders wichtig ist und seinen spezifischen Standpunkt markiert. Es sind folglich gute Gründe, weil es die dem Akteur „eigenen Gründe" sind.

Damit ist die Bedeutung des Begriffs der Autonomie freilich immer noch nicht hinreichend geklärt. Schließlich lassen sich viele unterschiedliche Phänomene als innere und äußere Zwänge beschreiben und es bleibt unbestimmt, was mit „eigenen Gründen" genau gemeint ist. Zudem ist es eine grundsätzliche Herausforderung für eine angemessene Konturierung des Begriffs der Autonomie, eine hinreichende Unterscheidung zwischen autonomieunterminierenden und autonomiefördernden Faktoren treffen zu können.

Aber zumindest werden zwei wesentliche Intuitionen deutlich, die der Verwendung dieses Begriffs unterliegen. Diese beiden Intuitionen helfen besser zu verstehen, in welcher Weise eine autonome Person mit sich (und anderen) umgeht.

Eine dieser Intuitionen lässt sich als *Kontrolle* beschreiben. Wer autonom ist, kontrolliert seine unmittelbar gegebenen Motive bzw. kontrolliert sich selbst durch selbst gewählte Ziele, indem er sie akzeptiert, billigt, sich mit ihnen identifiziert, sie wertschätzt oder aber sie verwirft, sie nicht wirksam werden lässt, sie missbilligt und sich von ihnen distanziert. Eine autonome Person kontrolliert in diesem Sinne aber auch, wie sie auf ihre Umwelt reagiert und wie sie Einflüssen anderer begegnet. Im Zusammenhang mit der Intuition der Kontrolle stehen Begriffe wie Selbstständigkeit, Unabhängigkeit, Emanzipation, Willensstärke, Selbstbeherrschung, Willens- und Entscheidungsfreiheit sowie Autorität. Diese Begriffe sind keineswegs gleichbedeutend mit Autonomie. Sie gelten jedoch häufig als kausal oder konstitutiv notwendig für Autonomie. Um diese Intuition der Kontrolle noch besser zu verstehen, erweist es sich als hilfreich, Autonomie von einem anderen normativen Begriff, nämlich demjenigen der Rationalität oder praktischen Vernunft, zu unterscheiden.[13] Wer aus (objektiv betrachtet) guten Gründen handelt, ist noch nicht autonom. So mag es sehr gute Gründe für Adas Medizinstudium geben. Sie hat Talent dafür, es handelt sich um einen angesehenen Beruf, der vielfältige Möglichkeiten bietet und es erlaubt, viel Sinnvolles zu bewirken. Doch sofern Ada diesen Beruf selbst nicht wirklich will und die Entscheidung dafür nicht wirklich als ihre betrachten kann, handelt sie aus guten Gründen, ohne autonom in ihrem Tun zu sein. Sich selbst zu

---

[11] Siehe zur Debatte der Willensschwäche T. Spitzley (Hg.) (2005): *Willensschwäche*. Paderborn: mentis.

[12] Vgl. R. Stoecker (Hg.) (2002): *Handlungen und Handlungsgründe*. Paderborn: mentis.

[13] Es ist in der Literatur zu Autonomie nach Kant eine seltene Ausnahme, wenn Autonomie mit praktischer Vernunft gleichgesetzt wird. Siehe etwa Susan Wolf (1990): *Freedom within Reason*. New York: Oxford University Press.

bestimmen ist daher nicht gleichbedeutend damit, sich im Lichte objektiv guter Gründe zu kontrollieren.

An dieser Stelle lässt sich verdeutlichen, inwiefern die neuere Debatte um die Autonomie der Person sich auch wesentlich von der kantischen Konzeption der Autonomie unterscheidet. Als Vernunftwesen hat der Mensch nach Kant die Möglichkeit, unabhängig von empirischen Gegebenheiten (etwa den eigenen Neigungen) und unabhängig von der Theologie seinen Willen durch reine Vernunft allgemeingültig zu bestimmen.[14] Doch so sehr diese Auffassung Kants der zeitgenössischen Debatte um die Autonomie der Person mit der Idee von Selbstgesetzgebung und Selbstkontrolle zugrunde liegt, so sehr unterscheidet sich Kants Begriff der Autonomie in einer wichtigen Hinsicht von heute üblichen Verwendungsweisen: Da die reine praktische Vernunft unserem Willen *allgemeingültige* Gesetze auferlegen kann, sind diese Gesetze vernünftiger und zugleich moralischer Natur. Diese Konzeption *moralischer Autonomie* ist jedoch in der heutigen Diskussion um die Autonomie der Person in den Hintergrund getreten. Dies liegt u. a. daran, dass die Idee der Selbstkontrolle nicht notwendigerweise eine Kontrolle durch allgemeingültige Gesetze der Vernunft voraussetzt. Seit Kant hat sich der Begriff der Autonomie „individualisiert" und „entmoralisiert", auch wenn in der zeitgenössischen Debatte strittig ist, ob (und ggf. welche) substanziellen Werte im autonomen Handeln realisiert werden müssen. Eine Person gilt nach der Auffassung vieler nicht deshalb als autonom, weil sie sich durch verallgemeinerbare Prinzipien der Vernunft leitet, sondern weil sie sich durch „sich selbst", d. h. durch ihren eigenen Willen, ihre eigenen Motive und Werte bestimmt. Häufig ist dabei eine Orientierung an der Vernunft nicht ausgeschlossen, aber kaum jemand behauptet, dass nur das moralisch gute Leben ein autonomes ist. Doch wodurch soll sich eine autonome Person bestimmen, wenn nicht durch die allgemeingültigen und damit moralischen Gesetze der Vernunft?

Diese Frage führt uns zu einer zweiten Intuition, die dem Begriff der Autonomie zugrunde liegt, nämlich diejenige der *Treue zu sich selbst*. Denn das, was eine Person billigt und wodurch sie sich selbst kontrolliert, soll etwas sein, das ihr wirklich „eigen" ist und sie selbst „wirklich" auszeichnet. Die Funktion dieser zweiten Intuition kann man sich gut an einer Modifikation des Beispiels von Bert verdeutlichen. Es ist z. B. denkbar, dass Bert vom Jugendamt, das von seinen Misshandlungen erfahren hat, verwarnt wird. Im Gegensatz zum ursprünglichen Beispiel verachtet Bert seine Aggressionen nicht. Er wird darauf hingewiesen, dass seine Tochter ein moralisch begründetes Recht auf körperliche Unversehrtheit hat. Wenn es Bert bei der nächsten Gelegenheit gelingt, seine Leidenschaften aufgrund dieser Verwarnung im Zaum zu halten, handelt er moralisch[15], aber nicht autonom. Dies ist deshalb der Fall, weil er sich allein von einem äußeren Zwang (etwa der Verwarnung und einer angedrohten Strafe bei weiteren Vergehen) leiten lässt,

---

[14] Siehe I. Kant (1785/2004): *Grundlegung zur Metaphysik der Sitten*, op. cit. Vgl. J. Schneewind (1988): *The Invention of Autonomy*. Cambridge: Cambridge University Press. Siehe auch O. Sensen (2012): *Kant on Moral Autonomy*. Cambridge: Cambridge University Press.

[15] In kantischer Terminologie handelt er „pflichtgemäß", aber nicht „aus Pflicht". Allgemeiner formuliert handelt er *entsprechend* moralischer Gründe, aber nicht *aus* moralischen Gründen.

nicht jedoch von Gründen, die er sich selbst zu eigen gemacht hat und die ausdrücken, was ihm wirklich wichtig ist.

Mit dieser Intuition der Treue zu sich selbst verwandte Begriffe sind die der Authentizität, Integrität, Individualität und Eigenständigkeit.[16] Damit soll u. a. zum Ausdruck gebracht werden, dass eine Person sich nur dann bestimmen kann, wenn sie eine Basis („das Selbst") hat, von dem ihre Kontrolle ausgeht. Es geht hierbei darum herauszufinden, was das *Selbst*, das bestimmt und bestimmt wird, ausmacht. Die beiden Intuitionen können als Bedingungen gelten, die ein angemessener Begriff der Autonomie erfüllen muss.[17] Nennen wir sie die *Kontrollbedingung* sowie die *Authentizitätsbedingung*. Autonomie ist hierbei eine psychologische Eigenschaft, die die Fähigkeit zur Selbstbewertung ebenso wie die Fähigkeit voraussetzt, sich gemäß selbst autorisierter Erwägungen oder Einstellungen im Lichte innerer und äußerer Veränderungen zu führen. Kurz: Es ist die Fähigkeit, man selbst zu sein und man selbst zu bleiben.

Um Autonomie genauer zu verstehen, müssen wir daher wissen, was das *Selbst* ist, das bestimmt (Authentizitätsbedingung), und wie das Selbst ein (die eigenen Einstellungen und Handlungen) *Bestimmendes* sein kann (Kontrollbedingung). Darüber hinaus müssen wir wissen, was Fälle von Autonomie von Fällen mangelnder Autonomie unterscheidet. Wann genau ist die Aussage „Eine Person P ist autonom" falsch?

Es besteht jedoch kein Zweifel, dass die beiden genannten Bedingungen der Kontrolle und der Authentizität ebenso wie die Unterscheidung zu Fällen, in denen Autonomie bedroht wird, sehr vage sind. Nicht zuletzt die Unschärfe dieser Bedingungen ist Ausdruck der Tatsache, dass Autonomie ein irreduzibel normativer Begriff ist. Er ist weder auf andere normative Begriffe, wie Rationalität bzw. praktische Vernunft und Moral, reduzierbar, noch lässt er sich rein deskriptiv beschreiben. Was Autonomie genauer bedeutet, hängt daher neben deskriptiven Merkmalen von wesentlich bestreitbaren normativen Auffassungen ab. Dieser normative Streit kann sich sowohl darauf beziehen, was genau als die notwendigen und hinreichenden Bedingungen von Autonomie gelten soll bzw. wie diese Bedingungen zu interpretieren sind. Er kann sich jedoch auch darum drehen, ob es solche notwendigen und hinreichenden Bedingungen von Autonomie überhaupt gibt[18] und sich allenfalls eine für einen bestimmten Kontext maßgeschneiderte Theorie von Autonomie verteidigen lässt. Es ist das Ziel des vorliegenden Bandes, eine repräsentative Auswahl verschiedener, prinzipiell bestreitbarer Konzeptionen von Autonomie in deutscher Übersetzung vorzustellen. Es handelt sich hierbei um Theorien, die die aktuelle und seit einigen Jahrzehnten andauernde Debatte um die Autonomie von Personen bestimmen. Sie buchstabieren aus, was es genau heißen kann, dass eine Person aus ih-

---

[16] Bereits J. S. Mill (1859/1956): *On Liberty*, Indianapolis und New York: The Liberal Arts Press, 73, schreibt einer Person, deren Wünsche und Impulse „ihre eigenen" und Ausdruck „ihrer eigenen Natur" sind, Charakter zu.

[17] J. Christman (2009): *The Politics of Persons: Individual Autonomy and Socio-Historical Selves*. Cambridge: Cambridge University Press, Kap. 7, trifft eine vergleichbare Unterscheidung zwischen „authenticity conditions" und „competency conditions".

[18] Siehe etwa G. Dworkin (1988): *The Theory and Practice of Autonomy*, op. cit., 6f.

ren eigenen Gründen handelt und sich im Lichte der ihr eigenen Gründen führt.[19] Die unterschiedlichen Konzeptionen von Autonomie befinden sich jedoch nicht im luftleeren Raum. Vor dem Hintergrund der bisherigen Ausführungen sollten v. a. drei zentrale Fragen die Beurteilung der jeweiligen Erfolgschancen einzelner Konzeptionen von Autonomie leiten:

1. Was genau macht eine Person zur Herrin ihrer selbst?
2. Wie genau kann eine Person Autorin ihres Tuns sein und sich selbst führen?
3. Sind die Antworten auf die beiden ersten Fragen hinreichend, um Autonomie von Fällen zu unterscheiden, in denen Autonomie fehlt?

Die erste Frage betrifft eine angemessene Formulierung der Authentizitätsbedingung. Die zweite Frage bezieht sich auf ein adäquates Verständnis der Kontrollbedingung. Die dritte Frage beschäftigt sich damit, ob diese beiden Bedingungen notwendig und gemeinsam hinreichend sind, um eine präzise Anwendung des Begriffs der Autonomie zu gewährleisten.

3 Konzeptionen von Autonomie

Bevor die einzelnen Konzeptionen von Autonomie, die in diesem Band versammelt sind, genauer vorgestellt werden, möchte ich zunächst in groben Zügen skizzieren, wie sich diese untereinander gruppieren lassen. Welches sind die zentralen Aspekte der Auseinandersetzung? Inwiefern streiten sich verschiedene Theorien der Autonomie um eine angemessene Interpretation des Begriffs der Autonomie?

Für viele scheint es eine naheliegende Antwort zu sein, dass Autonomie damit zu tun hat, wie wir uns zu uns bzw. zu unseren Einstellungen verhalten. Das, was eine Handlung selbstbestimmt macht, so der den Intuitionen der Kontrolle und der Treue zu sich selbst gemeinsame Kern, muss etwas damit zu tun haben, wie die betreffende Person zu ihren eigenen Motiven steht. Genau diese besondere Art des Selbstverhältnisses unterscheidet autonome von bloß handelnden Personen. Bestimmte psychische Strukturen und Funktionsweisen scheinen deshalb für Autonomie so zentral zu sein, weil sie den Standpunkt der Person ausmachen und nicht mehr nur Ausdruck ihrer Triebe, Neigungen oder anderweitig ihr fremder, zwanghafter oder irrationaler Wünsche sind. Hierbei wird ein enger Zusammenhang zwischen der Intuition der Selbstkontrolle und der normativen Identität – diejenige Konzeption, die eine Person von sich selbst hat – postuliert.

Häufig wird dies als *internalistische Konzeption* von Autonomie bezeichnet. Internalisten teilen die Auffassung, dass eine Person sich auf eine bestimmte Weise zu sich selbst verhalten muss, um autonom zu sein. Dies impliziert, dass sie gegenüber ihren eigenen mentalen und insofern *internen* Zuständen Stellung bezieht. Dies lässt sich auf

---

[19] Vgl. dazu M. Betzler: Eigene Gründe – Einführung, in: J. Nida-Rümelin und E. Özmen (Hg.): *Welt der Gründe*. Hamburg: Meiner, S. 925–933.

zwei verschiedene Arten verstehen. Der *reflexiven Variante* zufolge bezieht sich eine Person mithilfe einer als privilegiert ausgewiesenen Einstellung reflexiv auf ein gegebenes Motiv, indem sie dieses „autorisiert", „akzeptiert", auf höherer Stufe „will", sich mit diesem „identifiziert", als „wertvoll beurteilt", oder sich „zu eigen macht". Dies setzt voraus, dass eine Person ihre gegebenen Motive kritisch bewertet.

Einer zweiten, *nicht-reflexiven Variante* zufolge zeigt sich dieser Selbstbezug darin, dass die betreffende Person „zufrieden ist", bestimmte ihrer Motive sich als „unveränderbar" und gegenüber jedem Veränderungsversuch als resistent bzw. einfach als besonders stark erweisen, oder ihre Einstellungen insgesamt einen kohärenten Zusammenhang aufweisen.

Es soll auf diese Weise eingefangen werden, was das „Selbst" einer Person wirklich auszeichnet. In diesem Zusammenhang ist häufig auch die Rede davon, was sie „wirklich" will und was ihr „wirklich" wichtig ist. Diese Idee, dass das „Selbst" und damit das Wesen oder die Identität einer Person eine besondere Quelle der Normativität ist, ruht auf der weiteren Intuition, dass Autonomie etwas sein muss, das nur die betreffende Person und niemand anders herstellen kann. Um diesem Gedanken der *eigenen Autorität* oder des *eigenen Standpunkts* gerecht zu werden, sind internalistische Autonomiekonzeptionen *inhalts- bzw. wertneutral*. Dies bedeutet, dass sie keine weiteren inhaltlichen Vorgaben darüber machen, was der Gegenstand des Willens einer Person zu sein hat und was genau ihr wichtig sein sollte. Für diese Inhaltsneutralität spricht, dass jede andere Vorgabe bereits paternalistisch wäre und unserem, dem Liberalismus verpflichteten, Verständnis von Autonomie zuwiderläuft. Es gibt daher keine über die Autorität des Akteurs hinausgehenden normativen Vorgaben, denen der Begriff der Autonomie genügen müsste.

Der Gegenpol zu internalistischen Konzeptionen sind sogenannte *externalistische* Positionen, die sich jedoch eines höchst unterschiedlichen Verständnisses dessen bedienen, was „außerhalb" mentaler Einstellungen für die Autonomie einer Person relevant ist. Kaum eine dieser externalistischen Positionen bestreitet zwar, dass bestimmte Einstellungen und damit interne Bedingungen notwendig sind für Autonomie. Es bedarf nach ihrer Auffassung jedoch weiterer externer, d. h. einstellungsunabhängiger Bedingungen, denen eine angemessene Autonomiekonzeption entsprechen muss. Diese Erkenntnis wird durch die Einsicht genährt, dass Autonomie durch äußere Bedingungen unterminiert werden kann. Externalistischen Konzeptionen zufolge bedarf es daher substanzieller Vorgaben für eine hinreichende Unterscheidung von Autonomie und ihrer Abwesenheit. Es handelt sich hierbei um ganz verschiedene Standards. Ein substanzieller Standard besteht etwa darin, dass eine Person dem Wert der Autonomie selbst verpflichtet sein muss. Eine Theorie, derzufolge es möglich ist, sich autonom für die eigene Versklavung zu entscheiden, solange man sich mit dieser Entscheidung identifiziert, kann externalistischen Auffassungen zufolge die Trennlinie zwischen Autonomie und ihrer Abwesenheit nicht angemessen ziehen. Vielmehr muss ein Postulat der *substanziellen Unabhängigkeit* gelten: Eine autonome Person muss unabhängig von verschiedenen Formen der äußeren Unterdrückung, Erniedrigung, Unterwerfung, des bedingungslosen Gehorsams und der Manipulation sein.

Zu weiteren einstellungsunabhängigen Standards gehören u. a. die Übereinstimmung mit der Realität und diese so zu sehen und so auf sie zu reagieren, wie sie ist, sowie sozial-relationale Eigenschaften. Diese bestehen u. a. darin, nicht in ausbeuterischen oder anderweitig unterdrückenden zwischenmenschlichen Beziehungen zu leben und keinen nötigenden sozialen Institutionen ausgesetzt zu sein. Darüber hinaus muss eine Person über verschiedene wertvolle Optionen verfügen, zwischen denen sie zu wählen vermag.

Zwischen Internalismus und Externalismus vermittelnde Theorien verdeutlichen, dass sich manche Einstellungen, die für Autonomie notwendig sind, nur entwickeln, wenn bestimmte äußere, nicht oppressive Bedingungen gegeben oder weitere, von ihren Motiven unabhängige Bedingungen erfüllt sind. Dies gilt etwa für die Entwicklung von Selbstvertrauen und für die Fähigkeit, auf veränderte Umstände zu reagieren, ebenso wie für die Vermeidung von Selbsttäuschung und die Fähigkeit zur Anwendung bestimmter Rationalitätsstandards, um die Entstehung der eigenen Wünsche kritisch bewerten zu können. Die folgende genauere Charakterisierung einzelner Konzeptionen soll nun zeigen, welche Reichweite internalistische, externalistische und vermittelnde Positionen haben und mit welchen Grenzen sie konfrontiert sind. Ausgangspunkt ist Harry Frankfurts erste Konzeption von Autonomie, die er im Laufe seines Schaffens immer wieder modifiziert hat. Er hat die zeitgenössische Debatte um die Autonomie der Person mit auf den Weg gebracht und maßgeblich beeinflusst. Seine Konzeption steckt das Terrain ab, auf dem sich die weiteren Texte bewegen. Entsprechend erhält sie auch in dieser Einleitung den größten Raum. Die weiteren Autonomiekonzeptionen dokumentieren die seit Frankfurts Arbeiten lebhafte und neu entflammte Debatte darüber, was Autonomie bedeutet.

3.1 Die klassische Herausforderung: Hierarchische Wünsche

In seinem einflussreichen Aufsatz „Willensfreiheit und der Begriff der Person" spezifiziert Harry Frankfurt ein wesentliches Merkmal von Autonomie, das in etwa zeitgleich und unabhängig von ihm in sehr ähnlicher Weise auch von Gerald Dworkin[20] entwickelt wurde. Eine Person ist demzufolge autonom, wenn sie in einem bestimmten Verhältnis zu ihrem Willen steht. Genauer formuliert geht es um eine bestimmte Struktur des Willens, die nicht nur Personen überhaupt ausmacht, sondern auch dazu dient, ihren freien Willen auszuzeichnen. Autonomie ist insofern mit Willensfreiheit gleichzusetzen. Die Grundidee Frankfurts ist hierbei, dass Personen die Fähigkeit zur reflektierenden Selbstbewertung haben und dass diese Fähigkeit Autonomie ermöglicht.

Frankfurt zufolge drückt sich diese Fähigkeit darin aus, dass eine Person ihren Willen – und darunter versteht er nichts anderes als ihre handlungswirksamen Wünsche, diejenigen Wünsche also, die tatsächlich zu einer Handlung führen – bewerten kann. Diese sind sogenannte Wünsche erster Stufe, Wünsche also, die eine Person in sich vorfindet und die sich auf verschiedene Handlungsmöglichkeiten richten. Wünsche erster Stufe sind nicht nur Motive verschiedensten *Inhalts*, sondern sie sind auch verschiedener *Art*.

---

[20] Vgl. G. Dworkin (1988): *The Theory and Practice of Autonomy*, op. cit.

Sie können mehr oder wenig stark sein, bewusst oder unbewusst empfunden sowie für mehr oder weniger gut gehalten werden.

Nach Frankfurt geschieht die Bewertung dieser Wünsche erster Stufe durch einen Wunsch zweiter Stufe. Wünsche zweiter Stufe haben Wünsche erster Stufe zum Inhalt und drücken aus, ob ein bestimmter Wunsch erster Stufe seinerseits gewünscht oder nicht gewünscht ist. Sofern sich Wünsche zweiter Stufe auf den Willen, d. h. also auf einen handlungswirksamen und nicht bloß vorhandenen Wunsch erster Stufe richten, handelt es sich in Frankfurts Terminologie um „Volitionen zweiter Stufe". Sie drücken aus, dass eine Person möchte, dass ein bestimmter Wunsch ihr Wille sei. Diese in den Volitionen zweiter Stufe zum Ausdruck kommende reflektierende Selbstbewertung kann man so verstehen, dass sich die Person dadurch auch selbst bestimmt: Sie gibt sich durch ihre Volitionen ein „Gesetz". Ob die Person ihren Volitionen in ihrem Tun immer zu folgen vermag, ist für ihre grundlegende Fähigkeit zur Autonomie nicht maßgebend. Wichtig ist, dass sie in der Lage ist, zu ihrem Willen selbst Stellung zu beziehen. Dies kann das durch Frankfurt berühmt gewordene Beispiel eines Drogenabhängigen verdeutlichen. Ein Drogenabhängiger „wider Willen" hegt zwei widerstreitende Wünsche erster Stufe: Er hegt den Wunsch, die Droge zu nehmen, und er hegt den Wunsch, die Droge nicht zu nehmen. Sofern er jedoch auch die Volition zweiter Stufe besitzt, dass sein Wunsch, die Droge nicht zu nehmen, sein Wille sei, besitzt er die Fähigkeit zur Autonomie. In der Übereinstimmung zwischen Volitionen und gegebenen Wünschen aktualisiert sich schließlich diese Fähigkeit. Er macht sich auf diese Weise einen Willen zu eigen und zieht sich von anderen Wünschen zurück. Sofern er einfach nur von Wünschen erster Stufe beherrscht wird, ohne zu diesen weiter Stellung zu beziehen, ist er keine autonome Person, sondern ein bloß Getriebener („wanton"). Einem Getriebenen ist sein Wille gleichgültig.

Diese strukturelle Analyse von hierarchischen Wünschen ist viel rezipiert und ebenso viel kritisiert worden. Die Fragen, die sich aufdrängen, hängen alle damit zusammen, ob Volitionen eine angemessene normative Quelle darstellen, um eine Person als autonom auszuzeichnen. Es springen hierbei (mindestens) fünf Schwierigkeiten ins Auge, mit denen dieser Ansatz konfrontiert ist.[21] Dem *Regress-Einwand* zufolge stellt sich die Frage, was Volitionen das besondere Privileg verleiht, Wünsche erster Stufe zu bewerten und Autonomie zu verleihen. Denn wenn durch die bloße Übereinstimmung von Volitionen zweiter Stufe mit Wünschen erster Stufe Autonomie garantiert wäre, dann erlaubte dies auch, dass nicht autonome Wünsche auf diese Weise zu autonomen gemacht würden. Wird aber gefordert, dass Volitionen selbst autonom sein müssen, um diese Auszeichnung von Wünschen erster Stufe leisten zu können, dann ergeben sich zwei weitere Schwierigkeiten, die auf verschiedenen Deutungen beruhen: Die erste besteht darin, dass Volitionen zweiter Stufe auf dieselbe Weise autorisiert werden müssen wie Wünsche erster Stufe. Dann droht jedoch ein Regress von Volitionen immer höherer Stufen, um

---

[21] Siehe zu diesen klassischen Einwänden M. Betzler (2000): Bedingungen der Autonomie, in: Harry Frankfurt: *Freiheit und Selbstbestimmung. Ausgewählte Texte.* Hgg. von M. Betzler und B. Guckes. Berlin: Akademie Verlag, 22–25. Siehe zu den ersten drei Einwänden auch J. Christmans Beitrag in diesem Band, S. 109–130.

den Standpunkt der Person und damit die notwendige Autorität zur Bestimmung ihres Willens zu erlangen. Die zweite Schwierigkeit besteht darin zu sagen, dass Volitionen zweiter Stufe auf eine andere Art und Weise Autorität erlangen. Sofern dies nicht näher erläutert wird, sind wir mit einem *Problem der Unvollständigkeit* konfrontiert.

Frankfurt hat den Regress-Einwand selbst vorweggenommen und die folgende Lösung vorgeschlagen: Wenn eine Person sich „entschieden" mit einem ihrer Wünsche erster Stufe identifiziert, dann würde dies den Regress unterbinden. Die Frage nach einer Volition höherer Stufe und somit nach einer weiteren Autorisierung würde sich dann nicht mehr stellen. Doch auch die Entschiedenheit kann keine informative Antwort auf die Frage geben, was genau einen Wunsch erster Stufe autonom macht. Der Vorschlag scheint *ad hoc* und insofern beliebig, als ein unbegrenzter Aufstieg zu höheren Stufen einfach als nicht notwendig und als nicht erlaubt dargestellt wird. Die Antwort Frankfurts ist demnach mit dem *Anfangsproblem* konfrontiert, demzufolge Volitionen zweiter Stufe einfach ohne weitere informative Begründung als die Autonomie verleihenden Instanzen ausgezeichnet werden. Dann ist aber nicht mehr einsichtig, warum nicht auch Wünsche erster Stufe für Autonomie hinreichend sind und ein hierarchisches Modell generell aufgegeben werden sollte.

Alle drei Einwände kreisen hierbei um das Problem, inwiefern Volitionen normativ sein können, um zu zeigen, dass das, was eine Person will, autonom ist. Weder die Tatsache der Höherstufigkeit noch die Tatsache, dass es sich bei Volitionen um non-kognitive Einstellungen handelt, kann, so das kritische Fazit, gegebenen Wünschen bzw. der Billigung dieser Wünsche den Status der Autonomie verleihen. Dahinter steht die Skepsis, dass inhaltsneutrale Konzeptionen, wie diejenige von Frankfurt und vielen anderen Internalisten, nicht über die notwendigen Ressourcen verfügen, um autonome Einstellungen oder gar autonome Personen von nicht-autonomen Einstellungen und Personen zu unterscheiden.

Der vierte prominente Einwand richtet sich gegen den *Synchronismus* der strukturellen Analyse von Wünschen, die lediglich eine Momentaufnahme bestimmter Wunschkonstellationen vermittelt, ohne die Geschichte des Wunscherwerbs oder gar der Tatsache gerecht zu werden, dass es letztlich um die Autonomie von Personen und ihrem Leben geht. Die Übereinstimmung von Volitionen und Wünschen erster Stufe kann nicht garantieren, dass die betreffende Person ein autonomes Leben führt. Dazu bedarf es vielmehr weitergehender Kompetenzen, die das hierarchische Wunschmodell vernachlässigt. Damit einher geht die fünfte Kritik am *Subjektivismus und Essentialismus*, dem zufolge eine gegebene Wunschkonstellation Autonomie ganz unabhängig von sozialen Faktoren verleiht – eine Vorstellung, die sich dem falschen Bild des Selbst als einer „inneren Zitadelle"[22] und einem fragwürdigen Ideal der Privatheit verdankt. Doch wie kann eine Person autonom sein, wenn ihre Wünsche bzw. deren Erfüllung durch einen Mangel an verfügbaren Handlungsoptionen beschränkt werden, die Wünsche selbst manipuliert sind, ihr Selbstwertgefühl durch unterdrückende soziale Beziehungen gefährdet und die

---

[22] Der erste Sammelband zur neuen Debatte um die Autonomie der Person bedient sich dieses Ausdrucks. Siehe J. Christman (Hg.) (1989): *The Inner Citadel. Essays on Individual Autonomy*. Oxford: Oxford University Press.

Autonomie ihrer Entscheidungen unterminiert ist? Zugleich scheint diese Konzeption der Autonomie essentialistisch, da eine Person nie über die ihr gegebenen Wünsche hinausgelangen kann. Doch was ist, wenn diese Wünsche selbst das Resultat von manipulativen Umständen sind?

Die genannten fünf Einwände haben in der Autonomie-Debatte der letzten Jahrzehnte eine große Rolle gespielt. Alle hier versammelten Beiträge machen es sich (wenn auch auf unterschiedliche Weise) zum Ziel, die hinter diesen Einwänden liegenden Probleme zu beheben. Sie und sogar Frankfurts eigene Modifikationen seiner Theorie in späteren Arbeiten machen deutlich, an welchen Stellen sein früher Ansatz sich als ergänzungsbedürftig erwiesen hat und weshalb seine ursprüngliche Konzeption von Autonomie nicht haltbar ist. Die Artikel dieses Bandes erscheinen in einer Reihenfolge, die zunächst der internalistischen Auseinandersetzung mit Harry Frankfurts ursprünglichem Modell Raum gibt, um dann darüber hinausweisende Theorien bis hin zu rein externalistischen Konzeptionen zu präsentieren.

3.2 Bedingungen der Identifikation: Werturteile, Entschiedenheit und Festlegungen

Gary Watson schlägt in seinem Beitrag „Freies Handeln" eine alternative Instanz vor, die im Gegensatz zu Volitionen die angemessenen Ressourcen besitzen soll, um Wünsche als autonom zu qualifizieren. Hierbei geht es nach wie vor darum, die für Autonomie notwendige Authentizitätsbedingung zu formulieren. Watson konfrontiert hierbei Frankfurts, in der humeschen Tradition zu verortendes Modell, mit seiner sogenannten platonischen Auffassung. Watson zufolge sind Wünsche prinzipiell nicht geeignet, um weitere Wünsche zu bewerten, handelt es sich doch nur um eine weitere Zutat im Gemenge mentaler Einstellungen. Dies zeigt sich auch darin, so Watson, dass unsere praktische Überlegung nicht primär darauf gerichtet ist, welcher Wunsch unser Wille sein soll. Vielmehr geht es darum, wie wir handeln sollen. Insofern bewertet eine Person nicht so sehr ihre Wünsche als vielmehr ihre Handlungsalternativen. Diesen Bewertungen, die auf erster Stufe anzusiedeln sind, kommt Watson zufolge Priorität zu. Sie drücken praktische Urteile über das, was gut bzw. wünschenswert ist, aus. Die Priorität wird folglich inhaltlich aus dem jeweiligen Wertesystem einer bestimmten Person abgeleitet, über das diese Urteile fällt. Sie identifiziert sich somit kognitiv und deliberativ mit bestimmten Werten und generiert daraus entsprechende Wünsche, auf die sich dann Volitionen zweiter Stufe richten können. Diese Wünsche erhalten jedoch ihre Autorität nicht von den Volitionen, sondern von den Werturteilen, die ihnen zugrunde liegen.

Auf diese Weise will Watson zeigen, dass kognitive Einstellungen über das Gute einer Person Autonomie verleihen. Hierbei handelt es sich jedoch nicht um irgendwelche idiosynkratische Auffassungen darüber, was eine bestimmte Person zufällig für gut befindet. Es handelt sich vielmehr um Prinzipien und Zwecke, die die Handelnde in einem „nüchternen Augenblick größter Aufrichtigkeit mit sich selbst" als das benennt, was ihrer Ansicht nach ein gutes Leben ausmacht. Werturteile entspringen folglich einem ganzen

Wertesystem als einem Standpunkt, von dem aus eine Person die Welt betrachtet und beurteilt. Die Wünsche einer autonomen Person sind im Einklang mit dem, was sie für gut oder wertvoll befindet.

Doch auch Watsons rationalistisch-kognitivistisches Modell tut sich schwer damit zu zeigen, inwiefern Werturteile besser als Volitionen die Wünsche einer Person als eigene und somit als autonome auszuweisen vermögen. Schließlich kann eine Person eine Handlungsalternative als gut bewerten und gleichwohl diese nicht selbst wertschätzen. Bert mag etwa einleuchten, dass es gut ist, selbstkontrolliert zu handeln und sich nicht von seinen Leidenschaften davontragen zu lassen. Gleichwohl ist es denkbar, dass ihm dies selbst nicht wirklich so wichtig ist. Möglicherweise steht er nicht „wirklich" hinter diesem Werturteil. In diesem Sinn sind dann seine Wünsche, die sich darauf richten, nicht in einem Autonomie garantierenden Sinne seine eigenen. Was seine Wünsche zu seinen eigenen macht, scheint allenfalls durch seine Wertschätzungen – durch das also, was er wirklich zu schätzen in der Lage ist – und nicht durch seine aus einem abstrakten Wertesystem gespeisten Werturteile erklärbar zu sein.[23] So kann man zu allen möglichen Urteilen darüber gelangen, was gut ist, ohne sich selbst geneigt zu fühlen, einem dieser Urteile zu folgen. Obendrein können Urteile über das Gute ebenso das Ergebnis von Sozialisation, Manipulation und Fremdbestimmung sein. Sie erfüllen gar nicht die Bedingung, die Gerald Dworkin *„prozedurale Unabhängigkeit"*[24] nennt und die garantieren soll, dass die reflexiven Fähigkeiten einer Person nicht selbst autonomieunterminierenden Einflüssen unterliegen. Werte und Prinzipien scheinen selbst im „nüchternen Augenblick größter Aufrichtigkeit mit sich selbst" ebenso wenig wie Volitionen geeignet, Wünsche als autonom in dem Sinne auszuweisen, dass sie das ausdrücken, was eine Person „wirklich" will. Es bleibt in Watsons Modell daher offen, was Werturteile autorisiert, Wünsche als autonom zu qualifizieren. Er kann somit weder den Unvollständigkeitseinwand noch das Anfangsproblem eliminieren. Was es daher weiterhin zu beantworten gilt, ist, was letztlich diesen Status der eigenen Autorität und des eigenen Standpunkts verleihen kann, der die normative Quelle der Autonomie zu sein scheint.

Es ist genau die Schwierigkeit, dies zu fassen, die Frankfurt selbst veranlasste, seine ursprüngliche Theorie in seinem Beitrag „Die schwächste Leidenschaft" zu modifizieren. Er rekurriert hierbei zunehmend auf eine letztlich passive Eigenschaft des gesamten psychischen Systems einer Person, die zeigt, ob diese Person einen gegebenen Wunsch wirklich will. Während Volitionen ein Bild der *aktiven* und *freien* Auswahl dieser Wünsche vermittelten und genau deshalb in das Regressproblem gerieten, ist es nun die Zufriedenheit sowie die Eindeutigkeit, mit der eine Person hinter ihrem gegebenen Wunsch steht, die diesen Regress vermeiden und der Authentizitätsbedingung angemessener Rechnung tragen sollen. Frankfurt versucht dies mit Begriffen, wie *„aus ganzem Herzen"* wollen und *„Entschiedenheit"* zu fassen.

Er stellt in seinem Beitrag *„entschiedene Identifikation"* der Ambivalenz gegenüber. Während die ambivalente Person nicht weiß, welcher Wunsch ihr Wille sein soll, steht

---

[23] Diesen Einwand macht sich Watson selbst in G. Watson (1987): Free Action and Free Will, in: *Mind* 96, 150.
[24] G. Dworkin (1988): *The Theory and Practice of Autonomy*, op. cit., 17f.

die autonome Person entschieden auf einer Seite. Dass sie einen Wunsch von ganzem Herzen will, zeigt sich in ihrer Zufriedenheit sowie in der Abwesenheit jeglicher Neigungen, den eigenen Zustand zu verändern. Da Zufriedenheit keine weitere Einstellung gegenüber einem Wunsch ist, sondern vielmehr den Zustand des gesamten psychischen Systems charakterisiert, glaubt Frankfurt die Gefahr des Regresses endgültig gebannt zu haben. Es handelt sich hierbei um keinen Zustand, den eine Person willentlich herbeiführen kann. Er ergibt sich vielmehr daraus, dass bestimmte Neigungen nicht vorliegen und die betreffende Person dies in ihrer Zufriedenheit billigend zum Ausdruck bringt. Gleichwohl und entgegen dem Vorschlag von Watson handelt es sich nicht um ein Werturteil, sondern um eine Einstellung, die aus der Entschiedenheit einer Volition resultiert.

Frankfurts Analyse ist jedoch auch hier in doppelter Hinsicht zweideutig. So charakterisiert er Zufriedenheit zum einen als Zustand des gesamten psychischen Systems, zum andern als eine Bedingung, die Volitionen erfüllen müssen, um die notwendige Autorität für die Verleihung von Autonomie zu besitzen. Darüber hinaus lässt sich Zufriedenheit zum einen als nicht-reflexiver Zustand deuten, der sich einfach einstellt. Zum andern betont Frankfurt immer noch, dass eine nicht-reflektierte Identifikation mit gegebenen Wünschen den Triebhaften, nicht aber eine Person charakterisiert. Am plausibelsten lässt sich seine modifizierte Theorie so rekonstruieren, dass Zufriedenheit ein Resultat ist, das sich aus der Art und Weise ergibt, wie sich Volitionen auf Wünsche erster Stufe beziehen. Zufriedenheit ist somit ein nicht-reflexives Nebenprodukt einer bestimmten Art der reflexiven Bezugnahme.

Auf diese Weise mag Frankfurt das Problem gelöst haben, mit dem Watsons Theorie konfrontiert war. Er kann zeigen, dass das, was den eigenen Standpunkt der Person ausmacht und somit die normative Ressource für Autonomie bereitstellt, nicht davon abhängig ist, was die Person selbst und bewusst als wertvoll beurteilt. Er scheint ebenso den Regress zu vermeiden, indem er die weitere, nicht-reflexive Bedingung der Zufriedenheit an Volitionen stellt. Dennoch könnte man auch hier fragen, warum die Stärke der Identifikation von Volition und Wunsch erster Stufe in Form von Entschiedenheit, die der Motor der Zufriedenheit ist, die angemessene Ressource ist, um die Autorität der Person wirklich auszuzeichnen. So könnte man einwenden, dass der Person selbst gar keine verursachende Kraft in der Bestimmung dessen, was ihr eigen ist, zukommt, sondern lediglich dem sich bei ihr einstellenden psychischen Haushalt.[25] Es ist zudem denkbar, dass sich eine Person entschieden mit einem bestimmten Wunsch identifiziert und deshalb zufrieden ist, obwohl es sich um einen zwanghaften Wunsch handelt. Die Eigenschaft der Zufriedenheit kann daher ebenso wenig wie die entschiedene Art der Identifikation garantieren, dass das, was die Person als ihren Willen ansehen möchte, nicht das Ergebnis von innerem oder äußerem Zwang ist.

Michael Bratman hat darauf hingewiesen, dass Frankfurts Kriterium der Zufriedenheit, das durch ein mangelndes Interesse an Veränderung charakterisiert wird, kein hinreichendes Kriterium für die Identifikation zwischen Volitionen und Wünschen darstelle. In seinem Aufsatz „Drei Theorien der Selbstbestimmung" greift er kritisch Watsons

---

[25] Siehe D. Velleman (1992): What Happens When Someone Acts? in: *Mind* 101, 475.

„anfängliche Herausforderung" auf und versucht zu spezifizieren, welche mentale Funktionsweise genau den Standpunkt der Handelnden charakterisiert. Im Gegensatz zu Werturteilen, von denen eine Person immer entfremdet sein kann, muss es Bratman zufolge um Wertschätzungen (*valuings*) gehen. Doch was an ihnen erklärt den Standpunkt der Person, der als ihr eigener qualifiziert werden kann? Bratman versucht sich dieser Frage zu nähern, indem er Koordinierung bzw. Selbststeuerung als die zentrale Funktion von Wertschätzungen bestimmt. Hierbei erfüllen sogenannte „Grundsätze" (*policies*) diese Funktion am besten, indem sie bestimmten Erwägungen in der praktischen Deliberation und im Handeln ein gewisses Gewicht zuweisen. Dies geschieht dadurch, dass sich eine Person auf bestimmte Grundsätze „festlegt". Die Festlegung (*commitment*) scheint hierbei das auszudrücken, was Frankfurt mit Entschiedenheit charakterisiert. Bratman geht jedoch über Frankfurt insofern hinaus, als die Festlegungen nicht nur die Art und Weise charakterisieren, wie z. B. ein Wunsch autorisiert wird. In einer Festlegung wird vielmehr ausgedrückt, dass bestimmte Erwägungen als Gründe für die Person fungieren. Hierbei lässt Bratman völlig offen, ob das, worauf sich eine Person festlegt, Wünsche oder Prinzipien oder anderweitige Erwägungen sind. Sofern sich eine Person jedoch festlegt und aus diesem Grunde bestimmte Erwägungen über die Zeit hinweg als handlungsleitend betrachtet, konstituiert sie ihren Standpunkt. Dies geschieht dadurch, dass sie ihr praktisches Denken und Handeln über die Zeit hinweg organisiert, indem Festlegungen logische, kausale und semantische Verbindungen zwischen mentalen Einstellungen zustande bringen und aufrechterhalten, die die Identität der Person ausmachen. Dabei ist nicht ausgeschlossen, dass solche Grundsätze, auf die sich eine Person festlegt, höherstufiger Art sind. Sie werden dabei auch der Einsicht gerecht, dass sie über Werturteile hinausgehen. Dies liegt daran, dass die besondere Funktion von Handlungsautorität, wie dies Bratman nennt, nicht primär eine Funktion ist, das Gute aufzuspüren, sondern das Handeln einer Person über die Zeit hinweg zu organisieren.

Bratmans Vorschlag scheint auf diese Weise gleich mehreren der oben genannten, gegen Frankfurts Theorie gerichteten Einwänden begegnen zu können. Dadurch, dass Festlegungen auf Grundsätze eine Person über die Zeit hinweg führen und organisieren, kann er den Synchronismus-Einwand entkräften. Autonomie als Zustand kommt nicht mehr nur einer momentanen Konstellation mentaler Einstellungen zu, sondern aktualisiert sich über einen längeren Zeitraum – so lange nämlich, wie die Person sich an ihren Grundsätzen und ihrer Festlegung darauf, bestimmten Erwägungen normativen Gehalt zuzubilligen, orientiert. Bratman wird damit der Intuition gerecht, dass wir nicht nur einem momentanen Geisteszustand, sondern auch einer Person und der Art, wie sie ihr Leben führt, Autonomie zuschreiben. Allerdings wird auf diese Weise auch die Frage wichtiger, wie eine Person autonom ihre Grundsätze ändern kann. Zu dieser Frage, wie die Kompetenz zur Autonomie erhalten bleiben kann, wenn sich Grundsätze (aus guten Gründen) ändern, schweigt Bratman jedoch.

Er versucht mit seinem Ansatz ferner, dem Regressproblem sowie dem Unvollständigkeitseinwand Herr zu werden. Festlegungen auf Grundsätze sind von anderer Art als bloße Wünsche. Sie transportieren von sich aus den Standpunkt des Handelnden und damit die notwendige Autorität der Selbstbestimmung. Auf diese Weise scheint der Regress unterbunden zu sein. Die Erklärung, dass Festlegungen auf Grundsätze in einer anderen Weise Autorität erlangen als Wünsche, scheint auf den ersten Blick vollständiger zu sein. Doch bereits hier sind Zweifel angebracht, wie vollständig diese Erklärung tatsächlich ist. Gibt es nicht auch in Bratmans Vorschlag eine Art Anfangsproblem, dem zufolge die Festlegung auf Grundsätze einfach als autoritativ ausgezeichnet wird? Die Begründung bemisst sich an der rein formalen Tatsache, dass Festlegungen die Eigenschaft besitzen, die Person über die Zeit hinweg zu führen. Doch auch damit ist nicht ausgeschlossen, dass sich die Person über die Zeit hinweg in einer Weise führt, die das Resultat zwanghafter Wünsche oder manipulativer Umstände ist. Schließlich kann man auch Festlegungen ebenso wie Grundsätze auf ihre Autonomie hin befragen. Auch der infinite Regress schleicht sich auf diese Weise wieder ein. Die durch den Begriff der Festlegung ausgedrückte Akzeptanz eines Grundsatzes ist leer und für Autonomie uninformativ, sofern er jeden Gehalt, auch den, dass sich eine Person bewusst oder unbewusst darauf festlegt, *nicht* ihren eigenen Grundsätzen zu folgen, zulässt. Diese Probleme führen dazu, nach objektiven Standards für Autonomie zu suchen, die unabhängig davon gelten, ob sich eine Person auf einen Grundsatz festlegt. Es scheint, so könnte man skeptisch schließen, als könnte keines der internalistischen Modelle notwendige und hinreichende Bedingungen von Autonomie formulieren.

Sogenannte inhaltsneutrale, auf mehr oder weniger rein subjektive und damit der Person internen Bedingungen rekurrierende Konzeptionen der Autonomie scheinen allesamt mit dem Problem konfrontiert zu sein, zeigen zu müssen, was genau die Autorität und den eigenen Standpunkt der Person auszeichnet, von dem keine Entfremdung mehr möglich ist. Denn jede neu vorgeschlagene Variante der Zustimmung, Billigung, Festlegung oder Identifikation lässt sich selbst darauf hinterfragen, ob diese autonom ist. Und die Unterscheidung zwischen autonomiefördernden und autonomieuntermierenden Faktoren lässt sich schwer treffen, ohne sich auf das Phänomen zu beziehen, das erklärt werden soll. Der Regress und die damit einhergehenden Schwierigkeiten sind trotz aller Versuche schwer zu bannen und tauchen bei jeder neuen Konzeption wieder an anderer Stelle auf. Diese Diagnose gilt sowohl für reflexive wie nicht-reflexive Varianten. Während reflexive Konzeptionen sich schwer damit tun, eine bestimmte, auf andere mentale Zustände gerichtete Einstellung als Autonomie verleihend auszuzeichnen, haben nicht-reflexive Theorien das Problem zu zeigen, warum eine bestimmte Eigenschaft von Motiven, wie etwa deren Entschiedenheit, die dadurch sich einstellende Zufriedenheit oder die bloße Abwesenheit von Widerstand, Autonomie verleiht. Schließlich kann man sich entschieden gegen das wenden, was einem besonders wichtig ist. Zufriedenheit kann Ausdruck von Selbsttäuschung sein. Auch die Abwesenheit von Widerstand kann sich der Zwanghaftigkeit der eigenen Wünsche verdanken. Das Grundproblem jeglicher struktureller Analyse scheint folglich darin zu bestehen, dass keine der bemühten Einstellungen unter der Kontrolle des Akteurs ist.

Diese grundsätzlichen Bedenken gegen die in zweifacher Hinsicht[26] internalistischen

---

[26] S. Buss (2008): Personal Autonomy, in: *The Stanford Encyclopedia for Philosophy*. Hgg. von E. D. Zalta, URL: http://plato.stanford.edu/archives/fall2008/entries/personal-autonomy/.

Konzeptionen – zum einen, weil die Selbstkontrolle der Person nicht von äußeren Faktoren abhängt, zum andern, weil ihre Einstellungen unabhängig von ihrem Bezug zur Realität relevant sind – haben alternative Konzeptionen der Autonomie auf den Plan gerufen, die das Ideal der Inhaltsneutralität sowie die damit zusammenhängenden rein subjektiven oder internen Bedingungen von Autonomie zugunsten höchst verschiedener objektiver oder externer Bedingungen aufgeben. Damit geht die Auffassung einher, dass sich Autonomie nicht rein deskriptiv als ein bestimmter Zusammenhang mentaler Einstellungen, sondern nur mit Verweis auf substanzielle Vorgaben verstehen lässt. Im Folgenden kreisen die Beiträge immer weniger um die Authentizitätsbedingung von Autonomie als vielmehr zunehmend darum, welche weiteren, nicht subjektabhängigen Bedingungen erfüllt sein müssen, um Autonomie zu garantieren oder aber welche anderen, zwar internen, aber nicht unmittelbar authentizitätsrelevanten Bedingungen für Autonomie wesentlich sind.

3.3 Äußere Standards: Geschichte des Wunscherwerbs, Selbstvertrauen und Autonomiekompetenz

John Christman macht in seinem Beitrag „Autonomie und die Vorgeschichte einer Person" einen ersten Schritt zur Verteidigung schwach objektiver, d. h. nicht rein subjektiver Bedingungen von Autonomie – auch wenn er an einer bestimmten Konstellation von mentalen Einstellungen als einer notwendigen Bedingung von Autonomie festhält. Auch Christman fragt sich, unter welchen Bedingungen die Werte und Wünsche einer Person wirklich ihre eigenen sind. Anders als Frankfurt und Watson verortet er die für Autonomie relevanten Bedingungen jedoch nicht in dem Verhältnis, in dem eine Handelnde zu ihren momentanen Wünschen oder Werten steht, sondern in dem *Prozess der Wunschentstehung*. Er rekurriert hierbei auf die Fähigkeit, Schlüsse aus den eigenen Einstellungen zu ziehen und sie zu hinterfragen. Nach Christman kommt es nicht so sehr darauf an, ob momentane Wünsche oder andere Einstellungen akzeptiert werden, sondern ob das, was diese verursacht hat, gebilligt werden kann. Auf diese Weise kann er berücksichtigen, dass sich eine Person nicht mit ihren gegebenen Wünschen identifiziert, die selbst nicht autonom sind. Er schlägt im Einzelnen vor, dass (i) eine Person relativ zu einem Wunsch dann autonom ist, wenn sie sich seiner Entstehung nicht widersetzte, als sie sich des Entstehungsprozesses bewusst war, oder wenn sie sich seiner Entstehung nicht widersetzt hätte, wenn sie sich des Entstehungsprozesses bewusst gewesen wäre. Zudem (ii) darf das Ausbleiben des Widerstands gegen die Entstehung eines Wunsches nicht von Faktoren beeinflusst gewesen sein, die Selbstreflexion hemmen, und (iii) die Selbstreflexion im Entstehungsprozess muss (minimal) rational sein und ohne Selbsttäuschung stattfinden.[27] Zu minimaler Rationalität gehören keine offenkundig inkonsistenten Einstellungen. Selbsttäuschung schließt Autonomie deshalb aus, weil sie

---

[27] Vgl. auch A. Mele (2001): *Autonomous Agents: From Self-Control to Autonomy*, New York: Oxford University Press, 144–173.

die dafür notwendige Transparenz der eigenen Einstellungen verunmöglicht. Auf diese Weise führt Christman schwache objektive Standards ein, um dem Unvollständigkeitsproblem zu begegnen. Sie sind „schwach objektiv", weil es sich um weitere Bedingungen für gegebene Einstellungen einer Person handelt.

Die Regressgefahr versucht Christman dadurch zu bannen, dass die Person sich nicht durch eine weitere Einstellung zu ihren gegebenen Einstellungen verhält. Vielmehr wird Autonomie dadurch verliehen, dass sie die Entstehung ihrer Einstellungen mit hinreichender Selbstkenntnis und minimaler Rationalität einschätzt. Die Billigung dieses Entstehungsprozesses ist hierbei keine weitere Einstellung, sondern eine Abwesenheit von Widerstand. Christman glaubt nach wie vor, eine inhaltsneutrale Konzeption zu vertreten, die keine substanziellen Bedingungen dafür angibt, was eine Person wünschen muss. Wie die anderen Internalisten bindet auch er das, was die Person ausmacht, an ihre Zustimmung (bzw. die Abwesenheit von Widerstand). Sofern er jedoch die Abwesenheit von Faktoren fordert, die die dafür nötige Selbstreflexion hemmen, zeigt er, dass auch subjektunabhängige Standards gelten müssen, um der Zustimmung der jeweiligen Person Autorität zu verleihen. Die Frage, die sich für viele stellt, ist, ob diese schwach objektiven Bedingungen ausreichend sind, um die Autorität der Person zu qualifizieren. Schließlich lässt sich einwenden, dass eine Person, die konsistente Einstellungen hat und zweckrational ist sowie sich nicht über ihre Einstellungen täuscht, über hinreichende Ressourcen verfügt, um die Entstehung ihrer Wünsche zu billigen. Es sind Fälle denkbar, in denen die Wünsche einer Person aufgrund inneren oder äußeren Zwangs bereits in einer Weise konditioniert sind, dass sich entweder die Frage nach ihrer Entstehung gar nicht stellt oder aufgrund der Determiniertheit der Wünsche entsprechend gebilligt wird. Es bleibt ferner dunkel, warum Irrationalität und Selbsttäuschung, aber nicht andere Faktoren Autonomie verhindern. So kann Christman Fällen nicht gerecht werden, in denen eine Person sich autonom zur Aufgabe ihrer Autonomie entschließt.

Paul Benson hat in seinem Artikel „Handlungsfreiheit und Selbstwert" auf Fälle hingewiesen, in denen Personen aufgrund bestimmter sozialer Umstände ihren Selbstwert und damit den Sinn für ihren Status als achtenswerte Handelnde verloren haben. Jemand, der von anderen systematisch so behandelt wird, als fehle es ihm an Autorität – indem etwa seine Wahrnehmung und sein Urteilsvermögen bezweifelt werden, er für gestört oder anderweitig nicht zurechnungsfähig betrachtet wird – verliert das Selbstvertrauen, das notwendig ist, um sein eigenes Verhalten kompetent bestimmen zu können. Eine Person, deren reflexive und evaluative Fähigkeiten nicht geachtet werden, schämt sich, verliert an Selbstwertgefühl und erlebt sich in der Folge als von ihren eigenen Einstellungen und Sichtweisen entfremdet. Sie ist zunehmend nicht mehr in der Lage, Verantwortung für diese zu übernehmen.

Das für Autonomie notwendige Selbstwertgefühl ist von den Einstellungen anderer zu der Person, um deren Autonomie es geht, abhängig. Je nach Einstellung anderer wird eine Person sich nämlich unterschiedlich in der Lage sehen, für ihr Verhalten Verantwortung zu übernehmen und auf Erwartungen anderer zu reagieren. Laut Benson gehört es daher zu einer (wenn auch nicht hinreichenden, aber notwendigen) Bedingung von

Autonomie, dass eine Person sich selbst Wert zuschreiben kann. Umgekehrt kommt Autonomie deshalb ein Wert zu, weil sie ein integraler Bestandteil der Selbstachtung ist.

Benson macht hier auf eine weitere (wenn auch noch weitgehend interne) Bedingung von Autonomie aufmerksam, die unabhängig davon erfüllt sein muss, in welchem anderweitigen internen Verhältnis Personen zu ihren eigenen Einstellungen stehen. Doch selbst wenn Selbstvertrauen als notwendige Bedingung von Autonomie betrachtet wird, lässt Benson offen, welche anderen Bedingungen für Autonomie notwendig und welcher Art sie sind. Seine Konzeption ist daher unvollständig.

In ihrem Beitrag „Personale Autonomie ohne Transzendenz" versucht auch Diana Meyers interne ebenso wie subjektunabhängige Bedingungen für eine angemessene Konzeption von Autonomie zu berücksichtigen. Sie widmet sich v. a. der weniger breit diskutierten Bedingung der „Autonomiekompetenz" und verfolgt die Frage, welche Fähigkeiten eine Person benötigt, um sich zu führen. Ähnlich wie Bratman nimmt sie dabei v. a. die globale Autonomie in den Blick. Denn sobald die Frage nach Autonomiekompetenz gestellt wird, kann es nicht mehr nur darum gehen, was eine Person statisch betrachtet ausmacht oder ihre Autorität auszeichnet. Es rückt vielmehr die Frage ins Zentrum, wie eine autonome Person im Lichte einer sich ständig ändernden Umwelt und angesichts der Tatsache, dass sich ihre Wünsche und Werte auch ändern können, ihre einmal erworbene Autonomie erhält und festigt. Autonomie vollzieht sich Meyers zufolge in einem Prozess der Selbststeuerung über die Zeit hinweg. Demzufolge sind autonome Lebenspläne, die eine Konzeption dessen enthalten, was eine Person in ihrem Leben tun möchte, sich entfaltende dynamische Programme, die ständig offen für Revisionen sind. Lebenspläne sind dann autonom, wenn die betreffende Person bei ihrer Formulierung auf ihre eigenen Fähigkeiten, Neigungen, persönlichen Ideale und Gefühle achtet und diese Pläne ohne äußeren Zwang wählt. Sie unterstützen die Autonomie und das damit einhergehende Selbstverständnis einer Person, indem sie dieses mit Inhalt füllen. Die Person muss jedoch auch über eine kritische Autonomiekompetenz verfügen, um sich im Lichte dieser Lebenspläne und etwaiger Umstände zu führen. Genauer gibt Meyers zwei Bedingungen an, die für die Authentizitäts- sowie die Kontrollbedingung notwendig sind: Die Autonomiekompetenz besteht darin, dass eine Person sich fragen kann, was sie wirklich will, benötigt, für wichtig hält und wertschätzt, und schließlich eine Antwort findet (Authentizitätsbedingung). Sie muss darüber hinaus in der Lage sein, diese Antwort in eine Handlung umzusetzen und sich zu korrigieren, wenn sich ihre Antwort als falsch erweist (Kontrollbedingung). Auf diese Weise, so Meyers, kann eine „Integration der Persönlichkeit" erzielt werden. Meyers hält Autonomiekompetenz für eine sehr reflektierte Fähigkeit, derzufolge sich eine Person selbst beurteilt und entsprechend transparent ist. Es stellt sich jedoch die Frage, ob sie einen ähnlichen Fehler wie Watson begeht, indem sie diese Kompetenz überintellektualisiert. So eröffnet sich das, was einer Person wirklich wichtig ist, häufig weniger durch bewusste Urteile darüber, was sie für gut hält als darüber, worauf sie wertend und emotional reagiert.

Schwach externalistische Modelle versuchen zu berücksichtigen, dass es andere, von den jeweils gegebenen Einstellungen unabhängige Standards gibt, die die Autonomie einer Person erst ermöglichen. Dies impliziert jedoch nicht immer, dass diese Standards selbst externer Art sind. Rationalität, die Abwesenheit von Selbsttäuschung, Selbstvertrauen und Autonomiekompetenz sind vielmehr Bedingungen, die sich intern, d. h., mit Rekurs auf bestimmte Einstellungen einer Person, ausbuchstabieren lassen. Sie gelten jedoch – und dies macht sie schwach externalistisch – unabhängig davon, wie eine Person zu ihnen steht. Diese Standards scheinen zwar plausible Bedingungen für Autonomie zu sein. Offen bleibt jedoch, ob es sich hierbei um lediglich ermöglichende und damit kausal relevante Faktoren oder um für Autonomie konstitutive Bedingungen handelt. Ebenso offen bleibt, ob Autonomie nach wie vor internalistisch definiert wird – schließlich sind sowohl Selbstvertrauen als auch Rationalität, Selbsttransparenz und Autonomiekompetenz Einstellungen und Fähigkeiten der jeweiligen Person – oder ob externe Bedingungen – also die Tatsache, wie andere die jeweilige Person behandeln und wie Umstände einwirken – für die Definition von Autonomie wesentlich sind.

3.4 Objektivität, soziales Umfeld und Beziehungen

Stark externalistische Konzeptionen betrachten nicht nur bestimmte Standards für subjektive Einstellungen, sondern tatsächlich objektive Gegebenheiten als notwendig für Autonomie. Dazu gehören v. a. Realitätsnähe und Wissen, ein soziales Umfeld, das Wahlfreiheit und eine freie Selbstentfaltung ermöglicht, sowie angemessene, d. h. respektvolle und nicht missachtende Beziehungen.

Diana Meyers machte bereits darauf aufmerksam, dass die Fähigkeit zur Reaktion auf veränderte Umstände zentral für Autonomiekompetenz ist. Internalistische Modelle verfügen nicht über die Ressourcen, den Bezug zur Realität und damit zu den von den Zuständen der Welt generierten Gründen, die eine Person hat, zu berücksichtigen. Auf diese Weise wird es möglich, dass sich eine Person, völlig losgelöst von möglichen neuen Gründen, allein mit ihren gegebenen Einstellungen beschäftigt. Dies führt jedoch zu Sturheit und Starrsinn und verheißt keine Autonomie. Ferner können gegebene Einstellungen nicht nur in manipulativer Weise erworben sein, sie können auch schlichtweg unbegründet sein bzw. werden. Eine Person, die z. B. zu alt ist, um noch einmal einen ganz neuen Beruf zu erlernen, hat einen solchen unvernünftigen Wunsch. Der Wunsch mag noch vor wenigen Jahren vernünftig gewesen sein. Aber aufgrund ihres Alters, der Lage des Arbeitsmarkts sowie der Ausbildungsverhältnisse erweist er sich zunehmend als unbegründet. Er wird nicht dadurch autonom, dass die Person ihn von ganzem Herzen möchte, ihn als Grundsatz betrachtet oder dessen Entstehung hätte zustimmen können. Bernard Berofsky geht in seinem Beitrag „Die Befreiungstheorie der Autonomie: Objektivität" noch einen Schritt weiter als Meyers. Seiner Meinung nach verdankt sich Autonomie der Art und Weise, wie sich eine Person in ihrer Welt verankert. Objektivität ist damit ein zentraler Bestandteil von Autonomie. Es lassen sich in Berofskys Ausführungen mindestens drei Elemente ausmachen, die Objektivität charakterisieren: Es gehört erstens dazu, dass die Dinge so gesehen werden, wie sie ein normaler, kompetenter und unparteiischer Beobachter sähe – d. h., Wissen und Wahrheit sind zentrale Bestandteile von Objektivität. Zweitens gehört dazu, sich nach Werten auszurichten. Berofsky scheint hier davon auszugehen, dass Werte zumindest intersubjektiv bestätigbar sind. Drittens hält auch er Flexibilität und damit die Bereitschaft, das eigene Verhalten angesichts neuer und relevanter Informationen zu ändern, für einen wesentlichen Bestandteil von Objektivität. Objektivität ist hierbei eine Einstellung, die, wie es scheint, diese drei Ziele verfolgt und sich auf diese Weise zuverlässig an Fakten und Werten orientiert.

Dass die Reaktionen einer Person auf die Welt z. B. von ihrer körperlichen und psychischen Verfassung abhängen, – u. a. verweist Berofsky hier auf Kindheitstraumata, Charaktereigenschaften, Einschränkungen in der Intelligenz, Wahrnehmungsfähigkeit und Erinnerung – erklärt, warum Objektivität häufig verfehlt wird. Dies liegt daran, dass manche unserer Einstellungen unzuverlässig gebildet wurden oder schlichtweg Hemmnisse für einen besseren Zugang zur Realität darstellen. Diese Abhängigkeit legt jedoch nicht nahe, dass unsere mentalen Zustände Autonomie garantieren. Vielmehr ist Objektivität insofern ein „Schlüsselelement von Autonomie", als sie die Fähigkeit darstellt, die Welt (inklusive der eigenen mentalen Zustände) als das zu sehen, was sie ist und angemessen darauf zu reagieren.

Es lässt sich vermuten, dass ein solch objektivistischer Ansatz ein Problem internalistischer Theorien in den Griff bekommen möchte: Dieses besteht darin, dass internalistische Theorien den Standpunkt des Akteurs in einer Weise charakterisieren, die nicht ausschließt, dass es sich hierbei um sein eigenes Hirngespinst handelt. Internalistische Theorien haben sich meist nur mit der Frage beschäftigt, wie eine Einstellung oder eine Beziehung von Einstellungen ihrerseits autonom und in diesem Sinne der jeweiligen Person eigen sein kann. Sie haben jedoch (mit der Ausnahme von Christman) kaum gefragt, ob dieser so spezifizierte Standpunkt der Person die Wahrheit über sich und die Welt, in der er sie sich befindet, systematisch verfehlt. Insofern scheint Autonomie immer auch davon abzuhängen, dass nicht die Person und ihre konativen Einstellungen allein das Sagen darüber haben, was sie eigentlich charakterisiert. Vielmehr müssen diese Einstellungen den Bedingungen objektiver Begründung genügen.

Berofskys objektivistischer Ansatz lässt allerdings offen, inwiefern die Fähigkeit zur Objektivität in seinem Sinne Autonomie vollständig definiert. Er ist auch mit dem Einwand konfrontiert, dass Objektivität ebenso wenig Autonomie garantieren kann wie internalistische Bedingungen. So kommt sein Vorschlag möglicherweise einer Verwechslung von praktischer Vernunft (im Sinne einer angemessenen Reaktion auf Gründe) und Autonomie gleich.

Neben der Objektivität sind auch soziale Umstände und zwischenmenschliche Beziehungen als weitere externe Bedingungen eingeführt worden, die als konstitutiv für Autonomie gelten. Hierbei sind jedoch zwei Hinsichten zu unterscheiden, in denen soziale Beziehungen für Autonomie relevant sind und die häufig nicht sauber getrennt werden. Zum einen können soziale Beziehungen als Voraussetzung für Autonomie fungieren. Demnach können wir ohne angemessene Beziehungen zu anderen keine Autonomie erwerben. Es ist also kausal notwendig für Autonomie, in einem sozialen Umfeld zu sein, das angemessene soziale Beziehungen erlaubt, in denen eine Person nicht systematisch unterdrückt wird. Gelten Beziehungen als Voraussetzung von Autonomie, geht es häufig um Beziehungen genereller Art, die bestimmte Rollen, wie etwa die der Frau oder die von Immigranten, bestimmen. Zum andern können soziale Beziehungen, insbesondere enge zwischenmenschliche Beziehungen, als Bestandteil dessen betrachtet werden, was zu einem autonomen Leben gehört. Demzufolge ist das den internalistischen Modellen zugrunde liegende Bild vom individualistischen, unabhängigen Selbst, das keiner Beziehungen zu bedürfen scheint, ein unangemessenes Modell von Autonomie. Vielmehr, so die Vertreterinnen dieser sogenannten „relationalen Autonomie", gehört zu einer autonomen Person, dass sie in der Lage ist, sich zu binden und Beziehungen einzugehen. Dies schließt ein, dass sie sich auch von anderen Personen und ihrer Bindung zu ihnen abhängig macht.[28]

Marina Oshana verteidigt in ihrem Beitrag „Personale Autonomie und das soziale Umfeld" eine (von ihr selbst so bezeichnete) externalistische sowie substanzielle (nicht inhaltsneutrale) Auffassung von Autonomie. Ferner wendet sie sich gegen eine synchronistische oder lokale Auffassung von Autonomie. Ihr zufolge ist Autonomie ein Zustand von Personen (nicht nur von momentanen mentalen Einstellungen), der sich in besonderem Maße aus sozialen Beziehungen konstituiert, die Personen eingehen. Insofern erachtet sie soziale Beziehungen als kausal relevant für Autonomie. Bzgl. der Frage, ob eine Person Beziehungen eingehen muss, um autonom zu sein, hält sich Oshana weitgehend bedeckt. Man könnte jedoch geneigt sein, ihre These, der zufolge sich Autonomie in den Interaktionen mit anderen manifestiert, so zu deuten, dass sie auch das Führen von Beziehungen als notwendig für ein autonomes Leben erachtet.

Oshana will zeigen, dass internalistische Bedingungen von Autonomie nicht hinreichen, um wesentliche Unterschiede zu charakterisieren, die wir in der Zuschreibung von Autonomie machen. Beispiele freiwilliger Sklaverei und unterwürfiger Frauen machen ihr zufolge deutlich, dass soziale Umstände und Beziehungen der Gleichheit für Autonomie konstitutiv sind – selbst wenn ein Sklave oder eine unterwürfige Frau sich mit ihren Einstellungen identifizieren bzw. das, was sie sind und tun, wirklich wollen. Grund dafür ist, dass sowohl der Sklave als auch die unterwürfige Frau ihre Handlungsgründe weder in sozialer noch psychischer Hinsicht uneingeschränkt beurteilen können. Damit dies möglich ist, so Oshana, bedarf es eines von vornherein verfügbaren Bereichs relevanter und realer Handlungsoptionen, aus denen eine Person wählen kann. Sie muss darüber hinaus in der Lage sein, ihre Entscheidung ohne unangemessene soziale oder psychische Kosten umzusetzen. Sozial-relationale Standards beschreiben hierbei auf substanzielle Weise, wie sich eine Person zu anderen in Beziehung setzt bzw. setzen soll. Sie enthalten u. a., dass sie ihre Ziele in einem sozial und psychisch „sicheren" Umfeld, in dem keine Nötigungen zu erwarten sind, verfolgen können muss. Insofern kann Oshana Autonomie als eine Eigenschaft deuten, die Personen angesichts ihrer sozial-relationalen Position zukommt.

Eine solche externalistische, auf Beziehungsstandards basierende Konzeption, kann wichtige Intuitionen berücksichtigen, die unsere Zuschreibung von Autonomie leiten. Diesen Intuitionen zufolge können wir eine Person nicht als autonom ansehen, selbst wenn sie sich in einem Umfeld von Zwang und eingeschränkten Möglichkeiten zu ei-

---

[28] Siehe dazu C. Mackenzie und N. Stoljar (Hg.) (2000): *Relational Autonomy: Feminist Perspectives on Autonomy, Agency, and the Social Self.* New York: Oxford University Press.

nem solchen Leben bekennt. Es lässt sich jedoch bezweifeln, ob die von Oshana eingeführten Standards tatsächlich konstitutiv für Autonomie sind. Schließlich sind ebenso Fälle denkbar, in denen eine Person trotz oppressiver und manipulativer Umstände und Beziehungen in einem internalistischen Sinne weiß, was sie wirklich will und sich diesen Zwängen sogar widersetzen kann. Nicht alle Fälle unterdrückter Identität sind Fälle mangelnder Autonomie. Zudem lassen sich die von Externalistinnen vorgebrachten substanziellen Standards immer so interpretieren, dass sie internalistisch eingeholt werden können. So könnte man geneigt sein zu behaupten, dass eine Person mit den notwendigen Fähigkeiten zur kritischen Reflexion unter den Bedingungen prozeduraler Unabhängigkeit – denen zufolge eine Person nicht von anderen in einer Weise beeinflusst wird, die Autonomie einschränkt – genau über diejenigen internen Bedingungen verfügt, die für Autonomie notwendig sind. Dies zwingt jedoch weder zur Annahme substanzieller Standards noch zur Behauptung, dass sozial-relationale Eigenschaften konstitutiv für Autonomie sind. Diese sind lediglich kausale Voraussetzungen.

Die Auseinandersetzung um eine angemessene Konzeption von Autonomie ist nicht beendet. Der vorliegende Band soll dazu beitragen, eine repräsentative Auswahl verschiedener Konzeptionen vorzustellen und den Boden für weitere Diskussionen zu bereiten. Erst auf dieser Basis kann überhaupt sinnvoll darüber nachgedacht werden, welche Autonomiekonzeption in den verschiedenen angewandten Kontexten, denen ich mich nun kurz zuwenden werde, angemessen und verteidigbar ist und welcher Zusammenhang überhaupt zwischen den verschiedenen Verwendungsweisen des Begriffs Autonomie in unterschiedlichen Kontexten besteht

4 Kontexte der Autonomie

Wie wir sehen konnten, ist jede Konzeption von Autonomie mit Schwierigkeiten und Grenzen konfrontiert. Die Sache wird noch komplizierter, wenn wir bedenken, dass der Begriff der Autonomie in unterschiedlichen Kontexten mit verschiedenen Anliegen verwendet wird. Häufig wird nicht einmal ausgewiesen, welche Konzeption von Autonomie einer bestimmten Verwendungsweise in einem bestimmten Kontext zugrunde liegt. Doch jede Antwort, die auf die Frage nach der Natur und der Bedeutung von Autonomie gegeben wird, hat Auswirkungen darauf, welche Relevanz Autonomie in einem spezifischen normativen Kontext zukommt. Wie also eine Person, die autonom ist oder der Autonomie abgeht, behandelt werden darf, oder was eine Person zu tun hat, um Autonomie zu erwerben, hängt in jedem Kontext maßgeblich davon ab, was unter Autonomie überhaupt verstanden wird.

Abschließend soll nur auf einige der Kontexte aufmerksam gemacht werden, in denen Autonomie eine wichtige rechtfertigende Funktion zukommt. Grob lässt sich hierbei der Kontext der angewandten Ethik von dem der politischen Philosophie und der Rechtsphilosophie sowie von dem der Philosophie der Erziehung unterscheiden. Aus Platzgründen werde ich mich auf einige wenige Gebiete innerhalb dieser Kontexte beschränken.

Autonomie spielt eine zentrale Rolle im Kontext der Bioethik. Ob es um das Verhältnis zwischen Ärztin und Patient geht, um die Legitimation von Abtreibung, Sterbehilfe, Organhandel, Leihmutterschaft oder „Enhancement" – um nur einige besonders prominente Gebiete zu nennen – Autonomie ist einer der fundamentalen Werte, an denen sich bemisst, ob ein medizinischer Eingriff erlaubt ist oder nicht. Wenn wir die Debatten in diesen einzelnen bioethischen Kontexten betrachten, ist es jedoch auffallend, dass Autonomie in ganz unterschiedlichen Bedeutungen verwendet wird. Zum Teil sind die Bedeutungen unterschiedlich je nach Kontext, in dem der Begriff verwendet wird. Zum Teil bemühen Verteidiger und Gegner eines bestimmten Eingriffs unterschiedliche Konzeptionen von Autonomie innerhalb eines Kontexts, ohne diese jeweils selbst normativ zu verteidigen. So wird Autonomie im Zusammenhang einer Arzt-Patienten-Beziehung meist als „informierte Zustimmung"[29] verstanden. Hierbei handelt es sich um einen sehr minimalen Begriff von Autonomie. Er beschränkt sich darauf, dass eine Patientin nur dann medizinische Behandlung erfahren sollte, wenn sie über die Natur der Behandlung und mögliche Konsequenzen gut informiert ist. Die Patientin muss dieser Behandlung auf der Basis dieser Information ohne Zwang zustimmen.[30] Im Fall des Verkaufs eigener lebend gespendeter Organe wird auf die Idee der Freiwilligkeit rekurriert. Demzufolge stimmt eine Person der Transaktion genau dann freiwillig zu, wenn es für sie als autonome Person auch möglich wäre, ihr nicht zuzustimmen.[31] In diesen Kontexten wird weit seltener gefragt, ob die Betroffenen über eine wohlinformierte Zustimmung oder Entscheidung hinaus wirklich hinter ihren Motiven stehen, über Selbstvertrauen verfügen oder gar, ob eine angemessene Beziehung zu ihnen gepflegt wird. Es scheint also in vielen Bereichen der Bioethik eine viel basalere Konzeption von Autonomie im Spiel zu sein, die mit *Wohlinformiertheit*, *Verständnis der Optionen* und ihrer *Implikationen*, *Freiwilligkeit* und *eigener Entscheidung* umschreibbar ist.

Dass Autonomie jedoch auch *innerhalb* eines bioethischen Kontexts normativ umstritten ist, möchte ich am Beispiel des sogenannten Neuro-Enhancements verdeutlichen.[32] So haben Befürworter von Maßnahmen, die etwa die Einnahme von Psychopharmaka zur Aufhellung der Stimmung betreffen, auf eine Konzeption der Autonomie verwiesen, der eine bestimmte Intuition der Selbsterschaffung zugrunde liegt. Demzufolge ist die Verabreichung von Psychopharmaka zur Verbesserung der eigenen emotionalen Befindlichkeit legitimiert, wenn die betreffende Person sich mit ihren neuen emotionalen Eigenschaften identifiziert und nunmehr keine Veränderung wünscht.[33] Gegner solcher

---

[29] Siehe etwa G. Dworkin (1988): *The Theory and Practice of Autonomy*, op. cit., Kap. 7.
[30] Siehe etwa T. L. Beauchamp und J. Childress (2009): *Principles of Biomedical Ethics*. Oxford: Oxford University Press, 57ff. Sie bezeichnen den Respekt für die Autonomie der Patientin als eine „professionelle Verpflichtung."
[31] Siehe S. Kerstein (2009): Kantian Condemnation of Commerce in Organs, in: *Kennedy Institute of Ethics Journal* 19, 147-169, bes. 152ff. Kerstein nennt dies den „possible consent account".
[32] Auch innerhalb anderer bioethischer Kontexte wird häufig mit Rekurs auf unterschiedliche Konzeptionen oder implizite Verständnisse von Autonomie gestritten.
[33] Siehe z. B. J. Bublitz und R. Merkel (2009): Autonomy and Authenticity of Enhanced Personality Traits, in: *Bioethics* 23, 360-374.

Maßnahmen beziehen sich stattdessen auf eine Intuition der Treue zu sich selbst. Deshalb ist ihrer Meinung nach eine veränderte Persönlichkeit nicht mehr die der Person eigene.[34] Keiner der Kontrahenten verteidigt jedoch die jeweils bemühte Konzeption von Autonomie. Auf diese Weise droht die Gefahr, einen bestimmten paternalistischen Eingriff zirkulär zu rechtfertigen. Das, was nämlich erlaubt bzw. verboten werden soll, hängt von der jeweils verwendeten Theorie der Autonomie ab.[35]

Es ist daher ein dringendes Desiderat, die jeweils verwendete Konzeption von Autonomie, die die Begründungslast in solchen Debatten der angewandten Ethik trägt, entweder eigens zu verteidigen oder aber von einem viel allgemeineren Begriff auszugehen, der den zu begründenden Sachverhalt nicht bereits vorentscheidet. Es ist bisher nicht hinreichend klar, wie sich etwa die minimalen Bedingungen der Wohlinformiertheit, Freiwilligkeit und eigenen Entscheidung zu den in diesen Band versammelten inhaltsneutralen und substanziellen Konzeptionen von Autonomie verhalten.[36] Es ist sogar fraglich, ob diese minimalen Bedingungen etwas mit Autonomie als einem intrinsischen Wert zu tun haben und hinreichend sind, um die Umsetzung dessen, was einer Person wirklich wichtig ist, zu garantieren.[37]

Autonomie spielt darüber hinaus auch eine wichtige Rolle im Rahmen der politischen Philosophie. So wird sie z. B. zur Rechtfertigung politischer Macht ebenso bemüht wie zur Beantwortung von Fragen der Reichweite von Verteilungsgerechtigkeit oder der Legitimation humanitärer Interventionen. Ganz allgemein ist Autonomie ein zentraler Wert des Liberalismus.[38] So glaubt Rawls, dass die von ihm bestimmten Prinzipien der Gerechtigkeit von autonomen Personen akzeptiert werden würden. Die Zustimmung autonomer Bürger ist in Rawls' Theorie ein wichtiges Moment der Legitimation der Gerechtigkeitsprinzipien. Ihre Autonomie bemisst sich hier an ihrer Rationalität und Freiheit.[39]

Manche Egalitaristen vertreten die Auffassung, dass staatliche Hilfe dann nicht gefordert werden kann, wenn das, was einer Person geschieht, ihrer autonomen Entscheidung entspringt.[40] Dazu gehört, dass die Person weiß, welche Risiken sie mit ihren Entschei-

---

[34] Siehe etwa C. Elliott (1998): Die Tyrannei des Glücklichseins, in: B. Schöne-Seifert und D. Talbot (Hg.) (2009): *Enhancement. Die ethische Debatte*, Paderborn: mentis, 235-247.

[35] Zur Zirkularität einer solchen Rechtfertigung mit Rekurs auf Autonomie, siehe M. Betzler (2009): Macht uns die Veränderung unserer selbst autonom? Überlegungen zur Rechtfertigung von *Neuro-Enhancement* der Emotionen, in: *Philosophia Naturalis* 46, 167-212.

[36] Vgl. C. Wiesemann (2012): Autonomie als Bezugspunkt einer universalen Medizinethik, in: *Ethik in der Medizin* 24, 287-295, die nicht zuletzt auch wegen eines sehr unterschiedlichen Verständnisses von Autonomie im Rahmen der Bioethik (auch im interkulturellen Vergleich) Autonomie als ein „soziales Konstrukt" betrachtet.

[37] Siehe M. Valdman (2010): Outsourcing Self-Government, in: *Ethics* 120, 761-790, der bestreitet, dass minimale Bedingungen, wie freie Entscheidung, einen intrinsischen Wert darstellen. Vgl. S. Conly (2012): *Against Autonomy: Justifying Coercive Paternalism*. Cambridge: Cambridge University Press.

[38] Siehe z. B. R. Dagger (2005): Autonomy, Domination, and the Republican Challenge to Liberalism, in: J. Christman und J. Anderson (Hg.): *Autonomy and the Challenges to Liberalism*. Cambridge: Cambridge University Press. Vgl. J. Christman (2005): Autonomy, Self-Knowledge, and Liberal Legitimacy, in: ebd.

[39] Siehe J. Rawls (1970): *A Theory of Justice*. Cambridge: Harvard University Press.

[40] Siehe R. Dworkin (2002): *Sovereign Virtue. The Theory and Practice of Equality*. Cambridge: Harvard University Press.

dungen auf sich nimmt. Demgegenüber sollte eine Gemeinschaft Mittel zur Verfügung stellen, wenn eine Person aufgrund ihrer angeborenen Behinderung schlechter gestellt ist als Nicht-Behinderte. Dies ist deshalb der Fall, weil eine angeborene Behinderung dem Zufall zuzuschreiben ist. Sollte eine Person jedoch aufgrund der Ausübung eines riskanten Sports, den sie selbst gewählt hat, einen Unfall erleiden und infolge dieses Unfalls Behinderungen davontragen, verdiene sie – so die Auffassung – keine Kompensation. Dieser Ansicht liegt die Intuition zugrunde, dass das, wozu wir uns selbst entscheiden, von uns auch selbst verantwortet werden muss. Dabei spielt es wiederum keine Rolle, ob diese Entscheidungen dem „wahren" Willen der Person entsprechen, sondern lediglich, ob sich eine Person wohlinformiert für eine bestimmte Option entschieden hat.

Sofern Autonomie als ein zentraler Wert betrachtet wird, haben staatliche Organe ebenso wie die Gesetzgebung die Pflicht, die Autonomie ihrer Bürgerinnen und Bürger zu schützen. Und humanitäre Interventionen beispielsweise werden u. a. deshalb kritisiert, weil sie die Autonomie der Zivilbevölkerung verletzen.[41] In diesem Fall wird Autonomie als Fähigkeit verstanden, sein Leben nach seinen eigenen Vorstellungen zu führen. Auch in der politischen Philosophie wird Autonomie folglich in der Regel minimalistisch interpretiert und schillert u. a. zwischen wohlinformierter Entscheidung und der Fähigkeit, sein Leben nach eigenen Vorstellungen auszurichten.

Ich wollte mit der kursorischen Darstellung zweier Kontexte,[42] in denen Autonomie eine zentrale rechtfertigende Rolle einnimmt, zeigen, dass der jeweiligen Begriffsverwendung ganz unterschiedliche Theorien und implizite Auffassungen von Autonomie zugrunde liegen. Dies gilt sowohl zwischen verschiedenen Kontexten als auch innerhalb eines Kontexts.

Dies wirft mehrere Probleme auf. Zum einen könnte man geneigt sein zu glauben, dass ein bestimmter Kontext aufgrund der damit verbundenen Interessen und der zu regelnden Verhältnisse eine bestimmte Konzeption von Autonomie nahelegt. So könnte es sich im Kontext des Organhandels um eine minimale, im Kontext des Enhancement um eine maximale Konzeption von Autonomie handeln. Diese Vermutung wird jedoch dadurch konterkariert, dass innerhalb des Kontexts um die Rechtfertigung von Enhancement mit verschiedenen minimalen und maximalen Autonomiekonzeptionen debattiert wird. Zum andern könnte man sich fragen, ob die unterschiedlichen Autonomiekonzeptionen einen Kernbegriff von Autonomie ausdrücken oder ob es sich vielmehr um letztlich ganz verschiedene Begriffe handelt, die irreführend unter dem Terminus „Autonomie" zusammengebracht werden. Im letzteren Fall handelte es sich dann um eine Äquivokation. Wir wären daher gut beraten, statt eines falsch verwendeten Begriffs der Autonomie verschiedene, konkretere Begriffe, wie etwa Freiwilligkeit, Wohlinformiertheit oder Entscheidungsfreiheit zu gebrauchen, die das Gemeinte präziser ausdrücken, oder eben einen allgemeinen Kernbegriff der Autonomie zu verteidigen. Das, was als Recht erachtet wird und unseren Respekt erfordert, könnte entweder mit Autonomie weniger zu tun haben als gemeinhin angenommen wird, oder aber eine andere Art

---

[41] Vgl. D. Zupan: *War, Morality, and Autonomy. An Investigation in Just War Theory.* Hampshire: Ashgate.
[42] Die Darstellung der Kontexte ist hierbei keineswegs erschöpfend.

der Autonomie meinen als diejenige, die im Kontext der Debatte um den angemessenen Begriff von Autonomie im Spiel ist. Eine explizite Diskussion um eine angemessene Konzeption von Autonomie in den verschiedenen angewandten Kontexten kann jedenfalls klären helfen, ob der Begriff der Autonomie durch andere Begriffe ersetzt, ausgeweitet oder durch verschiedene Konzeptionen interpretiert werden soll.

5 Autonomie: Wohin?

Was bedeutet es nun, autonom zu sein? Wie wir gesehen haben, ist der Streit zwischen verschiedenen Konzeptionen von Autonomie nicht einfach lösbar. Nicht nur, dass alle Konzeptionen mit Einwänden zu kämpfen haben. Auch ihre Anwendbarkeit in verschiedenen Kontexten ist fragwürdig. Vor allem scheinen in angewandten Kontexten ganz andere Auffassungen von Autonomie im Spiel zu sein als in der eigentlichen Debatte um eine angemessene Theorie der Autonomie. Aus dieser Diagnose lassen sich verschiedene Konsequenzen ziehen. So wird darauf hingewiesen, dass Autonomie ein sogenannter „dicker Begriff" sei, der eine bestimmte Form praktischer Autorität zum Ausdruck bringt, deren Vorliegen an normative Bedingungen geknüpft ist. Dies erklärt, warum so verschiedene normativ bestreitbare Auffassungen unter den Begriff subsumiert werden.[43] Andere geben die Auffassung auf, dass es einen Kernbegriff von Autonomie gibt, sondern betonen, dass ganz unterschiedliche praktische Interessen die Begriffsverwendung steuern und zu unterschiedlichen Bedeutungen von Autonomie führen.[44] Wieder andere halten Autonomie in ihrem Wert überschätzt, zumal auch nicht geklärt ist, wie viel Relevanz ihr im Fall konfligierender Erwägungen zukommen soll.[45] Ebenso wenig klar ist, ob Willensfreiheit, Menschenwürde und moralische Verantwortung auf Autonomie reduziert bzw. durch sie vollständig erklärt werden können. Ausgehend von dieser Diagnose lassen sich drei grobe Richtungen identifizieren, in welche die Beschäftigung mit der Idee der Autonomie gehen kann. Zum ersten gibt es Klärungsbedarf im Rahmen einzelner Konzeptionen von Autonomie. Dies betrifft eine angemessene Deutung der Identifikationsbedingungen ebenso wie eine adäquate Interpretation relationaler Autonomie. Welche Rolle könnten Emotionen für eine angemessene Authentizitätsbedingung spielen? Inwiefern fördern Beziehungen Autonomie? Und welchen Einfluss haben sie in fördernder und behindernder Weise genau auf Autonomie? Sind Phänomene wie Ambivalenz und Konformismus – wie bisher häufig vertreten wird – tatsächlich autonomieunterminierend? Inwiefern müssen internalistische und externalistische Konzeptionen sich gegenseitig ausschließen, wie dies mitunter suggeriert wird? Schließlich können unsere eigenen Gründe mal in uns und mal in der Welt zu finden sein. Und inwiefern

---

[43] Siehe C. Seidel (2010), *Selbst bestimmen. Eine philosophische Untersuchung personaler Autonomie.* Dissertation, Universität Bern, und C. Seidel (2011): Autonomie als praktische Autorität, in: *Deutsche Zeitschrift für Philosophie* 59, 897–915.

[44] Siehe etwa N. Arpaly (2002): Varieties of Autonomy, op. cit.

[45] Vgl. M. Piper (2009): On Respect for Personal Autonomy and the Value Instantiated in Autonomous Choice, in: *Southwest Philosophy Review* 25, 189–198.

bedürfen inhaltsneutrale Ansätze einer substanziellen Ergänzung? Zum zweiten gibt es Klärungsbedarf bezüglich des Zusammenhangs verschiedener Konzeptionen von Autonomie: In welchem Zusammenhang stehen unterschiedliche Konzeptionen von Autonomie zu einem möglichen Kernbegriff von Autonomie? Wie lassen sich die unterschiedlichen Autonomiekonzeptionen, die in angewandten Bereichen im Spiel sind, verteidigen? Welcher Wert kommt Autonomie letztlich zu oder gibt es unterschiedliche Werte, die wir mit Autonomie verbinden? Sind möglicherweise nur bestimmte Formen der Autonomie wertvoll, andere hingegen nicht? Ist der Wert der freien Entscheidung ggf. überschätzt und sind paternalistische Eingriffe entgegen bisheriger Auffassungen rechtfertigbar?

Zum dritten ist die Kontrollbedingung von Autonomie und damit die Frage nach der Fähigkeit, sein Leben autonom zu führen, bisher weit stiefmütterlicher behandelt worden als die Authentizitätsbedingung. So haben sich die meisten PhilosophInnen darauf konzentriert, was einen Zustand oder eine Person als autonom auszeichnet. Sie haben sich aber weit weniger der ebenso relevanten Frage zugewandt, wie eine Person autonom werden bzw. wie sie über die Zeit hinweg ihre Autonomie erhalten und ggf. befördern kann. Welche Fähigkeiten braucht es dafür genau? Zum einen betrifft dies eine angemessene Theorie von Autonomiekompetenz, zum andern eine dynamische Theorie von Autonomie, die der Tatsache gerecht wird, dass wir unser Leben autonom führen wollen. Ebenso zu erkunden ist das genaue Verhältnis von Authentizitäts- und Kontrollbedingung. Sind sie klar voneinander unterscheidbar? Oder ist eine bestimmte Art der Identifikation eine Form gelungener Kontrolle? Inwiefern zwingt v.a. eine diachrone Auffassung von Autonomie dazu, die Kontrollbedingung über die momentane Identifikation hinaus auszuweiten?

Dies sind nur einige der Fragen, die für die zukünftige Autonomie-Forschung wichtig sein könnten. Die Beiträge dieses Bandes, die zu einem großen Teil zu den Klassikern der Autonomie-Debatte gehören, zeigen m.E., dass es lohnend ist, unseren Begriff von Autonomie weiter zu präzisieren und die bestehenden Konzeptionen zu ergänzen. Ebenso kann die bisherige Debatte als Basis für die vielfältigen und häufig nicht eigens verteidigten Verwendungsweisen in angewandten Bereichen dienen und dazu anregen, den dort üblichen, aber sehr disparaten Gebrauch von Autonomie neu zu überdenken. Die vorliegenden Texte zur Autonomie mögen zu einer solchen expliziten Diskussion anregen und auch dazu beitragen, die rechtfertigende Rolle von Autonomie in angewandten Kontexten besser zu verstehen und zu hinterfragen.[46]

---

[46] Für hilfreiche schriftliche Kommentare zu dieser Einleitung danke ich Fabrizio Fasciati, Magdalena Hoffmann, Michael Kühler, Jörg Löschke, Nina Scherrer, Christian Seidel und Ralf Stoecker. Sie haben mich vor vielen Fehlern bewahrt. Thomas Spitzley und Ralf Stoecker danke ich für die Möglichkeit, diese Anthologie im Rahmen der Reihe MAP des mentis Verlag aufzunehmen. Insbesondere bin ich Ihnen jedoch für Ihre Geduld und Umsicht als Herausgeber dankbar. Besonderer Dank gebührt Christian Seidel, der diesen Band mit großer Sorgfalt und Sachkenntnis seit seinem Entstehen maßgeblich begleitet hat. Schließlich danke ich den ÜbersetzerInnen, die die hier versammelten Beiträge in deutscher Sprache zugänglich machen.

Harry G. Frankfurt

Willensfreiheit und der Begriff der Person

Was unter Philosophen neuerdings als Analyse des Begriffs der Person angesehen wird, ist in Wirklichkeit gar keine Analyse *dieses* Begriffs. Strawson, dessen Wortgebrauch zum gängigen Standard geworden ist, bestimmt den Begriff einer Person als

> „den Begriff eines Typs von Entitäten, derart, dass *sowohl* Prädikate, die Bewusstseinszustände zuschreiben, *als auch* Prädikate, die Körpereigenschaften bezeichnen…, auf ein einzelnes Individuum dieses besonderen Typs gleichermaßen anwendbar sind."[1]

Nun gibt es jedoch neben Personen noch viele andere Entitäten, die sowohl mentale wie physische Eigenschaften haben. Auch wenn es merkwürdig scheinen mag, aber es ist nun einmal so, dass es kein gebräuchliches englisches oder deutsches Wort für die Art von Entitäten gibt, die Strawson sich denkt: Entitäten, zu denen außer Menschen genauso auch Tiere verschiedener niedrigerer Arten gehören. Doch rechtfertigt dieser Umstand natürlich nicht den Missbrauch eines wichtigen und wertvollen philosophischen Terms.

Die Frage, ob die Mitglieder einer Tierart Personen sind, lässt sich ja sicher nicht dadurch beantworten, dass man bestimmt, ob es richtig ist, auf sie neben Prädikaten, die Körpereigenschaften zuschreiben, auch solche Prädikate anzuwenden, die ihnen Bewusstseinszustände zuschreiben. Wir tun unserer Sprache Gewalt an, wenn wir akzeptieren, das Wort „Person" für all die zahllosen Kreaturen zu verwenden, die zwar sowohl psychische wie materielle Eigenschaften haben, die aber offensichtlich in keinem gebräuchlichen Sinne des Wortes Personen sind. Zweifellos ist dieser Sprachmissbrauch nicht schuld an irgendwelchen theoretischen Irrtümern. Aber auch wenn es sich um eine „bloße Sprachsünde" handelt, ist der Schaden, den sie anrichtet, doch beträchtlich. Denn durch sie verkleinert sich ohne Not unser philosophisches Vokabular, und die Wahrscheinlichkeit vergrößert sich, dass wir jenes wichtige Untersuchungsfeld vernachlässigen, das am zwanglosesten durch das Wort „Person" bezeichnet wird. Man hätte erwarten sollen, dass kein Problem dauerhafter im Mittelpunkt philosophischen Interesses stehen würde als die Aufgabe, zu verstehen, was wir selbst unserem Wesen nach

---

[1] P. F. Strawson, *Individuals* (London 1959): 101–102; deutsch *Einzelding und logisches Subjekt* (Stuttgart 1972): 130. Ayer gebrauchт das Wort „Person" genauso: „Das ist das Besondere an Personen im weiten Sinne des Wortes, dass sie diverse physische Eigenschaften haben… und dass ihnen zugleich auch verschiedene Formen von Bewusstsein zugeschrieben werden" (A. J. Ayer, *The Concept of a Person*, New York 1963: 82). Strawson und Ayer geht es mehr um die Frage, welche Beziehung zwischen Körper und Geist besteht, als um das ganz andere Problem, zu verstehen, was es denn bedeutet, ein Wesen zu sein, das nicht nur Geist und Körper hat, sondern darüber hinaus auch eine Person ist.

sind. Aber stattdessen ist dies Problem so weitgehend in Vergessenheit geraten, dass es schließlich möglich wurde, fast unbemerkt und offensichtlich, ohne dass es in größerem Ausmaß als Verlust empfunden wurde, ihm sogar seinen Namen zu entwenden.

In einem Sinne ist [im Englischen; Anm. d. Übers.] das Wort „Person" bloß die Singularform zu „Leute"; und beide Wörter meinen dabei nicht mehr als die Zugehörigkeit zu einer bestimmten biologischen Spezies. Wird das Wort dagegen in Bedeutungen größeren philosophischen Interesses gebraucht, dann dienen die Kriterien des Personseins nicht in erster Linie dazu, die Mitglieder unserer eigenen Spezies von denen anderer Arten zu unterscheiden. Dann sollen sie vielmehr die Attribute erfassen, die Gegenstand sind, wo es uns im Besonderen um uns selbst als Menschen geht, und die Quelle all dessen sind, was wir in unserem Leben für das Wichtigste wie auch für das am schwersten zu Verstehende halten. Diese Attribute wären für uns genauso bedeutsam, auch wenn sie nicht de facto den meisten Mitgliedern und nur Mitgliedern unserer Spezies eigentümlich wären. Was uns so sehr an der *conditio humana* interessiert, würde uns nicht weniger interessieren, auch wenn es ebenso zum Wesen anderer Kreaturen gehören würde.

Unser Begriff von uns selbst als Personen darf also nicht als ein Begriff von notwendig artspezifischen Attributen verstanden werden. Es ist denkbar, dass Mitglieder noch zu entdeckender oder auch bekannter nicht-menschlicher Arten Personen sein könnten. Und es ist genauso denkbar, dass einige Mitglieder der Spezies „Mensch" keine Personen sind. Andererseits nehmen wir aber an, dass de facto kein Mitglied einer anderen Spezies eine Person ist. Und darum vermuten wir, dass das Wesen einer Person in einer Menge charakteristischer Eigenschaften besteht, von denen wir zu Recht oder zu Unrecht annehmen, dass sie ausschließlich menschliche Eigenschaften sind.

Ich bin der Ansicht, dass ein wesentlicher Unterschied zwischen Personen und anderen Kreaturen in der Struktur des Willens einer Person zu finden ist. Menschen sind nicht die einzigen Wesen, die Wünsche und Motive haben oder die Wahlentscheidungen treffen. Sie unterscheiden sich darin nicht von Mitgliedern anderer Arten, von denen einige anscheinend sogar Erwägungen anstellen und Entscheidungen nach vorhergehender Überlegung treffen. Es scheint aber eine besondere Eigentümlichkeit von Menschen zu sein, dass sie, wie ich sie nennen werde, „Wünsche zweiter Stufe" zu bilden fähig sind.

Neben wünschen und wählen und bewegt werden, dies oder das zu *tun*, können Menschen außerdem wünschen, bestimmte Wünsche oder Motive zu haben (oder nicht zu haben). Sie können, was ihre Vorlieben und Zwecke angeht, gern anders sein wollen, als sie sind. Viele Tiere scheinen durchaus zu, wie ich sagen will, „Wünschen erster Stufe" fähig zu sein. Kein Tier außer dem Menschen scheint dagegen die Fähigkeit zur reflektierenden Selbstbewertung zu haben, die sich in der Bildung von Wünschen zweiter Stufe ausdrückt.[2]

---

[2] Der Einfachheit halber werde ich mich nur mit dem beschäftigen, was jemand möchte oder wünscht, und werde verwandte Phänomene wie Wahl oder Entscheidung vernachlässigen. Ich schlage vor, die Wörter „mögen" („to want") und „wünschen" („to desire") als füreinander austauschbar zu gebrauchen, obwohl sie keineswegs dasselbe bedeuten. Mein Grund, bestehende Nuancen zu vernachlässigen, liegt in der Tatsache, dass sich das Verb „mögen" („to want"), das seiner Bedeutung nach meinen Zwecken besser dient, nicht so

I

Der Begriff, den die Verben „mögen/wünschen" bezeichnen, ist nur sehr schwer fassbar. Ein Satz der Form „*A* möchte *X*en", nur für sich selbst genommen und ohne Rücksicht auf einen Zusammenhang, aus dem sich eine weitere oder genauere Bedeutung ablesen lässt, enthält bemerkenswert wenig Informationen. Er kann zum Beispiel mit jedem der folgenden Sätze zusammen bestehen: (a) die Aussicht darauf zu *X*en ruft in *A* keine Empfindung oder keine innerlich wahrnehmbare emotionale Reaktion hervor; (b) *A* ist sich dessen nicht bewusst, dass er *X*en möchte; (c) *A* glaubt, dass er nicht *X*en möchte; (d) *A* möchte sich davon abhalten zu *X*en; (e) *A* möchte *Z*en und glaubt, dass es ihm unmöglich ist, sowohl zu *X*en wie auch zu *Z*en; (f) *A* möchte nicht „wirklich" *X*en; (g) *A* würde eher sterben als zu *X*en; und so fort. Wie man sieht, lässt sich die Unterscheidung zwischen Wünschen erster und Wünschen zweiter Stufe wohl kaum hinreichend genau formulieren, wenn man, wie ich es zunächst getan habe, nichts weiter in Anschlag bringt als: Jemand hat einen Wunsch erster Stufe, wenn er dies und das tun oder nicht tun möchte, und er hat einen Wunsch zweiter Stufe, wenn er einen bestimmten Wunsch erster Stufe haben oder nicht haben möchte.

So wie ich sie verstehen will, decken Sätze der Form „*A* möchte *X*en" einen ziemlich großen Bereich verschiedener Möglichkeiten ab.³ Sie können wahr sein, auch wenn zugleich Sätze wie (a) bis (g) wahr sind: Wenn *A* sich keiner Gefühle, die das *X*en betreffen, bewusst ist, wenn er sich dessen nicht bewusst ist, dass er *X*en möchte, wenn er sich darüber täuscht, was er möchte, und dann irrtümlich glaubt, dass er nicht *X*en möchte, wenn er noch andere Wünsche hat, die seinem Wunsch zu *X*en widerstreiten, oder wenn *A* unschlüssig ist, stets gilt: „*A* möchte *X*en". Die Wünsche, um die es geht, können bewusst oder unbewusst sein, sie brauchen nicht eindeutig zu sein, und *A* kann sich im Irrtum über sie befinden. Es gibt dann aber noch eine weitere Quelle der Unbestimmtheit in Sätzen, die angeben, welche Wünsche jemand hat. Und es kommt für meine Zwecke sehr darauf an, in diesem Punkt weniger großzügig zu sein.

Betrachten wir zuerst Sätze der Form „*A* möchte *X*en", wenn sie Wünsche erster Stufe bezeichnen, also Sätze, in denen sich der Ausdruck „*X*en" auf eine Handlung bezieht. Ein solcher Satz, für sich allein genommen, zeigt, bezogen auf andere Wünsche, nicht an, wie stark *A*s Wunsch ist zu *X*en. Der Satz macht nicht deutlich, ob der Wunsch überhaupt mit einiger Wahrscheinlichkeit für das, was *A* wirklich tut oder zu tun versucht, eine entscheidende Rolle spielt. Denn es kann zutreffen, dass *A* *X*en möchte, auch wenn sein Wunsch zu *X*en nur einer unter mehreren Wünschen und bei weitem nicht der größte

---

leicht zur Bildung von Substantiven anbietet wie das Verb „wünschen". [Zusatz des Übersetzers: Im Deutschen ist die Lage noch ungünstiger. Denn während es im Englischen zwar nicht gerade elegant, aber immerhin möglich ist, wenigstens im Plural von jemandes „wants" zu sprechen, können wir aus „mögen" gar kein entsprechendes Substantiv bilden.]

³ Was ich in diesem Absatz sage, trifft nicht allein auf Fälle zu, in denen „*X*en" sich auf mögliches Handeln oder Nichthandeln bezieht. Es gilt auch für den Fall, dass sich „*X*en" auf Wünsche erster Stufe bezieht und also Sätze der Form „*A* möchte *X*en" verkürzte Fassungen von Sätzen sind, die die Form „*A* möchte, dass er *X*en möchte" haben und Wünsche zweiter Stufe beschreiben.

ist. Es kann also wahr sein, dass A Xen möchte, auch wenn er es zugleich bei weitem vorzieht, etwas anderes statt dessen zu tun. Und es kann wahr sein, dass er Xen möchte, ungeachtet der Tatsache, dass dann, wenn er handelt, nicht sein Wunsch zu Xen ihn dazu bringt zu tun, was er tut. Andererseits kann jemand mit dem Satz „A möchte Xen" gerade mitzuteilen meinen, dass es ebendieser Wunsch ist, der A veranlasst oder dazu bewegt, zu tun, was er tatsächlich tut, oder auch, dass A durch genau diesen Wunsch zum Handeln veranlasst werden wird (sofern er sich nicht eines anderen besinnt).

Nur wenn der Satz auf die zweite Art und das Wort „Wille" in dem besonderen Sinn, den ich hier vorschlage, gebraucht werden, dann beschreibt der Satz As Willen. Den Willen eines Handelnden zu beschreiben, heißt entweder, den Wunsch oder die Wünsche anzugeben, die ihn zu den Handlungen bewegen, die er tatsächlich ausführt, oder heißt, den Wunsch oder die Wünsche anzuführen, die ihn bewegen werden, wenn er handelt, oder die ihn bewegen würden, falls er handelte. Der Wille eines Handelnden ist also identisch mit einem oder mehreren seiner Wünsche erster Stufe. Aber der Begriff des Willens, wie ich ihn gebrauche, ist nicht umfangsgleich mit dem Begriff von etwas, das den Handelnden bloß bis zu einem gewissen Grade geneigt macht, in bestimmter Weise zu handeln. Sondern es ist der Begriff eines *effektiven* oder handlungswirksamen Wunsches, der eine Person dazu bringt (oder dazu bringen wird oder würde), den ganzen Weg bis zu einer Handlung zu gehen. Also ist der Begriff des Willens auch nicht umfangsgleich mit dem Begriff dessen, was jemand zu tun beabsichtigt. Denn obwohl jemand ganz fest die Absicht haben kann, X zu tun, so kann es doch sein, dass er nichtsdestoweniger etwas anderes statt dessen tut, weil sich trotz seiner Absicht der Wunsch, X zu tun, als schwächer oder weniger effektiv erweist als ein anderer, widerstreitender Wunsch.

9 Betrachten wir nun Sätze der Form „A möchte Xen", wenn sie Wünsche zweiter Stufe beschreiben, also Sätze, in denen sich der Ausdruck „Xen" auf einen Wunsch erster Stufe bezieht. Auch hier gibt es zwei Arten verschiedener Situationen, in denen es wahr sein kann, dass A wünscht, dass er zu Xen wünscht. Einmal könnte es so sein, dass A einen Wunsch zu Xen haben möchte, ungeachtet der Tatsache, dass er, ganz eindeutig und ohne im Widerstreit von Wünschen unschlüssig zu sein, den Wunsch hat, sich davon zurückzuhalten zu Xen. Anders gesagt: jemand kann einen bestimmten Wunsch haben wollen, aber zugleich ganz eindeutig wünschen, dass dieser Wunsch unerfüllt bleibe.

Nehmen wir an, ein Arzt, der sich mit der psychotherapeutischen Behandlung von Drogensüchtigen befasst, glaubt, dass er seinen Patienten besser helfen könnte, wenn er besser verstünde, wie es für sie ist, den Wunsch nach der Droge zu haben, nach der sie süchtig sind. Nehmen wir weiter an, er komme auf diese Weise dazu, dass er selber den Wunsch nach der Droge haben möchte. Wenn nun, was er haben möchte, wirklich ein richtiger Wunsch ist, dann möchte er nicht nur die Gefühle haben, wie sie Süchtige charakteristischerweise erleben, wenn sie ihr Verlangen nach der Droge packt. Der Arzt möchte, sofern er ein solches Verlangen haben möchte, in einem gewissen Maße die Neigung spüren oder dazu gedrängt werden, die Droge zu nehmen.

Es ist aber durchaus möglich, dass er, obwohl er von dem Verlangen nach der Droge gedrängt sein möchte, doch nicht möchte, dass sein Verlangen handlungswirksam sei.

Vielleicht möchte er nicht, dass ihn sein Wunsch den ganzen Weg bis zur Ausführung der Handlung gehen lässt. Es braucht ihn nicht zu interessieren, wie es ist, die Droge zu nehmen. Und insofern er nun bloß wünscht, dass er die Droge nehmen *möchte*, aber nicht, sie zu *nehmen*, möchte er nichts, was ihm nur die Droge selber geben könnte. Er kann also in der Tat den ganz eindeutigen Wunsch haben, die Droge *nicht* zu nehmen. Und er wird klug alles so arrangieren, dass es ihm unmöglich wird, den Wunsch zu befriedigen, den er haben würde, falls sein Wunsch, das Verlangen nach der Droge zu haben, einmal in Erfüllung ginge.

Es wäre also nicht richtig, aus der Tatsache, dass der Arzt jetzt wünscht, das Verlangen nach der Droge zu haben, zu schließen, dass er auch schon wirklich verlangt, sie zu nehmen. Sein Wunsch zweiter Stufe, zur Droge gedrängt zu werden, schließt nicht ein, dass er einen Wunsch erster Stufe hat, die Droge zu nehmen. Würde man ihm nun die Droge verabreichen, so brauchte dieser Akt keinen Wunsch zu befriedigen, der in seinem Wunsch enthalten wäre, ein Verlangen nach der Droge zu haben. Während er möchte, dass er die Droge nehmen möchte, braucht er *nicht* den Wunsch zu haben, sie zu nehmen; es kann sein, dass er *nichts weiter* möchte, als das Verlangen nach ihr zu kosten. Das heißt also: Sein Wunsch, einen bestimmten Wunsch zu haben, den er nicht hat, braucht nicht ein Wunsch zu sein, dass sein Wille im mindesten ein anderer ist als der, der er ist.

Wer freilich nur in dieser verstümmelten Form sich wünscht, dass er zu Xen wünscht, steht am Rande des Bloß-so-tuns; und die Tatsache, dass er sich wünscht, er wünsche zu Xen, taugt nicht dazu zu sagen, was er wirklich will. Allerdings passt der Satz „*A* wünscht, dass er zu Xen wünscht" noch auf Situationen einer zweiten Art. Und wenn der Satz dazu verwendet wird, eine Situation dieser zweiten Art zu beschreiben, dann hat er mit dem zu tun, wovon *A* möchte, dass es sein Wille sei. In diesen Fällen bedeutet der Satz: *A* möchte, dass sein Wunsch zu Xen der effektive Wunsch sei, der ihn tatsächlich zum Handeln bewegt. Er möchte nicht etwa bloß, dass der Wunsch zu Xen zur Gesamtheit der Wünsche gehöre, die ihn mehr oder weniger stark zum Handeln bewegen oder geneigt machen. Sondern er möchte, dass ebendieser Wunsch tatsächlich handlungswirksam sei, also das Motiv für das abgebe, was er wirklich tut. Wenn nun der Satz „*A* wünscht, dass er zu Xen wünscht" in dieser Weise gebraucht wird, dann schließt er ein, dass *A* schon den Wunsch zu Xen hat. Es kann dann nicht zugleich wahr sein, dass *A* möchte, der Wunsch zu Xen solle ihn zum Handeln veranlassen, und dass er nicht Xen möchte. Nur wenn er Xen möchte, kann er übereinstimmend damit auch wünschen, dass sein Wunsch zu Xen nicht bloß irgendeiner seiner Wünsche, sondern entschiedener: sein Wille sei.[4]

---

[4] Es ist nicht klar, ob das hier beschriebene Implikationsverhältnis auch in bestimmten anderen Fällen besteht, die man aber, scheint mir, getrost als Ausnahmefälle ansehen kann. Die wesentliche Differenz zwischen dem Normalfall und dem Ausnahmefall besteht darin, dass die Wünsche erster Stufe, um die es jeweils geht, auf verschiedene Art beschrieben werden. Nehmen wir etwa an, dass *A B* so über alle Maßen bewundert, dass er, obwohl er gar nicht weiß, was *B* tun möchte, doch möchte, dass, welche Wünsche auch immer *B* wirklich zum Handeln veranlassen, dieselben Wünsche auch für ihn handlungswirksam sein sollen. Anders gesagt: Ohne *B*s Willen zu kennen, möchte *A*, dass sein Wille derselbe wie *B*s Wille sei. Daraus folgt gewiss nicht,

Nehmen wir an, jemand möchte zu dem, was er tut, durch den Wunsch, sich auf seine Arbeit zu konzentrieren, motiviert werden. Es ist dann, wenn die Annahme erfüllt ist, notwendigerweise wahr, dass er sich bereits auf seine Arbeit konzentrieren möchte. Dieser Wunsch ist nun Teil aller Wünsche, die er hat. Aber die Frage, ob sich sein Wunsch zweiter Stufe erfüllt oder nicht, bezieht sich nicht bloß darauf, ob der Wunsch, den er haben möchte, einer seiner Wünsche ist. Sondern sie bezieht sich auch darauf, ob dieser Wunsch, wie er es gerne möchte, sein effektiver Wunsch oder sein Wille ist. Wenn die Würfel gefallen sind und wenn dann sein Wunsch, sich auf seine Arbeit zu konzentrieren, ihn wirklich dazu veranlasst zu tun, was er tut, dann ist, was er zu jener Zeit will, in der Tat im relevanten Sinne das, wovon er wünscht, dass er es wolle. Wenn es dagegen ein anderer Wunsch ist, der ihn zum Handeln veranlasst, dann ist, was er zur Zeit des Handelns will, im relevanten Sinne nicht das, wovon er wünscht, dass er es wolle. Und das ist so, ungeachtet der Tatsache, dass der Wunsch, sich auf seine Arbeit zu konzentrieren, auch weiterhin Teil seiner Wünsche bleibt.

II

Jemand hat einen Wunsch zweiter Stufe, wenn er entweder einfach einen bestimmten Wunsch haben möchte, oder wenn er möchte, dass ein bestimmter Wunsch sein Wille sei. Für diesen zweiten Fall will ich die Wünsche der zweiten Stufe „Volitionen zweiter Stufe" nennen. Nun glaube ich, dass es für das Personsein wesentlich ist, Volitionen zweiter Stufe und nicht ganz allgemein Wünsche zweiter Stufe zu haben. Es ist logisch möglich, wenn auch unwahrscheinlich, dass ein Handelnder wohl Wünsche zweiter Stufe, aber keine Volitionen der zweiten Stufe hat. Ein solches Wesen wäre in meinen Augen keine Person. Als einen „Triebhaften" (*wanton*) bezeichne ich jemanden, der Wünsche erster Stufe hat, aber deshalb keine Person ist, weil er, gleichgültig ob er Wünsche der zweiten Stufe besitzt, keine Volitionen zweiter Stufe hat.[5]

Das charakteristische Merkmal eines Triebhaften ist, dass ihm sein Wille gleichgültig ist. Seine Wünsche treiben ihn, bestimmte Dinge zu tun, ohne dass man von ihm sagen könnte, er möchte sich von solchen Wünschen bewegen lassen, oder er zöge es vor, von anderen Wünschen zum Handeln veranlasst zu werden. Die Klasse der triebhaften Wesen schließt alle Tiere ein, die nicht Menschen sind, aber Wünsche haben, und alle kleinen Kinder. Vielleicht gehören zu ihr auch manche Erwachsene. Auf jeden Fall können Er-

---

dass *A* unter seinen Wünschen auch schon den gleichen Wunsch hat, der *B*s Willen ausmacht. Ich werde hier die Frage nicht weiterverfolgen, ob es triftigere Gegenbeispiele gegen die in diesem Absatz vertretene These gibt und wie sie gegebenenfalls geändert werden müsste.

[5] Wesen mit Wünschen zweiter Stufe, aber ohne Volitionen unterscheiden sich deutlich von Tieren; und für manche Zwecke wäre es wohl wünschenswert, sie als Personen anzusehen. Mein Wortgebrauch, der solchen Kreaturen die Bezeichnung „Person" vorenthält, ist also ein wenig willkürlich. Ich halte mich vor allem deshalb an ihn, weil er es einfacher macht, manche meiner Punkte zu formulieren. Wenn ich im folgenden Satze der Form „*A* möchte *X*en" betrachte, so fasse ich sie als Sätze auf, die Volitionen zweiter Stufe beschreiben, nicht als Sätze, die Wünsche der zweiten Stufe bezeichnen, die nicht zugleich Volitionen sind.

wachsene mehr oder weniger triebhaft auf Wünsche erster Stufe reagieren, in Bezug auf die sie keine Volitionen zweiter Stufe haben.

Der Umstand, dass triebhafte Wesen keine Volitionen der zweiten Stufe haben, bedeutet nicht, dass sie alle ihre Wünsche der ersten Stufe unbedacht und unverzüglich in die Tat umsetzen. Es kann sein, dass sie keine Gelegenheit haben, entsprechend ihren Wünschen zu handeln. Weiter kann die Umsetzung von Wünschen in Taten durch widerstreitende Wünsche erster Stufe oder durch Erwägungen zurückgestellt oder ausgeschlossen werden. Denn ein Triebhafter kann durchaus in hohem Grade vernünftig sein und sich entsprechend verhalten. Nichts im Begriff eines triebhaften Wesens schließt ein, dass es nicht vernünftig erwägen kann, wie das zu tun ist, was es tun möchte. Was den vernünftigen Triebhaften von anderen Handelnden unterscheidet, ist, dass er sich nicht die Wünschbarkeit seiner Wünsche selber zum Gegenstand macht. Er übergeht die Frage, welches sein Wille sein soll. Er folgt nicht nur dem Handlungslauf, dem zu folgen er die größte Neigung hat, sondern es kümmert ihn auch nicht, welche seiner Neigungen am stärksten ist.

So kann also ein vernünftiges Wesen, das darüber nachdenkt, welcher Handlungsablauf seinen Wünschen entspricht, gleichwohl ein triebhaftes Wesen sein. Wenn ich nun behaupte, dass das wesentliche Moment des Personseins nicht in der Vernunft, sondern im Willen liegt, so will ich damit natürlich nicht unterstellen, dass ein Wesen ohne Vernunft eine Person sein kann. Denn allein dank ihrer Vernunft ist eine Person fähig, sich ihres eigenen Willens kritisch bewusst zu werden und Volitionen zweiter Stufe zu bilden. Daher setzt die Willensstruktur einer Person voraus, dass sie ein vernünftiges Wesen ist.

Die Unterscheidung zwischen einer Person und einem Triebhaften lässt sich am Unterschied zwischen zwei Drogensüchtigen verdeutlichen. Wir wollen annehmen, dass die physiologischen Bedingungen, die der Sucht zugrunde liegen, in beiden Fallen gleich sind, und dass beide Süchtigen unausweichlich ihrem periodischen Verlangen nach der Droge erliegen. Einer von beiden hasst seine Sucht und kämpft unablässig – verzweifelt, aber erfolglos – gegen ihre Macht. Er probiert alles, wovon er meint, es könne ihn befähigen, sein Verlangen nach der Droge zu überwinden. Aber dieser Wunsch ist zu mächtig, er kann ihm nicht widerstehen, und am Ende bleibt jedes Mal das Verlangen Sieger über ihn. Er ist ein Süchtiger wider Willen, hilflos der Gewalt seiner eigenen Wünsche preisgegeben.

Der Süchtige wider Willen hat einander widerstreitende Wünsche der ersten Stufe: Er möchte die Droge nehmen, und er möchte sich doch zugleich davon zurückhalten, sie zu nehmen. Über diese Wünsche erster Stufe hinaus hat er aber noch eine Volition zweiter Stufe. Er steht dem Widerstreit seiner Wünsche, die Droge zu nehmen und auch von ihr abzulassen, nicht neutral gegenüber. Er möchte, dass der zweite Wunsch und nicht der erste sein Wille sei. Er möchte, dass sich der zweite Wunsch wirkungsvoll durchsetze und den Zweck abgebe, den er durch das, was er wirklich tut, zu erreichen sucht.

Der andere Süchtige ist ein triebhaftes Wesen. Seine Handlungen spiegeln die Ökonomie seiner Wünsche der ersten Stufe, ohne dass es ihn kümmert, ob die Wünsche, die ihn zum Handeln treiben, auch Wünsche sind, durch die er sich zum Handeln veranlasst sehen möchte. Gibt es Probleme, an die Droge heranzukommen oder sie sich zu verabreichen, dann können seine Reaktionen auf das Verlangen nach der Droge verschiedene

Überlegungen einschließen. Aber es geschieht ihm nie, dass er erwägt, ob er auch möchte, dass sich aus dem Verhältnis seiner Wünsche eben der Wille ergibt, den er hat. Der triebhafte Süchtige kann ein Tier und deshalb unfähig sein, seinen Willen zu bedenken. Jedenfalls unterscheidet er sich, was seine triebhafte Unbekümmertheit angeht, nicht von einem Tier.

Auch der zweite Süchtige kann sich wie der erste in einem Widerstreit zwischen Wünschen erster Stufe befinden. Ob Mensch oder nicht, der Triebhafte kann (vielleicht aufgrund einer Konditionierung) sowohl die Droge zu nehmen als auch sich von ihr zurückzuhalten wünschen. Anders als der Süchtige wider Willen aber würde er es nicht vorziehen, dass einer der widerstreitenden Wünsche den anderen übertreffen oder dass der eine statt des andern Wunsches erster Stufe sein Wille sein sollte. Es wäre irreführend zu sagen, dass er dem Widerstreit zwischen seinen Wünschen gleichgültig gegenübersteht, denn das würde den Schluss nahelegen, dass er beide Wünsche für gleichermaßen annehmbar hält. Da er keine von seinen Wünschen erster Stufe geschiedene Identität hat, ist es weder wahr, dass er einem Wunsch gegenüber dem andern den Vorzug gibt, noch dass er es vorzieht, keine Partei zu ergreifen.

Für den Süchtigen wider Willen, der eine Person ist, macht es einen Unterschied, welcher seiner Wünsche der ersten Stufe im Streit obsiegt. Gewiss sind beide Wünsche seine; und ob er schließlich die Droge nimmt, oder ob es ihm am Ende gelingt, sich zurückzuhalten, in jedem Falle handelt er, um Wünsche zu befriedigen, die im wörtlichen Sinne seine Wünsche sind. In beiden Fallen tut er etwas, das er selber tun möchte. Und er tut es nicht aufgrund eines äußeren Einflusses, dessen Ziel sich zufällig mit seinem deckt, sondern weil er selbst es zu tun wünscht. Der Süchtige wider Willen identifiziert sich jedoch durch die Bildung einer Volition zweiter Stufe, die sich eben nur auf den einen, nicht den andern der widerstreitenden Wünsche erster Stufe bezieht. Er macht einen der Wünsche wirklich mehr zu seinem eigenen als den anderen, und indem er das tut, zieht er sich von dem anderen zurück. Diese Identifikation und zugleich der Rückzug durch Ausbildung einer entsprechenden Volition der zweiten Stufe sind es, die den Süchtigen wider Willen die analytisch irritierende Behauptung machen lassen können, dass die Kraft, die ihn dazu bringt, die Droge zu nehmen, eine andere als seine eigene Kraft ist, und dass es nicht nach seinem eigenen freien Willen, sondern gegen seinen Willen geschieht, wenn diese Kraft ihn dazu bewegt, die Droge zu nehmen.

Den triebhaften Süchtigen kann es nicht kümmern, welcher der widerstreitenden Wünsche sich durchsetzt, oder er kümmert sich eben einfach nicht darum. Seine Unbekümmertheit rührt nicht daher, dass er unfähig wäre, eine feste Grundlage für seine Entscheidung zu finden, welcher Wunsch vorzuziehen wäre. Sie rührt entweder aus einem Mangel an Reflexionsvermögen oder daher, dass einer aus gedankenloser Gleichgültigkeit den Mut nicht findet, seine eigenen Wünsche und Motive einer wertenden Beurteilung zu unterziehen.[6] In seinem Kampf zwischen Wünschen der ersten Stufe kommt es

---

[6] Wenn ich sage, dass es für Personen charakteristisch ist, ihre eigenen Wünsche und Motive wertend zu beurteilen, so will ich damit nicht unterstellen, dass in den Volitionen zweiter Stufe unbedingt eine *moralische* Einstellung zum Ausdruck kommt, die jemand gegenüber seinen Wünschen erster Stufe einnimmt. Es muss

nur auf eines an: ob der eine oder der andere stärker ist. Da ihn beide Wünsche bewegen, so wird er durch das, was er tut, nicht völlig befriedigt sein, egal welcher Wunsch sich durchsetzt. Aber *für ihn* macht es keinen Unterschied, ob nun sein Verlangen oder sein Widerwille die Oberhand behält. Für ihn steht bei dem Widerstreit nichts auf dem Spiel, und deshalb kann er, anders als der Süchtige wider Willen, bei dem Kampf, in den er verwickelt ist, nicht verlieren und nicht gewinnen. Wenn eine *Person* handelt, dann leitet sie entweder der Wille, den sie haben möchte, oder ein Wille, den sie los sein will. Wenn einer *triebhaft* handelt, dann gilt keines von beiden.

14

III

Es besteht eine sehr enge Beziehung zwischen der Fähigkeit, Volitionen zweiter Stufe zu bilden, und einer weiteren für Personen wesentlichen Fähigkeit, die man oft für ein auszeichnendes Merkmal des Menschseins gehalten hat. Nur weil eine Person Volitionen der zweiten Stufe hat, kann sie sich der Freiheit ihres Willens erfreuen oder auch ihrer ermangeln. Der Begriff der Person ist also nicht nur der Begriff eines Wesens, das sowohl Wünsche erster Stufe wie auch Volitionen zweiter Stufe hat, sondern er lässt sich auch als Begriff einer Art von Wesen fassen, für die die Freiheit ihres Willens ein Problem sein kann. Dieser Begriff schließt alle triebhaften Wesen, ob Mensch oder Tier, aus, denn sie erfüllen eine wesentliche Bedingung, um Willensfreiheit genießen zu können, nicht. Und er schließt, wenn es sie gibt, alle übermenschlichen Wesen aus, deren Wille notwendig frei ist.

Von genau welcher Art ist nun die Freiheit des Willens? Diese Frage verlangt, dass man den Bereich menschlicher Erfahrung bestimmt, dem der Begriff der Willensfreiheit im Unterschied zu anderen Formen der Freiheit ganz eigentümlich zugehört. Indem ich dieser Frage nachgehe, kommt es mir vor allem darauf an, das Problem zu lokalisieren, vor das sich eine Person dann unmittelbar gestellt sieht, wenn es ihr um die Freiheit ihres Willens geht.

Gemäß einer vertrauten philosophischen Tradition besteht Freisein grundsätzlich im Tun, was man tun möchte. Nun ist der Begriff eines Handelnden, der tut, was er tun möchte, keineswegs sonnenklar: Sowohl das Tun wie das Tun-mögen wie auch die Beziehung zwischen beiden bedürfen der Aufklärung. Aber auch wenn die Bedeutung des Begriffs schärfer zu fassen und seine Analyse zu verfeinern ist, so glaube ich doch, dass der Begriff zum Teil wenigstens deckt, was in der Idee von einem frei *Handelnden* enthalten ist. Dagegen enthält er nichts von dem besonderen Gehalt der ganz anderen Idee eines Handelnden, dessen *Wille* frei ist.

---

kein moralischer Standpunkt sein, von dem aus jemand seine Wünsche der ersten Stufe einer Beurteilung unterzieht. Außerdem kann jemand launenhaft unbeständig und in der Bildung seiner Volitionen zweiter Stufe verantwortungslos sein und einfach nicht ernsthaft erwägen, was auf dem Spiele steht. Volitionen der zweiten Stufe sind Bewertungen nur in dem Sinne, dass sie ausdrücken, was jemand vorzieht. Es gibt da keine wesentlichen Einschränkungen, wenn überhaupt welche, welcher Art die Grundlage zu sein hat, auf der eine solche Präferenzentscheidung zustande kommt.

Wir nehmen nicht an, dass Tiere Willensfreiheit haben, obwohl wir sehen, dass ein Tier in beliebige Richtungen laufen kann, wie es gerade möchte. Also ist die Freiheit zu tun, was man möchte, keine hinreichende Bedingung für einen freien Willen. Und sie ist auch keine notwendige Bedingung. Denn jemanden seiner Handlungsfreiheit zu berauben, heißt nicht notwendig, seine Willensfreiheit zu untergraben. Wenn einem Handelnden klar wird, dass es gewisse Dinge gibt, die zu tun er nicht die Freiheit hat, so berührt dieser Umstand zweifellos seine Wünsche und die Grenzen des Bereichs, innerhalb dessen er Entscheidungen treffen kann. Aber nehmen wir an, jemand habe, ohne sich dessen bewusst zu sein, seine Handlungsfreiheit faktisch verloren oder sei ihrer beraubt worden. Auch wenn er nun nicht länger frei ist zu tun, was er möchte, so kann sein Wille doch so frei bleiben wie zuvor. Denn ungeachtet der Tatsache, dass er nicht die Freiheit hat, seine Wünsche in Handlungen umzusetzen oder entsprechend seinen Willensbestimmungen zu handeln, so kann er sich doch auch weiterhin Wünsche und Willensbestimmungen ebenso frei bilden, als ob seine Handlungsfreiheit nicht beeinträchtigt worden wäre.

Wenn wir fragen, ob eine Person einen freien Willen hat, dann fragen wir nicht danach, ob sie in der Lage ist, ihre Wünsche erster Stufe in die Tat umzusetzen. Das wäre die Frage, ob sie frei ist zu tun, was ihr gefällt. Die Frage nach der Willensfreiheit betrifft nicht das Verhältnis zwischen dem, was jemand tut, und dem, was er tun möchte. Sondern sie betrifft die Wünsche selber. Aber welches ist genau der Sinn dieser Frage?

Es scheint mir naheliegend und auch nützlich, die Frage, ob jemand einen freien Willen hat, möglichst genau in Analogie zu der Frage zu konstruieren, ob jemand Handlungsfreiheit genießt. Nun ist Handlungsfreiheit (jedenfalls im groben Umriss) die Freiheit zu tun, was man tun möchte. Entsprechend besagt die Behauptung, dass jemand sich eines freien Willens erfreut (ebenfalls grob umrissen), dass er frei ist zu wollen, was er wollen möchte. Genauer heißt das, dass er frei ist, den Willen zu haben, den er haben möchte. Genauso wie die Frage nach der Freiheit einer Handlung darauf zielt, ob sie auch die Handlung ist, die der Betreffende ausführen möchte, so bezieht sich die Frage nach der Willensfreiheit darauf, ob der Wille, den einer hat, der Wille ist, den er haben möchte.

Jemand macht also dann von seiner Willensfreiheit Gebrauch, wenn er sicherstellt, dass sein Wille und seine Volitionen zweiter Stufe übereinstimmen. Wenn der Wille und die Volitionen zweiter Stufe auseinander treten, oder wenn der Betroffene sich dessen bewusst wird, dass ihre Übereinstimmung nicht sein eigenes Werk, sondern nur ein glücklicher Zufall ist, dann empfindet die Person, die keine Willensfreiheit hat, einen Mangel. Der Wille des Süchtigen wider Willen ist nicht frei. Das zeigt sich an der Tatsache, dass er nicht der Wille ist, den er haben möchte. Es stimmt auch, aber auf eine andere Art, dass der Wille des triebhaften Süchtigen nicht frei ist. Weder hat er den Willen, den er haben möchte, noch hat er einen Willen, der von dem verschieden wäre, den er möchte. Da er keine Volitionen zweiter Stufe hat, kann ihm die Freiheit seines Willens nicht zum Problem werden. Er versäumt sozusagen seine Freiheit.

Im Allgemeinen sind wir Menschen erheblich komplizierter gebaut als meine skizzenhafte Beschreibung der Willensverfassung einer Person unterstellt. Wir können uns hinsichtlich unserer Wünsche zweiter Stufe ebenso oft unklar sein und im Zwiespalt befinden oder können uns über uns selbst genauso täuschen wie bei Wünschen der ersten Stufe. Besteht ein ungelöster Widerstreit zwischen Wünschen zweiter Stufe, dann ist der Betroffene in Gefahr, keine Volitionen zweiter Stufe zu haben. Denn solange der Konflikt andauert, weiß er nicht, welchen seiner Wünsche der ersten Stufe er vorziehen und zu seinem Willen machen soll. Wenn dieser Zustand so schlimm ist, dass er ihn daran hindert, sich in hinreichend entschiedener Form mit *irgendeinem* seiner Wünsche erster Stufe zu identifizieren, dann zerfällt die Person. Denn es besteht dann entweder die Gefahr einer Willensparalyse und vollständiger Untätigkeit, oder der Zweifelszustand wird den Betroffenen und seinen Willen entzweien, so dass der Wille ohne Beteiligung der Person agiert. In beiden Fällen wird der Handelnde wie der Süchtige wider Willen, aber auf andere Weise, zum hilflosen Betrachter der Mächte, die ihn treiben.

Schwierig wird die Lage auch dadurch, dass eine Person, besonders dann, wenn unter ihren Wünschen der zweiten Stufe ein Widerstreit besteht, Wünsche und Volitionen noch höherer Stufe haben kann. Theoretisch gibt es kein Ende in der langen Reihe von Wünschen höherer und immer höherer Stufe; nichts außer einem geraden Verstand und vielleicht einer rettenden Ermüdung hindert jemanden, wie besessen die Identifikation mit einem seiner Wünsche zu vermeiden, ehe er sich nicht einen Wunsch der nächsthöheren Stufe gebildet hat. Die Tendenz, sich in einer solchen Reihe von Wunschbildungsakten zu verlieren, die dann ein Fall von wild gewordenem menschlich-reflektierendem Bewusstsein wäre, führt auch zur Zerstörung der Person.

Es ist aber möglich, eine solche Reihe abzuschließen, ohne sie willkürlich abzuschneiden. Wenn sich eine Person *entschlossen* mit einem ihrer Wünsche der ersten Stufe identifiziert, dann „durchhallt" diese Bindung den ganzen potenziell endlosen Raum höherer Stufen. Betrachten wir eine Person, die rückhaltlos und ohne Zwiespalt von dem Wunsch, sich auf ihre Arbeit zu konzentrieren, motiviert sein möchte. Dass ihre Volition zweiter Stufe, von diesem Wunsch bewegt zu werden, entschlossen ist, heißt, dass kein Raum für die Frage ist, ob Wünsche oder Volitionen höherer Stufe irgend von Belang sind. Nehmen wir an, der Betreffende werde gefragt, ob er den Wunsch zu haben wünsche, dass er sich wünsche, sich auf seine Arbeit zu konzentrieren, dann konnte er ganz richtig darauf bestehen, dass sich diese Frage nach einem Wunsch dritter Stufe nicht erhebe. Es wäre falsch zu behaupten, dass er deshalb, weil er sich nicht die Frage vorgelegt hat, ob er seine Volition zweiter Stufe auch haben möchte, nun unentschieden gegenüber der Frage wäre, ob er möchte, dass sein Wille mit dieser Volition zweiter Stufe oder einer anderen übereinstimme. Die Entschiedenheit seines Entschlusses bedeutet zugleich die Entscheidung, dass sich in Bezug auf seine Volition zweiter Stufe keine Fragen irgendeiner höheren Ordnung stellen. Es hängt nicht viel davon ab, ob wir diesen Sachverhalt nun dadurch erklären, dass wir sagen, der Entschluss erzeuge implizit eine endlose Reihe einstimmiger Wünsche höherer Stufe, oder dass wir sagen, der Entschluss löse alle Fragen höherer Stufe dadurch auf, dass er ihnen den Ansatzpunkt entzieht.

Manche Beispiele wie das vom Süchtigen wider Willen mögen den Gedanken nahelegen, dass Volitionen zweiter oder höherer Stufe mit Bedacht und Überlegung gebildet werden müssen, und dass, sie zu erfüllen, für die Person charakteristischerweise einen Kampf bedeutet. Aber die Übereinstimmung des Willens mit den höherstufigen Volitionen einer Person kann ohne Nachdenken und sehr spontan zustande kommen. Für manche ist es natürlich, dass Freundlichkeit sie bewegt, wenn sie freundlich sein möchten, und dass sie garstig sind, wenn sie garstig sein möchten, ohne dass sie ausdrücklich daran denken oder Kraft zur Selbstkontrolle aufwenden müssten. Andere sind garstig, wenn sie freundlich sein möchten, und freundlich, wenn sie es darauf anlegen, garstig zu sein, ebenfalls ohne besonderes Vorausdenken und ohne aktiven Widerstand gegen die Volitionen ihrer höherstufigen Wünsche. Manche haben es leicht, in den Genuss der Freiheit zu kommen; andere müssen kämpfen, um sie zu erlangen.

IV

Meine Theorie der Willensfreiheit liefert eine ganz einfache Erklärung, warum wir nicht geneigt sind, den Mitgliedern von unter uns stehenden Arten den Genuss dieser Freiheit zuzugestehen. Sie erfüllt auch eine andere Forderung, die an jede solche Theorie gestellt werden muss, indem sie offenbart, warum Willensfreiheit als etwas Wünschenswertes angesehen werden sollte. Sich eines freien Willens zu erfreuen, bedeutet die Erfüllung bestimmter Wünsche zweiter oder höherer Stufe; wo hingegen die Freiheit fehlt, stellt sich Enttäuschung ein. Hier geht es um die Zufriedenheit, die einer Person zuteil wird, von der man sagen kann: Sie hat ihren eigenen Willen. Unter einer entsprechenden Unzufriedenheit leidet eine Person, von der man sagen kann, sie ist sich selbst entfremdet oder sie findet sich als ein hilfloser passiver Betrachter der Mächte, die sie umtreiben.

Jemand, der frei ist, zu tun, was er möchte, braucht darum noch nicht in der Lage zu sein, den Willen zu haben, den er haben möchte. Aber nehmen wir an, dass er beides genießt: Handlungsfreiheit und Willensfreiheit. Dann ist er nicht allein frei zu tun, was er möchte, sondern er ist auch frei zu wollen, was er wollen möchte. Dann, scheint mir, hat er alle Freiheit, die wünschbar und denkbar ist. Es gibt viele gute Dinge im Leben, und vielleicht hat er manche davon nicht. Aber in Hinblick auf die Freiheit fehlt ihm nichts.

Es ist durchaus nicht klar, ob andere Theorien der Willensfreiheit diese elementaren, aber wesentlichen Anforderungen erfüllen, nämlich verständlich zu machen, warum wir uns diese Freiheit wünschen, und warum wir sie Tieren absprechen. Betrachten wir zum Beispiel Roderick Chisholms sonderbare Version der Lehre, dass menschliche Freiheit kausale Bestimmtheit ausschließt.[7] Wann immer jemand eine freie Handlung im Sinne Chisholms vollbringt, handelt es sich um ein Wunder. Bewegt jemand seine Hand, dann ist die Bewegung der Hand das Resultat einer Reihe physischer Ursachen; aber ein Ereignis in dieser Reihe, „vermutlich eines von denen, die im Gehirn stattfinden, wurde von dem Handelnden selbst und nicht von einem anderen Ereignis verursacht" (S. 18). Wer frei handelt, hat daher „ein Vorrecht, das manche nur Gott zugestehen wollen: jeder von uns, wenn er handelt, ist ein unbewegter Beweger" (S. 23).

---

[7] *Freedom and Action* in K. Lehrer, Hg., *Freedom and Determinism* (New York 1966): 11-14; deutsch: *Freiheit und Handeln*, in: Analytische Handlungstheorie I, hrsg. v. G. Meggle, Frankfurt 1977: 354-387.

Diese Erklärung bietet dem Zweifel keine Basis, dass Tiere, die niedriger stehen als der Mensch, sich nicht derselben Freiheit erfreuen. Chisholm sagt nichts, weshalb es weniger wahrscheinlich ist, dass ein Kaninchen ebenso ein Wunder vollbringt, wenn es sein Bein bewegt, wie ein Mensch, der seine Hand bewegt. Aber gleichviel, es fragt sich doch, warum es denn jemanden überhaupt kümmern sollte, ob er die natürliche Ordnung der Ursachen unterbrechen kann, wie Chisholm es beschreibt? Chisholm bietet keinen Grund an, warum wir glauben sollen, dass eine erkennbare Differenz besteht zwischen der Erfahrung eines Menschen, der wunderbarerweise eine Reihe von Ursachen anstößt, wenn er seine Hand bewegt, und der Erfahrung eines Menschen, der einfach und ohne einen solchen Bruch in der natürlichen Ursachenfolge seine Hand bewegt. Es scheint keine konkrete Grundlage für die Entscheidung zu geben, ob man es vorzieht, in die eine oder in die andere Sachlage verwickelt zu sein.[8]

Im allgemeinen wird angenommen, dass eine befriedigende Theorie der Willensfreiheit über die zwei genannten Bedingungen hinaus unbedingt auch eine Analyse für eine der Bedingungen moralischer Verantwortung bereitstellen müsse. Um das Problem anzugehen, wie man die Freiheit des Willens zu verstehen hat, wird denn auch heute zumeist untersucht, was in der Annahme impliziert ist, dass jemand moralisch für seine Handlungen verantwortlich ist. Ich glaube dagegen, dass man die Beziehung zwischen moralischer Verantwortung und Willensfreiheit weitgehend missverstanden hat. Es ist nicht wahr, dass jemand nur dann für seine Handlung moralisch verantwortlich ist, wenn er in seinem Willen frei war, als er handelte. Er kann auch dann für eine Tat moralisch verantwortlich sein, wenn sein Wille durchaus nicht frei war.

Der Wille einer Person ist nur dann frei, wenn sie frei ist, den Willen zu haben, den sie möchte. Das heißt, jemand hat in Bezug auf seine Wünsche erster Stufe die Freiheit, diesen oder einen anderen solchen Wunsch zu seinem Willen zu machen. Welcher Wille immer dann dabei herauskommt, der Wille einer Person, die Willensfreiheit hat, hätte auch ein anderer sein können. Wer in seinem Willen frei ist, hätte sich einen anderen Willen bilden können, als er tatsächlich tat. Es ist eine vertrackte Frage, wie man die Phrase „er hätte anders handeln können" in diesem und ähnlichen Zusammenhängen genau zu verstehen hat. Obwohl dieser Punkt für die Theorie der Freiheit wichtig ist, spielt er in der Theorie der moralischen Verantwortung keine Rolle. Denn die Annahme, dass jemand moralisch für das, was er tat, verantwortlich ist, impliziert nicht, dass der Betreffende in der Lage war, zu seinem Willen zu machen, was immer er mochte.

Die Annahme *schließt* allerdings *ein*, dass die Person, was sie tat, frei tat oder dass sie es aus eigenem freien Willen tat. Aber es ist ein Fehler, wenn man glaubt, dass jemand nur dann frei handelt, wenn er die Freiheit hat zu tun, was immer er mag, oder dass er nur dann nach seinem eigenen freien Willen handelt, wenn dieser Wille frei ist. Nehmen wir an, dass jemand tat, was er tun mochte, dass er es tat, weil er es tun

---

[8] Ich meine nicht, dass sich dieser angebliche Unterschied zwischen zwei Sachverhalten der Überprüfung entzieht. Im Gegenteil könnte es gut sein, dass Physiologen in die Lage kommen zu zeigen, dass Chisholms Bedingungen für freie Handlungen nicht bestehen, indem sie zeigen, dass es kein für Handlungen wichtiges Hirnereignis gibt, für das sich keine hinreichende physische Ursache finden ließe.

mochte, und dass der Wille, der ihn im Handeln leitete, sein Wille war, weil es der Wille war, den er zu haben wünschte. Dann handelt er frei und nach eigenem freien Willen. Auch wenn wir nun annehmen, er hätte anders handeln können, so hätte er doch nicht anders gehandelt. Und wenn wir ebenso annehmen, er hätte einen anderen Willen haben können, so hätte er doch nicht gewollt, dass sein Wille ein anderer gewesen wäre. Weil weiter der Wille, der ihn im Handeln leitete, sein Wille war, denn er wünschte ja, dass es seiner sei, so kann er nicht behaupten, sein Wille sei ihm aufgezwungen worden, oder dass er der Bildung seines Willens als passiver Beobachter gegenübergestanden habe. Unter diesen Umständen ist für die Einschätzung moralischer Verantwortung die Frage ganz unerheblich, ob die Alternativen, gegen die er sich entschied, wirklich im Bereich seiner Möglichkeiten lagen.[9]

Denken wir zur Verdeutlichung an eine dritte Art von Süchtigen. Und nehmen wir an, dass seine Sucht dieselbe physiologische Grundlage hat und vom selben unwiderstehlichen Zwang ist wie beim Süchtigen wider Willen und beim triebhaften Süchtigen, aber dass dem Süchtigen im dritten Fall sein Zustand durchaus angenehm ist. Er ist ein williger Süchtiger, der die Dinge nicht anders haben möchte, als sie sind. Sollte sich der Griff seiner Sucht ein wenig lockern, so würde er tun, was immer er könnte, um den alten Zustand wiederherzustellen. Sollte sich sein Verlangen nach der Droge schwächen, würde er Schritte unternehmen, um seine Intensität zu erneuern.

Der Wille eines willigen Süchtigen ist nicht frei, denn sein Verlangen, die Droge zu nehmen, wird sich als wirksam erweisen, gleichgültig ob er nun möchte, dass dieser Wunsch sein Wille sei oder nicht. Aber wenn er die Droge nimmt, dann nimmt er sie frei oder aus eigenem freien Willen. Ich neige zu der Auffassung, dass man seine Lage als eine Überbestimmtheit seines Wunsches erster Stufe, die Droge zu nehmen, verstehen muss. Dieser Wunsch ist sein handlungswirksamer Wunsch, weil der Süchtige körperlich abhängig ist. Aber er ist auch deshalb sein handlungswirksamer Wunsch, weil der willige Süchtige möchte, dass es so sei. Er hat seinen Willen nicht unter Kontrolle, aber durch seinen Wunsch zweiter Stufe, dass sein Verlangen nach der Droge handlungswirksam sei, hat er diesen Willen zu seinem eigenen gemacht. Wenn es also stimmt, dass ein Verlangen nach der Droge nicht allein aufgrund der Sucht handlungswirksam ist, dann kann der Betreffende auch moralisch dafür verantwortlich sein, dass er die Droge nimmt.

Mein Begriff von Willensfreiheit scheint gegenüber dem Problem des Determinismus neutral zu sein. Es scheint vorstellbar, es könnte kausal bestimmt sein, dass sich jemand eines freien Willens erfreut. Die Aussage, dass es unausweichlich und durch Mächte, die sich der Kontrolle entziehen, bestimmt ist, dass manche Leute einen freien Willen haben und andere nicht, hat nur einen harmlosen Anschein des Paradoxen. Es liegt keine Unstimmigkeit in der Behauptung, dass eine von einer bestimmten Person verschiedene Handlungsinstanz dafür (sogar *moralisch*) verantwortlich ist, dass der Betreffende Willensfreiheit hat oder ihrer ermangelt. Es ist möglich, dass jemand für das, was er aus

---

[9] Eine andere Erörterung der Überlegungen, die das Prinzip in Zweifel ziehen, jemand sei nur dann für seine Taten moralisch verantwortlich, wenn er hätte anders handeln können, enthält mein Aufsatz „Alternative Possibilities and Moral Responsibility", The Journal of Philosophy 66 (1969): 829-839.

eigenem freien Willen tut, moralisch verantwortlich ist, und dass jemand anderes dafür, dass der erste es tat, auch moralisch verantwortlich ist.[10]

Andererseits scheint es auch vorstellbar, es könnte zufällig geschehen, dass jemand frei ist, den Willen zu haben, den er mag. Wenn das denkbar ist, dann könnte es eine Sache des Zufalls sein, dass einige Leute sich der Freiheit ihres Willens erfreuen und andere nicht. Vielleicht ist es auch denkbar, wie manche Philosophen glauben, dass sich Sachverhalte weder durch Zufall noch als Folge natürlicher Ursachen ergeben. Wenn man sich wirklich denken kann, dass die entscheidenden Umstände auf solch eine dritte Art zustande kommen, dann ist es auch möglich, dass jemand auf diese dritte Art in den Genuss der Willensfreiheit kommen kann.

Übersetzung: Jens Kulenkampff

---

[10] Es besteht ein Unterschied zwischen *voll* verantwortlich und *allein* verantwortlich sein. Nehmen wir an, der willige Süchtige wäre von einem anderen mit Absicht und systematisch süchtig gemacht worden. Dann kann es sein, dass beide voll dafür verantwortlich sind, dass der Süchtige Drogen nimmt, während keiner von beiden allein verantwortlich ist. Dass ebenfalls ein Unterschied zwischen voll moralisch und allein moralisch verantwortlich sein besteht, zeigt das folgende Beispiel. Ein Licht lässt sich an zwei Schaltern an und ausmachen, und nun drehen zwei Personen, die einander nicht bemerken, gleichzeitig den Schalter an. Keiner von beiden ist allein dafür verantwortlich, dass das Licht angeht; auch teilen sie sich nicht in die Verantwortung derart, dass jeder nur zum Teil verantwortlich wäre. Sondern beide sind voll verantwortlich.

Gary Watson

Freies Handeln

Ich werde in diesem Aufsatz eine Unterscheidung diskutieren, die von zentraler Bedeutung für eine korrekte Auffassung freien Handelns und eine angemessene Konzeption menschlicher Motivation und Verantwortung ist.

I

Einer geläufigen Freiheitsauffassung zufolge ist eine Person in dem Maße frei, in dem sie fähig ist, das zu tun oder zu bekommen, was sie will. Um die Grenzen der Freiheit einer Person zu bestimmen, muss man also feststellen, was sie zu tun in der Lage ist. Mit gewissen Einschränkungen ist diese Deutung, wie mir scheint, richtig, und man kann mit ihrer Hilfe die wichtigsten und interessantesten Verwendungsweisen des Wortes „frei" erklären. Ein solcher Ansatz wird jedoch aus verschiedenen Gründen zurückgewiesen. Einer der wichtigsten Einwände gegen ihn lautet, dass er für ein angemessenes Verständnis unserer Rede von freiem Handeln und Wollen zu dürftig ist. Auf diesen Einwand möchte ich mich im Folgenden konzentrieren.

Wir sagen häufig, oder möchten dies zumindest sagen, dass jemand sein eigenes Handeln nicht beherrscht, dass er im Hinblick auf seine Handlungen nicht „frei" ist, obwohl sie absichtlich sind. Mögliche Beispiele hierfür sind Handlungen, die darauf zurückzuführen sind, dass der Handelnde süchtig oder manisch ist oder an irgendeiner Phobie leidet. Wenn wir Freiheit aber als die Fähigkeit analysieren, das zu tun, was man tun möchte, so erscheint der Begriff freien Handelns tautologisch. Denn wenn jemand etwas absichtlich tut, dann muss er es zum Zeitpunkt des Handelns auch tun können. Er besitzt also nach unserer Analyse die Freiheit, es zu tun. Die geläufige Freiheitsauffassung, so scheint es, lässt keine weiteren Fragen im Hinblick auf die Freiheit der Handlung zu. Es sieht also ganz so aus, als würde sie freies Handeln mit absichtlichem Handeln verwechseln.

Auf eine solche Analyse des Begriffs Freiheit stützen sich gewöhnlich jene Philosophen, die zu zeigen versuchen, dass Freiheit und Verantwortung mit dem Determinismus in Wirklichkeit nicht unvereinbar sind. Einige Kritiker des Kompatibilismus haben diesen denn auch genau deshalb verworfen, weil er mit der geläufigen Freiheitsauffassung verknüpft ist. Isaiah Berlin zum Beispiel stellt die Frage:

> „Welche Gründe kann man prinzipiell dafür anführen, dass man [einem Menschen] eine Verantwortung zuweist oder moralische Regeln ... auf ihn anwendet, deren Anwendung auf

Leute, die in ihren Entschlüssen einem psychischen Zwang unterliegen – auf Kleptomanen, Dipsomanen etc. –, man für unvernünftig halten würde?"[1]

In dem Sinne, in dem Handlungen in einer determinierten Welt frei wären, so möchte er sagen, wären auch „zwanghafte Handlungen" frei. Um eine solche Konsequenz zu vermeiden, so wird oft behauptet, müsse man eine „kontrakausalistische" Auffassung von Freiheit vertreten.

Es ist zwar durchaus richtig, dass Kompatibilisten von Hobbes bis J. J. C. Smart die entsprechenden moralischen und psychologischen Begriffe nicht differenziert genug behandelt haben. Ein solcher Mangel an Differenziertheit liegt indes weder in der Natur des Kompatibilismus noch ergibt er sich zwangsläufig daraus, dass man Freiheit als die Fähigkeit auffasst, das zu tun oder zu bekommen, was man will. Denn der Unterschied zwischen freien und unfreien Handlungen, wie wir ihn normalerweise verstehen, hat überhaupt nichts mit der Frage zu tun, ob der Determinismus wahr ist oder nicht.

Im Folgenden möchte ich eine Unterscheidung zwischen Wollen und Wertschätzen entwickeln, die es der geläufigen Freiheitsauffassung ermöglichen wird, den Begriff einer unfreien Handlung zu klären. Ich werde die These aufstellen, dass im Falle unfreier Handlungen der Handelnde nicht in der Lage ist, das zu bekommen, was er am meisten will *oder wertschätzt* und dass sich diese Unfähigkeit seinem „Motivationssystem" verdankt. In einem solchen Fall ist es der eigene Wille des Handelnden, der die Handlung verhindert, die er am meisten will. Seine Handlung ist in dem Sinne unfrei, dass er an ihrer Ausführung durch sein eigenes Wollen beziehungsweise Handeln gehindert wird.

Meine Bemerkungen sind nicht als eine Verteidigung des Kompatibilismus gedacht. Letzterer mag aus verschiedenen Gründen unakzeptabel sein, zum Beispiel, weil er die Stimmigkeit des Begriffs der Verantwortung in Frage stellt. Aber er ist nicht deshalb unakzeptabel, weil er auf der Annahme beruht, dass Freiheit die Fähigkeit ist, zu tun, was man will, noch, weil er freies mit absichtlichem Handeln verwechselt. Um zu zeigen, dass der Kompatibilismus falsch ist, muss die Kritik schon tiefer ansetzen.

II

Wie müssen Personen beschaffen sein, damit es einen sinnvollen Begriff freien Handelns geben kann? Von einer freien Handlung sprechen wir, weil das, was eine Person am meisten tun will, offenbar nicht die Handlung sein muss, zu der sie letztlich motiviert ist. Daraus folgt, dass das Maß, in dem wir etwas wollen, nicht allein durch die *Stärke* unserer Wünsche oder Motive bestimmt wird, die sich nach ihrer Handlungswirksamkeit bemisst. Ein (wenn auch vielleicht triviales) Maß für die Stärke eines Wunsches oder Wollens liegt darin, dass der Handelnde durch sie veranlasst wird, entsprechend zu handeln. (Trivial ist dieses Maß deshalb, weil die Aussage, jemand handle eines bestimmten Wunsches wegen, weil es sein stärkster Wunsch ist, nichts erklärt.) Wenn jedoch das, was man am meisten will, nicht unbedingt das ist, was man – gemäß diesem Maßstab – am

---

[1] *Freiheit. Vier Versuche* (Frankfurt am Main: Fischer 2006), S. 21.

stärksten will, so stellt sich die Frage, in welchem Sinn es dann überhaupt richtig ist zu sagen, dass man es will.[2]

Zur Beantwortung dieser Frage mag es hilfreich sein, zunächst, wenn auch nur grob, zwei Konzeptionen praktischen Schließens einander gegenüberzustellen, eine humesche und eine platonische. Die antiken Philosophen unterschieden zwischen einem rationalen und einem irrationalen Seelenteil, zwischen Vernunft und Begierde. Eine ähnliche Unterscheidung findet sich auch bei Hume. Wir müssen uns jedoch darüber im Klaren sein, dass zumindest aus Platons Sicht der rationale Seelenteil nicht mit dem Vermögen gleichzusetzen ist, das Hume „Vernunft" nennt und das er von den „Leidenschaften" abgrenzt. Nach Humes Auffassung ist die Vernunft keine Quelle von Motiven, sondern ein Vermögen zur Bestimmung von Wahr und Falsch, das allein mit „Tatsachen" und „Beziehungen zwischen Vorstellungen" befasst ist, das aber zur Frage, wie man handeln sollte, gar nichts sagen kann. Hume kann der Vernunft vielleicht insofern ein gewisses Mitspracherecht in praktischen Fragen einräumen, als aus einer anfänglichen Menge von Wünschen und empirischen Überzeugungen weitere Wünsche entstehen. Ein Anhänger Humes könnte der Vernunft also eine entscheidende Rolle für die praktische Überlegung zugestehen, die allerdings nicht darin bestünde, selbst Motive zu liefern. Das würde ihre Natur verkennen. Ihre Aufgabe wäre es vielmehr, im Zusammenhang mit bestimmten Wünschen und Zielen zu kalkulieren, wie diese Wünsche und Ziele zu realisieren sind. Nach Platons Auffassung ist der vernünftige Seelenteil dagegen nicht irgendein Schlussfolgerungsmechanismus, sondern er ist selbst die Quelle von Motiven. Vernünftiges Wollen ist seiner allgemeinen Form nach ein Wollen des „Guten".

Der Gegensatz zwischen den beiden Auffassungen lässt sich vielleicht am besten mithilfe einiger Grundbegriffe der Entscheidungstheorie veranschaulichen. Nach dem Bayes'schen Modell praktischer Überlegung wird verschiedenen Sachverhalten, die von bestimmten (dem Handelnden möglichen) Handlungsweisen abhängig sind, eine Präferenzskala zugeordnet. Jedem Sachverhalt kann ein numerischer Wert (der anfängliche Wert) zugewiesen werden, der seinem Platz auf der Skala entspricht. Liegen die numerischen Werte und die Wahrscheinlichkeiten vor, mit denen die Sachverhalte herbeigeführt werden, wenn die entsprechenden Handlungen stattfinden, kann den Handlungen ein endgültiger Wert zugeordnet werden, der ihren erwarteten Nutzen bestimmt. Derjenige handelt rational, der die Handlung mit dem größten erwarteten Nutzen ausführt.

In dieser Terminologie ist nach dem humeschen Bild die Vernunft das Vermögen, das die Wahrscheinlichkeits- und erwarteten Nutzenwerte berechnet. Als solches steht sie den Handlungen neutral gegenüber, da sie in gleicher Weise mit den unterschiedlichsten anfänglichen numerischen Werten und Wahrscheinlichkeiten operieren kann – sie leistet keinen Beitrag zur Bestimmung dieser Werte. Nach dem platonischen Bild dagegen bestimmt der rationale Seelenteil selbst, was Wert hat und wie groß dieser Wert ist, und ist

---

[2] Die Wörter „Wollen" und „Wunsch" verwende ich in dem weiten Sinne, wie er sich in der Philosophie eingebürgert hat, wonach praktisch jede Art von Motiv, mit dem eine absichtliche Handlung erklärt werden kann, ein Wollen ist. Von Wunsch spreche ich vor allem im Zusammenhang mit Begierden und Leidenschaften.

folglich für die Festlegung der ursprünglichen Werterangordnung unter den alternativen Sachverhalten verantwortlich.

Es mag vielleicht so aussehen, als würden sich die beiden Konzeptionen bloß in dem unterscheiden, was sie jeweils „Vernunft" beziehungsweise „rational" nennen, nicht aber in substanzieller Hinsicht. Wenn Hume von Vernunft spricht, so hat er einen kategorialen Unterschied im Auge: zwischen dem, was man will, und jenem, was man für wahr hält. Welchen kategorialen Unterschied hat nun die platonische Auffassung im Auge, wonach die Aufgabe des rationalen Seelenteils die Bestimmung der ursprünglichen Rangordnung zwischen den alternativen Sachverhalten ist?

Der Unterschied, um den es hier geht, ist keineswegs trivial, da die unterschiedlichen Klassifikationsschemata verschiedene Ansichten zur menschlichen Psychologie widerspiegeln. Platon wollte mit seinen Ausführungen nämlich zum einen darauf aufmerksam machen, dass es etwas ganz anderes ist, einen bestimmten Sachverhalt für gut, wertvoll oder erstrebenswert zu halten, als nur den Wunsch zu haben, dass dieser Sachverhalt besteht. Da der Begriff eines Wertes an die Begriffe des Guten und Wertvollen gebunden ist, d. h. nicht unabhängig von ihnen verstanden werden kann, ist es eines, einen Sachverhalt wertzuschätzen beziehungsweise ihn für gut zu halten, und etwas anderes, den Wunsch zu haben, dass dieser Sachverhalt besteht. Zu glauben, etwas sei gut, bedeutet aber gleichzeitig, es zu wollen. Die Vernunft ist folglich eine ursprüngliche Triebfeder des Handelns. Da die Wertschätzung einer Sache wesentlich beinhaltet, dass man sie für gut hält oder als gut beurteilt, ist es folglich auch richtig, jene Wünsche, die ihrer Natur nach Wertungen sind oder sich aus Wertungen ergeben, selbst zum rationalen, d. h. *urteilenden* Seelenteil zu rechnen beziehungsweise als etwas anzusehen, was seinen Ursprung in diesem Seelenteil hat. Werte liefern *Gründe* für Handlungen. Der kategoriale Unterschied besteht hier zu denjenigen Wünschen, deren Gegenstand nicht notwendigerweise als gut beurteilt wird, und die natürlicherweise als blind oder irrational angesehen werden. Zur Beantwortung der Frage, ob etwas gut ist, können diese Wünsche nichts beitragen.[3]

Sofern wir davon ausgehen, dass Freiheit in der Fähigkeit besteht, zu tun, was man

---

[3] Um nur eine von vielen suggestiven Formulierungen zu zitieren: „Wir müssen demnach bemerken, dass es in einem jeden von uns zwei herrschende und führende Triebe gibt, denen wir folgen, wie sie eben führen, eine eingeborene Begierde nach dem Angenehmen und eine erworbene Gesinnung, die nach dem Besten strebt. Diese beiden nun sind uns bald übereinstimmend, zuweilen auch wieder verunreinigt, und dann hat jetzt diese, dann wieder die andere die Oberhand. Wenn nun die Gesinnung uns zum Besseren durch Vernunft führt und regiert, so heißt diese Regierung Besonnenheit; wenn aber die Begierde vernunftlos hinzieht zur Lust und in uns herrscht, wird diese Frevel genannt" (*Phaidros*, 237e-238a; in Schleiermachers Übersetzung).

Vergleiche die faszinierende Diskussion der platonischen Lehre von den Seelenteilen in Terry Penners Aufsatz „Thought and Desire in Plato", in: Gregory Vlastos, Hg., *Plato: A Collection of Critical Essays*, vol. ii (New York: Anchor, 1971). Nach meiner, von Penners Artikel beeinflussten Ansicht dient die Unterscheidung, die ich Platon zugeschrieben habe, der Lösung des sokratischen Problems der *Akrasia*.

Wenn ich recht sehe, ist sie hierfür jedoch unzureichend, da sie den Unterschied zwischen („bloßer") Unmäßigkeit bzw. Willensschwäche und psychischen Zwang nicht beachtet. Dieser Unterschied erfordert eine sorgfältige Untersuchung der unterschiedlichen Bedeutungen, die es haben kann, wenn man von der Stärke eines Wunsches spricht.

tun möchte, kann es, wie mir scheint, ein Problem freien Handelns nur dann geben, wenn die platonische Konzeption der Seele annähernd der Wahrheit entspricht. Die Ansicht, die ich verteidigen möchte, ist insofern platonisch, als sie eine Unterscheidung zwischen Wunsch und Wertschätzung beinhaltet, die auf der Annahme von zwei unabhängigen Quellen der Motivation beruht. Mit seiner Lehre von den Seelenteilen hatte Platon gewiss mehr im Sinn als bloß diese Unterscheidung, aber sie ist auf jeden Fall ein Teil dieser Lehre. Die platonische Konzeption liefert eine Antwort auf die von mir gestellte Frage, inwiefern sich das, was man am meisten will, von dem unterscheiden kann, was Gegenstand des stärksten Wunsches ist. Die Antwort lautet, dass der Ausdruck „was man am meisten will" entweder bedeutet „was Gegenstand des stärksten Wunsches ist" oder „was man am meisten wertschätzt". Der Ausdruck kann im Sinne der Stärke des Begehrens gedeutet werden, man kann ihn aber auch im Sinne einer Rang- oder Präferenzordnung verstehen. Das Problem freien Handelns entsteht, weil es vorkommen kann, dass wir das, was wir tun oder erreichen wollen, gar nicht wertschätzen beziehungsweise letztlich nicht motiviert sind, nach dem zu streben, was wir am meisten wertschätzen.[4]

Da Wünschen oder Wollen häufig stillschweigend mit Wertschätzen gleichgesetzt wird,[5] ist es nötig, einige Fälle zu betrachten, die zeigen, dass und wie beides auseinanderfallen kann. Eine solche Divergenz kann sich im Prinzip auf zweifache Weise ergeben. Zum einen ist es möglich, dass wir das von uns Gewünschte oder Gewollte *überhaupt nicht* schätzen, für wertvoll erachten oder für gut halten. Wir schreiben ihm also *gar keinen* Wert zu. Zum anderen mag es sein, dass wir das Gewünschte zwar schätzen, aber die Stärke unseres Wunsches nicht genau das Maß widerspiegelt, in dem wir es schätzen; das heißt, wir halten es zwar für wertvoll, aber nicht für das in der Situation Beste; dennoch mag unser Wunsch danach größer sein als der Wunsch nach dem, was wir für das Beste halten.

Die Situationen, in denen man das, was man begehrt, überhaupt nicht schätzt, sind vielleicht selten, aber es gibt sie. Betrachten wir den Fall einer Frau, die plötzlich das Verlangen verspürt, ihr schreiendes Baby im Bad zu ertränken; oder den Fall des Squashspielers, der gerade eine schmachvolle Niederlage erleidet und den Wunsch verspürt, seinem Gegner mit dem Schläger ins Gesicht zu schlagen. Es wäre hier schlicht falsch zu sagen, dass die Mutter denkt, es wäre gut, ihr Kind zu ertränken, oder dass der Spieler

---

[4] Anders als Platon werde ich hier den Unterschied zwischen dem Rationalen und dem Nichtrationalen nicht weiterentwickeln. Eine wichtige und gegen Hume gerichtete Folgerung aus dieser minimalen Unterscheidung ist jedoch die folgende: Dass jemand X tun möchte, gibt ihm (allein) keinen Grund, X zu tun, beziehungsweise zu glauben, er habe einen Grund, X zu tun.

[5] Zum Beispiel glaube ich, dass meine Bemerkungen mit der Charakterisierung von Werten unvereinbar ist, die R. B. Perry in seiner *General Theory of Value* (Harvard University Press, 1950) gibt. In Kapitel 5 schreibt Perry: „Dies also betrachten wir als ursprüngliche Quelle und konstantes Merkmal aller Werte. Jeder Gegenstand eines Interesses ist *eo ipso* etwas, dem Wert verliehen wird." Ein „Interesse" ist folgendermaßen charakterisiert: „... Mögen und Nichtmögen, Begehren und Abneigung, Wollen und Zurückweisung oder Streben und Vermeiden. Wir schlagen vor, dieses allgemeine Kennzeichen motorisch-affektiven Lebens, diesen Zustand oder Akt, diese Einstellung oder Disposition des Gefallens oder Missfallens mit dem Wort ‚Interesse' zu bezeichnen."

es für gut hielte, seinen Gegner zu verletzen und ihm ein Leid zuzufügen. Aber nichtsdestotrotz verspüren sie ein Verlangen danach, dies zu tun, und zwar gegen ihren Willen. Es ist keineswegs so, dass sie der entsprechenden Handlungsweise einen anfänglichen Wert zuschreiben, der dann durch andere Erwägungen von größerem Gewicht aufgewogen wird. Eine solche Handlungsweise wird in der anfänglichen „Wünschbarkeitsmatrix" nicht einmal durch den geringsten positiven Eintrag repräsentiert.

Beispiele wie diese mögen den Eindruck erwecken, als käme die erste und radikale Abweichung von Wunsch und Wertung nur im Falle eines momentanen und unerklärbaren Verlangens oder Dranges vor. Ich sehe jedoch keinen zwingenden Grund, warum man nicht auch einem hartnäckigeren, dauerhafteren und durchaus erklärbaren Wunsch ähnlich entfremdet sein könnte. Stellen wir uns zum Beispiel jemanden vor, der seine sexuellen Neigungen für Teufelswerk hält, der glaubt, die bloße Existenz sexueller Neigungen beweise seine Verdorbenheit. Man sollte dieses Beispiel mit dem Fall eines sexuell enthaltsamen Menschen vergleichen, der zu dem Schluss gekommen ist, dass für ihn ein Leben in sexueller Enthaltsamkeit am erfüllendsten ist. *Eines* der Dinge, die hier gewichtet werden, um im Lichte aller relevanten Erwägungen zu einem abschließenden Urteil zu kommen, ist der Wert sexueller Aktivität. Aus der Sicht des Handelnden spricht zwar etwas dafür, sexuell aktiv zu sein, es spricht jedoch mehr für ein zölibatäres Leben. Im Gegensatz zu ihm gibt es in den Augen des Menschen, der von seinen sexuellen Neigungen entfremdet ist, nicht einmal einen *Prima-Facie*-Grund dafür, sexuell aktiv zu sein; dass er gewisse sexuelle Neigungen hat, stellt für ihn nicht einmal *eine* Erwägung dar. Man kann den vorliegenden Unterschied auch dadurch veranschaulichen, dass man sagt, der Verzicht auf sexuelle Beziehungen sei für den einen Mann ein – wenn auch im Vergleich zu den Gewinnen des Zölibats vernachlässigbarer – *Verlust*, während er vom Standpunkt des anderen her gesehen überhaupt keinen Verlust darstelle.

Nun muss man einräumen, dass jeder Wunsch die Basis für einen Grund liefern kann, insofern die Nichtbefriedigung des Wunsches Leiden verursacht und den Handelnden daran hindert, seine Ziele zu verfolgen. Bemerkenswert ist jedoch, dass der auf diese Weise durch einen Wunsch erzeugte Grund ein Grund ist, den Wunsch *loszuwerden*, was dadurch erreicht werden kann, dass der Wunsch erfüllt wird, aber auch dadurch, dass man sich auf andere Weise von ihm befreit, wie zum Beispiel durch kalte Duschen oder Beruhigungstabletten. Ein solcher Grund unterscheidet sich folglich wesentlich von jenen Gründen, die auf der Bewertung der fraglichen Sachverhalte beruhen. Denn wenn wir in ersterem Falle den Gegenstand des Wunsches erlangen, so ist dies bloß ein Mittel, eine Unannehmlichkeit zu beseitigen. Dagegen ist in letzterem Falle die Erlangung dieses Gegenstands Selbstzweck. Wenn wir nach dem streben, was wir uns wünschen, wollen wir uns normalerweise nicht in erster Linie Erleichterung verschaffen. Wir streben nach der Befriedigung und nicht nur nach der Beseitigung unseres Wunsches.

Von flüchtigen Impulsen abgesehen mag es nur selten vorkommen, dass der Gegenstand unseres Wunsches in keiner Weise wünschenswert ist. Denn man sollte denken, auch derjenige, der seine sexuellen Wünsche hauptsächlich als Übel betrachtet, muss zugegeben, dass es angenehm wäre, seinem Verlangen nachzugeben. (Vielleicht sollte aber nicht einmal das eingeräumt werden. Denn wer unter Ängsten leidet, wird möglicherweise überhaupt keine Lust verspüren, wenn er seinem Verlangen nachgibt. Außerdem ist es nicht so offensichtlich, ob Lust - unabhängig vom Wert des lustvoll Empfundenen - etwas an sich Gutes ist.) Auf jeden Fall aber bleibt die zweite Art von Divergenz zwischen Wertung und Wunsch bestehen: Es ist möglich, dass das, was man am stärksten begehrt, in einem bestimmten Zusammenhang nicht dasselbe ist wie das, was man am meisten wertschätzt.

Es ist wichtig zu sehen, dass die Unterscheidung zwischen Wertschätzung und Wunsch keine Unterscheidung von Wünschen nach ihrem Inhalt ist; das heißt, die Beschreibung der Gegenstände von Wünschen ergibt nichts, was jene Wünsche herausfiltern würde, die auf den Werten des Handelnden beruhen. Die fragliche Unterscheidung betrifft vielmehr die *Quelle* des Wunsches beziehungsweise seine Rolle im vollständigen „System" der Wünsche und Ziele des Handelnden.

Wenn wir einen Wunsch einfach durch seinen Inhalt identifizieren, so identifizieren wir dadurch ganz offensichtlich nicht seine Quelle(n). Wenn ich etwas essen möchte, so folgt daraus nicht, dass ich hungrig bin. Vielleicht möchte ich etwas essen, weil ich unterernährt bin oder weil Essen etwas Angenehmes ist. Derselbe Wunsch kann also drei verschiedene Ursprünge haben. (Es mag aber sein, dass diese Ursprünge nicht ganz unabhängig voneinander sind. Vielleicht ist die Tätigkeit des Essens deshalb angenehm, weil es uns nach Essen gelüstet.) Manche Beschreibungen von Wünschen - zum Beispiel als Begierden - greifen (zumindest grob) den Ursprung der Motive heraus.

Es ist ein wesentliches Merkmal von Begierden und Leidenschaften, dass sie Wünsche erzeugen (oder sind), deren Existenz und Dauer unabhängig von den Werturteilen der Personen sind, die diese Wünsche haben. Hunger zum Beispiel geht mit dem Wunsch einher, etwas zu essen, einem Wunsch, der seinen Ursprung in physischen Bedürfnissen und physiologischen Zuständen des hungrigen Organismus hat. Und Emotionen wie Wut und Furcht bestehen teilweise in spontanen Neigungen, bestimmte Dinge zu tun - den Gegenstand unserer Emotion anzugreifen oder vor ihm zu fliehen. Es liegt in der Natur von Begierden und Leidenschaften, dass begehrende und leidenschaftliche Wesen gegen ihren Willen motiviert werden können. Da derartige Wünsche unabhängig von den Urteilen und Werten des Wünschenden entstehen, haben die Philosophen der Antike Emotionen und Leidenschaften im nichtrationalen Teil der Seele lokalisiert;[6] und diese Art von Unabhängigkeit ist auch das, was den Konflikt zwischen Wertschätzung und Wunsch ermöglicht.[7]

Diese Beobachtungen legen vielleicht eine übermäßig dualistische Ansicht nahe, wonach Personen in zwei Hälften gespalten sind, die sich zwangsläufig fremd, wenn auch

---

[6] Man beachte, dass sich die meisten Emotionen von Leidenschaften wie der Lust dadurch unterscheiden, dass zu ihnen wesentlich bestimmte Überzeugungen und eine Art von Wertung gehören (wie etwa Unmut). Dies mag der Grund dafür sein, dass Platon einen dritten Seelenteil identifiziert, der teilweise rational ist, nämlich *Thymos*.

[7] Gewiss, wir könnten versuchen, bestimmte Begierden und Leidenschaften zu kultivieren beziehungsweise zu eliminieren, so dass die daraus resultierenden Wünsche auf unseren Wertschätzungen beruhen. Nichtsdestotrotz würden diese Wünsche so beschaffen sein, dass sie unabhängig von unseren Werten fortbestehen könnten, wie wenn man aus einem Flugzeug springt.

nicht immer feindlich gegenüber stehen. Diese Ansicht folgt jedoch nicht aus dem Gesagten. Obschon es von zentraler Bedeutung für das menschliche Leben ist, wird nur selten beachtet, dass einige Tätigkeiten nur in dem Maße geschätzt werden, in dem sie Gegenstand von Begierden sind. Das bedeutet, die entsprechenden Tätigkeiten würden von uns niemals als wertvolle Bestandteile unseres Lebens angesehen werden, wenn wir nicht für „blinde" Motive empfänglich wären, für Motive also, die von unseren Werten unabhängig sind. Als Beispiele können wir wiederum sexuelle Aktivität und Essen nennen. Wir mögen die Tätigkeit des Essens in dem Maße positiv bewerten, in dem es für unsere Ernährung sorgt. Aber genauso können wir sie schätzen, weil wir sie angenehm finden, obschon diese Eigenschaft von unserer Begierde nach Essen, unserem Hunger, abhängig ist. Was den Sex angeht, so würden gewisse Aktivitäten nicht nur ihren Wert für uns verlieren, sondern wären nicht einmal physiologisch möglich, wenn wir keine sinnlichen Wesen wären.

Diese Beispiele weisen nicht etwa darauf hin, dass zwischen Wünschen und Wertschätzen kein Unterschied besteht, sie sind vielmehr ein Hinweis darauf, dass der Wert, den wir bestimmten Aktivitäten zuschreiben, von der Erfüllung bestimmter Wünsche abhängt, die unabhängig von unseren Werten entstehen und fortbestehen. Wenn wir also die Tätigkeit des Essens schätzen, so nicht deshalb, weil wir glauben, es gebe für sie Gründe, gleichgültig, welche anderen Wünsche wir haben, sondern weil wir Lust haben zu essen; und ähnlich verhält es sich mit sexuellen Beziehungen, die wir schätzen, wenn wir erregt sind. Ein wesentlicher Teil des *Inhalts* unserer Wertung ist hier, dass die in Frage stehenden Aktivitäten durch bestimmte Begierden motiviert werden. Es mag sein, dass diese Aktivitäten nur insofern Wert für uns haben, als sie durch bestimmte Begierden motiviert sind, aber das bedeutet nicht unbedingt, dass wir *ipso facto* auch den Gegenstand dieser Begierden wertschätzen.

Diese Art von Wertschätzung einer Aktivität schließt unter anderem das Urteil mit ein, dass wir mit diesen Begierden etwas Wertvolles verlieren würden. Das bedeutet nicht nur, dass es *ceteris paribus* gut ist, diesen Begierden nachzugeben, wenn man sie hat, sondern dass es gut ist, diese Begierden zu haben und, falls dem so ist, ihnen nachzugeben. Im Gegensatz zu ersterem kann letzteres den Verlust und Kummer eines Eunuchen erklären, sowie das Unbehagen, das man verspüren mag, wenn man sich vorstellt, dass es keinen Hunger mehr gäbe und man durch geschmacklose Kapseln ernährt würde.

Ein nichterotisches Wesen oder eine Person, der das Verlangen nach Essen und Trinken fehlte, könnte den Wert, den wir auf Sex und Speisen legen, nicht ganz begreifen. Sexuelle Aktivitäten müssten einem nichterotischen Wesen ganz und gar grotesk vorkommen. (Vielleicht ist das der Grund, warum manchmal gesagt wird, Lust sei in den Augen Gottes abstoßend und sündig.) Oder betrachten wir ein in Wirklichkeit „unnatürliches" beziehungsweise erworbenes Verlangen, das Verlangen nach Nikotin. Was könnte für jemanden, der nie die Reize von Lady Nikotin kennen gelernt hat, unverständlicher sein, als die üble Gewohnheit, ein köstliches Mahl damit zu beenden, dass man den schädlichen Qualm eines verbrannten Krauts inhaliert?

Die Beziehung zwischen Wertschätzung und Motivation ist also komplexer Natur. Bei vielen Aktivitäten hängt die Bewertung davon ab, dass wir unabhängig von unseren Urteilen motiviert werden können. Die Unterscheidung zwischen Wertschätzen und Wünschen, auf der ich beharre, legt uns also nicht auf eine unvermeidliche Zweiteilung von Vernunft und Begierde fest. Aktivitäten, die ihren Beweggrund in einer Begierde haben, mögen für manche von uns zu den wertvollsten Aspekten ihres Lebens gehören.[8] Diese Unterscheidung legt uns jedoch auf die Möglichkeit einer solchen Zweiteilung fest. Wenn es Ursprünge von Motiven gibt, die von den Werten des Handelnden unabhängig sind, dann ist es auch möglich, dass dieser manchmal dazu bewogen wird, Dinge zu tun, die er nicht für wünschenswert hält. Auf dieser Möglichkeit beruht im Kern das Problem freien Handelns: Eine Person kann durch ihren eigenen Willen behindert werden.

Ein verwandtes Problem, das das Verstehen freien Handelns beträchtlich erschwert, lautet folgendermaßen: Manche Wünsche können bei ihrem Auftauchen – wenn auch nur vorübergehend – die scheinbaren Werturteile des Handelnden „färben" beziehungsweise beeinflussen. Das heißt: Solange der Handelnde diesen Wunsch verspürt, ist er dazu geneigt zu denken oder zu sagen, der Gegenstand seines Wunsches sei gut oder wertvoll. Diese Möglichkeit ist von einer anderen zu unterscheiden, nämlich der, dass man denkt, es sei wünschenswert zu essen, wenn man hungrig ist, oder Sex zu haben, wenn man Lust dazu verspürt. Denn so kann man auch denken, wenn die Begierden sich nicht bemerkbar machen. Die Möglichkeit, die mir vorschwebt, ist vielmehr die, dass das, was wir zu sagen oder denken geneigt sind, zeitweise durch den Wunsch beeinflusst ist, dergestalt, dass man sowohl vor als auch nach Auftauchen des Wunsches urteilt, es sei wünschenswert, unter den gegebenen Umständen nach dem Gegenstand des Wunsches zu streben, ob man diesen Wunsch nun hat oder nicht. In so einem Fall wird man wahrscheinlich in einem nüchternen Augenblick denken, dass es bedauerlich sei, so beeinflusst gewesen zu sein, und dass man sich gegen solche Wünsche vorsehen müsse. In anderen Fällen mag es nicht der Wunsch selbst sein, der das Urteil beeinflusst, sondern die Umstände, unter denen diese Wünsche entstehen, zum Beispiel die durch Drogen oder Alkohol hervorgerufenen Umstände. (Es ist bemerkenswert, dass wir sagen, jemand stehe „unter dem Einfluss von Alkohol".) Vielleicht beruhen die unter derartigen Umständen gefällten Urteile häufig in einem gewissen Sinne auf Selbsttäuschung. Auf jeden Fall wirft dieses Phänomen Probleme hinsichtlich der Identifikation der Werte einer Person auf.

Trotz unserer Beispiele wäre es falsch, die Schlussfolgerung zu ziehen, dass die einzigen von Wertschätzungen unabhängigen Wünsche solche sind, wie wir sie bei Begierden und Leidenschaften antreffen. Wir können uns, um in Freud'schen Begriffen zu sprechen, von den Forderungen des Über-Ich ebenso distanzieren wie von denen des Es. Wir können eine Abneigung dagegen haben, von unserer Familie wegzuziehen, und der Gedanke, dies zu tun, mag von Gewissensbissen begleitet sein. Aber diese Abneigung beruht vielleicht allein auf kultureller Konditionierung und nicht darauf, wie wir nach unserem jetzigen Urteil handeln sollten, das unsere Einschätzung unserer Pflichten und Interessen reflektiert. Oder, um ein anderes Beispiel zu nehmen, man mag gewohnt sein

---

[8] H.G. Wells soll gesagt haben, er betrachte das Zustandekommen einer Weltgesellschaft und Sex als die wichtigsten Themen seines Lebens.

zu denken, dass eine Scheidung in jedem Fall vermieden werden muss, so dass die Abneigung dagegen, sich scheiden zu lassen, selbst dann noch fortbesteht, wenn man keinen Grund mehr dafür sehen kann, die Ehe aufrecht zu erhalten. In beiden Fällen basiert die Einstellung bloß auf kultureller Konditionierung und besteht unabhängig vom Urteil des Handelnden. Aus diesem Grund sind die Wünsche, die sich kultureller Konditionierung verdanken, ebenso irrational oder, besser gesagt, nichtrational wie die Wünsche, die bei Begierden und Leidenschaften anzutreffen sind. Tatsächlich ist es ja möglich, dass ein Mensch trotz der Hemmungen, die sich einer puritanischen Erziehung verdanken, es für wünschenswert hält, nach sexueller Lust zu streben, sein Urteil also für das Es und gegen das Über-Ich Partei ergreift. Es mag so scheinen, als stünden Wünsche, die sich kultureller Konditionierung verdanken, deshalb der Wertschätzung näher als den Begierden, weil wir uns bei ihrer Äußerung einer wertenden Sprache bedienen („Es ist verwerflich, sich scheiden zu lassen") und Schuldgefühle haben, wenn wir uns nicht nach ihnen richten. Da hier jedoch Konflikte möglich sind, ist ein Wunsch, der auf kulturelle Konditionierung zurückzuführen ist, nicht gleichbedeutend mit der Wertschätzung des Gewünschten in dem hier gemeinten Sinn.

Es ist allerdings gar nicht so leicht, diesen Sinn anzugeben, wenn die Erklärung nicht trivial sein soll. Etwas wertzuschätzen bedeutet unter anderem, es unter geeigneten Umständen zu wollen, und wenn man von jemandem sagt, er wolle etwas, so sagt man, er sei bereit zu versuchen, es zu bekommen. Es ist also schwierig, den Unterschied zwischen Wunsch und Wertschätzung in Begriffen anzugeben, die sich auf das Verhalten des Handelnden beziehen. Offenbar hat der Unterschied etwas mit dessen Einstellung zu den Dingen zu tun, nach denen er zu streben geneigt ist. Man könnte sagen, die Werte des Handelnden bestünden in jenen Prinzipien und Zwecken, die er – in einem nüchternen Augenblick größter Aufrichtigkeit mit sich selbst – als das angibt, was in seinen Augen ein gutes, erfülltes und vertretbares Leben ausmacht. Die Ansicht, die meisten Menschen besäßen eine deutlich ausformulierte Konzeption des „Guten", einen zusammenhängenden Lebensplan oder ein System von Zwecken, entspricht natürlich nicht ganz der Realität. Aber wir haben alle mehr oder weniger langfristige Ziele und normative Prinzipien, die wir zu verteidigen bereit sind. Dinge wie diese bringen unsere Werte zum Ausdruck.

Das Wertesystem des Handelnden ist die Menge von Erwägungen, die in Verbindung mit Tatsachenüberzeugungen (und Wahrscheinlichkeitseinschätzungen) Urteile der folgenden Form liefert: Alles in allem betrachtet sollte ich in dieser Situation *H* tun. Einem Wesen das Vermögen freien Handelns zuschreiben zu können, setzt voraus, dass es derartige Urteile fällt. Um ein solches Wesen zu sein, muss man alternativen Sachverhalten Werte beimessen, das heißt, man muss sie nach ihrem Wert ordnen.

Das Motivationssystem des Handelnden ist die Menge von Erwägungen, die ihn zum Handeln motivieren. Das Motivationssystem eines Handelnden bestimmen wir, indem wir ausmachen, was ihn motiviert. Die Möglichkeit unfreien Handelns ist darauf zurückzuführen, dass das Wertesystem des Handelnden und sein Motivationssystem nicht vollständig deckungsgleich sind. Diese Systeme harmonieren in dem Maße, in dem sein

Handeln durch seine Urteile darüber bestimmt wird, wie er alles in allem handeln sollte, beziehungsweise durch das, was diese Urteile bestimmt.

Da Wertschätzung immer mit Wollen verbunden ist, müssen sich das Werte- und das Motivationssystem des Handelnden selbstverständlich weitgehend decken. Wenn eine Wertschätzung unter den entsprechenden Umständen niemals eine Neigung hervorrufen würde, dann würde dies unsere Behauptung, dass wir etwas wirklich schätzen, untergraben. Unser Wertesystem muss also einen beträchtlichen Einfluss auf unser Motivationssystem haben. Das Problem ist jedoch, dass es Motive gibt, die von den Werten des Handelnden unabhängig sind. Wer in seinem Handeln frei ist, der besitzt die Fähigkeit, seine Werte in Handeln zu übersetzen; seine Handlungen entspringen seinem Wertesystem.

Man könnte unser Wertesystem als unsere Anschauungsweise bezeichnen, als den Standpunkt, von dem aus wir die Welt beurteilen. Ein wichtiges Merkmal unseres Wertesystems besteht darin, dass wir uns von ihm *als Ganzes* nicht distanzieren oder lossagen können. Sich von den Zielen und Prinzipien, die unser Wertesystem konstituieren, loszusagen, hieße nämlich, diese zu widerrufen oder zu verwerfen, und solchermaßen widerrufene Ziele und Prinzipien wären (von Fällen der Selbsttäuschung abgesehen) nicht mehr konstitutiv für unser Wertesystem. Wir können uns von bestimmten Zielen und Prinzipien nur vom Standpunkt anderer, nicht verworfener Ziele und Werte aus distanzieren. Das bedeutet, kurz gesagt, dass wir nicht alle unsere normativen Urteile aufgeben können, ohne alle Standpunkte und damit unsere Identität als Handelnde aufzugeben.

Aus der Tatsache, dass man einen Standpunkt haben muss, folgt natürlich nicht, dass man nur einen solchen Standpunkt haben kann, und ebenso wenig, dass dieser Standpunkt in jeder Hinsicht feststeht. Es mag prinzipielle Konflikte und unlösbare Spannungen geben, und manchmal wird man nicht wissen, was man tun oder sagen soll. Einige der hier angedeuteten Möglichkeiten weisen auf Probleme hin, welche die Einheit von Personen betreffen. Der Extremfall hier ist pathologischer Art, wobei ich zu der Überzeugung neige, dass bei einer hinreichend schweren Spaltung mehr als einen Standpunkt zu haben bedeutet, gar keinen zu haben.

Der Unterschied zwischen Wollen und Wertschätzung müsste noch viel genauer geklärt werden, als dies hier geschehen ist. Vielleicht haben die vorangehenden Bemerkungen aber zumindest gezeigt, *dass* dieser Unterschied existiert und von Belang ist, und vielleicht haben sie einen Hinweis darauf gegeben, worin dieser Unterschied besteht. Für die Anhänger der geläufigen Auffassung, dass sich die Rede vom freien Handeln und von Handlungsfreiheit auf das bezieht, was man tun kann, wenn man es tun will, ist die Unterscheidung deshalb wichtig, weil sie der Behauptung, bei unfreien Handlungen könne der Handelnde nicht bekommen, was er wirklich oder am meisten wolle, einen klaren Sinn verleiht. Sie macht den Kontrast zwischen freiem und absichtlichem Handeln verständlich. Zugegeben, um zu zeigen, dass der unfrei Handelnde nicht das tun kann, was er will, bedarf es weiterer Argumente. Ein erster Schritt hierzu ist jedoch getan.

An dieser Stelle lohnt es sich, kurz einen Blick auf eine Auffassung zu werfen, die der hier entwickelten in vielerlei Hinsicht ähnlich ist. Der Vergleich mit ihr wird die gerade aufgestellten Thesen weiter verdeutlichen.

III

In einem wichtigen und provokanten Artikel[9] hat Harry Frankfurt eine Beschreibung dessen vorgeschlagen, was er für das wesentliche Merkmal des Begriffs einer Person hält; ein Merkmal, das seiner Ansicht nach auch von grundlegender Bedeutung für das Verständnis der Willensfreiheit ist. Es besteht in dem Besitz von Volitionen einer höheren Stufe neben Wünschen erster Stufe. Frankfurt deutet den Begriff des Willens einer Person als den „Begriff eines *effektiven* oder handlungswirksamen Wunsches, der eine Person dazu bringt (oder dazu bringen wird oder würde), den ganzen Weg bis zu einer Handlung zu gehen" (290 [S. 40 in diesem Band; Anm. d. Hg.]). Jemand hat also eine Volition zweiter Stufe, wenn er möchte, dass ein bestimmter Wunsch „sein Wille sei" (291 [S. 41 in diesem Band; Anm. d. Hg.]). (Frankfurt betrachtet auch den Fall eines Wunsches zweiter Stufe, der keine Volition zweiter Stufe ist, bei dem man einfach nur den Wunsch hat, einen bestimmten Wunsch zu haben, ohne von diesem Wunsch zum Handeln motiviert werden zu wollen. Zum Beispiel könnte jemand neugierig sein zu erfahren, wie es sich anfühlt, drogensüchtig zu sein, weshalb er den Wunsch nach Heroin haben möchte, ohne den Wunsch zu haben, dass dieser Wunsch wirksam – also sein Wille – wird. Frankfurts eigentliches Beispiel ist noch etwas spezieller, da die entsprechende Person nicht bloß den Wunsch nach Heroin hat, sondern auch möchte, dass dieser Wunsch einen bestimmten Ursprung hat, nämlich in der Sucht. Er möchte wissen, wie es ist, *Verlangen* nach Heroin zu verspüren.) Wenn man keine Volitionen zweiter Stufe hat, ist man ein *triebhaftes Wesen* oder ein *Getriebener* (*wanton*). „Nur weil eine Person Volitionen der zweiten Stufe hat, kann sie sich der Freiheit ihres Willens erfreuen oder auch ihrer ermangeln" (295 [S. 45 in diesem Band; Anm. d. Hg.]).

Frankfurts These ähnelt der von uns entwickelten platonischen Ansicht insofern, als sie sich auf „die Willensstruktur einer Person" konzentriert (293 [S. 43 in diesem Band; Anm. d. Hg.]). Was Frankfurts Aufsatz angeht, so möchte ich hier nur zeigen, dass das von ihm angegebene „strukturelle" Merkmal weder für den Begriff der Handlungsfreiheit noch für den der Person die ihm zugeschriebene grundlegende Bedeutung hat; es kann die ihm zugewiesene Aufgabe schlicht nicht erfüllen.

Ein Ziel, das Frankfurt mit der Unterscheidung von verschiedenstufigen Wünschen verfolgt, ist es zu erklären, in welchem Sinn man sagen kann, bestimmte Wünsche des Handelnden seien seine eigentlichen oder wirklichen Wünsche, d. h. verständlich zu machen, in welchem Sinn er sich mit bestimmten Wünschen „identifiziert" und in welchem Sinne er im Hinblick auf seinen eigenen Willen unfrei sein kann. Dieses Ziel ähnelt unserem eigenen Vorhaben. Dass hierbei dem Begriff einer höherstufigen Volition in Wirklichkeit nicht die fundamentale Bedeutung zukommt, können wir uns klarmachen, indem wir die Frage stellen, ob man nicht auch bezüglich der eigenen Wünsche und Volitionen zweiter Stufe ein Getriebener (*wanton*) sein könnte.

Wenn man sich bei einem Konflikt zwischen zwei Wünschen mit einem von beiden

---

[9] Harry Frankfurt, „Willensfreiheit und der Begriff der Person", in: Peter Bieri (Hrsg.), *Analytische Philosophie des Geistes* (Hain: Königstein/Ts. 1981), S. 287–303 [in diesem Band S. 37–51; Anm. d. Hg.].

identifiziert, dann heißt dies nach Frankfurt, dass man in Bezug auf ihn eine Volition von höherer Stufe hat als in Bezug auf den anderen. Die Tatsache, dass man diesem Wunsch gegenüber dem anderen einen besonderen Rang verleiht, sei darauf zurückzuführen, dass sich auf ihn eine Volition n-ter Stufe richte, während die Volition, die sich auf den anderen richtet, höchstens $(n-1)$-ter Stufe sei. Aber warum muss uns denn eine höherstufige Volition am Herzen liegen? Da Volitionen zweiter Stufe selbst auch bloß Wünsche sind, vergrößern wir doch nur die Anzahl der Rivalen, wenn wir diese Wünsche den einander widerstreitenden Wünschen hinzufügen. Es bedeutet nicht, dass wir einem von ihnen eine besondere Stellung verleihen. Dem Handelnden mag es ja gleichgültig sein, welcher Wunsch zweiter Stufe sich letztlich durchsetzt; und die gleiche Möglichkeit ergibt sich auch auf jeder nächsthöheren Stufe.

Frankfurt, der sich dieser Schwierigkeit durchaus bewusst ist, schreibt:

> „Theoretisch gibt es kein Ende in der langen Reihe von Wünschen höherer und immer höherer Stufe; nichts außer einem geraden Verstand und vielleicht einer rettenden Ermüdung hindert jemanden, wie besessen die Identifikation mit einem seiner Wünsche zu vermeiden, ehe er sich nicht einen Wunsch der nächsthöheren Stufe gebildet hat" (297 [S. 47 in diesem Band; Anm. d. Hg.]).

Aber er besteht darauf, dass es möglich ist,

> „eine solche Reihe [der Ausbildung von Volitionen immer höherer Stufe] abzuschließen, ohne sie willkürlich abzuschneiden. Wenn sich eine Person *entschlossen* mit einem ihrer Wünsche der ersten Stufe identifiziert, dann ‚durchhallt' diese Bindung den ganzen potenziell endlosen Raum höherer Stufen. […] Dass ihre Volition zweiter Stufe, von diesem Wunsch bewegt zu werden, entschlossen ist, heißt, dass kein Raum für die Frage ist, ob Wünsche oder Volitionen höherer Stufe irgend von Belang sind. […] Die Entschiedenheit seines Entschlusses bedeutet zugleich die Entscheidung, dass sich in Bezug auf seine Volition zweiter Stufe keine Fragen irgendeiner höheren Ordnung stellen" (297 [S. 47 in diesem Band; Anm. d. Hg.]).

Diese Erwiderung ist jedoch schwach oder sie zeigt, dass der Begriff höherstufiger Volitionen in Wirklichkeit nicht die ihm zugeschriebene fundamentale Bedeutung besitzt. Wir wollten ja wissen, was Triebhaftigkeit bezüglich unserer Volitionen zweiter Stufe verhindert. Was gibt diesen Volitionen eine besondere Beziehung zu „uns selbst"? Es hilft nichts, zu antworten, dass man sich durch sie „entschlossen bindet", wenn dies nur bedeutet, dass ein unbegrenzter Aufstieg zu höheren Stufen nicht erlaubt wird. *Das* wäre nämlich willkürlich.

Diese Schwierigkeit zeigt, dass der Begriff unterschiedlicher Stufen von Wünschen oder Volitionen nicht das leisten kann, was Frankfurt von ihm erwartet. Er sagt uns nicht, warum ein bestimmter Wunsch einer Person die besondere Eigenschaft hat, wirklich oder im eigentlichen Sinne „ihr eigener" Wunsch zu sein. Die Begriffe eines Akts der Identifikation und der entschlossenen Bindung oder Festlegung mögen hierfür durchaus relevant sein, aber sie dürfen auf keinen Fall mit dem Begriff eines Wunsches zweiter oder höherer Stufe gleichgesetzt werden. Wenn sie aber die entscheidenden Begriffe sind, dann fragt sich, warum ein solcher Akt der Identifikation nicht bereits auf der ersten

Stufe stattfinden kann, d. h. ein Akt der Identifikation mit einer bestimmten Handlungsweise oder Festlegung auf sie sein kann (statt mit einem oder auf einen Wunsch). In diesem Fall wäre kein Aufstieg zu einer höheren Stufe notwendig und der Begriff einer höherstufigen Volition würde überflüssig oder zumindest zweitrangig werden.

Ich glaube tatsächlich, dass, sofern man diese Redeweise hilfreich findet, solche Akte der „Identifikation und Festlegung" generell auf Handlungsweisen bezogen, d. h. auf der ersten Stufe anzusiedeln sind. Nach Frankfurts Bild praktischer Urteile, so scheint es, hat der Handelnde eine Reihe von Wünschen (erster Stufe), in Bezug auf die er Volitionen zweiter Stufe ausbildet. Das scheint aber ein verzerrtes Bild zu sein. Nach meiner Ansicht ist es so, dass der Handelnde häufig Alternativen bewertet, die zuvor nicht Gegenstand eines Wunsches von ihm waren. Er fragt sich (zumindest normalerweise) nicht, welchen seiner Wünsche er handlungswirksam werden lassen möchte, sondern welche Handlungsweise am wünschenswertesten ist. Die anfängliche Frage des Handelnden richtet sich auf bestimmte Handlungsweisen und betrifft nicht ihn selbst.

Praktische Urteile sind tatsächlich mit „Volitionen zweiter Stufe" verbunden. Denn dieselben Erwägungen, die letztlich die Gründe für eine bestimmte Handlung H konstituieren, sind auch Gründe dafür zu wollen, dass der „Wunsch", H zu tun, handlungswirksam wird und die ihm zuwiderlaufenden Wünsche keine solche Wirkung entfalten. Aber im Allgemeinen kommt den Bewertungen des Handelnden Priorität zu und diese Bewertungen sind solche der ersten Stufe. Die aus praktischen Urteilen resultierenden Wünsche erster Stufe erzeugen Volitionen zweiter Stufe, weil sie diesen besonderen Status genießen, und sie genießen diesen Status nicht, wie Frankfurt meint, deshalb, weil auf sie ein höherstufiger Wunsch gerichtet ist.

Frankfurts Position ähnelt also der platonischen Konzeption insofern, als sie sich auf die Struktur der „Seele" konzentriert.[10] Aber die beiden Auffassungen unterteilen die Seele auf unterschiedliche Weise. Während Frankfurt sie in Wünsche höherer und niedrigerer Stufe unterteilt, unterscheidet Platon – ebenso wie meine These – unterschiedliche Quellen der Motivation.[11]

IV

Abschließend zeigt sich, dass eine Sorge, die uns daran hindern mag, die traditionelle Freiheitsauffassung – und damit den Kompatibilismus – zu akzeptieren, unberechtigt ist. Aus dem Determinismus folgt nicht, um zu Berlins obiger Frage (S. 52 [S. 206 im Ori-

---

[10] Frankfurts Vorstellung von einem triebhaften Wesen kann, richtig verstanden, weitere erhellende Verwendung in der Moralpsychologie finden. Ich denke, sie kann sich in der Diskussion des problematischen Phänomens der Psycho- oder Soziopathie als wertvoll erweisen.

[11] In einigen kürzlich erschienenen Artikeln wird von ähnlichen Unterscheidungen zu ähnlichen Zwecken Gebrauch gemacht wie die von Frankfurt und mir verwendeten. Vergleiche zum Beispiel Richard Jeffrey, „Preference among Preferences", *Journal of Philosophy* (1974), 377-91. In „Freedom and Desire", *Philosophical Review* (1974), 32-54, bezieht sich Wright Neely ebenfalls auf Wünsche höherer Stufe, offenbar ohne zu wissen, wie Frankfurt diesen Begriff konzipiert hat.

ginal; Anm. d. Übers.] weiter oben) zurückzukehren, dass alle unsere Handlungen und Entscheidungen denselben Status haben wie jene von zwanghaft Wählenden wie „Kleptomanen, Dipsomanen etc.". Ein solch zwanghaftes Verhalten zeichnet sich nach meiner Ansicht dadurch aus, dass die fraglichen Wünsche und Emotionen von den Wertesystemen der Handelnden mehr oder weniger radikal unabhängig sind. Der zwanghafte Charakter des Diebstahls eines Kleptomanen hat überhaupt nichts mit dem Determinismus zu tun. (Sein Wunsch zu stehlen könnte auch rein zufällig zustande kommen.) Vielmehr neigen wir deshalb dazu, seine Handlungen für unfrei zu halten, weil sich seine Wünsche unabhängig von seinem Wertesystem äußern.

Das einzige Wesen, das ohne Einschränkungen frei handeln kann, ist natürlich Gott (beziehungsweise Gott, wie er traditionell aufgefasst wird). Bei einem allmächtigen und allwissenden Gott kann das Motivationssystem nicht vom Wertesystem abweichen. Die Motivation ist bei ihm vollständig abhängig von der Wertung, da seine Motive nur einen Ursprung haben könne: sein mutmaßlich gütiges Urteil.[12] Auch für die Motivation der Tiere gibt es nur einen Ursprung: Triebe und (vielleicht auch) Leidenschaft. Die Tiere, so glauben wir wenigstens, haben kein Wertesystem. Die Menschen aber sind in ihrem Handeln auch nur mehr oder – wie dies häufig der Fall ist – weniger frei. Sie sind nur in mancher Hinsicht frei. Was Begierden und Leidenschaften angeht, so liegt es auf der Hand, dass das Motivationssystem eines Menschen manchmal in einer mit seiner Handlungsfreiheit unvereinbaren Weise von seinen Werten unabhängig ist; das heißt, manche Menschen werden bisweilen durch ihre Begierden und Leidenschaften auf eine Weise motiviert, die ihrem praktischen Urteil widerspricht.[13]

Wie Nietzsche (vermutlich aber mit einer ganz anderen Absicht) gesagt hat: „Der Unterleib ist der Grund dafür, dass der Mensch sich nicht so leicht für einen Gott hält."[14]

Übersetzung: Erich Ammereller

---

[12] Gott ist nicht zu *willensschwachem* Handeln fähig. Sokrates dachte, dass sich die Menschen von einem solchen Wesen nur durch ihr begrenztes Wissen und ihre begrenzte Macht unterscheiden.
[13] Diese Möglichkeit stellt ein definitives Merkmal von Begierden und leidenschaftlichen Wünschen dar.
[14] Friedrich Nietzsche, *Jenseits von Gut und Böse*, Viertes Hauptstück, Spruch 141.

Harry G. Frankfurt

Die schwächste Leidenschaft

1. Der Titel meines Vortrags ist einer Bemerkung von A. E. Housman entlehnt. „Von allen menschlichen Leidenschaften die schwächste", so schrieb er, „ist die Wahrheitsliebe."[1] Dass eine Leidenschaft schwach ist, kann zweierlei bedeuten. Sie kann schwach ausgeprägt oder nur schwach erkennbar sein. Housman hatte gewiss erstere Bedeutung vor Augen. Aber wie dem auch sei, es gibt eine andere Leidenschaft, die in beiderlei Hinsicht noch schwächer ist als unsere Wahrheitsliebe. Die schwächste Leidenschaft des Menschen – sowohl was ihre Auffälligkeit, als auch was ihre Heftigkeit angeht – ist sicherlich seine Liebe zur Wahrheit über sich selbst.

Die Fähigkeit, etwas zu glauben und es gleichzeitig vor sich zu verbergen, ist ein wenig paradox; und Philosophen finden es schwierig, zu erklären, wie wir das machen. Es ist dagegen leicht zu verstehen, *warum* wir es tun. Die Wahrheit über uns selbst ist manchmal nur schwer zu ertragen. Wenn sie uns dazu bringt, uns selbst zu täuschen, dann deshalb, weil sie nicht mit dem vereinbar ist, was wir glauben wollen. Wir verbergen die Wahrheit vor uns, so scheint es, weil sie mit unserer Selbstliebe im Konflikt steht. Aber mein Thema ist nicht das Phänomen der Selbsttäuschung. Mir geht es um einen anderen Feind der Wahrheit über uns selbst, dessen Beziehung zur Selbstliebe etwas komplizierter und weniger klar ist. Ich werde mich ihm auf indirekte Weise nähern, indem ich eine Frage zum Phänomen des Lügens betrachte.

2. Was genau finden wir so anstößig daran, von jemandem belogen zu werden? Meine Frage ist nicht, warum es falsch ist zu lügen. Sie betrifft nicht die Moral des Lügens, sondern hat damit zu tun, wie wir uns fühlen, wenn wir belogen werden. Was kränkt uns, wenn wir darüber gekränkt sind, dass man uns belogen hat? Was erklärt die Wirkung, die eine Lüge auf uns hat?

Eine große Bedeutung wird häufig dem Gedanken beigemessen, dass die Lüge den Zusammenhalt der menschlichen Gemeinschaft untergräbt. So sagt Kant, dass ohne Wahrhaftigkeit in der „Mittheilung der Gesinnungen [...] aller Werth des Umgangs" aufhöre.[2] Und er begründet dies damit, dass eine Lüge, weil sie auf diese Weise die menschliche Gemeinschaft bedrohe, „jederzeit einem Anderen [schadet], wenn gleich nicht einem anderen Menschen, doch der Menschheit überhaupt [...]".[3] Ganz ähnlich

---

[1] A. E. Housman, *M. Manilii, Astronomicon I* (London, 1903), S. xliii.
[2] „Von den ethischen Pflichten gegen andere; und zwar von der Wahrhaftigkeit" [Kant, AA 27, 444; Anm. d. Hg.].
[3] „Über ein vermeintes Menschenrecht aus Menschenliebe zu lügen" [Kant, AA 08, 426; Anm. d. Hg.].

urteilt Montaigne: „Da wir uns allein durch das Wort verständigen können, verrät, wer es verfälscht, die Gesellschaft."[4] „Wenn uns Schwere und Abscheulichkeit dieses Lasters bewußt wären", erklärt er, sich über sein Thema ereifernd, „würden wir es berechtigter mit Feuer und Schwert verfolgen als andere Schandtaten."[5]

An dem, was Kant und Montaigne behaupten, ist gewiss etwas dran. Aber sie übertreiben. Die Vorteile gesellschaftlichen Verkehrs hängen nicht wirklich davon ab, dass die Menschen aufrichtig zueinander sind, wie Montaigne und Kant meinen; und auch Gespräche verlieren nicht dadurch ihren Wert, dass Menschen lügen. Das Ausmaß, in dem tatsächlich gelogen wird, ist schließlich enorm, und dennoch geht das gesellschaftliche Leben weiter. Dass Menschen häufig lügen, verhindert wohl kaum, dass wir mit ihnen gewinnbringend zusammenleben können. Es bedeutet nur, dass wir vorsichtig sein müssen. Wir können ganz gut in einer Umgebung zurechtkommen, in der viel gelogen wird, solange wir unserer Fähigkeit vertrauen können, einigermaßen effektiv zu unterscheiden zwischen solchen Situationen, in denen jemand lügt, und jenen, in denen er die Wahrheit sagt. Es ist nicht unbedingt nötig, generell darauf zu vertrauen, dass Menschen aufrichtig sind, so lange wir uns zu Recht selbst vertrauen.

Dass wir überhaupt daran Anstoß nehmen, belogen zu werden, liegt jedoch sowieso nicht daran, dass dadurch die gesellschaftliche Ordnung bedroht oder belastet wird. Nicht als Bürger fühlen wir uns davon betroffen; wir reagieren nicht deshalb verstimmt auf eine Lüge, weil sie unseren Gemeinsinn weckt. Unsere Reaktion ist persönlicher Natur. Wir entrüsten uns gewöhnlich weit weniger über den Schaden, den der Lügner anderen zugefügt haben könnte, als über sein Verhalten uns gegenüber. Wir sind aufgebracht gegen ihn, weil er uns verletzt hat, egal, ob es ihm irgendwie auch gelungen ist, Verrat an der ganzen Menschheit zu begehen.

Lügen ist ein sehr komplizierter Akt. Wer eine Lüge erzählt, der versucht stets, sein Opfer über zwei unterschiedliche Dinge zu täuschen: zum einen über den Sachverhalt, auf den er sich ausdrücklich bezieht und den er, wie er vorgibt, korrekt darstellt; zum anderen über seine eigenen Überzeugungen und das, was in ihm vorgeht. Neben der Tatsache in der Welt stellt der Lügner also auch Tatsachen, die ihn selbst betreffen, falsch dar. Beiden Aspekten seines Verhaltens kommt eine besondere Bedeutung zu.

Der Lügner verfolgt erstens das Ziel, seine Opfer dazu zu bringen, eine Welt als real anzusehen, die er selbst erfunden hat. In dem Maße, in dem er damit Erfolg hat, ist er der Urheber dessen, was sie als Realität betrachten. Was er sagt, bestimmt, was in ihren Augen der Fall zu sein scheint. Dabei maßt er sich so etwas wie das göttliche Vorrecht schöpferischer Rede an und simuliert damit den allmächtigen Willen, durch den Gott (dem Buch Genesis zufolge) eine Welt erschuf, indem er gebot, dass sie werde. Diese Arroganz verletzt unseren Stolz. Der Versuch des Lügners, sich der Kontrolle über die Bedingungen zu bemächtigen, unter denen wir zu leben meinen, macht uns wütend.

---

[4] „Wenn man einander des Lügens bezichtigt" [in: Montaigne, Essais. Erste moderne Gesamtübersetzung von Hans Stilett. Zweites Buch. München: dtv, 2011, S. 503–509, hier: S. 508; Anm. d. Hg.].

[5] „Über die Lügner" [in: Montaigne, Essais. Erste moderne Gesamtübersetzung von Hans Stilett. Erstes Buch. München: dtv, 2011, S. 20–23, hier: S. 23; Anm. d. Hg.].

Indem der Lügner seinen Opfern eine falsche Welt vorgaukelt, schließt er sie zweitens aus seiner Welt aus. Insofern er ihnen ein Verständnis der Wirklichkeit vermittelt, das sich von seinem eigenen unterscheidet, sondert er sich radikal von ihnen ab. Dieser Sachverhalt hat Adrienne Rich dazu veranlasst, mit poetischer Genauigkeit festzustellen, „dass der Lügner eine Existenz von unaussprechlicher Einsamkeit führt."[6] Diese Einsamkeit ist genau deshalb *unaussprechlich*, weil der Lügner nicht einmal offen zu erkennen geben kann, dass er einsam *ist*, ohne auch zu verraten, dass er gelogen hat. Indem er seine Gedanken verbirgt, macht er es anderen Menschen unmöglich, mit ihm in Berührung zu kommen – ihn zu verstehen oder auf ihn zu reagieren, wie er wirklich ist, oder überhaupt zu bemerken, dass ihnen dies nicht gelingt. Er kündigt damit eine bestimmte Weise von menschlicher Intimität auf, die zugleich etwas Normales und Elementares ist. Auch aus diesem Grund hat das, was er tut, etwas Beleidigendes. Wie mit seiner Anmaßung, vom schöpferischen Vorrecht Gottes Gebrauch zu machen, so verletzt er auch mit seiner Weigerung, sich zu erkennen zu geben, den Stolz seines Opfers.

3. In manchen Fällen verursachen Lügen aber einen noch tiefer reichenden Schaden. Adrienne Rich sagt: „(Z)u entdecken, dass man in einer persönlichen Beziehung belogen wurde, gibt uns irgendwie das Gefühl, verrückt zu sein."[7] Auch diese Beobachtung ist treffend und präzise. Wenn wir in einer wichtigen Angelegenheit mit jemandem zu tun haben, der uns weitgehend fremd ist, kann sich unser Vertrauen allein auf eine mehr oder weniger willkürliche Einschätzung seiner Verlässlichkeit stützen, und normalerweise deckt diese Einschätzung nur bestimmte Mitteilungen ab. Im Umgang mit unseren engen Freunden sind diese beiden Bedingungen normalerweise gelockert. Wir nehmen an, dass unsere Freunde im Allgemeinen aufrichtig zu uns sind; davon gehen wir mehr oder weniger aus. Wir neigen stets dazu, ihren Worten Vertrauen zu schenken; und zwar in erster Linie nicht deswegen, weil wir jeweils damit rechnen, dass sie die Wahrheit sagen, sondern weil wir uns bei ihnen wohl fühlen. „Wir wissen einfach, dass sie uns nicht anlügen werden", wie man so schön sagt.

Bei Freunden ist es uns zu etwas Selbstverständlichem geworden, von einem Verhältnis der Vertrautheit auszugehen, eine Annahme, die sich direkt unseren Gefühlen verdankt, der Empfindung unseres eigenen Zustands, und nicht der Einschätzung dessen, was wir über sie wissen. Es wäre übertrieben, zu behaupten, dass die Neigung einer Person, ihren Freunden zu vertrauen, Teil ihres Wesens ist. Aber man könnte doch zu Recht sagen, dass dieses Vertrauen zu ihrer zweiten Natur geworden ist.

Aus diesem Grund erzeugt die Entdeckung, dass ein Freund uns belogen hat, in uns das Gefühl, verrückt zu sein. Sie bringt etwas über uns ans Licht, das uns mehr verstört, als wenn wir uns nur verkalkuliert oder verschätzt haben. Sie offenbart, dass wir uns auf die eigene (das heißt, unsere zweite) Natur nicht verlassen können, weil diese uns auf Menschen zählen lässt, denen man nicht vertrauen kann. Wenn jemand von einem Freund getäuscht wird, dann liegt die Schuld selbstverständlich beim Lügner. Aber auch

---

[6] „Women and Honor: Some Notes on Lying", in: *On Lies, Secrets and Silence* (New York, 1979), S. 191.
[7] Ibid., S. 186.

beim Opfer der Lüge deckt eine solche Täuschung eine Schwäche auf. Er wird durch den Lügner, aber auch durch seine eigenen Gefühle betrogen.

Dem Selbstbetrug haftet etwas von Verrücktheit an, denn er ist ein Kennzeichen des Irrationalen. Das Wesen der Rationalität ist Folgerichtigkeit, und Folgerichtigkeit im Denken und Handeln bedeutet, sich so zu verhalten, dass man die eigenen Bemühungen nicht selbst vereitelt. Nach der von Aristoteles gegebenen Erklärung handelt rational, wer sich am Maßstab der Mitte orientiert. Nehmen wir an, eine Person halte aus gesundheitlichen Gründen eine Diät ein, die so dürftig oder so üppig ist, dass sie dem von ihr angestrebten Ziel, das eigene Wohl zu fördern, abträglich ist. In diesem Betrug an sich selbst besteht die Irrationalität des Abweichens von der Mitte. In ähnlicher Weise werden intellektuelle Tätigkeiten durch logische Widersprüche untergraben. Wenn ein Gedankengang zu einem Widerspruch führt, ist seine weitere Entwicklung blockiert. Wohin wir uns mit unseren Gedanken auch wenden, wir werden immer wieder zurückgedrängt. Wir müssen bejahen, was wir bereits verneint haben, oder verneinen, was wir bereits bejaht haben. Wie ein Verhalten, das seine eigenen Ziele vereitelt, ist widersprüchliches Denken irrational, weil es sich selbst betrügt.

Wenn eine Person herausfindet, dass sie jemand belogen hat, dem sie wie selbstverständlich vertraut hatte, so zeigt ihr dies, dass sie sich nicht auf das gewohnte Gefühl des Vertrauens verlassen kann. Sie erkennt, dass ihr Gefühl, wem sie vertrauen kann, sie getäuscht hat. Es hat sie nämlich die Wahrheit verfehlen lassen, statt sie zur Wahrheit gelangen zu lassen. Sie nahm an, dass sie durch dieses Gefühl sicher geleitet werde, aber diese Annahme wurde auf den Kopf gestellt und erwies sich folglich als irrational. Es ist dementsprechend nicht verwunderlich, dass sie sich ein bisschen verrückt fühlt.

4. Aristoteles zufolge hatte die Philosophie der Antike ihren Ursprung in der Verwunderung.[8] Die Philosophie der Neuzeit beginnt dagegen, wie wir wissen, mit dem Zweifel. Beides sind Zustände der Ungewissheit. Wir sind verwundert, wenn wir ein bestimmtes Phänomen nicht verstehen. Das Unbehagen, das wir an unseren kognitiven Fähigkeiten verspüren, wenn man uns belogen hat, ähnelt dagegen mehr der Art von Ungewissheit, die Descartes quälte. Ihn beunruhigte weniger, wie die Phänomene zu erklären sind, als die Frage, wie es um ihn selbst bestellt war. Der Zweifel, dem sein erkenntnistheoretisches und metaphysisches Unternehmen entsprang, war ein Zweifel an sich selbst.

Die Philosophen der Antike, so erklärt Aristoteles, „philosophierten, um der Unwissenheit zu entgehen."[9] Was Descartes zum Philosophieren bewog, war dagegen weniger Unwissenheit als eine ängstliche Sorge, weniger ein Mangel an Wissen als ein Mangel an Selbstvertrauen. Ihn beunruhigte die Möglichkeit, von Natur aus an einem so grundlegenden Defekt zu leiden, dass sein intellektueller Ehrgeiz durch dieselben kognitiven Fähigkeiten zunichte gemacht würde, auf die er sich verlassen musste, um seine Ziele

---

[8] *Metaphysik* I, 2: 982b12 [nach der Neubearbeitung der Übersetzung von Hermann Bonitz durch Horst Seidl. Hamburg: Meiner, 1995; Anm. d. Hg.].

[9] Ibid., 982b 20 [nach der Neubearbeitung der Übersetzung von Hermann Bonitz durch Horst Seidl. Hamburg: Meiner, 1995; Anm. d. Hg.].

zu erreichen. „Woher wissen wir", so fragte er, „dass wir nicht so geschaffen sind, dass wir uns ständig täuschen?" Woher wissen wir, mit anderen Worten, dass Rationalität überhaupt möglich ist? Descartes befürchtete insbesondere, wir könnten mit derselben unwiderstehlichen Klarheit und Deutlichkeit erkennen, dass bestimmte Urteile wahr und dass sie falsch sind. Das würde zeigen, dass die Vernunft hoffnungslos in sich entzweit ist. Es würde bedeuten, dass jeder, der sich beharrlich um Rationalität bemüht, an einen Punkt gelangt, an dem er nicht mehr weiß, was er denken soll.

Spinoza definiert einen Zustand unserer Affektnatur, der dieser inneren Entzweiung der Vernunft ähnlich ist. Der „Zustand des Geistes, der zwei entgegengesetzten Affekten entspringt", sagt er, „heißt Schwankung des Gemüts, die sich somit zu dem Affekt verhält wie der Zweifel zur Vorstellung."[10] Ich möchte nun einen etwas anderen, aber doch auch ähnlichen Typ psychischer Instabilität beziehungsweise psychischen Konflikts betrachten, den ich „Ambivalenz" nennen werde. Die Entzweiung oder der Zwiespalt, um die es hier geht, betreffen weder die Vernunft einer Person, noch ihre Affekte, sondern ihren Willen. Wenn jemand ambivalent ist, wird er durch Präferenzen bezüglich seiner Affekte, seiner Wünsche oder anderer Elemente seines Seelenlebens bewegt, die nicht miteinander vereinbar sind. Dieser Zwiespalt in seinem Willen hält ihn davon ab, sich im Hinblick auf seine Gefühle oder Motive für eine in sich stimmige Identität zu entscheiden. Das bedeutet, dass er nicht weiß, was er wirklich will.[11]

Ambivalenz besteht in einem Konflikt zwischen bewussten oder unbewussten Neigungen des Willens, die zwei Bedingungen erfüllen: Sie stehen erstens von Natur aus und deshalb unvermeidlich im Gegensatz zueinander; das heißt, der Konflikt der zwischen ihnen besteht, ist nicht bloß auf zufällig vorliegende Umstände zurückzuführen. Zweitens sind beide ein innerer Bestandteil des Willens der betreffenden Person und ihm nicht äußerlich; das heißt, die Person ist ihnen gegenüber nicht passiv. Als Beispiel für Ambivalenz könnte man jemanden anführen, der gleichzeitig dazu neigt, sich für eine bestimmte berufliche Laufbahn zu entscheiden und davon Abstand zu nehmen.

Konflikte, die sich auf psychische Elemente erster Stufe beschränken – wenn man zum Beispiel von einem Gegenstand oder einer Handlung zur gleichen Zeit angezogen und abgestoßen wird – sind überhaupt keine Willenskonflikte. Sie sind nicht volitionaler, sondern impulsiver und affektiver Natur. Willenskonflikte erwachsen aus höherstufigen, reflexiven Einstellungen einer Person. Aber auch bei Konflikten im Wollen einer Person handelt es sich dann nicht um Ambivalenz, wenn einige der an dem Konflikt beteiligten psychischen Kräfte exogener Natur sind, das heißt, wenn sich die betroffene Person nicht mit ihnen identifiziert und sie in diesem Sinn ihrem Willen äußerlich sind.

Ein Süchtiger, der aufrichtig gegen seine Sucht ankämpft, wehrt sich gegen eine Kraft, von der er nicht angetrieben werden möchte und die ihm deshalb fremd ist. Da

---

[10] *Ethik in geometrischer Ordnung dargestellt*, III. Teil, 17. Lehrsatz [Nach der Übersetzung von Wolfgang Bartuschat. 3. verbesserte Auflage. Hamburg: Meiner, 2010; Anm. d. Hg.].

[11] Der Typ von Konflikt, um den es mir geht, kennt verschiedene Grade. Meine Auseinandersetzung mit Ambivalenz befasst sich mit Konflikten, die so schwer sind, dass jemand (a) nicht entschlossen handeln kann oder (b) die Erfahrung macht, dass die Erfüllung keines seiner widersprüchlichen Wünsche ihn wirklich befriedigt.

sich ein solcher Konflikt nicht vollständig im Inneren seines Willens abspielt, ist er auch nicht in einem inneren Zwiespalt beziehungsweise ambivalent. Der gegen seinen Willen Süchtige steht mit ganzem Herzen auf einer Seite des in ihm stattfindenden Konflikts. Seine Abhängigkeit mag stärker sein als sein Wille, aber sie zerstört als solche nicht die Einheit seines Wollens.

Eine Person ist also nur dann ambivalent, wenn sie sich nicht entschließen kann, für oder gegen eine bestimmte psychische Einstellung zu sein. Eine solche Unentschlossenheit ist nun auf ihre Art genauso irrational, wie wenn man etwas Widersprüchliches glaubt. Die Disharmonie eines ambivalenten Willens verhindert, dass man seine Ziele auf effektive und zufriedenstellende Weise verfolgt und verwirklicht. Wie der Vernunftkonflikt führt auch der Willenskonflikt dazu, dass man sich selbst verrät und die eigenen Bemühungen selbst zunichte macht. Die Schwierigkeit ist in beiden Fällen dieselbe: Sie besteht in einer Art von Gier nach Unvereinbarem – dem Versuch, Dinge zu erreichen, die einander ausschließen – was natürlich zu nichts führen kann. Die Tätigkeit des Verstandes und des Willens wird in ihrem Fluss unterbrochen und zurückgelenkt; jegliche Bewegung in irgendeine Richtung wird blockiert und zurückgedrängt. Wie auch immer sich eine Person zunächst entschieden haben mag, was auch immer sie zunächst gedacht haben mag, sie wird erleben, dass sie sich stets selbst in die Quere kommt.

Ausmaß und Heftigkeit der heutzutage anzutreffenden Ambivalenz sind wahrscheinlich zum Teil Bedingungen geschuldet, die besonders für unsere Zeit charakteristisch sind. Das Phänomen des inneren Zwiespalts selbst ist aber natürlich nichts Besonderes und nichts Neues. Der heilige Augustinus etwa bemerkte: „So ist dies Schwanken zwischen Wollen und nicht Wollen nichts Unnatürliches". Die Gespaltenheit des Willens, so dachte er, sei „eine Krankheit der Seele", unter dem wir als Strafe für die Erbsünde leiden.[12] Ambivalenz gehört also zumindest dieser Ansicht nach zum Los des Menschen.

5. Wenn Ambivalenz eine Krankheit des Willens ist, dann besteht seine Gesundheit darin, geeint zu sein, so dass man das, was man will, von ganzem Herzen will. Eine Person ist in ihrem Wollen entschieden, wenn sie mit ganzem Herzen hinter ihren höherstufigen Einstellungen und Neigungen steht, hinter ihren Präferenzen und Entscheidungen sowie anderen Regungen ihres Willens. Mit dieser Harmonie ist kein Zustand besonderer Erregung oder Erhitzung verbunden. Wenn man von ganzem Herzen will, sagt dies nichts über die Beständigkeit des eigenen Willenszustands aus oder über unsere Begeisterung. Hier geht es um die Organisation des Willens, nicht um seine Temperatur.

Wie im Falle des gegen seinen Willen Süchtigen, ist die innere Harmonie des gesunden Willens durchaus vereinbar mit gewissen Formen schwerer psychischer Konflikte. Von ganzem Herzen zu wollen, erfordert nicht, dass eine Person ganz frei von inneren Widerständen ist. Es erfordert nur, dass sie bei jedem derartigen Konflikt entschieden ist, das heißt, dass sie entschlossen auf der Seite einer der Kräfte steht, die in ihrer Seele miteinander ringen, und nicht gleichzeitig auch auf der Seite einer der anderen Kräfte. Sie

---

[12] *Bekenntnisse* VIII, 9 [nach der Übersetzung von Georg Rapp. Stuttgart: Liesching, 1856; Anm. d. Hg.]

muss wissen, wo sie in diesem Widerstreit der Kräfte selbst steht. Sie muss, mit anderen Worten, wissen, was sie will.

In dem Maße, in dem eine Person ambivalent ist, weiß sie nicht wirklich, was sie will. Diese Unwissenheit oder Ungewissheit unterscheidet sich von einem einfachen kognitiven Defekt. Es mag durchaus sein, dass die ambivalente Person über alle ihren Willen betreffenden Informationen verfügt. Das Problem ist vielmehr, dass es zu keiner Willensbildung gekommen ist, da kein Entschluss gefasst wurde. Ihr Wille ist unbestimmt.

Aus diesem Grund steht die Ambivalenz ähnlich wie die Selbsttäuschung mit der Wahrheit auf Kriegsfuß. Eine ambivalente Person versteckt sich nicht vor der Wahrheit oder verbirgt diese vor sich selbst; sie verhindert nicht, dass die Wahrheit ans Licht kommt. Im Gegenteil, ihre Ambivalenz verhindert, dass es hier überhaupt eine Wahrheit über sie gibt. Sie neigt gleichzeitig in die eine und die andere Richtung; und ihre Einstellung zu diesen Neigungen ist unentschieden. Es ist also weder der Fall, dass sie eine der beiden Alternativen vorzieht, noch, dass sie beide im gleichen Maße schätzt.

Da Ambivalenz keine kognitive Schwäche ist, kann sie nicht einfach dadurch überwunden werden, dass man zusätzliche Informationen einholt. Ebenso wenig kann man sie durch eine Anstrengung des Willens beheben. Eine Person kann ihren Willen nicht durch einen bloßen „Willensakt" bestimmen und dadurch eine Tatsache schaffen, wo es vorher keine gab. Anders gesagt, dass sie von ganzem Herzen will, ist nichts, was sie durch eine psychische Aktion bewirken könnte, die unter der unmittelbaren Kontrolle ihres Willens steht.

Der Begriff der Wirklichkeit ist seinem Wesen nach ein Begriff von etwas, das von unseren Wünschen unabhängig ist und uns deshalb Einschränkungen auferlegt. Die Wirklichkeit kann also nicht unter der absoluten und unmittelbaren Kontrolle unseres Willens stehen. Die Existenz und der Charakter des Wirklichen sind gegenüber unseren bloßen Willensakten notwendigerweise gleichgültig.

Dies muss nun aber auch für die Realität des Willens selbst gelten. Der Wille einer Person besitzt nur dann Realität, wenn sein Charakter nicht vollständig in ihrem Belieben steht. Er kann unmöglich auf ihr bloßes Geheiß hin reagieren. Wir können nicht über die unbedingte Macht verfügen, festzulegen, was unser Wille ist, wie das der Verfasser eines Romans kann, der nach Belieben bestimmt, was die Helden seines Romans wollen und welchen Charakter sie haben.

Wenn eine Person im wirklichen Leben unentschlossen ist, kann sie diesen Zustand nicht einfach dadurch überwinden, dass sie eine Verfügung erlässt. Gewiss, sie kann versuchen, ihre Ambivalenz zu überwinden, indem sie sich dafür entscheidet, ohne Wenn und Aber an einer ihrer Alternativen festzuhalten; und sie mag davon überzeugt sein, dass sie durch diesen Entschluss ihren inneren Zwiespalt aufgehoben hat, und nun das, wozu sie sich entschlossen hat, von ganzem Herzen will. Ob dem tatsächlich so ist, ist jedoch eine andere Frage. Wenn es drauf ankommt, stellt sie nämlich möglicherweise fest, dass ihr vermeintlicher Entschluss doch nicht die Kraft hat, sie mit Entschiedenheit zum Handeln zu bewegen. Erinnern wir uns an Heißsporns Erwiderung auf Owen Glendowers Prahlerei: „Ich kann Geister aus gewaltiger Tiefe rufen." Er sagte: „Das kann ich auch, und das kann jedermann. Doch kommen sie auch, wenn ihr sie ruft?"[13] Für uns gilt dasselbe. Die Geister in den gewaltigen Tiefen unserer Seele beherrschen wir nicht, indem unser Wille Befehle erlässt. Der Wille, den wir gerne hätten, steht uns nicht einfach auf Verlangen zur Verfügung.

Wir sind nicht Charaktere in einem Roman, die ein souveräner Autor erschaffen hat; noch sind wir Götter, die mehr als nur fiktive Charaktere erschaffen können. Aus diesem Grund können wir nicht die Autoren unserer selbst sein. Nicht dadurch überwinden wir unsere Unentschlossenheit und stehen mit ganzem Herzen hinter unserem Entschluss, dass wir Geschichten über unser Leben erzählen. Wenn wir nicht so töricht sein wollen wie Owen Glendower, dürfen wir auch nicht glauben, dass wir unseren Willen dadurch bilden, dass wir irgendwann gebieterisch verkünden, unseren inneren Zwiespalt überwunden zu haben und nun fest entschlossen zu sein. Wir können immer nur das sein, was die Natur und das Leben aus uns gemacht haben, und Letzteres fügt sich nicht so leicht unserem Belieben.

Es mag so aussehen, als widerspräche dies unserer Überzeugung, dass wir einen letztlich freien Willen besitzen. Was aber ist ein freier Wille? Eine natürliche und nützliche Antwort auf diese Frage lautet: Der Wille einer Person ist in dem Maße frei, in dem sie den Willen hat, den sie haben möchte. Wenn dies nun aber heißen soll, dass ihr Wille nur dann frei ist, sofern er unter ihrer vollkommenen und unmittelbaren Kontrolle steht, dann gibt es in Wirklichkeit keinen freien Willen. Denn zur Wirklichkeit gehört, dass sie einer solchen Kontrolle Widerstand entgegensetzt. Müssen wir also unseren Willen als unfrei oder als unwirklich ansehen?

Wir können dieses Dilemma vermeiden, wenn wir die Willensfreiheit einer Person nicht so verstehen, dass diese notwendigerweise die Urheberin ihres Willens ist oder kontrolliert, was sie will, sondern dass sie das, was sie will, von ganzem Herzen will. Wenn der Wille einer Person nicht an einem inneren Zwiespalt leidet, dann folgt daraus, dass der Wille, den sie hat, auch der Wille ist, den sie haben möchte. Dass sie das, was sie will, von ganzem Herzen will, bedeutet nämlich genau, dass sie keinen endogenen Wunsch hat, einen anderen als den tatsächlichen Willen zu besitzen. Obwohl sie nicht in der Lage ist, ihren Willen neu zu erschaffen, ist ihr Wille zumindest in dem Sinne frei, dass sie ihrem Wollen keinen Widerstand entgegensetzt.

6. Nicht immer gibt es gute Gründe, etwas von ganzem Herzen zu wollen. Unter bestimmten Umständen ist es nur vernünftig, dass eine Person Neigungen hat, die sie in mehrere Richtungen ziehen, egal, wie unangenehm dies für sie sein mag. Einzuräumen, dass es manchmal hilfreich und weise sein mag, ambivalent zu sein, heißt aber nicht, dass Ambivalenz jemals an sich oder um ihrer selbst willen wünschenswert sein kann. Und es stellt eine enorme Behinderung dar, wenn man in wichtigen Fragen der Lebensführung beständig ambivalent ist. Von Moralphilosophen und politischen Theoretikern wird häufig betont, wie wichtig es für den Menschen sei, über ein breites Angebot an wertvollen Optionen zu verfügen, aus dem er frei wählen kann. Der tatsächliche Wert

---

[13] [William Shakespeare; Anm. d. Hg.], *Heinrich IV*, 1. Teil, 3. Aufzug.

solcher Optionen hängt jedoch im großen Maße von unserem Vermögen ab, etwas von ganzem Herzen zu wollen.

Was schließlich bringt es einem, in wichtigen Fragen eine freie Wahl treffen zu können, wenn er nicht weiß, was er will, und unfähig ist, seine Ambivalenz zu überwinden? Warum sollte man den Menschen eine betörende Vielfalt an Alternativen anbieten, wenn sie auf dieses Angebot nur mit unentschlossenem Schwanken reagieren können? Für denjenigen, der aller Wahrscheinlichkeit nach keine stabilen Präferenzen und Ziele haben wird, ist der Nutzen der Freiheit, gelinde gesagt, stark eingeschränkt. Die Gelegenheit, so zu handeln, wie man gerne möchte, ist von zweifelhaftem Wert für einen Menschen, der sich in einem inneren Zwiespalt befindet, der gleichzeitig die Neigung verspürt, sich für und gegen eine bestimmte Alternative zu entscheiden. Keine der beiden Alternativen kann ihn befriedigen, weil jede Alternative die Frustration der anderen zur Folge hätte. Die Tatsache, dass er frei ist, zwischen diesen Alternativen zu wählen, macht wahrscheinlich seine Qual nur umso größer.

Wenn eine Person in ihrem Wollen nicht in einem beträchtlichen Maße zur Harmonie fähig ist, vermag sie von ihrer Freiheit keinen kohärenten Gebrauch zu machen. Wem die Freiheit am Herzen liegt, dem muss deshalb an mehr gelegen sein, als nur an der Verfügbarkeit attraktiver Gelegenheiten, zwischen denen die Menschen nach ihrem Belieben wählen können. Ihm muss daran gelegen sein, dass die Menschen in der Lage sind zu wissen, was sie mit ihrer Freiheit anfangen sollen. Möglicherweise ist ein gänzlich harmonischer Wille nur als ein Geschenk Gottes möglich, wie der heilige Augustinus dachte. Dennoch ist das Ausmaß, in dem Menschen an Unentschlossenheit leiden, nicht ganz unabhängig von ihren sozialen, politischen und kulturellen Lebensbedingungen, die die Entwicklung nichtambivalenter Einstellungen, Präferenzen und Ziele entweder erleichtern oder behindern.

7. Bisher habe ich nur eine knappe begriffliche Skizze dessen gegeben, was es heißt, von ganzem Herzen zu wollen – vor allem unter Rückgriff auf das Verhältnis zum gleichermaßen skizzenhaft analysierten Begriff der Ambivalenz. Ich will nun versuchen, ausführlicher zu erläutern, was es heißt, von ganzem Herzen zu wollen, indem ich es als eine Form der Selbstzufriedenheit deute. Wenn ich von Selbstzufriedenheit spreche, meine ich dies nicht abfällig; ich spreche nicht von einem Zustand narzisstischer Selbstzufriedenheit oder Selbstgefälligkeit. Der Zustand, den ich vor Augen habe – ein Zustand der Zufriedenheit mit der Beschaffenheit des eigenen Selbst – ist völlig unschuldig und gutartig. Wenn wir die Struktur dieses Zustands klären, wird uns dies nicht nur helfen, Klarheit darüber zu gewinnen, was es bedeutet, von ganzem Herzen zu wollen. Es wird uns auch den Umgang mit einer angeblichen Schwierigkeit erleichtern, mit der eine hierarchische Analyse des Selbst zu kämpfen hat. Zudem glaube ich, dass wir dadurch unser Verständnis eines komplizierten Begriffs vertiefen können, der von grundlegender Bedeutung für die Philosophie des Geistes und des Handelns ist, des Begriffs der Identifikation.

Betrachten wir eine Person, die ohne Vorbehalte etwas glaubt, die von ganzem Herzen etwas empfindet oder beabsichtigt, in bestimmter Weise zu handeln. Was macht ihre

Einstellung zu diesen psychischen Elementen aus? Sie besteht darin, dass die betreffende Person voll und ganz damit zufrieden ist, dass diese psychischen Elemente und nicht andere, die ihnen von Natur aus (das heißt, nicht zufällig) widerstreiten, zu den Ursachen und Erwägungen gehören, die ihre kognitiven und affektiven Vorgänge, ihre Einstellungen und ihr Verhalten bestimmen.

Dies schließt nicht aus, dass die Person auch mit ganzem Herzen hinter anderen psychischen Elementen steht, die zufällig (das heißt, aufgrund bestimmter Umstände) mit ersteren im Konflikt stehen und ihr wichtiger sind als diese. Die Tatsache, dass eine Person mit einer Absicht, einem Gefühl oder einer Überzeugung zufrieden ist, hat nicht zur Folge, dass sie sich deshalb auf eine bestimmte Handlung festlegen lässt. Mit ganzem Herzen hinter einem Element zu stehen, ist damit vereinbar, dass man einem anderen Element eine höhere Priorität einräumt. Vielleicht ist man zufrieden damit, dass beide Elemente in der eigenen psychischen Ökonomie eine aktive Rolle spielen, wenngleich diese Rolle nicht gleich dringlich oder zwingend ist. Das Element, das für jemanden weniger wichtig ist, ist ihm deshalb nicht notwendigerweise fremd; es stellt nicht unbedingt eine Bedrohung für ihn dar, die von außerhalb der Strukturen seines Selbst kommt. Es kann ebenso gut ein Teil von ihm sein wie jene Elemente, die wichtigere Aspekte seines Selbst sind.[14]

Was bedeutet es nun, wenn man sagt, eine Person sei mit ihrem psychischen Zustand oder einem Element beziehungsweise Aspekt dieses Zustands zufrieden? Es bedeutet nicht, dass sie glaubt, es könne für sie keinen besseren Zustand geben. Einige Menschen verlangen so viel von sich selbst, dass sie nie bereit sein werden, sich mit weniger zufrieden zu geben. Aber in der Regel erfordert Zufriedenheit keinen kompromisslosen Ehrgeiz, immer das Beste zu erreichen. Menschen geben sich häufig bereitwillig mit etwas zufrieden, auch wenn sie ihrer Ansicht nach mehr hätten erreichen können. Aus der Tatsache, dass jemand mit seinem Zustand zufrieden ist, folgt also nicht, dass für ihn keine Veränderung dieses Zustands akzeptabel wäre. Es versteht sich natürlich von selbst, dass er mit einer Verbesserung des Zustands zufrieden wäre. Er wäre jedoch möglicherweise auch mit einem schlechteren Zustand zufrieden.

Zufriedenheit hat indes sehr wohl zur Folge, dass man nicht unter Ruhelosigkeit und Widerständen leidet. Ein zufriedener Mensch mag bereitwillig eine Veränderung seines Zustands akzeptieren, aber er hat kein aktives Interesse daran, selbst eine solche Veränderung herbeizuführen. Selbst wenn er erkennt, dass es ihm besser gehen könnte, liegt ihm nichts an dieser Möglichkeit: Sie ist für ihn schlicht uninteressant oder unwichtig; und zwar nicht deshalb, weil er glaubt, es wäre kostspielig oder ungewiss, diese Möglichkeit

---

[14] Nur von Personen kann man sagen, dass sie etwas von ganzem Herzen wollen oder ambivalent sind. Aus diesem Grund ist ersteres nicht gleichbedeutend mit der Abwesenheit von Ambivalenz: Aus der Tatsache, dass zwischen den verschiedenen Elementen des psychischen Zustands einer Person von Natur aus kein Konflikt besteht, folgt nicht unbedingt, dass sie mit ganzem Herzen hinter diesen Elementen steht. Eine Person zu sein und nicht bloß ein menschlicher Organismus, erfordert eine komplexe Willensstruktur, zu der auch die Fähigkeit zu reflexiver Selbstbewertung gehört. Menschliche Wesen, denen diese Struktur fehlt, können frei von inhärenten Willenskonflikten sein. Sie sind aber keine Personen. Sie sind weder ambivalent, noch wollen sie von ganzem Herzen.

zu realisieren. Er ist einfach nur nicht bestrebt, irgendetwas zu verbessern; er akzeptiert den Stand der Dinge ohne Vorbehalte und ohne ein praktisches Interesse daran zu haben, wie dieser im Vergleich zu anderen Möglichkeiten abschneidet. Vielleicht könnte er seinen Zustand letztlich ohne Kosten verbessern, und vielleicht ist er sich dessen auch bewusst, aber es ist ihm schlicht egal.[15]

Dass man mit etwas zufrieden ist, setzt nicht voraus, dass man diesbezüglich eine bestimmte Meinung, ein Gefühl, eine Einstellung oder Absicht hat. Es setzt z. B. nicht voraus, dass man es als zufriedenstellend betrachtet, ausdrücklich billigt oder die Absicht hat, es zu lassen, wie es ist. Mann muss überhaupt nichts denken, sich zu eigen machen oder akzeptieren; man muss überhaupt nichts tun. Das ist ein wichtiger Sachverhalt, weil er erklärt, warum hier nicht die Gefahr eines problematischen Regresses besteht.

Nehmen wir einmal an, die Zufriedenheit einer Person setze – als eine konstitutive Bedingung – voraus, dass sie sich eines Bestandteils der Psyche, einer Einstellung, einer Überzeugung, eines Gefühls oder einer Absicht bewusst ist. Mit diesem Element könnte die Person auf keinen Fall unzufrieden sein. Denn wie könnte jemand mit ganzem Herzen hinter einem Element stehen, indem er nur halbherzig hinter einem anderen steht? Wenn Zufriedensein ein solches Element als einen Bestandteil erfordern würde, dann hinge die Zufriedenheit mit dem einen von der Zufriedenheit mit etwas anderem ab, und die Zufriedenheit mit letzterem wäre von der Zufriedenheit mit etwas drittem abhängig, und endlos so weiter. Zufriedenheit mit dem eigenen Selbst erfordert also nicht, dass wir eine kognitive, affektive oder intentionale Einstellung zu ihm einnehmen. Sie verlangt keinen besonderen (psychischen) Akt von uns; ebenso wenig verlangt sie, dass wir bewusst von so einem Akt Abstand nehmen. Zufriedenheit ist ein Zustand des gesamten Systems – ein Zustand, der in nichts anderem besteht, als der Abwesenheit jeglicher Tendenz oder Neigung, den eigenen Zustand zu verändern.

Gewiss, eine Person könnte zu dem Urteil kommen, dass es ihr hinreichend gut geht; und auf dieser Grundlage könnte sie sich dafür entscheiden, nichts zu tun, was ihre Situation verbessern könnte. Ein solches Urteil beziehungsweise eine solche Entscheidung ist aber nicht das, was ihre Zufriedenheit ausmacht, und hat auch nicht ihre Zufriedenheit zur Folge. Ihre Entscheidung, nicht zu versuchen, ihre Situation zu verbessern, ist letztlich nichts anderes als die Entscheidung, so zu handeln, *als sei* sie zufrieden. Von einem solchen Versuch Abstand zu nehmen, *simuliert* das Gleichgewicht, das die Zufriedenheit ausmacht. Aber Zufriedenheit zu simulieren, ist etwas anderes, als zufrieden zu sein. Eine Person ist nur dann wirklich zufrieden, wenn dieses Gleichgewicht nicht gekünstelt oder aufgezwungen ist, sondern integraler Bestandteil ihres psychischen Zustands – das heißt, wenn dieser Zustand sich in vollem Maße einstellt, ohne dass die betreffende Person sich darum bemüht, ihn herbeizuführen.

Um wirklich zufrieden zu sein, müssen wir uns also weder entscheiden, die Dinge zu lassen, wie sie sind, noch darüber urteilen, ob es wünschenswert wäre, sie zu verändern.

---

[15] Ein zufriedener Mensch könnte unzufrieden werden, wenn ihm bewusst würde, dass es ihm besser gehen könnte. Seine Erwartungen könnten dadurch steigen. Das bedeutet jedoch nicht, dass er zuvor unzufrieden war.

105 Aufrichtig zufrieden zu sein, besteht schlicht darin, dass man *kein Interesse* daran *hat*, etwas zu verändern. Es erfordert, dass bestimmte Elemente *nicht vorliegen*. Das Fehlen solcher Elemente setzt weder bewusstes Handeln noch bewusstes Nichthandeln voraus, aber es muss nichtsdestotrotz reflexiv bewusst sein. Dass die Person nicht motiviert ist, etwas zu ändern, muss, mit anderen Worten, von einem bestimmten Verständnis und einer bestimmten Bewertung davon herrühren, wie es um sie steht. Das wesentliche Fehlen eines solchen Beweggrunds ist folglich nichts, was sie bewusst anstrebt, aber es gehört auch nicht zu den Dingen, die ihr gar nicht bewusst sind, wie bei einem rein triebhaften Wesen. Es entwickelt und verfestigt sich als Konsequenz der Tatsache, dass die Person ihre eigene psychische Verfassung zu schätzen weiß.[16]

8. Lassen Sie mich kurz skizzieren, welche Bedeutung dies für hierarchische Ansätze zur Analyse des Selbst und den Begriff der Identifikation hat. Hierarchischen Ansätzen zufolge identifiziert sich eine Person mit einem ihrer Wünsche, indem sie durch ihn und nicht durch andere Wünsche zum Handeln motiviert werden möchte. Jemand, der beispielsweise versucht, mit dem Rauchen aufzuhören, identifiziert sich mit seinem Wunsch erster Stufe, nicht zu rauchen – und nicht mit einem konkurrierenden Wunsch nach einer weiteren Zigarette –, wenn er in seinem Verhalten verlässlich durch seinen Wunsch, nicht zu rauchen, geleitet werden will. Was aber bestimmt, ob er sich mit diesem Wunsch zweiter Stufe identifiziert?

Für sich genommen ist sein Wunsch, das Verlangen nach Nikotin zu überwinden, schließlich nur ein Wunsch. Wie kann er aber dann den Anspruch erheben, das zu sein, was die betreffende Person wirklich will? Die bloße Tatsache, dass er ein Wunsch zweiter Stufe ist, verleiht ihm keine besondere Autorität. Es hilft auch nicht, nach einem Wunsch dritter Stufe Ausschau zu halten, der die Identifikation der Person mit ihrem Wunsch zweiter Stufe herstellen könnte. Auch im Hinblick auf diesen Wunsch würde sich die Frage nach seiner Autorität stellen, so dass man nach einem noch höherstufigen Wunsch suchen müsste, und endlos so weiter. Der ganze Ansatz scheint also zum Scheitern verurteilt zu sein.

Hierarchische Auffassungen der Identität des Selbst gehen jedoch nicht davon aus, dass die Identifikation einer Person mit einem Wunsch einfach darin besteht, dass sie einen höherstufigen Wunsch *hat*, der den ersten Wunsch in seiner Geltung bestätigt. Der höherstufige Wunsch, von dem die Bestätigung ausgeht, muss zudem ein Wunsch sein, mit dem die betreffende Person *zufrieden* ist. Und da für die Zufriedenheit mit einem psychischen Element, wie bereits erläutert, nicht die Zufriedenheit mit einem weiteren Element nötig ist, hat die Zufriedenheit mit einem bestimmten Wunsch auch keine Vervielfachung höherer Stufen und Wünsche zur Folge. Die Identifikation einer

---

[16] Zufrieden zu sein oder zu werden ist so ähnlich wie entspannt zu sein oder sich zu entspannen. Angenommen, jemand sieht, dass sich seine Schwierigkeiten auflösen, und entspannt sich. Seine Entspannung verdankt sich ohne Zweifel bestimmten Empfindungen, Überzeugungen und Einstellungen, aber sie besteht nicht in diesen psychischen Elementen, noch sind diese für sie notwendig. Wesentlich für sie ist nur, dass die Person aufhört, sich Sorgen zu machen und angespannt zu sein.

Person besteht ganz einfach darin, dass sie einen bestätigenden Wunsch höherer Stufe hat, mit dem sie zufrieden ist. Es ist natürlich möglich, dass jemand mit seinen Wünschen erster Stufe zufrieden ist, ohne über sie nachzudenken und ohne sie zu bestätigen. In diesem Fall identifiziert er sich mit seinen Wünschen erster Stufe, aber in dem Maße, in dem diese Wünsche unreflektiert sind, ist er überhaupt keine Person; er ist ein rein triebhaftes Wesen.

9. Kann man mit einem ambivalenten Willen zufrieden sein? Eine Person kann sich gewiss damit abfinden, dass ihre Ambivalenz unauflösbar ist. Mir scheint jedoch, dass sie mit dieser Tatsache nicht zufrieden sein kann. Niemand kann mit ganzem Herzen ambivalent sein, genauso wenig, wie man ohne Vorbehalte wünschen kann, sich zu betrügen oder irrational zu sein. Dass jemand seine Ambivalenz akzeptiert, kann nur heißen, dass er sich damit abgefunden hat; es kann nicht bedeuten, dass er damit zufrieden ist. Vielleicht kann man sich Umstände vorstellen, unter denen es eine Person für gut hielte, ambivalent zu sein, um eine noch schlechtere Alternative zu vermeiden. Niemand aber kann den Wunsch haben, um seiner selbst willen ambivalent zu sein.

Es ist also eine notwendige Wahrheit, dass wir von ganzem Herzen wünschen, von ganzem Herzen zu wollen. Das deutet auf ein Kriterium hin, von dem man beim Entwurf von Idealen und bei der Lebensplanung Gebrauch machen könnte sowie allgemein bei der Bestimmung dessen, was man als wichtig ansehen beziehungsweise was einem am Herzen liegen sollte. Was uns am Herzen liegt, sollte – soweit wie möglich – etwas sein, hinter dem wir mit ganzem Herzen stehen können. Wir möchten nicht gegen uns selbst arbeiten, noch wollen wir uns von uns selbst distanzieren. Es gibt so vieles, was wir attraktiv finden. Beim Versuch, zu entscheiden, was uns davon wirklich wichtig sein sollte, müssen wir vorhersehen, in welchem Maß es in unserem Leben einen festen Platz haben kann.

Letzteres mag sich deutlich davon unterscheiden, in welchem Maß es, an sich betrachtet, verdient, dass es uns am Herzen liegt. Die Tatsache, dass uns etwas wichtig ist, ist nicht primär eine Sache unserer Beurteilung seines Werts. Die Frage, was uns am Herzen liegen soll, wird nicht dadurch entschieden, dass wir zu einem Urteil über den inneren oder komparativen Wert von verschiedenen Gegenständen kommen, an denen uns möglicherweise etwas liegen könnte. Dass einer Person etwas am Herzen liegt, sei es ein Ideal, eine andere Person oder ein Projekt, bedeutet, dass sie es in einem gewissen Maße *liebt*, gleichgültig, wie sie es *beurteilen* mag. Das grundlegende Problem ist also, was wir zu lieben vermögen.

Wie aber steht es mit der Selbstliebe? Dass eine Person voll und ganz mit sich zufrieden ist, bedeutet, dass sie mit ganzem Herzen hinter ihren Gefühlen, Absichten und Gedanken steht. Und soweit etwas von ganzem Herzen zu wollen nichts anderes heißt, als es zu lieben, läuft es darauf hinaus, dass wir uns selbst lieben, wenn wir mit ganzem Herzen hinter diesen Dingen stehen. Wer sich nun selbst über eine seiner Eigenschaften oder Handlungen täuscht, der räumt dadurch ein, dass er nicht mit sich zufrieden ist. Wie jeder andere auch so möchte natürlich auch er mit ganzem Herzen hinter sich selbst stehen; wie jeder andere auch möchte er sich selbst lieben. Dies ist in der Tat das Motiv, das ihn zur Selbsttäuschung bewogen hat. Sein Wunsch, sich selbst zu lieben, hat ihn dazu gebracht, eine Wahrheit über ihn selbst, die er nicht voll und ganz akzeptieren kann, durch eine Überzeugung zu ersetzen, die er ohne Ambivalenz vertreten kann.

Seine Bemühungen sind natürlich vergebens. Die Einheit unserer Seele können wir nicht herstellen, indem wir uns spalten. In Wirklichkeit aber versucht derjenige, der sich selbst täuscht, der eigenen Ambivalenz zu entkommen. Er versucht, die Unbestimmtheit seines eigenen kognitiven Zustands zu überwinden. Er hat, mit anderen Worten, den Wunsch, dass es im Hinblick auf das, was er denkt, eine eindeutige Wahrheit gibt. Wenn wir Freude am Paradoxen haben, könnten wir auch sagen, dass es die Liebe zur Wahrheit ist, die seine Selbsttäuschung motiviert.

10. Der Wunsch, uns selbst zu lieben, erfüllt sich, wie wir wissen, leider nur selten. Nur selten sind wir zufrieden mit dem, was wir tun oder sind. Zu einem gewissen Grade ist unser aller Leben durch Ambivalenz beschädigt. Der heilige Augustinus dachte, dass der Weg aus dem inneren Zwiespalt hin zur seelischen Harmonie nur durch ein Wunder gelingen kann. Deshalb betete er für seine Bekehrung; was im Übrigen gar kein schlechter Umgang mit dem Problem ist. Zumindest in seinem Falle scheint es funktioniert zu haben.

Ich möchte dagegen etwas anderes vorschlagen, was Augustinus offenbar nicht in Erwägung gezogen hat. Dazu möchte ich von einem Gespräch erzählen, das ich vor ein paar Jahren mit einer Frau führte, die in dem Büro neben mir arbeitete. Wir kannten uns eher flüchtig, aber eines Tages nahm unser Gespräch eine etwas persönlichere Note an als gewöhnlich. An einem bestimmten Punkt des Gesprächs sagte sie zu mir, dass nach ihrer Ansicht in einer persönlichen Beziehung nur zwei Dinge zählten: Aufrichtigkeit und Sinn für Humor. Dann überlegte sie einen Moment und fügte hinzu: „Wissen Sie, bei der Aufrichtigkeit bin ich mir gar nicht so sicher; denn selbst wenn uns jemand die Wahrheit sagt, überlegt er es sich so schnell wieder anders, dass man sich nicht darauf verlassen kann."

Manchmal ist eine Person so ambivalent oder schwankt so stark, dass nicht wirklich feststeht, was sie denkt oder empfindet. In solchen Fällen, in denen die Wahrheit allein nicht weiterhilft, da sie zu begrenzt ist, ist vollkommene Aufrichtigkeit vielleicht keine besonders wichtige Tugend. Es wäre zweifellos das Beste, wenn die betreffende Person zur Ruhe käme: wenn sie den Versuch aufgäbe, alles gleichzeitig zu haben, und eine stimmige Ordnung in ihrem Leben fände, in der sie mehr oder weniger hinter sich selbst stehen könnte. Angenommen aber, Sie sind nicht in der Lage, sich zu irgendetwas zu entschließen. Egal, wie Sie sich verrenken, es gelingt Ihnen nicht, mit sich zufrieden zu sein. Wenn Ihr innerer Zwiespalt so tief reicht und ein harmonischer Wille gänzlich unerreichbar ist, kann ich Ihnen nur eines raten: Sehen Sie zu, dass Sie Ihren Sinn für Humor nicht verlieren!

Übersetzung: Erich Ammereller

Michael E. Bratman

Drei Theorien der Selbstbestimmung

Ich möchte auf einen wichtigen Austausch zwischen Harry Frankfurt und Gary Watson zurückkommen, in dem es um die psychische Struktur bedeutender Formen freien Handelns ging. In seinem Aufsatz von 1971 schlug Frankfurt vor, dass zentrale Aspekte menschlicher Freiheit – insbesondere das, was er Handeln aus freiem Willen nannte – am besten unter Rückgriff auf Hierarchien von Wünschen (d. h. Wünsche bezüglich Wünsche) verstanden werden können.[1] Watsons Erwiderung zielte darauf ab nachzuweisen, dass dazu weder Wünsche noch eine Hierarchie grundlegend sind. Vielmehr sei freies Handeln auf eine Weise motiviert, die empfänglich sei für Werturteile.[2]

Frankfurt richtete in seinem Aufsatz das Augenmerk auf die Frage, was es heißt, dass der Wille frei ist, und was es heißt, aus freiem Willen zu handeln; Watsons Augenmerk galt dem freien Handeln. Beide wandten sich in ihren späteren Arbeiten expliziter den Themen Autonomie und Selbstbestimmung zu. Im Folgenden werde ich die ursprüngliche Debatte über Wünsche, Hierarchien und Werturteile als Teil einer Debatte betrachten, in der es um diejenigen psychischen Strukturen und Funktionsformen geht, die für menschliche Selbstbestimmung zentral sind.[3] Und ich nehme mir die Freiheit, auch die späteren Arbeiten von Frankfurt und Watson einzubeziehen, um diese Debatte zu beleuchten. Schlussendlich werden meine Überlegungen auf eine dritte Theorie hinauslaufen, die in einem komplexen Verhältnis zu den Sichtweisen von Frankfurt und von Watson steht.

Diese dritte Theorie habe ich kürzlich in einem Aufsatz umrissen, der von Watsons charakteristisch aufschlussreichen Kommentaren enorm profitiert hat.[4] Eines meiner Ziele ist es an dieser Stelle, mir die Möglichkeit zu schaffen, auf eine bohrende Frage zu

---

[1] Harry Frankfurt, „Freedom of the Will and the Concept of a Person", in ders., *The Importance of What We Care About* (Cambridge: Cambridge University Press, 1988), S. 11–25 [in diesem Band S. 37–51; Anm. d. Hg.].

[2] Gary Watson, „Free Agency", *Journal of Philosophy* 72 (1975): 205–220 [in diesem Band S. 52–66; Anm. d. Hg.].

[3] Die Debattenstränge haben also eine stärkere Form des Handelns zum Gegenstand, nämlich Selbstbestimmung, und nicht eine weniger anspruchsvolle Form des Handelns wie in jenen Fällen, in denen man zwar handelt, aber eben nicht aus eigenem, freien Willen heraus. Eine Komplikation ergibt sich daraus, dass ich die Möglichkeit verschiedener Formen der Selbstbestimmung offen lassen möchte. Vgl. dazu meine Aufsätze „Autonomy and Hierarchy", *Social Philosophy & Policy* 20 (2003): 156–176, insb. S. 157 und Anm. 5, sowie „Planning Agency, Autonomous Agency", in James Stacey Taylor, Hg., *Personal Autonomy. New Essays on Personal Autonomy and Its Role in Contemporary Moral Philosophy* (New York: Cambridge University Press, 2005), 33–57, insb. S. 35f.

[4] Siehe „Planning Agency, Autonomous Agency" sowie Gary Watson, „Hierarchy and Agential Authority: Comments on Michael Bratman's ‚Planning Agency, Autonomous Agency.'" Pacific APA 2004. Watsons Kommen-

antworten, die Watson gegen Ende der besagten Kommentare stellt – eine Frage über das Verhältnis zwischen Werturteilen und dem praktischen Standpunkt einer Handelnden. Doch eins nach dem anderen. Beginnen wir mit Frankfurt.

1

Die Konzeption in Frankfurts ursprünglichem Aufsatz kann in etwa wie folgt zusammengefasst werden: Eine Person handelt nur dann aus freiem Willen, wenn (1) sie es auf Grundlage eines Wunsches, so zu handeln, tut; wenn (2) dieser Wunsch (der in Frankfurts technischem Verständnis der „Wille" der Handelnden ist) sie zum Teil deswegen motiviert, weil sie wünscht, dass dieser Wunsch ihr Wille ist; und wenn (3) dieser letztere Wunsch zweiter Stufe (der in Frankfurts Terminologie eine „Volition zweiter Stufe" genannt wird) selbst entweder nicht durch Volitionen höherer Stufe angefochten wird oder – falls er doch angefochten wird – durch die in der tatsächlich vorhandenen Hierarchie solcher Volitionen am höchsten stehenden Elemente gestützt wird.[5]

Dazu scheinen mir einige Bemerkungen angebracht. Erstens beziehen sich Frankfurts Formulierungen „Wille" und „Volition" auf bestimmte Arten von Wünschen und nicht auf irgendeine Art von Willenseinstellung, die mit Wünschen kontrastiert. Zweitens folgt aus all dem, dass volitionale Eintracht nicht ausreicht, um aus freiem Willen zu handeln, wenn auf der höchsten Ebene der tatsächlich vorhandenen Hierarchie ein Konflikt besteht. Drittens kommt es auf die tatsächlich vorhandene Wunschhierarchie an. Diese wird endlich sein, auch wenn es stets eine logische (und oft, wenngleich nicht immer, auch eine psychologische) Möglichkeit gibt, einen Schritt hinter die bislang höchststufige Volition zu treten und zu fragen, ob man will, dass einen diese im Handeln leitet. Viertens wird nicht angenommen, dass in allen Fällen willensfreier Handlungen stets dieselbe höherstufige Volition im Spiel ist.[6] Es geht lediglich darum, dass bei willensfreien Handlungen immer irgendeine höherstufige Volition involviert ist. Und fünftens schließlich scheint es mir vernünftig, Frankfurts später entwickelte Ansichten über Autonomie und Selbstbestimmung als eine Auffassung zu verstehen, die zu einem guten Teil ein solches hierarchisches Modell beinhaltet – auch wenn sich, wie wir sehen werden, die Rolle dieser Hierarchie etwas verändert.

---

tare erscheinen (zusammen mit einem Wiederabdruck meines Aufsatzes) in John Fischer, Hg., *Free Will. Critical Concepts in Philosophy*, Band IV (New York: Routledge, 2005), 90–97. Mein Dank gilt Watson für diese äußerst hilfreichen und aufschlussreichen Kommentare; hätte er allerdings gewusst, dass diese Anlass für noch einen weiteren Aufsatz zur Verteidigung der dritten Theorie gegeben hätten, so hätte er es sich vielleicht noch einmal anders überlegt oder die Lage anders eingeschätzt.

[5] Bezüglich (3) vgl. „Freedom of the Will and the Concept of a Person", S. 21 [S. 47 in diesem Band; Anm. d. Hg.].

[6] Für eine Auffassung, die ein spezifisches Merkmal auszumachen versucht, das in allen Fällen selbstbestimmten Handelns eine Rolle spielt, vgl. J. David Vellemans Berufung auf „das dem Handeln vorgelagerte Ziel, zu wissen, was man tut" in „Introduction", in ders. *The Possibility of Practical Reason* (New York: Oxford University Press, 2000), S. 22. Siehe auch Velleman, „What Happens When Someone Acts?" in ders., *The Possibility of Practical Reason*, S. 139.

Watson hat in seinem Aufsatz von 1975 dafür argumentiert, dass dieses hierarchische Modell ernste Schwierigkeiten hat und dass ein alternatives Modell – eines, das stattdessen auf die Empfänglichkeit für Werturteile zurückgreift – dem Kern freien Handelns näher kommt. Watsons Aufsatz weist auf drei wichtige Punkte hin.

Der erste Punkt betrifft die offenkundige Behauptung der hierarchischen Theorie, dass eine unangefochtene höchststufige Volition den (wie Frankfurt es später nannte) Standpunkt der *Handelnden* ausmacht.[7] Wenn eine unangefochtene höchststufige Volition ein bestimmtes erststufiges Motiv billigt, so die Behauptung, dann bestimmt diese höchststufige Volition, was der Handelnden *eigener* Wille ist; und wenn sie eine entsprechende Rolle im Handeln spielt, dann handelt die Person aus *eigenem* freien Willen. In diesem Sinne besitzen höchststufige Volitionen *Handlungsautorität* (*agential authority*), wie ich es im Folgenden nennen werde.[8] Das jedenfalls scheint das hierarchische Modell zu behaupten. Watson hingegen bestreitet, dass das hierarchische Modell mit dieser Behauptung richtig liegt. Mit Bezug auf den speziellen Fall, in dem die in Frage stehende höchststufige Volition eine Volition zweiter Stufe ist, schreibt er:

> „Da Volitionen zweiter Stufe selbst auch bloß Wünsche sind, vergrößern wir doch nur die Anzahl der Rivalen, wenn wir diese Wünsche den einander widerstreitenden Wünschen hinzufügen. Es bedeutet nicht, dass wir einem von ihnen eine besondere Stellung verleihen."[9]

Ein unangefochtener höchststufiger Wunsch ist nichtsdestotrotz selbst nur ein Wunsch, bloß eine weitere Zutat im Gemenge unserer mentalen Einstellungen. Bislang haben wir keine Erklärung dafür bekommen, warum dieser Wunsch – im Gegensatz zu anderen Wünschen im Gemenge – die Autorität besitzen sollte, für die Handelnde zu sprechen, oder warum er in der Metaphysik des Handelns den Standpunkt der Handelnden konstituieren sollte. Dieses Problem lässt sich natürlich nicht durch Verweis auf billigende Wünsche noch höherer Stufe lösen; denn auf diesem Weg kommt es nur zu einem Regress. Insofern stehen wir also ohne eine Erklärung von Handlungsautorität da. Das ist Watsons erster Punkt.

Watsons zweiter Punkt betrifft das Modell praktischer Deliberation, das ihm in Frankfurts Verweis auf Hierarchie implizit enthalten zu sein scheint. Watson mutmaßt, dass sich unser praktisches Überlegen Frankfurts Ansicht nach für gewöhnlich nicht direkt auf die Frage richtet, was wir tun sollen, sondern darauf, welcher Wunsch unser Wille sein soll. Doch nach Watson richtet sich die Deliberation normalerweise direkt auf die Frage, was getan werden soll; sie muss nicht – kann aber wohl – eine höherstufige Reflexion über die eigenen Motive beinhalten. In Watsons Worten:

> „[Der Handelnde] fragt sich (zumindest normalerweise) nicht, welchen seiner Wünsche er handlungswirksam werden lassen möchte, sondern welche Handlungsweise am wünschens-

---

[7] Harry Frankfurt, „Identifikation und ungeteilter Wille", in ders., *Freiheit und Selbstbestimmung. Ausgewählte Texte*. Hg. von Monika Betzler und Barbara Guckes (Berlin: Akademie-Verlag, 2001) 116–137, hier: 125.

[8] Siehe Harry Frankfurt, „The Faintest Passion", in ders., *Necessity, Volition, and Love* (Cambridge: Cambridge University Press, 1999), S. 105 [S. 78 in diesem Band; Anm. d. Hg.]; sowie Michael E. Bratman, „Two Problems about Human Agency", *Proceedings of the Aristotelian Society* 101 (2001): 309–326.

[9] Gary Watson, „Free Agency", S. 218 [S. 64 in diesem Band; Anm. d. Hg.].

wertesten ist. Die anfängliche Frage des Handelnden richtet sich auf bestimmte Handlungsweisen und betrifft nicht ihn selbst."[10]

Demnach gibt es also zwei Kritikpunkte am hierarchischen Modell: Der Verweis auf Wunschhierarchien kann zum einen nicht erklären, warum bestimmte Einstellungen Handlungsautorität besitzen, und zum anderen liegt ihm eine falsche Sicht praktischen Überlegens zugrunde. Watsons dritter Punkt besagt, dass man freies Handeln besser erfasst, wenn man es nicht primär an Wünschen und Hierarchien festmacht, sondern vielmehr an Wertschätzung. Auch wenn es einige Stellen gibt, die das Gegenteil andeuten, so glaube ich doch, dass man mit Recht behaupten kann, dass Watson in dem besagten Aufsatz „wertschätzen" grundsätzlich im Sinne von „etwas als wertvoll beurteilen" versteht. Solche Urteile bilden ein „Wertesystem", das man „als unsere Anschauungsweise bezeichnen [kann], als den Standpunkt, von dem aus wir die Welt beurteilen."[11] Nach Watsons Auffassung in dem Aufsatz von 1975 ist es dieses Wertesystem – im Gegensatz zu einem System von Wünschen verschiedener Ordnung –, das (wie ich es genannt habe) Handlungsautorität beanspruchen kann, das die praktische Deliberation strukturiert und das für freies Handeln (und somit für Selbstbestimmung) von zentraler Bedeutung ist.

Lassen Sie mich kurz einige Worte über Werturteile verlieren. Watson deutet in einem Aufsatz von 2003 an, dass er zu einer Art „Kognitivismus" bezüglich dieser Urteil neigt: Es handle sich im vollen Sinne um Überzeugungen über Gründe und das Gute – Überzeugungen, die wahr oder falsch sein können.[12] Watson sagt aber auch, dass in seinem Aufsatz nichts Wichtiges davon abhänge; mir scheint das ein der Schnittstelle zwischen philosophischer Handlungstheorie und Metaethik angemessener Standpunkt zu sein. Insbesondere ist es plausibel davon auszugehen, dass die hier verhandelte Streitfrage über die Rolle von Werturteilen in wichtigen Formen menschlichen Handelns auf eine Weise verstanden werden kann, die neutral ist gegenüber metaethischen Debatten wie der zwischen einem solchen Kognitivismus und Formen eines an den „Quasi-Realismus"[13] angelehnten Expressivismus. Im gegenwärtigen Kontext des Nachdenkens über menschliches Handeln wird die Metaethik dort relevant, wo es darum geht, kohärent von Werturteilen zu reden und die Aspekte solcher Werturteile hervorzuheben, die für Selbstbestimmung von Bedeutung sind. Und das ist ein Adäquatheitskriterium, dem sowohl Kognitivisten wie Quasi-Realisten zu genügen versuchen sollten. Für unseren Zweck klammere ich diese schwierigen metaethischen Problemfelder also aus.

Um zu Watsons Diskussion von 1975 zurückzukommen: Die drei wesentlichen Punkte sind, dass das hierarchische Modell keine Erklärung von Handlungsautorität liefert,

---

[10] „Free Agency", S. 219 [S. 65 in diesem Band; Anm. d. Hg.].

[11] „Free Agency", S. 216 [S. 62 in diesem Band; Anm. d. Hg.].

[12] Gary Watson, „The Work of the Will", in Sarah Stroud and Christine Tappolet, *Weakness of Will and Practical Irrationality* (Oxford: Clarendon Press, 2003), 172–200, S. 176.

[13] Siehe Simon Blackburn, *Essays in Quasi-Realism* (New York: Oxford University Press, 1993) sowie *Ruling Passions* (Oxford: Oxford University Press, 1998); zudem Allan Gibbard, *Wise Choices, Apt Feelings* (Cambridge: Harvard University Press, 1990) und *Thinking How to Live* (Cambridge: Harvard University Press, 2003).

dass es eine falsche Sicht von Deliberation voraussetzt, und dass es durch ein alternatives Modell ersetzt werden sollte, welches das aus entsprechenden Werturteilen bestehende Wertesystem betont. Dieses Trio von Bedenken können wir *Watsons anfängliche Herausforderung* nennen.

In einem späteren Aufsatz allerdings schränkt Watson den dritten Bestandteil seiner anfänglichen Herausforderung ein. Obwohl er daran festhält, dass „Wertschätzung auf keiner Ebene auf Wünsche reduziert werden kann", glaubt er nun, dass sein Verweis auf Werturteile

> „insgesamt zu rationalistisch ist. Zum einen verwischt es ‚wertschätzen' und ‚etwas für gut halten'. Etwas für gut zu halten geht berüchtigterweise nicht auf unveränderliche Weise mit einer entsprechenden Motivation einher.... In einer wichtigen Hinsicht kann man versäumen, etwas wertzuschätzen, was man für wertvoll erachtet."[14]

Das legt nahe, dass der Standpunkt der Handelnden nicht primär durch ihre Werturteile konstituiert wird, sondern durch das, was sie *wertschätzt*. Aber dann müssten wir wissen, was es heißt, etwas wertzuschätzen, und in welchem Verhältnis es zu dem steht, was es heißt, etwas für gut zu halten. Doch Watson glaubt, dass eine solche Überarbeitung noch immer auf Schwierigkeiten stößt:

> „Aber selbst wenn diese Vermischung [von ‚wertschätzen' und ‚für gut halten'] korrigiert würde, indem man unter Wertschätzung versteht, dass einem etwas am Herzen liegt, weil (und soweit) man es für wertvoll erachtet: Das, was man in einem bestimmten Fall wertschätzt, muss nicht zwingend auch von einem allgemeineren Wertmaßstab gestützt werden, den man zu akzeptieren bereit wäre. Wenn es drauf ankommt, kann ich mich vollen Herzens für eine Handlung ‚begeistern', die ich nicht für die beste halte....
> Solche Fälle kann man, wenn man mag, perverse Fälle nennen.... Dabei liegt keine Entfremdung vor. Der eigene Wille steht voll und ganz hinter dem, was man tut."[15]

Ich stimme Watson darin zu, dass wir einen Begriff von Wertschätzung brauchen, der nicht mit unserer Auffassung von Etwas-für-gut-Halten, einem Werturteil, identisch ist. Das wirft die große Schwierigkeit auf zu erklären, was Wertschätzung eigentlich ist – eine Schwierigkeit, die Watson in der Bemerkung über das Am-Herzen-Liegen kurz anspricht. Dennoch sollten wir auf eine wichtige Mehrdeutigkeit in dieser Bemerkung hinweisen. Der eingeklammerte Zusatz legt nahe, dass man etwas nur in dem Maße wertschätzt, in dem man es auch für wertvoll hält. Doch – wie außerhalb des eingeklammerten Zusatzes – schlicht zu sagen, dass Wertschätzung darin besteht, dass einer Person etwas am Herzen liegt, „weil" sie es für wertvoll erachtet, schließt ja noch nicht ein, dass das Ausmaß, in dem sie etwas wertschätzt, auch dem Maß entspricht, in dem sie es für wertvoll hält. Beiden Lesarten zufolge bleiben Werturteile zentral für ein Modell der Selbstbestimmung, das der Wertschätzung eine grundlegende Rolle einräumt. Doch im Gegensatz zu der Lesart, die den eingeklammerten Zusatz berücksichtigt, lässt die Lesart, die über ihn hinweg geht, die Möglichkeit zu, dass das Ausmaß der Wertschätzung einer

---

[14] Gary Watson, „Free Action and Free Will", *Mind* 96 (1987): 145–172, S. 150.
[15] „Free Action and Free Will", S. 150.

Sache vom Grad abweichen kann, in dem man sie für wertvoll hält. Ich werde auf diese Mehrdeutigkeit später noch zurückkommen.

Stellen wir die Mehrdeutigkeit für einen Augenblick zurück; welche Bedenken Watsons verbleiben nun genau? Die erste beunruhigende Beobachtung, die Watson in dieser Passage macht, ist, dass es offenbar zu einer Funktionsstörung im Zusammenspiel zwischen unserem *allgemeinen* System von Wertschätzungen und der spezifischen Option, die man in einem *einzelnen* Fall am meisten wertschätzt, kommen kann. Eine zweite Beunruhigung besteht darin, dass das, was man in einem einzelnen Fall wertschätzt, abweichen kann von dem eigenen Wert*urteil* darüber, was am besten ist.[16] Gemäß Watson kann es in jedem Fall dennoch wahr sein, dass „der Wille voll und ganz hinter dem steht, was man tut". Selbst wenn das, was man im Einzelfall wertschätzt, im Konflikt steht zu dem eigenen allgemeinen System von Wertschätzungen oder zu den eigenen Werturteilen oder zu beidem, so muss nicht unbedingt „Entfremdung" vorliegen. Das führt Watson dazu, dass man solche Fälle nur richtig erfasst durch den Verweis auf

> „einen eher schwer fassbaren Begriff von Identifikation und einem entsprechend schwer fassbaren Begriff von Selbstbestimmung. Das Bild von Identifikation als eine Art roher Selbstbehauptung scheint völlig unangebracht, doch ich habe nicht den Hauch einer Idee, wie eine erhellende Konzeption aussehen könnte."[17]

Wollte Watson mit diesem Unbehagen bezüglich „roher Selbstbehauptung" das dritte Element seiner anfänglichen Herausforderung – das vorgeschlagene alternative Modell, in dem eine eng an Werturteile gebundene Wertschätzung eine zentrale Rolle spielt – zurücknehmen? Oder hielt er dies eher für eine bloße Feststellung einer bislang ungelösten Schwierigkeit seines Vorschlags? Ich neige zu der letzten Lesart, doch unabhängig davon ist es für das Verständnis der Struktur der übergeordneten Debatte hilfreich, Watson so zu verstehen. Demnach werde ich dieser Lesart folgen. Das erlaubt es uns, Watsons Herausforderung für das hierarchische Modell wie folgt zu beschreiben: Erstens bietet es hinsichtlich der Metaphysik des Handelns keine Erklärung für Handlungsautorität. Zweitens setzt es eine falsche Sicht praktischer Deliberation voraus. Und drittens fahren wir besser mit einem Modell, das der Wertschätzung statt einer Wunschhierarchie einen besonderen Platz einräumt. Von Fällen der Inkohärenz abgesehen beinhaltet Wertschätzung zwar Werturteile, ist aber nicht damit identisch. Ob man die Dinge auch in dem Maß wertschätzt, in dem man sie für gut hält, bleibt eine offene Frage; und es verbleiben auch einige Ungereimtheiten in der Frage, wie man „perverse" Fälle verstehen muss. Die ersten beiden Punkte stammen noch aus Watsons anfänglicher Herausforderung; das dritte Element ist eine eingeschränkte Variante seines ursprünglichen konstruktiven Vorschlags, doch es räumt Werturteilen aufgrund ihrer normalen Funktion für die

---

[16] In meiner früheren Diskussion dieser Bemerkungen Watsons hatte ich mich lediglich auf Fälle der Inkohärenz zwischen Werturteil und Wertschätzung konzentriert. Siehe insbesondere meinen Aufsatz „A Desire of One's Own", *Journal of Philosophy* 100 (2003): 221–241, S. 227. An dieser Stelle möchte ich hinzufügen, dass die Inkohärenz innerhalb der eigenen Wertschätzung eine viel unmittelbarere Bedrohung für die Grundstruktur des praktischen Überlegens, das für Autonomie zentral ist, darstellt.

[17] S. 150f.

Wertschätzung und aufgrund der Funktion von Wertschätzung für die Selbstbestimmung noch immer einen besonderen Platz ein.

2

Wie kann man auf Watsons Herausforderung reagieren? Beginnen wir mit dem Verweis auf die Struktur der praktischen Deliberation. Frankfurts Theorie hebt höherstufige Reflexion über motivierende Einstellungen erster Stufe besonders hervor. Für Frankfurt stellt dies ein charakteristisches Merkmal von Personen dar.[18] Doch diese höherstufige Reflexion muss nicht dasselbe sein wie eine normale praktische Überlegung. Eine hierarchische Theorie im Sinne Frankfurts kann zugestehen, dass die gewöhnliche Deliberation normalerweise ein erststufiges Überlegen darüber ist, was zu tun ist. Aber sie kann weiterhin behaupten, dass die höherstufige Reflexion über motivierende Einstellungen erster Stufe dabei hilft, sozusagen die Voraussetzungen für diese gewöhnliche Deliberation zu schaffen: Sie liefert die Rahmenbedingungen, innerhalb derer die Deliberation dann stattfindet. „Die anfängliche Frage des Handelnden richtet sich" in der gewöhnlichen Deliberation „auf bestimmte Handlungsweisen", genau wie Watson es behauptet. Doch bei Personen findet diese Deliberation üblicherweise vor dem Hintergrund höherstufiger Strukturen statt, die selbst Gegenstand einer charakteristischen Form der Reflexion sind.

Wie geht man mit dem Einwand um, dass die hierarchische Theorie keine Erklärung für Handlungsautorität liefert? Das war ein aufschlussreicher Einwand gegen Frankfurts ursprünglichen Aufsatz; und ich denke, dass ein ähnlicher Einwand Frankfurt zu seiner späteren Auffassung führte, wonach Zufriedenheit und Handeln aus ganzem Herzen grundlegende Begriffe in einer Metaphysik der Handlungsautorität sind. Mit dieser Auffassung werde ich mich später noch auseinandersetzen. Nun möchte ich zunächst eine einst von David Velleman aufgeworfene Frage aufgreifen: Wie soll eigentlich Watsons eigener Vorschlag das Problem lösen? Was an Watson'scher Wertschätzung erklärt deren Handlungsautorität?[19] Watson wendet ein, dass Frankfurt nicht erklärt hat, warum eine bestimmte höherstufige Volitionen einer Person – das heißt, ein bestimmter höherstufiger Wunsch – „die besondere Eigenschaft hat, wirklich oder im eigentlichen Sinne ‚ihr eigener' Wunsch zu sein".[20] Warum können Watson zufolge gerade Wertschätzungen für die Handelnde sprechen?

In dem Aufsatz von 1975 scheint Watsons Antwort darauf bereits in seinen Ausführungen über die begrenzte Möglichkeit, sich von seinem Wertesystem loszusagen, angelegt zu sein:

> „Ein wichtiges Merkmal unseres Wertesystems besteht darin, dass wir uns von ihm *als Ganzes* nicht distanzieren oder lossagen können. ... Wir können uns von bestimmten Zielen und

---

[18] „Freedom of the Will and the Concept of a Person", S. 12 [S. 43 in diesem Band; Anm. d. Hg.].
[19] Siehe J. David Velleman, „What Happens When Someone Acts?" in ders., *The Possibility of Practical Reason*, S. 134.
[20] „Free Agency", S. 218f. [S. 64 in diesem Band; Anm. d. Hg.].

Prinzipien nur vom Standpunkt anderer, nicht verworfener Ziele und Werte aus distanzieren. Das bedeutet, kurz gesagt, dass wir nicht alle unsere normativen Urteile aufgeben können, ohne alle Standpunkte und damit unsere Identität als Handelnde aufzugeben."[21]

Doch das beantwortet unsere Frage noch nicht. Denn eine Vertreterin des hierarchischen Modells könnte eine ganz ähnliche Überlegung vorbringen: Man kann sich, so könnte sie sagen, von einer gegebenen Wunschhierarchie nur vom Standpunkt anderer Wünsche höherer Stufe distanzieren. Damit bleibt die Frage offen: Warum genau kann das Wertesystem auf eine Weise für die Handelnde sprechen, in der eine Hierarchie von Wünschen es nicht kann?

Nun, eine zentrale Funktion von Werturteilen ist es, dass sie für das Gute empfänglich sind beziehungsweise dem Guten nachspüren.[22] Wertschätzung ist mehr oder weniger eng an Werturteile geknüpft, und damit auch an diese das Gute aufspürende Funktion. Es scheint plausibel, dass dieser Aspekt des Wertschätzens hinter Watsons offensichtlicher Annahme steckt, dass Wertschätzungen – im Gegensatz zu Wunschhierarchien – für die Handelnde sprechen können. Demnach ist die Auffassung vielleicht die, dass Wertschätzungen Handlungsautorität – die Autorität, den Standpunkt der *Handelnden* – zukommt, weil sie solche Einstellungen sind beziehungsweise wesentlich einschließen, deren zentrale Funktion oder Rolle es ist, *das Gute aufzuspüren*. Nennen wir dies die *platonische Auffassung von Handlungsautorität*.

Während ich nicht sicher bin, dass es Watsons Auffassung von Handlungsautorität ist, so scheint diese platonische Konzeption doch zu vielen seiner Ausführungen zu passen.[23] Also werde ich mit der vorläufigen Vermutung fortfahren, dass Watson die Handlungsautorität von Wertschätzungen in etwa auf diese Weise verstehen würde.

Es ist offenkundig, dass Frankfurt vor diesem platonischen Zugang zurückscheuen würde. Das kann man seinen späteren Bemerkungen in dieser Angelegenheit entnehmen. In nachfolgenden Arbeiten schlug Frankfurt vor, dass es für die Identifikation – und damit für das, was ich Handlungsautorität nenne – vor allem auf die „Zufriedenheit" der Handelnden mit ihren relevanten höherstufigen konativen Einstellungen ankommt. Die Zufriedenheit mit einer gegebenen Einstellung höherer Stufe ist eine strukturelle Eigenschaft des psychischen Systems, in welche diese Einstellung eingebettet ist. Man ist mit einer Einstellung nur dann zufrieden, wenn man keine relevante „Tendenz oder Neigung

---

[21] „Free Agency", S. 216 [S. 62 in diesem Band; Anm. d. Hg.]. Ich danke Watson dafür, dass er mich an diese Stelle sowie ihre mögliche Relevanz für die gegenwärtige Diskussion erinnert hat.

[22] Wenn man das innerhalb einer expressivistischen Metaethik sagen wollte, so bräuchte man eine expressivistische Erklärung dieser Funktion, das Gute aufzuspüren. Doch vermutlich wollen Quasi-Realisten dies ohnehin liefern. Eine Strategie könnte sein, Thesen der Form „Subjekte neigen nur dann dazu, etwas für gut zu halten, wenn es gut ist" ins Spiel zu bringen. Eine andere Strategie könnte auf eine Norm verweisen: Halte etwas nur dann für gut, wenn es gut ist. Doch diese Angelegenheiten können wir an dieser Stelle außen vor lassen.

[23] Dazu gehören auch, wie wir noch sehen werden, Watsons Kommentare von 2004 zu meinem APA-Vortrag. Vgl. auch seine Zustimmung zu einer „Konzeption von Freiheit als das Vermögen, auf Gründe zu reagieren" in seiner „Introduction" zu ders., Hg., *Free Will* (2. Auflage) (Oxford: Oxford University Press, 2003), S. 18.

[hat], [sie] zu verändern".²⁴ Bestimmte Formen des Überlegens münden in Einstellungen höherer Stufe, aber die Handlungsautorität dieser Einstellungen ist nicht dadurch gegeben, dass sie höherstufig sind. Handlungsautorität erfordert vielmehr Zufriedenheit.

Spielt Hierarchie in dieser späteren Sichtweise noch irgendeine Rolle als eine Grundlage von Handlungsautorität? Frankfurt sagt dazu:

> „Es ist natürlich möglich, dass jemand mit seinen Wünschen erster Stufe zufrieden ist, ohne über sie nachzudenken und ohne sie zu bestätigen. In diesem Fall identifiziert er sich mit seinen Wünschen erster Stufe, aber in dem Maße, in dem diese Wünsche unreflektiert sind, ist er überhaupt keine Person; er ist ein rein triebhaftes Wesen."²⁵

Ich verstehe das folgendermaßen: Handlungsautorität ist allem voran eine Frage der Zufriedenheit. Doch die konativen Einstellungen, deren Handlungsautorität in einer Theorie des Personseins (und, wie ich meine, einer Theorie der Selbstbestimmung) eine zentrale Rolle spielt, müssen reflektiert sein und dazu bedarf es (nach Frankfurt) einer hierarchischen Struktur.

Man beachte, dass dieser Vorschlag das Problem der Handlungsautorität zu lösen versucht, indem er bestimmte psychische Organisations- und Funktionsweisen beschreibt, ohne eine Annahme darüber zu treffen, welchen Elementen diese Autorität zukommt.²⁶ Handlungsautorität hat vor allem mit der Funktion zu tun, die etwas im gesamten psychischen Haushalt einer Person übernimmt. Diese im Hintergrund liegende Vorstellung kann man *die psychologische Auffassung von Handlungsautorität* nennen. Frankfurts Variante dieser psychologischen Auffassung verweist auf eine Art von Beständigkeit und Stabilität innerhalb des psychischen Haushalts. Doch man kann im Rahmen einer psychologischen Auffassung bleiben und dennoch seinen Verweis auf Zufriedenheit etwas modifizieren.

Tatsächlich lässt sich die platonische Auffassung als ein Spezialfall der psychologischen Auffassung ansehen; sie besagt, dass die Funktionsweise, die für Handlungsautorität ausschlaggebend ist, die Aufgabe ist, das Gute aufzuspüren. Doch der wichtigere Punkt ist, dass es innerhalb der psychologischen Auffassung eine offene Frage bleibt, auf welche Funktionsweise es genau ankommt: Der Zugang lässt Alternativen zu, die sich von der platonischen Auffassung deutlich unterscheiden. Und Frankfurts Verweis auf Zufriedenheit ist gerade eine solche nicht-platonische Alternative.

Einmal angenommen, wir würden innerhalb des psychologischen Zugangs eine Funktionsweise R als die Grundlage von Handlungsautorität bestimmen können. Und nehmen wir weiter an, dass R im Kern nicht darin besteht, das Gute aufzuspüren: Das wäre eine nicht-platonische Variante der psychologischen Auffassung. Nun könnte sich aber

---

²⁴ Harry Frankfurt, „The Faintest Passion", in ders., *Necessity, Volition, and Love*, S. 194 [S. 77 in diesem Band; Anm. d. Hg.].

²⁵ „The Faintest Passion", S. 105f. [S. 79 in diesem Band; Anm. d. Hg.]. Ich diskutiere diese Stelle auch in meinem Aufsatz „Identification, Decision, and Treating as a Reason", in meinem Buch *Faces of Intention. Selected Essays on Intention and Agency* (Cambridge: Cambridge University Press, 1999), 185–206, S. 204.

²⁶ Siehe meinen Aufsatz „Two Problems About Human Agency", S. 315.

dennoch herausstellen, dass bestimmte Werturteile in unserem psychischen Haushalt gerade die Funktion R übernehmen und deswegen Handlungsautorität beanspruchen können. Es wäre natürlich weiterhin richtig, dass die Funktion dieser Werturteile darin besteht, das Gute aufzuspüren. Dennoch wäre es R und nicht diese das Gute aufspürende Funktion, die unserer nicht-platonischen Auffassung zufolge die Grundlage für die Handlungsautorität dieser Werturteile ausmachen würde.

Ziehen wir die Bilanz des bisher Gesagten: Den Einwand bezüglich der Struktur praktischer Überlegung kann man, so denke ich, mit einer entsprechend veränderten hierarchischen Theorie ausräumen. Das Unbehagen bezüglich der Handlungsautorität betrifft beide Theorien gleichermaßen und beiden steht eine mögliche Antwort zur Verfügung – in dem einen Fall (so vermute ich jedenfalls) ist es eine platonische Auffassung, in dem anderen Fall eine nicht-platonische psychologische Auffassung. Das führt uns zu dem dritten Bestandteil von Watsons ursprünglicher Herausforderung, nämlich zu seinem konstruktiven Vorschlag (in der oben eingeschränkten Variante). Was ist zu diesem Vorschlag zu sagen?

3

Ein Ausgangspunkt ist die Beobachtung, dass die gesuchte Konzeption von Selbstbestimmung auf Arten von Festlegungen verweisen muss, die durch die Werturteile der Handelnden klarerweise unterbestimmt bleiben. Folgendes habe ich zu diesem Punkt in einem anderen Aufsatz geschrieben, auf den ich bereits hingewiesen hatte:

„Da wir häufig vor der schwierigen Frage stehen, welchen Dingen in unserem Leben wir Bedeutung zumessen sollen, sind wir regelmäßig mit einer Vielzahl konfligierender Güter konfrontiert: Es ist etwas Gutes, die andere Wange hinzuhalten; doch etwas Gutes ist es auch, angemessen zu reagieren, wenn man falsch behandelt wird. Es ist gut, sich der militärischen Gewaltanwendung zu widersetzen; aber es ist auch gut, seinem Land treu zu sein. Menschliche Sexualität ist ein Gut, aber das sind auch bestimmte religiöse Lebensweisen der Enthaltsamkeit. In vielen dieser Fälle schließt der wahre Standpunkt der Handelnden eine Form der Festlegung ein – etwa auf Wehrdienstverweigerung –, denen Handlungsautorität zukommt, die aber über vorherige Werturteile hinausgehen. Das kann daran liegen, dass die Handelnde die konfligierenden Güter für in etwa gleichwertig erachtet, obwohl sie sich stimmig für eine Sache entscheiden muss. Oder etwa daran, dass sie nicht zu wissen glaubt, welches Gut wichtiger ist. ... Oder vielleicht daran, dass sie die beiden Güter für in wichtiger Hinsicht nicht vergleichbar hält."[27]

In vielen derartigen Fällen schließt Selbstbestimmung ein, dass man sich in der praktischen Deliberation auf den Stellenwert oder das Gewicht einer Sache festlegt, und diese Festlegung geht in ihrem spezifischen Inhalt über die Werturteile hinaus, welche die Deliberation unterbestimmen (auch wenn die Festlegungen nicht unvereinbar mit

---

[27] „Planning Agency, Autonomous Agency", S. 40.

diesen Werturteilen sind) – ja, Selbstbestimmung muss in vielen Fällen solche Festlegungen sogar einschließen. Im Hintergrund liegt hier die Vorstellung, dass Werturteile sich intersubjektiven Einschränkungen ausgesetzt sehen, wie dies für Festlegungen auf Gewichtungen angesichts der Unterbestimmung der Deliberation durch Werturteile nicht gilt.[28] Die Handelnde gelangt beispielsweise zu der Festlegung, aus einem religiösen Ideal heraus auf Sexualität in ihrem Leben zu verzichten; doch sie nimmt nicht an, dass in dieser Hinsicht intersubjektive Einigkeit herrschen würde, und sie empfiehlt diese Lebensweise auch nicht einfach allen rationalen Akteuren weiter. Dementsprechend sieht sie ihre Festlegung auf Enthaltsamkeit nicht als ein Urteil an, das besagt, dass dies die beste Art und Weise ist, sein Leben zu führen; dieses Urteil wäre typischen intersubjektiven Einschränkungen ausgesetzt. Doch das heißt nicht, dass sie sich persönlich nicht so an dieses Ideal gebunden hätte, dass es eine bedeutende Rolle in ihrer Selbstbestimmung spielen könnte.

Kann Watsons Modell diesen Punkt aufnehmen? Und falls ja, wie? Die Antwort darauf hängt zum Teil von der vorher genannten Mehrdeutigkeit ab. Wenn man etwas auf der einen Seite nur wertschätzt, insofern man es für wertvoll hält, dann kann in Fällen konfligierender Güter die Festlegung darauf, einem Gut mehr Gewicht einzuräumen, nicht allein eine Sache der Wertschätzung sein. Wenn also Watsons Modell solche Fälle abdecken soll, dann muss es anerkennen, dass sowohl Wertschätzung als auch weitere Festlegungen auf Gewichtungen oder Stellenwert die Selbstbestimmung beeinflussen. Wenn man etwas aber auf der anderen Seite auf eine Weise wertschätzen kann, die das Ausmaß, in dem an es als wertvoll beurteilt, übersteigt (selbst wenn Wertschätzung stets zu Teilen in einem Werturteil gründet), dann kann Watsons Modell solche Fälle einfangen und es kann Wertschätzung weiterhin als die Einstellung ansehen, die für Selbstbestimmung zentral ist. Dies kann gelingen, indem man Wertschätzung so konzipiert, dass sie selbst möglicherweise Festlegungen beinhaltet, die über Werturteile hinausgehen.

Dass Watson solche Fälle tatsächlich abdecken möchte, wird in gewisser Hinsicht durch einen Aufsatz aus dem Jahr 2003 nahegelegt. Darin denkt er nach über

„Umstände normativer Unsicherheit oder Unterbestimmtheit. In diesen Zusammenhängen unterscheidet sich die Frage ‚Was soll ich tun?‘ deutlich von der Frage ‚Was sollte ich tun?‘ Die Frage ist hier nämlich nicht ‚Soll ich mich nach meinem Urteil richten?‘, sondern vielmehr ‚Was soll ich tun angesichts der Tatsache, dass die vorliegenden Gründe alles in allem betrachtet nicht den Ausschlag geben?‘. An dieser Stelle sind willentliche Festlegungen gefragt."[29]

Watsons Interesse gilt hier einer spezifischen Entscheidung, die durch „Gründe alles in allem betrachtet" unterbestimmt bleibt. Das ist nicht dasselbe wie der Fall, in dem das

---

[28] Siehe „A Desire of One's Own", S. 235.
[29] „The Work of the Will", S. 181f. In „Hierarchy and Agential Authority: Comments on Michael Bratman's ‚Planning Agency, Autonomous Agency'" fügt Watson mit ähnlicher Stoßrichtung hinzu, dass „man sich oft zwischen Alternativen entscheiden muss, die durch Werturteile nicht abschließend abgewogen werden können" (S. 92).

Gewicht oder der Stellenwert einer Erwägung in der praktischen Deliberation durch Werturteile unterbestimmt bleibt. Aber wenn man – wie ich – glaubt, dass die Unterbestimmtheit des Gewichts oder Stellenwerts auch ein real anzutreffendes Phänomen ist, das in einem Modell der Selbstbestimmung berücksichtigt werden muss, dann kann man Watson vielleicht auch so verstehen: Er schlägt vor, dem Phänomen Rechnung zu tragen, indem man auch dabei eine Art „willentliche Festlegung" zulässt.

Diese Festlegungen sind Sache des – weit verstandenen – Willens. Es sind Festlegungen auf Gewichtung oder Stellenwert von Erwägungen in der praktischen Deliberation – Festlegungen, die nicht einfach durch Werturteile, aber auch nicht einfach durch Wünsche gestiftet werden. Solche Festlegungen können – und müssen manchmal sogar – in ihrem spezifischen Gehalt über Werturteile hinausgehen, ohne mit diesen unvereinbar zu sein. In Anbetracht der Rolle, die diese Festlegungen in der Ausstattung des praktischen Überlegens mit normativem Inhalt spielen, ist es ganz natürlich, sie als eine Form der Wertschätzung zu verstehen.

Ich möchte mich nun einem verwandten, aber doch anders gelagerten Argument zuwenden, das für die Vorstellung spricht, eine Selbstbestimmungskonzeption müsse eine Form der Wertschätzung enthalten, die sich von intersubjektiv zu verantwortenden Werturteilen unterscheidet. Das Argument, das mir vorschwebt, nimmt seinen Ausgangspunkt in Joshua Cohens Verweis auf die „Idee eines vernünftigen Pluralismus" in seiner Interpretation der Arbeiten von John Rawls. Cohen beschreibt diese Idee folgendermaßen:

> „Die Idee des vernünftigen Pluralismus ist, dass es verschiedene Verständnisse von Werten gibt und jedes davon vollkommen vernünftig ist. Das Verständnis eines Werts ist nur dann vollkommen vernünftig, wenn seine Anhänger auf verlässliche Weise dazu neigen, es weiter zu bekräftigen, wenn sie neue Informationen erwerben und es einer kritischen Prüfung unterziehen. Die Behauptung, dass es eine Vielzahl solcher Verständnisse gibt, wird dadurch nahegelegt, dass es beim Nachdenken über Werte und Ähnliches zu keiner Konvergenz kommt; damit bleiben Uneinigkeiten bestehen – beispielsweise über den Wert von Wahlentscheidungen, Wohlergehen oder Selbstverwirklichung; über den Wert von besinnlichen und praktisch ausgerichteten Lebensweisen; über den Wert der Hingabe an Freunde und Partner im Unterschied zur bloß diffusen Anteilnahme am Wohl nicht greifbarer Anderer; und über den Wert dichterischen Ausdrucks und politischen Engagements."[30]

Gemäß Cohen „anerkennen wir den Geltungsbereich der praktischen Vernunft"[31], wenn wir diesen vernünftigen Pluralismus anerkennen (was wir auch tun sollten).

---

[30] Joshua Cohen, „Moral Pluralism and Political Consensus", in David Copp, Jean Hampton, John E. Roemer (Hg.), *The Idea of Democracy* (Cambridge: Cambridge University Press, 1993), 270–291, S. 281f. Siehe auch John Rawls, „The Domain of the Political and Overlapping Consensus", in *The Idea of Democracy*, 245–269. Indem ich Cohens Bemerkung direkt diskutiere, hoffe ich der Frage, ob er Rawls richtig interpretiert hat, ausweichen zu können. Für einige Äußerungen von Rawls, die möglicherweise von Cohens Interpretation abweichen, siehe John Rawls, *Political Liberalism* (New York: Columbia University Press, 1993), S. 62f. (Ich danke Blain Neufeld für die Hilfe beim Nachdenken über diese Aspekte von Rawls' Ansichten.)

[31] „Moral Pluralism and Political Consensus", S. 272.

Der zweite Schritt des Arguments betrifft die Natur von Urteilen und Überzeugungen. Gemeint ist die Vorstellung, dass für Urteile oder Überzeugungen – im Gegensatz etwa zu einer Annahme, die man um eines Arguments oder einer Unternehmung willen trifft – folgendes charakteristisch ist: Wenn man urteilt oder glaubt, dass *p*, dann legt man sich damit darauf fest, dass Personen, die die Überzeugung *p* rational untersuchten, in ihrem Urteil auf *p* konvergieren würden. John Skorupski bringt diese Vorstellung wie folgt auf den Punkt, wenn er die so genannte „*Konvergenzthese*" verteidigt:

> „Wenn ich urteile, dass *p*, so lege ich mich darauf fest, dass Personen, die alle ihnen zugänglichen, relevanten Evidenzen und Argumente sorgsam prüfen, darin übereinstimmen würden, dass *p* der Fall ist – zumindest solange nichts an ihrer Rationalität oder ihren Evidenzen auszusetzen ist."[32]

Die angebliche Festlegung auf Konvergenz ist nach Skorupskis Auffassung keine Frage des *inhaltlichen Gehalts p*; vielmehr liegt dies in der Natur der *Einstellung* einer, wie er es nennt, „tiefen Überzeugung" beziehungsweise eines „reinen Urteils."[33]

Das Argument, das mir vorschwebt, verbindet nun Cohens Idee eines vernünftigen Pluralismus mit Skorupskis Konvergenzthese. Das ist ein wenig gewagt, das gestehe ich zu. Skorupski geht es um Rationalität, nicht um Vernünftigkeit. Ihm geht es um eine Konvergenz, die unter idealen Umständen stattfindet: Wenn es in der realen und chaotischen Welt nicht zu Konvergenz kommt, so zeigt das noch nicht, dass es nicht unter diesen idealen Umständen zu Konvergenz kommen würde. Nichtsdestotrotz: Diese beiden Ideen zu verbinden scheint auf eine Art von Bescheidenheit bei der Bildung praktischer Urteile hinaus zu laufen.[34] Wenn Werturteile genau die nach der Konvergenzthese erforderliche Art von Festlegungen einschließen, wenn Cohen mit seinem vernünftigen Pluralismus richtig liegt und wenn man sich dieser beiden Tatsachen bewusst ist, dann wird man ein gewisses Drängen verspüren, zumindest einige der eigenen Einstellungen bezüglich Gewichtung oder Stellenwert nicht als Werturteile im strikten Sinne zu behandeln –

---

[32] John Skorupski, „Value Pluralism", in ders., *Ethical Explorations* (Oxford: Oxford University Press, 1999), 65–81, S. 73.

[33] John Skorupski, „Reasons and Reason", in ders. *Ethical Explorations*, 26–48, S. 35; sowie „Value Pluralism", S. 77. Demgegenüber handelt Michael Smiths Ansicht nach der *inhaltliche Gehalt* eines Werturteils von rationaler Konvergenz. Siehe dazu sein Buch *The Moral Problem* (Oxford: Blackwell, 1994), Kap. 5. In meinem Aufsatz „A Desire of One's Own", *Journal of Philosophy* 100 (2003): 221–242; S. 233–236, gehe ich ein auf das Verhältnis zwischen einer solchen Smith'schen Auffassung des Gehalts von Werturteilen und der hier diskutierten Unterscheidung zwischen Werturteilen und Festlegungen auf Gewichtungen oder Stellenwerte.

[34] Meine Redeweise von Bescheidenheit ist inspiriert von Andrea Westlunds Bemerkungen über Bescheidenheit in ihrem Aufsatz „Selflessness and Responsibility for Self: Is Deference Compatible with Autonomy?" *Philosophical Review* 112 (2003): 483–524, S. 508. Westlund konzentriert sich allerdings auf „eine Art von *Bescheidenheit* bezüglich der selbst getroffenen praktischen Urteile, die die Gestalt einer dauerhaften Disposition einnimmt, sich mit kritischen Nachfragen an die Festlegungen zu befassen, die diesen Urteilen zugrunde liegen". Die Form von Bescheidenheit, um die es mir hier geht, begrenzt allerdings eher die Menge der Urteile, die man zu treffen gewillt ist. Für Westlund ist Bescheidenheit eine Einstellung zu bereits getroffenen Urteilen; für mich ist Bescheidenheit die Einstellung einer Handelnden, die angesichts (um Cohens Formulierung zu benutzen) „vollen Bewusstseins der Tatsache, dass vernünftiges Nachdenken nicht konvergieren muss" gar nicht erst ein Urteil fällt.

ganz einfach weil man für die reale Möglichkeit sensibilisiert ist, dass man nicht von ausreichender Konvergenz ausgehen kann.

Die Konvergenzthese könnte allerdings zu stark sein. Vielleicht kann man selbst dann noch vernünftigerweise an einem Werturteil festhalten, wenn man „unauflösbare Differenzen" erkennt, wie Cohen es im Rückgriff auf Quine bezeichnet. Abermals Quine entlehnt nennt Cohen dies „die *sektiererische* Methode, die eigene Sichtweise zu bekräftigen, das heißt, aus Glaubensgründen davon überzeugt zu sein". Wenn man die sektiererische Methode wählt, so ist man „trotz vollen Bewusstseins der Tatsache, dass vernünftiges Nachdenken nicht konvergieren muss", von etwas überzeugt.[35]

Selbst wenn man die Möglichkeit solchen Sektierertums im Bereich von Werturteilen zuließe, so könnte man noch immer eine Verbindung zu intersubjektiver Konvergenz ins Feld führen, indem man Werturteile so konzipiert, dass sie eine Festlegung darauf beinhalten, etwas allen Personen *anzuempfehlen*. Wie dem auch sei: Selbst wenn sektiererische Werturteile tatsächlich möglich wären, so blieben meiner Ansicht nach *nicht*-sektiererische Urteile in diesem Bereich dennoch ein immer noch mögliches und attraktives (wenngleich auch anspruchsvolleres) Ideal – insbesondere im Bereich von gleichgewichtigen Urteilen. Es wäre ein Ideal, das einer Art von Bescheidenheit im Urteil ähnelt. Daher denke ich, dass wir zumindest eine philosophische Psychologie benötigen, die den grundlegenden Festlegungen einer bescheiden und nicht-sektiererisch urteilenden Person, die sich für gewisse Gewichtungen und Stellenwerte entschließt, Sinn abgewinnen kann – und dies selbst angesichts des „vollen Bewusstseins der Tatsache, dass vernünftiges Nachdenken nicht konvergieren muss", also selbst dann, wenn entsprechende Werturteile fehlen. Wir benötigen sie sogar dann, wenn sich herausstellen sollte, dass nicht alle Personen, die Werturteile treffen, dies nicht-sektiererisch tun. Und wenn wir Cohen in seinem vernünftigen Pluralismus und den Grenzen der praktischen Vernunft folgen, so werden wir wohl auf einen größeren Bereich von Festlegungen einer nicht-sektiererisch beurteilenden Person verweisen müssen – Festlegungen auf Gewichtungen und Stellenwerte, die über Werturteile hinausgehen.

Ein weiterer Punkt ist, dass man diese Festlegungen einer nicht-sektiererisch urteilenden Person am natürlichsten selbst als eine Form der Wertschätzung beschreiben sollte, und nicht als ein Zusatz, den der Wille der Wertschätzung dann noch beifügt. Überhaupt ist es wahrscheinlich, dass diese Wertschätzungen weite Teile jener Einstellungen der Handelnden ausmachen, die die Gewichtung und den Stellenwert von Erwägungen in der praktischen Deliberation betreffen. Daher denke ich, dass man besser sagen sollte, dass diese Festlegungen eine Art der Wertschätzung sind, die im weitesten Sinne im Bereich des Willens angesiedelt ist. Etwas in diesem Sinne wertzuschätzen heißt, in der Deliberation auf bestimmte Gewichtungen oder andere Formen der Zuweisung ei-

---

[35] Diese Zitate stammen aus Cohen, „Moral Pluralism and Political Consensus", S. 282. Cohen bezieht sich hier auf W. V. O. Quine, *Pursuit of Truth* (Cambridge: Harvard University Press, 1990), 98–101. Die reale Möglichkeit vernünftiger sektiererischer Werturteile würde auch für Smiths Konzeption evaluativen Gehalts eine Herausforderung darstellen.

nes Stellenwerts festgelegt zu sein.[36] Und diese Festlegungen auf Gewichtungen müssen nicht den in der Konvergenzthese formulierten intersubjektiven Maßstäben genügen.

Damit stellt sich die Situation wie folgt dar. Watsons Einwand bezüglich der Struktur der praktischen Überlegung lässt sich mit einer entsprechend angepassten hierarchischen Theorie ausräumen. Sowohl die hierarchische Theorie als auch Watsons Modell müssen Strategien entwickeln, um Handlungsautorität richtig zu erfassen; und darin liegt ein wichtiger Unterschied zwischen einer platonischen Auffassung und einer nichtplatonischen psychologischen Auffassung. Schlussendlich deuten die Möglichkeiten der Unterbestimmung durch Werturteile zusammen mit dem Problemkomplex um Konvergenz und vernünftigen Pluralismus darauf hin, dass eine angemessene Konzeption von Selbstbestimmung Festlegungen auf Gewichtungen oder Stellenwerte miteinbeziehen muss – Festlegungen, die im weiteren Sinne im Bereich des Willens angesiedelt sind. Und diese Festlegungen sind Anwärter für eine wichtige Form der Wertschätzung.

In welchem Verhältnis stehen diese zuletzt genannten Beobachtungen und die beiden Theorien, die wir erörtert haben? Mir scheint, dass Watson vielen meiner Ausführungen über Wertschätzung zustimmen könnte, auch wenn ich natürlich nicht weiß, ob er es tatsächlich tut. Später werde ich allerdings eine Herangehensweise an die Handlungsautorität solcher Wertschätzungen entwickeln, die Watson wohl nicht zur Verfügung steht.

Und was ist mit dem hierarchischen Modell? Frankfurts Varianten der hierarchischen Theorie stellten vorrangig auf solche Einstellungen ab, die die Frage betreffen, was einen motivieren soll – aber nicht auf Einstellungen, die die Frage betreffen, was ein bestimmtes Gewicht oder einen bestimmten Stellenwert in der praktischen Deliberation erhalten soll. Dennoch ist es möglich, dass diese Art von Festlegungen auf Gewichtungen oder Stellenwerte, die bei Wertschätzungen eine Rolle spielen und für Selbstbestimmung erforderlich sind, Einstellungen höherer Stufe sind.

Auf diese komplexen Sachverhalte gehe ich weiter unten ein. Zunächst möchte ich aber eine Theorie beschreiben, die diesen Beobachtungen Rechnung trägt, indem sie die Rolle von Absichten ähnlichen Festlegungen auf Gewichtungen oder anderen Formen der Zuweisung eines Stellenwerts betont.

4

Die Theorie, die mir vorschwebt, *basiert auf Absichten*. Sie stimmt mit Watson darin überein, dass eine bestimmte Form der Wertschätzung von zentraler Bedeutung für Selbstbestimmung ist. Doch sie geht weiter, indem sie diese Form der Wertschätzung im Wesentlichen als eine Form des Beabsichtigens versteht. Insbesondere konzipiert die Theorie diese Form der Wertschätzung im einfachsten Fall als eine Art von *Grundsatz* (*policy*) – wobei Grundsätze hinreichend allgemeine Absichten sind und Absichten im

---

[36] Demnach sollten „Verständnisse von Werten" (um noch einmal Cohens Formulierung zu bemühen) sowohl Werturteile als auch Wertschätzungen in dem spezifizierten Sinne umfassen. Die Unterscheidung zwischen diesen beiden Arten von „Verständnissen" ist fundamental für eine Moralpsychologie, die selbstbestimmtes Handeln in einer Welt des vernünftigen Pluralismus verstehen will.

Sinne der von mir so genannten *Planungstheorie (planning theory)*[37] verstanden werden. Nach der Planungstheorie sollte man Absichten und Absichten ähnelnde Einstellungen größtenteils anhand der Funktion verstehen, die sie bei der zeitlichen und sozialen Koordinierung spielen. Diese Formen der Koordinierung leisten wir weitestgehend dadurch, dass wir uns auf vorläufige und unvollständige Pläne festlegen, die später dann unser praktisches Überlegen und Handeln mitgestalten. Absichten und Grundsätze sind (typischerweise unvollständige) Planungsstrukturen, deren besondere Funktion sowohl in individueller wie in kollektiver Hinsicht in der Organisation und Koordinierung besteht. Und eine bedeutende Form der Wertschätzung ist selbst eine Art von Grundsatz, nämlich ein Grundsatz, der Gewichtungen und andere Formen der Zuweisung eines Stellenwerts in der praktischen Überlegung betrifft.

Der auf Absichten basierenden Theorie zufolge ist die für Selbstbestimmung zentrale Form der Wertschätzung ein Grundsatz (das heißt, eine allgemeine Absicht) darüber, bestimmten Erwägungen in der praktischen Deliberation und im Handeln ein gewisses Gewicht oder einen gewissen Stellenwert zuzuweisen. Nennen wir diese *Selbstbestimmungsgrundsätze (self-governing policies)*. Die eigenen Selbstbestimmungsgrundsätze können recht gut mit den eigenen Werturteilen übereinstimmen; aber sie müssen dies nicht zwingend – auch wenn bestimmte Formen der Inkohärenz zwischen Wertschätzungen und Werturteilen (unter sonst gleichen Umständen) rational kritisierbar sind.

Ein Selbstbestimmungsgrundsatz ist nicht unbedingt den intersubjektiven Einschränkungen unterworfen, die für Werturteile gelten; insbesondere muss man sich damit nicht zwangsläufig auch auf rationale intersubjektive Konvergenz festlegen. Das hilft zu verstehen, wie ein Selbstbestimmungsgrundsatz in Fällen der Unterbestimmung durch Werturteile vernünftigerweise weiter reicht als diese, wenn es darum geht, sich auf etwas festzulegen, das das eigene praktische Denken und Handeln mitbestimmt. Und es hilft auch zu erklären, warum wir uns manchmal – einen vernünftigen Pluralismus und Skorupskis Konvergenzthese einmal zugestanden – mit ganzem Herzen einen Selbstbestimmungsgrundsatz zu eigen machen trotz, wie Cohen es ausdrückt, „vollen Bewusstseins der Tatsache, dass vernünftiges Nachdenken nicht konvergieren muss". Nicht-sektiererisches Urteilen und die Anerkennung eines vernünftigen Pluralismus müssen nicht unbedingt verhindern, dass man mit ganzem Herzen Selbstbestimmungsgrundsätze verfolgt, auch wenn beides in einer Spannung zu bestimmten Werturteilen stehen kann.[38]

Wenn man einen Selbstbestimmungsgrundsatz hat, einer Erwägung C das Gewicht W zu geben, dann liefert dies einem für die eigene praktische Überlegung auch eine entsprechende Prämisse der Form: C hat das Gewicht W. Diese Prämisse ist nicht gleichzusetzen mit dem Gehalt des Grundsatzes. Dieser betrifft das eigene praktische Denken, er besagt: Behandle C in den einschlägigen praktischen Überlegungen mit der Gewichtung W. Dieser Grundsatz ist eine Festlegung darauf, C in den entsprechenden prakti-

---

[37] Siehe meine Bücher *Intention, Plans, and Practical Reason* (Cambridge, MA: Harvard University Press, 1987; Neuauflage durch CSLI Publications, 1999) und *Faces of Intention: Selected Essays on Intention and Agency*.
[38] Ich führe den Begriff „von ganzem Herzen" hier im Sinne von Frankfurts Arbeiten dazu ein. Siehe zum Beispiel seinen Aufsatz „Identification and Wholeheartedness".

schen Überlegungen auf eben diese Weise zu berücksichtigen. Der inhaltliche Gehalt dieses Grundsatzes ist aber nicht einfach gleich der Prämisse, die der Grundsatz dem praktischen Denken beisteuert. Wie gesagt, die Prämisse lautet: *C* hat Gewicht *W.* Der Grundsatz ist eine Festlegung im Bereich des eigenen praktischen Überlegens – man legt sich fest zu akzeptieren, dass *C* dieses Gewicht hat. Das ist eine Festlegung auf eine Art kontextabhängiger Akzeptanz eines normativen Gehalts, die von Überzeugungen und Urteilen zu unterscheiden ist.[39] Und solche Grundsätzen ähnelnden Festlegungen darauf, *C* auf diese Art und Weise zu behandeln, können dazu beitragen, den praktischen Standpunkt der handelnden Person zu konstituieren.

Diese auf Absichten basierende Theorie hebt die Rolle von Grundsätzen bezüglich Gewichtungen und Stellenwerten hervor, und nicht die Hierarchie von Wünschen. Nichtsdestoweniger ist es, wie zuvor angedeutet, möglich, dass die fraglichen Grundsätze Einstellungen höherer Stufe sind. Wäre dem so, dann stimmten die auf Absichten basierende und Frankfurts hierarchische Theorie in Teilen überein. Und tatsächlich scheint es mir, dass zumindest im Fall normaler menschlicher Akteure starke Erwägungen dafür sprechen, dass Selbstbestimmungsgrundsätze tatsächlich Grundsätze höherer Stufe sind.

Welchen Erwägungen meine ich? Ich glaube nicht, dass man an dieser Stelle einfach die ganz normale praktische Deliberation anführen sollte. Ich stimme mit Watson darin überein, dass wir uns in der normalen Deliberation für gewöhnlich die erststufige Frage stellen, was wir tun sollen. Doch für Frankfurt leitet sich die Hierarchie konativer Einstellungen auch nicht in erster Linie aus einem hierarchischen Modell der normalen Deliberation ab, sondern aus einem Bild der reflektiert handelnden Person – einer Person, die an sich arbeitet und sich dabei die erststufigen Motive, die sie einfach hat, entweder aneignet oder sich davon distanziert.[40] Und dieses Bild der reflektierten Arbeit an sich selbst wird durch Watsons Beobachtung über den Gegenstand normaler Deliberation nicht zwangsläufig in Frage gestellt. Allerdings denke ich auch, dass ganz unabhängig von dieser metaphysischen Selbstkonstitution der handelnden Person einige Überlegungen für eine Hierarchie von konativen Einstellungen sprechen (auch wenn diese Überlegungen mit den metaphysischen Aspekten vereinbar sind und sogar eine Reaktion darauf stützen). Insbesondere denke ich, dass zwei weit verbreitete praktische Erwägungen in Richtung einer konativen Hierarchie deuten, die mit der auf Absichten basierenden Theorie verschränkt sind.

Erstens sind wir Wesen, die gewissen Antrieben ausgesetzt ist, welche unabhängig von unseren Festlegungen auf Gewichtungen oder Stellenwertzuweisungen sein können und diese regelmäßig herausfordern oder von diesen abweichen. Letzten Endes haben wir alle körperliche Triebe, und verspüren Zorn, Empörung, Verärgerung, Erniedrigung, Kummer, Verbitterung, Eifersucht, Selbstmitleid oder Genusssucht. Unser auf gesundem Menschenverstand beruhendes Selbstbild sagt uns, dass solche motivierenden Einstel-

---

[39] In diesen Bemerkungen über kontextabhängige Akzeptanz stütze ich mich auf meinen Aufsatz „Practical Reasoning and Acceptance in a Context", in meinem *Faces of Intention.* Siehe auch L. J. Cohen, „Belief and Acceptance", *Mind* 98 (1989): 367–389, sowie Skorupski, „Value Pluralism", S. 77.
[40] Siehe „Identification and Wholeheartedness", S. 171.

lungen einfach Teil unseres (sozusagen: gar nicht engelsgleichen) psychischen Haushalts sind und dass wir Selbststeuerungsmechanismen benötigen, um auf verschiedene Formen des Zusammenspiels und Konflikts zwischen diesen Antrieben und unseren Festlegungen auf Gewichtungen und Stellenwerte zu reagieren.[41] Damit unsere Selbstbestimmungsgrundsätze unser praktisches Denken und Handeln wirksam leiten können, müssen sie in einem solchen Selbststeuerungsmechanismus eingebettet sein. Da eine selbstbestimmt Handelnde davon wissen und dies billigen wird, ist es vernünftig anzunehmen, dass ihre Selbstbestimmungsgrundsätze genau diese Selbststeuerung zum Gegenstand haben. Daher werden also ihre Selbstbestimmungsgrundsätze teils höherstufig sein. Sie besagen in etwa: Miss (Enthalte) X dieses oder jenes Gewicht, diesen oder jenen Stellenwert zu (vor), indem du die Rolle der relevanten motivierenden Einstellungen im Handeln und in der praktischen Überlegung entsprechend gestaltest. Dass Selbstbestimmungsgrundsätze tendenziell zu Höherstufigkeit neigen, liegt teils an den weit verbreiteten praktischen Problemen der Selbststeuerung.[42]

Eine zweite praktische Erwägung, die uns in Richtung Hierarchie zieht, ist durch die grundlegende Aufgabe motiviert, die Absichten, Pläne und Grundsätze bei der Organisation des Handelns über die Zeit hinweg übernehmen.[43] Insbesondere kommt Selbstbestimmungsgrundsätzen – ebenso wie Absichten im Allgemeinen – eine zentrale Funktion bei der Koordination von Denken und Handeln über die Zeit zu. Da die selbstbestimmt Handelnde dies weiß und stützt, ist es nur vernünftig anzunehmen, dass ihre Selbstbestimmungsgrundsätze zum Teil auch diese Organisation ihres praktischen Denkens über die Zeit hinweg zum Gegenstand haben. Ihr Selbstbestimmungsgrundsatz, Erwägung C das Gewicht W beizumessen, wird teils darin bestehen, Formen der praktischen Überlegung über die Zeit zu stützen, die im Einklang damit sind, C das Gewicht W beizumessen, oder dies gar untermauern. Da relevante Selbstbestimmungsgrundsätze (diesen eingeschlossen) in den Großteil der praktischen Überlegung einfließen, wird ihr Grundsatz teils die Funktion der relevanten Selbstbestimmungsgrundsätze (diesen wiederum eingeschlossen) betreffen. Dementsprechend wird der Selbstbestimmungsgrundsatz, Erwägung C Gewicht W zu geben, teilweise auch ein höherstufiger Grundsatz bezüglich der eigenen Selbstbestimmungsgrundsätze (den besagten selbst eingeschlossen) sein.

Selbstbestimmungsgrundsätze sind in einen psychischen Haushalt eingebettet, der Probleme der Selbststeuerung angehen muss und dessen zentrale Aufgabe darin besteht, auf grundlegende Weise Denken und Handeln über die Zeit hinweg zu organisieren. Gegeben dass eine selbstbestimmt Handelnde von diesen Eigentümlichkeiten ihrer psychischen Ausstattung weiß und diese noch befördert, kann man erwarten, dass auch ihre Selbstbestimmungsgrundsätze diese Eigentümlichkeiten unterstützen. Und genau dies

---

[41] Wenn ich hier von „Selbststeuerung" spreche, lege ich mich darauf fest, dass man die Handlungsautorität von Selbstbestimmungsgrundsätzen auch tatsächlich erklären kann. Dieser Angelegenheit wende ich mich im folgenden Abschnitt zu.

[42] Siehe „Autonomy and Hierarchy", S. 170–173, worin ich die hier im Hintergrund liegende Idee, dass diese Funktionsweise im Fall der Selbstbestimmung auch im Gehalt der Einstellung erkennbar ist, weiter erörterte.

[43] An dieser Stelle hat mir Peter Gärdenfors weitergeholfen.

drängt einen in Richtung einer hierarchischen Konzeption. In jedem Fall ist die treibende Kraft dahinter praktischer Natur: Sie speist sich aus den grundlegenden praktischen Problemen der Selbststeuerung und der Koordination, wenn man die Kenntnis und Unterstützung durch die handelnde Person hinzunimmt.[44] Doch sobald der ganze Apparat, der mit Hierarchie einhergeht, in diese Selbstbestimmungsgrundsätze eingebaut ist, können diese auch als Grundlage in den Bemühungen um reflektierte Selbstkonstitution dienen, um die es Frankfurt geht.

Es bestehen also einige Gründe davon auszugehen, dass eine auf Absichten beruhende Theorie der Selbstbestimmung mit einer von Frankfurt inspirierten Theorie den Verweis auf eine Hierarchie konativer Einstellungen gemeinsam hat. Im Fall der auf Absichten beruhenden Theorie allerdings sind die grundlegenden höherstufigen Einstellungen eben Absichten, und nicht Wünsche (in dem Sinne, in dem Wünsche von Absichten verschieden sind) – und ihr Gehalt drückt aus, was als eine rechtfertigende Erwägung angesehen werden soll. Darüber hinaus steht die auf Absichten basierende Theorie auch in einer komplexen Beziehung zur Watsons bereits diskutierter Theorie. Watson selbst macht auf die Fälle aufmerksam, in denen ein Werturteil von „Gründen alles in allem betrachtet" unterbestimmt ist und in denen sich ein Bedarf für „willentliche Festlegungen" ergibt. Und wir haben bereits gesehen, dass Watson eine Konzeption der Wertschätzung im Bereich des Willens zur Verfügung stehen könnte. Doch wenn es um die Frage der Handlungsautorität geht, wird ein wichtiger Unterschied deutlich.

5

Man erinnere sich, dass eine von Watsons ursprünglichen Herausforderungen an Wunschhierarchien besagte, dass sie der Handlungsautorität (wie ich es genannt habe) nicht gerecht würden. Für eine Konzeption von Selbstbestimmung ist das eine grundlegende Angelegenheit. Wenn Einstellungen mit Handlungsautorität das Handeln leiten, dann steht die Handelnde „voll und ganz hinter"[45] ihren Handlungen und bestimmt diese;

---

[44] Ich sage nicht, dass dies die einzigen Überlegungen sind, die einen in Richtung eines hierarchischen Ansatzes treiben. Insbesondere glaube ich, dass es zwei weitere Motivationen für einen bestimmte Form der Hierarchie – die Reflexivität von Selbstbestimmungsgrundsätzen – gibt. Eine davon leitet sich aus dem Verdacht eines möglichen Zirkelschlusses ab. Der Verdacht ist, dass man in den Gehalt der Grundsätze bereits jene starke oder aufgeladene Form des Handelns einbaut, die man eigentlich verstehen möchte, wenn man auf Grundsätze, etwas als Grund zu behandeln, verweist. Eine Lösung besteht darin, den Grundsatz so zu begreifen: Der Grundsatz billigt reflexiv die eigene Rolle, die ihm bei der Stützung einer bestimmten Funktionsweise zukommt – und diese Funktionsweise selbst setzt die starke Form des Handelns nicht bereits voraus. Ich habe diese Überlegungen diskutiert in „Hierarchy, Circularity, and Double Reduction", in S. Buss und L. Overton (Hg.), *Contours of Agency: Essays on Themes from Harry Frankfurt* (Cambridge, MA: MIT Press, 2002), 65–85, sowie in „Three Forms of Agential Commitment: Reply to Cullity and Gerrans." *Proceedings of the Aristotelian Society* (2004): 329–337, insb. 331f. Doch an dieser Stelle lasse ich diese Frage einmal außen vor.
   Eine zweite Motivation für die Reflexivität von Selbstbestimmungsgrundsätzen ergibt sich aus einer starken Art und Weise, solche Grundsätze zu billigen, die bei der Selbstbestimmung eine Rolle spielen. In Abschnitt 6 komme ich darauf zu sprechen.

[45] Dies ist Watsons nützliche Formulierung („Free Action and Free Will", S. 150).

und dies ist ein zentraler Bestandteil der Selbstbestimmung. Doch was genau macht Handlungsautorität eigentlich aus? Warum trifft es auf bestimmte psychische Strukturen zu, dass die Handelnde voll und ganz hinter ihrem Handeln steht und es bestimmt, wenn jene das Handeln leiten? Nun, wir haben bereits auf zwei Strategien hingewiesen, diese Form der Autorität zu verstehen: die platonische Strategie, derzufolge sich Handlungsautorität aus der Funktion, das Gute aufzuspüren, ergibt; und die nicht-platonische psychologische Strategie, derzufolge Handlungsautorität in einer nicht-platonischen psychologischen Funktion wurzelt. Welcher Strategie sollte eine auf Absichten basierende Theorie nun folgen?

Meines Erachtens ist es am überzeugendsten, die auf Absichten beruhende Theorie im Sinne der nicht-platonischen psychologischen Auffassung weiter zu entwickeln. Denn selbst wenn die Selbstbestimmungsgrundsätze mit den eigenen Werturteilen übereinstimmen, so setzen sie doch häufig auch eine Form der Organisation von praktischem Denken und Handeln in Gang, die – in einigen Fällen sogar deutlich – über das hinausgeht, was Werturteile in Gang setzen. Das trifft insbesondere auf Personen zu, die reflektierte und nicht-sektiererische Urteile fällen und wissen, dass sie in einer Welt des vernünftigen Pluralismus leben. Sobald zudem der ganze mit Selbstbestimmungsgrundsätzen verbundene Apparat zur Verfügung steht, versteht man auch, wie es möglich ist, dass Handelnde etwas wertschätzen (im Sinne von: Selbstbestimmungsgrundsätze haben) ohne groß Werturteile zu fällen. Um ein Beispiel von Nadeem Hussain zu bemühen: Vielleicht sind es unreflektiert Handelnde in einer traditionellen Gesellschaft, die verschiedene Selbstbestimmungsgrundsätze einfach internalisiert haben, ohne dabei zu Urteilen über das Gute zu gelangen. Die Autorität von Selbstbestimmungsgrundsätzen, für die handelnde Person sprechen zu können, kann in diesen Fällen ganz natürlich im Sinne einer nicht-platonischen psychologischen Theorie verstanden werden.

Doch wie sollte man mit dieser nicht-platonischen psychologischen Strategie weiter verfahren? Welche Funktionen muss man als zentral für Handlungsautorität ausweisen? Ich denke, dass man hier auf eine allgemeine Eigenschaft von Einstellungen, die Absichten ähneln, aufbauen kann: Ihre zentrale Aufgabe besteht darin, das praktische Denken und Handeln einer Person über die Zeit hinweg zu organisieren; und typischerweise leisten sie dies, indem sie psychologische, semantische und kausale Verbindungen zustande bringen und aufrecht erhalten, die – einer im weitesten Sinne Locke'schen Auffassung zufolge – teils konstitutiv für die Identität einer Handelnden über die Zeit sind.[46] Das erläutere ich nun näher.

Vorausgehende Absichten beziehen sich auf spätere Handlungsweisen; wenn man später seine Absichten genauer ausfüllt und umsetzt, bezieht man sich auf seine vorausgegangenen Absichten. Das ganze System von Absichten ähnelnden Einstellungen ist

---

[46] Vgl. meinen Aufsatz „Reflection, Planning, and Temporally Extended Agency", *The Philosophical Review* 109 (2000): 35–61. Meine Ansichten zu dieser Locke'schen Auffassung hat enorm von zahlreichen, zeitlich ausgedehnten Auseinandersetzungen mit Gideon Yaffe profitiert. Yaffe diskutiert Verbindungen zwischen Locke'schen Vorstellungen von personaler Identität und freiem Handeln in seinem Buch *Liberty Worth the Name: Locke on Free Agency* (Princeton, NJ: Princeton University Press, 2000), Kap. 3.

somit zu jedem Zeitpunkt in ein System von wechselseitigen Bezügen über die Zeit eingebettet – von der Gegenwart in die Zukunft, von der Gegenwart in die Vergangenheit, von der Vergangenheit vorwärtsgerichtet in die Gegenwart und von der Zukunft rückwärtsgerichtet zur Gegenwart. Außerdem ist die Gesamtheit absichtsähnlicher Einstellungen normalerweise in verschiedenen Hinsichten und in vernünftigem Ausmaß stabil; sie bringt demnach eine psychologische Kontinuität zustande und erhält diese aufrecht. Auf diese Weise befördert das System absichtsähnlicher Einstellungen die Organisation von praktischem Überlegen und Handeln über die Zeit hinweg teils durch diese zeitlichen Bezüge und teils durch die damit verbundene psychologische Kontinuität. Genau diese Arten von die Zeit überbrückenden Bezügen und Kontinuitäten stehen im Zentrum von – im weitesten Sinne – Locke'schen Modellen des Fortbestehens ein und derselben Person über die Zeit.

Insbesondere trifft all das Gesagte auch auf Selbstbestimmungsgrundsätze zu. Sie helfen dabei, grundlegende Formen des praktischen Denkens und Handelns über die Zeit hinweg gerade so zu organisieren, dass dabei entsprechende Locke'sche Verbindungen mit wechselseitigen Bezügen sowie Kontinuität zustande kommen. Dies ist gerade Teil ihrer charakteristischen Funktion. Mit dieser charakteristischen Funktionsweise unterstützen Selbstbestimmungsgrundsätze die Handelnde dabei, ihr „praktisches Leben" zu organisieren: Sie helfen dabei, ihr praktisches Denken (Deliberation und Planungen eingeschlossen), ihre Tätigkeiten und die komplexen Verbindungen zwischen Denken und Handeln über die Zeit hinweg zu strukturieren; sie helfen dabei, eine zeitlich ausgedehnte, verschachtelte und verwobene Struktur von aufeinander abgestimmten praktischen Überlegungen und Handlungen zu schaffen und aufrecht zu erhalten. Und all dies leisten sie teilweise, indem sie die entsprechenden Locke'schen Verbindungen schaffen und aufrecht erhalten, welche das Fortbestehen der Handelnden als ein und dieselbe über die Zeit sicherstellen. Indem sie so funktionieren, machen Selbstbestimmungsgrundsätze das metaphysische Rückgrat unseres zeitlich ausgedehnten praktischen Denkens und Handelns aus. Und mir scheint es nur vernünftig zu behaupten, dass diesen Einstellungen die Autorität gebührt, für die handelnde Person zu sprechen, weil und indem sie diese Locke'sche Funktion spielen, das zeitlich ausgedehnte praktische Denken und Handeln ein und derselben Handelnden zu strukturieren. Diese Einstellungen haben *zu einem gewissen Zeitpunkt* Handlungsautorität gerade aufgrund ihrer Funktion, die verwobene und verschachtelte Struktur des Handelns einer Person *über die Zeit* herzustellen und aufrecht zu erhalten.[47]

Die Idee ist, dass bestimmte Einstellungen dazu beitragen, den Standpunkt der Handelnden zu konstituieren, indem sie eine entsprechende Aufgabe im psychischen Haushalt der Handelnden übernehmen – eine Aufgabe, die man auch charakterisieren kann,

---

[47] An dieser Stelle bestehen einige Parallelen zu der interpersonalen Verschachtelung von Absichten, die meiner Auffassung nach grundlegend für wichtige Formen geteilten Handelns ist. Siehe dazu meine Aufsätze „Shared Cooperative Activity", in *Faces of Intention*, 93–108, sowie „Shared Valuing and Frameworks for Practical Reasoning", in R. Jay Wallace, Philip Pettit, Samuel Scheffler und Michael Smith (Hg.), *Reasons and Value. Themes from the Moral Philosophy of Joseph Raz* (Oxford: Oxford University Press, 2004), 1–27.

ohne zuvor geklärt zu haben, welchen Dingen Handlungsautorität zukommt. Die Idee besagt weiterhin, dass die zentrale Aufgabe, die für diese Art der Autorität grundlegend ist, in der besagten Locke'schen koordinierenden und organisierenden Funktion in Bezug auf zeitlich ausgedehntes praktisches Denken und Handeln besteht.[48] Es ist wichtig zu bemerken, dass dies eine Behauptung über die Metaphysik des Handelns ist und kein normatives Ideal der Integrität oder ähnliches beschreibt (auch wenn man natürlich ein solches Ideal wertschätzen kann).[49] Der primäre Fokus liegt auf der Metaphysik einer starken Form des Handelns, doch nicht auf „Handeln in seiner besten Form", wie Gideon Yaffe es einmal sehr hilfreich ausgedrückt hat.[50] Der hier unterbreitete Vorschlag ist insbesondere eine Version des nicht-platonischen psychologischen Zugangs zur Handlungsautorität, auch wenn er anders als Frankfurts Vorschlag nicht primär auf Stabilität und Zufriedenheit rekurriert.[51] Dennoch denke ich, dass der Vorschlag durch etwas ergänzt werden muss, das Frankfurts Idee der Zufriedenheit ähnelt: Damit ein Selbstbestimmungsgrundsatz Handlungsautorität beanspruchen kann, muss es die angeführte Locke'sche Funktion in zeitlich ausgedehntem Handeln spielen – was er üblicherweise auch tut; und er muss zudem eine Einstellung sein, mit der die Handelnde in hinreichendem Maße zufrieden ist.

Solche Selbstbestimmungsgrundsätze sind normalerweise höherstufig, wie ich in teilweiser Übereinstimmung mit Frankfurt festgestellt habe. Man vergegenwärtige sich jedoch, dass dort, wo Frankfurt über die Wunschhierarchie hinausgeht und in seiner Konzeption von Handlungsautorität auf Zufriedenheit zurückgreift, nur eine recht lockere Verbindung zwischen der Hierarchie und der Zufriedenheit besteht. Wie er schreibt, kann man sowohl mit erststufigen als auch mit höherstufigen Einstellungen zufrieden sein. In meinem Ansatz hingegen besteht ein engerer Zusammenhang zwischen der hierarchischen Struktur von Selbstbestimmungsgrundsätzen und der Funktion, die für Handlungsautorität grundlegend ist. Das liegt daran, dass die höherstufige Struktur dabei hilft, die grundlegende Locke'sche Funktion der Organisation über die Zeit hinweg herzustellen und aufrecht zu erhalten – jene Funktion, die meiner Ansicht nach den Kern von Handlungsautorität ausmacht.[52] Diese hierarchische Struktur bringt selbst wechselseiti-

---

[48] Dieses Vorgehen stimmt mit Frankfurt darin überein – und setzt sich von Velleman (s. Anm. 6) darin ab –, dass die Vorstellung, es gebe eine einzige Einstellung im Hintergrund aller selbstbestimmten Handlungen, zurückgewiesen wird. In dem hier vertretenen Zugang können verschiedene Selbstbestimmungsgrundsätze die für Handlungsautorität charakteristische Funktion in verschiedenen Personen oder auch zu verschiedenen Zeitpunkt in derselben Person übernehmen.

[49] Darin besteht meine Antwort auf eine der anderen Fragen, die Watson in den zitierten Kommentaren aufgeworfen hat.

[50] *Liberty Worth the Name: Locke on Free Agency*, S. 72.

[51] Frankfurt geht auf die Funktion von Entscheidungen in der zeitlich übergreifenden Strukturierung ein, wenn er schreibt, dass „eine Funktion von Entscheidungen darin besteht, die Person sowohl dynamisch als auch statisch zu integrieren" („Identification and Wholeheartedness", S. 175). Doch seine Konzeption von Handlungsautorität betont vor allem Zufriedenheit und weniger die organisierende Funktion über die Zeit hinweg.

[52] Dieser Gegensatz zwischen meiner Auffassung und Frankfurts Konzeption geht zurück auf unsere unterschiedlichen theoretischen Ausgangspunkte hinsichtlich der Frage, welche Bedeutung Zufriedenheit und die Funktion der zeitlich übergreifenden Organisation für Handlungsautorität haben. Ich stelle letztere in den

ge Bezüge zum mentalen Innenleben zu einem gewissen Zeitpunkt mit sich; sie bringt wechselseitige Bezüge zwischen und Kontinuität von Motiven über die Zeit hinweg zustande; und sie unterstützt normalerweise die Organisation von Denken und Handeln über die Zeit.[53] Für sich allein genommen fundiert die Wunschhierarchie Handlungsautorität zwar noch nicht;[54] doch die hierarchischen Aspekte von Selbstbestimmungsgrundsätzen – welche teilweise eine Antwort auf die genannten praktischen Anforderungen sind – helfen dabei, diese zeitlich übergreifenden Locke'schen Funktionsweisen, die dann die Handlungsautorität fundieren, zustande zu bringen und aufrecht zu erhalten.

Kehren wir nun zu Watsons Theorie zurück. Ich habe bereits gesagt, dass diese Theorie möglicherweise Spielraum für eine Auffassung von Wertschätzung hat, die der von mir vorgeschlagenen im Großen und Ganzen ähnelt – eine Auffassung, die die Unterbestimmung durch Werturteile und die mit Pluralismus und Konvergenz einhergehenden Fragen angeht, indem sie die Wertschätzung (zumindest in basalen Fällen und in gewisser Hinsicht) als ein Phänomen ansieht, das im Bereich des Willens angesiedelt ist. Wertschätzung kommt, so verstanden, in entsprechenden willentlichen Festlegungen auf Gewichtungen und Stellenwertzuweisungen zustande, die in einem durch (möglicherweise beschränkte) Werturteile abgesteckten Rahmen bleiben. Doch wenn man diese Auffassung von Wertschätzung in Watsons Theorie einbauen wollte, so müsste man auch eine platonische Auffassung der Handlungsautorität dieser Wertschätzungen vertreten. Zumindest müsste man dies, wenn meine vorläufige Vermutung, dass Watson die Handlungsautorität von Wertschätzungen auf diese Weise verstehen würde, richtig ist.

Die Frage der richtigen Interpretation taucht auch in etwas anderem Zusammenhang in Watsons Aufsatz „The Work of the Will" von 2003 auf. Darin stimmt Watson mir und anderen zu, dass „praktische Festlegungen eine planende und koordinierende Rolle

---

Vordergrund und ins Zentrum, während Zufriedenheit nur im Hintergrund ins Spiel kommt und die Hierarchie zu der Funktion, über die Zeit hinweg zu organisieren, beiträgt. Frankfurt hingegen rückt Zufriedenheit in den Vordergrund und ins Zentrum, wobei er auch auf die zeitlich übergreifende, organisierende Funktion von bestimmten Entscheidungen eingeht.

[53] Die angeführte Verbindung zwischen Hierarchie und Locke'schen Bezügen innerhalb des mentalen Innenlebens zu einem Zeitpunkt ist sehr verwandt mit einer Idee in Gideon Yaffes Diskussion von Lockes Antwort auf das „Wo-steht-die-Handelnde"-Problem, wie Yaffe es nennt. Yaffe zufolge würde Locke sagen, dass es ein wesentliches Merkmal von Entscheidungen ist, dass die Handelnde sich ihrer Entscheidungen bewusst ist und dass „die Handelnde dort steht, wo ihre Entscheidungen stattfinden, denn wo die Entscheidung stattfindet, dort herrscht auch eine Form selbstbewusster Erkenntnis, die die Konturen der Person ausmacht" (*Liberty Worth the Name: Locke on Free Agency*, 131). Die Hierarchie, die mit dem Bewusstsein der Entscheidung einhergeht, bringt auch einen relationalen Bezug mit sich, der für Lockes Auffassung der „Konturen der Person" zentral ist. Yaffe untersucht in seiner Diskussion von Lockes „Betrachtungen über (zeitweise) ausbleibende Freuden und Schmerzen" auch, wie sich diese Idee auf zeitlich übergreifende Verbindungen übertragen lassen (S. 134–139). Man beachte jedoch, dass die mit selbstbewusster Erkenntnis ins Spiel kommende Hierarchie keine *Wunsch*-Hierarchie ist, während die Hierarchie, die ich in meinem Verweis auf hierarchisch strukturierte Selbstbestimmungsgrundsätze hervorhebe, dies gerade ist.

[54] Für eine erhellende Diskussion der Vorstellung, dass Hierarchie für eine im weitesten Sinne Locke'sche Funktion gar nicht nötig sein muss, siehe Agnieszka Jaworska, „Caring and Internality", *Philosophy and Phenomenological Research* 74 (2007), S. 529–568. Meine eigene Diskussion dieser Fragen hat von diesem Aufsatz und von den Gesprächen mit Jaworska sehr profitiert.

übernehmen, die für kohärentes Handeln über die Zeit nötig ist". Diese Rolle, so fügt er in einer begleitenden Fußnote hinzu, könne mit einer „die Identität konstituierenden Funktion" einhergehen. Und er fährt fort: „Diese identitätskonstituierende Funktion kann man als etwas verstehen, das den Interessen der Vernunft dient, denn ohne sie kann man nicht den Standpunkt einer praktisch überlegenden Person einnehmen".[55]

Eine Möglichkeit, diese Äußerungen zu verstehen, ist, dass praktische Festlegungen die genannte koordinierende Rolle übernehmen und so dazu beitragen, den „Standpunkt der Handelnden als einer praktisch überlegenden Person" zu konstituieren. So verstanden ist das eine Behauptung über die Metaphysik einer bestimmten Form des Handelns. Und dies ist ganz im Sinne der nicht-platonischen psychologischen Auffassung von Handlungsautorität, wie sie von der auf Absichten basierenden Theorie entwickelt wird.

Doch es gibt noch eine andere Weise, Watsons Bemerkung, man könne „diese identitätskonstituierende Funktion [der praktischen Festlegungen] [...] als etwas verstehen, das den Interessen der Vernunft dient", zu lesen. Demnach konstituiert diese Funktion einen Standpunkt, dessen Rolle es ist, zugänglich für Gründe und das Gute zu sein. So verstanden passt die Bemerkung gut zu einer platonischen Auffassung von der Handlungsautorität dieser praktischen Festlegungen.

Der absichtsbasierten Theorie zufolge ist die Handlungsautorität von willentlich beeinflussten Wertschätzungen eine Frage der organisierenden Funktion, die sie in unserem Handeln über die Zeit übernehmen – und nicht primär eine Frage ihrer Funktion, das Gute aufzuspüren. (Das impliziert natürlich nicht, dass es nicht wünschenswert wäre, das Gute aufzuspüren.) In dieser Hinsicht folgt die Theorie Frankfurts Fokussierung auf den Zustand der Zufriedenheit, auch wenn seine Theorie keine Festlegungen auf Gewichtungen in der praktischen Deliberation ins Spiel bringt und Zufriedenheit darin weniger eng mit der Hierarchie verwoben ist als die Elemente, welche in meinem Ansatz die die Zeit überbrückende Funktion übernehmen. Wenn man davon ausgeht, dass Watsons Theorie sich tatsächlich eine platonische Auffassung von Handlungsautorität zu eigen machen würde, so besteht darin ein wichtiger Unterschied zwischen uns.

Diese Beobachtung ergänzt sich gut mit der bereits getroffenen Unterscheidung zwischen einer Behauptung über die Metaphysik unseres Handelns und einem normativen Ideal von „Handeln in seiner besten Form". Würden wir versuchen, ein solches Ideal auszubuchstabieren, so wäre es naheliegend, nicht einfach nur die Existenz eines kohärenten Standpunkts ins Spiel zu bringen, sondern auch das Ideal, dass dieser Standpunkt empfänglich für das Gute wäre. Doch das Problem der Handlungsautorität betrifft die Metaphysik bestimmter Handlungsformen; es betrifft nicht zuvorderst die Frage, welche Form des Handelns die wünschenswerteste ist.

Lassen Sie mich nun auf eine zuvor genannte Komplikation eingehen. Die von mir vorgeschlagene psychologische Konzeption von Handlungsautorität hebt besonders Locke'sche Funktionen im Handeln über die Zeit hervor. Sie betont jedoch nicht direkt die Funktion, das Gute aufzuspüren. Dennoch könnte sich herausstellen, dass es Einstellun-

---

[55] „The Work of the Will", S. 158 sowie Anm. 31. Watsons Redeweise von einer „identitätskonstituierenden Funktion" ist als Replik auf verwandte Vorschläge von Frankfurt zu verstehen.

gen gibt, deren charakteristische Aufgabe sowohl in der Locke'schen Funktion als auch in der Funktion, das Gute aufzuspüren, besteht. Wenn das der Fall wäre – und das ist der bereits vorweggenommene Punkt –, so würde aus der Theorie folgen, dass diesen Einstellungen sowohl Handlungsautorität *als auch* die Funktion, das Gute aufzuspüren, zukommt; doch aus der Theorie würde *nicht* folgen, dass ihnen Handlungsautorität zukommt, *weil* sie die Funktion haben, das Gute aufzuspüren. Demnach wäre diese Theorie auch keine platonische.

Nun könnten bestimmte Arten von Werturteilen für bestimmte Handelnde tatsächlich beide Funktionen übernehmen. Nur um das klarzustellen: Wir haben gute Gründe dafür kennen gelernt, dass nicht alle Werturteile die Locke'sche Funktion übernehmen und dass nicht bloß Werturteile allein diese Funktion haben können. Und wir haben auch Gründe dafür kennen gelernt, dass eine Konzeption von Selbstbestimmung einer Form der Wertschätzung einen zentralen Platz einräumen muss, welche nicht auf Werturteile reduzierbar ist. Doch daraus folgt nicht, dass Werturteile diese Locke'sche Funktion niemals haben könnten.[56] Falls und wenn sie diese Funktion haben, so können sie auch Handlungsautorität beanspruchen – auch wenn der Grund dafür dann nicht ist, dass sie die Funktion haben, das Gute aufzuspüren (selbst wenn sie diese Funktion haben sollten und Erfolg bei der Suche nach dem Guten eine gute Sache ist).

Wie versprochen wende ich mich nun Watsons Frage zu.

6

In seiner Erwiderung auf die von mir hier unter der Bezeichnung „absichtsbasierte Theorie" diskutierte Konzeption deutet Watson an, dass er einige Zweifel daran hat, dass in dieser Theorie

> „höherstufige Festlegungen der *Ursprung* von Autonomie, Selbstbestimmung, Handlungsautorität und ähnlichem sind; dass sie den Standpunkt definieren, der einzig und allein für die Handelnde zu sprechen beanspruchen kann – und dass sie nicht von etwas anderem, viel Grundlegenderem herrühren: nämlich planendem Handeln vor dem Hintergrund von Werturteilen. Die Art und Weise, wie Bratman hierarchische Einstellungen in die Planungstheorie

250

---

[56] Es gibt verschiedene Arten, die Fälle, in denen Werturteile solche organisierende Funktionen übernehmen, zu konzeptualisieren. Man kann in solchen Fällen sagen, dass Werturteile teilweise durch die einhergehenden Wertschätzungen konstituiert werden. Oder man sagt, dass es im psychischen Haushalt einen systematischen Zusammenhang zwischen Werturteilen, die ein Problem lösen, und entsprechenden Absichten oder Selbstbestimmungsgrundsätzen gibt. Oder man sagt, dass es in solchen Fällen einen Grundsatz im Hintergrund gibt, stets entsprechend den Werturteilen, die ein Problem lösen, zu handeln. Oder man sagt in diesen Fällen, dass solche Werturteile, die ein Problem vollständig lösen, selbst diese organisierende Funktion übernehmen; sie wären dann Urteilsgrundsätze, oder vielleicht eher „Quasi-Grundsätze". (Für das Konzept des „Quasi-Grundsatzes" vgl. meinen Aufsatz „Reflection, Planning, and Temporally Extended Agency", S. 57–60.) Das alles sind komplexe Fragen, doch wir müssen sie in diesem Kontext nicht beantworten. Der wichtige Punkt ist lediglich, dass gemäß der Theorie gilt: Wenn solchen Werturteilen Handlungsautorität zukommt, so ist die Grundlage dieser Autorität identisch mit der Grundlage von Selbstbestimmungsgrundsätzen: die Locke'sche Funktion, über die Zeit hinweg zu organisieren.

einbezieht ... scheint der von mir zugestandenen Art und Weise zu ähneln, in der hierarchische Wünsche tatsächlich häufig in Werturteilen enthalten sind: Ihre Autorität spiegelt etwas anderes wider. Insbesondere wird in diesem Fall die sich aus dem Bedarf für Selbststeuerung ergebende Autorität von höherstufigen Grundsätzen erklärt durch die Autorität von anderen praktischen Urteilen der Person."[57]

Und ich nehme an, dass diese „anderen praktischen Urteile", auf die Watson im letzten Satz anspielt, die Werturteile der Handelnden sind.

Nun, ich stimme zu, dass die Handlungsautorität der höherstufigen Elemente der Selbstbestimmungsgrundsätze in meiner Theorie eine abgeleitete ist. Doch wir müssen uns fragen: Wovon ist sie abgeleitet? Frankfurts späterer Sichtweise zufolge basiert (zumindest so wie ich ihn interpretiert habe) die Handlungsautorität höherstufiger Einstellungen, die Gegenstand der Reflexion sind, auf der Bedingung der Zufriedenheit. Watsons derzeitigem Vorschlag zufolge würde sich die Handlungsautorität höherstufiger Einstellungen aus der Autorität von Werturteilen ableiten, wobei - so nehme ich an - deren Autorität wiederum in ihrer Funktion, das Gute aufzuspüren, wurzelt. Man könnte sich nun fragen, wie Watsons Vorschlag die Handlungsautorität von Festlegungen verstehen würde, die über Werturteile hinausgehen.[58] In jedem Fall aber ist der wichtige Punkt der, dass sich meiner Ansicht nach die Handlungsautorität höherstufiger Grundsätze aus der Handlungsautorität ergibt, die der Struktur von Grundsätzen über Gewichtungen und andere Formen der Zuweisung von Stellenwerten zukommt. Ich habe bestimmte systematische praktische Erwägungen hervorgehoben, die dafür sprechen, dass diese Grundsätze höherstufig sind. Doch ihre höherstufige Struktur erklärt für sich genommen noch nicht, warum ihnen Handlungsautorität zukommt - auch wenn die höherstufige Struktur bestimmte Funktionsweisen in Gang zu bringen und aufrecht zu erhalten hilft, welche wiederum ein wichtiger Teil dieser Erklärung sind. Auch geht Handlungsautorität von Selbstbestimmungsgrundsätzen nicht auf ihre Funktion, das Gute aufzuspüren, zurück. Meiner Auffassung nach entspringt die Handlungsautorität dieser Grundsätze in erster Linie eher ihrer im weitesten Sinne Locke'schen Funktion, praktisches Denken und Handeln über die Zeit hinweg zu organisieren.[59]

Dennoch gibt es hier eine wichtige Komplikation. Während die Handlungsautorität von Selbstbestimmungsgrundsätzen vor allem auf ihre Locke'sche Funktion der zeit-

---

[57] „Hierarchy and Agential Authority: Comments on Michael Bratman's ‚Planning Agency, Autonomous Agency'", S. 96.

[58] Darauf hat mich Agnieszka Jaworska in einem Gespräch aufmerksam gemacht.

[59] Agnieszka Jaworska argumentiert dafür, dass eine Locke'sche Auffassung von „Internalität", die im Sinne meiner Auffassung von Handlungsautorität ist, nicht unbedingt voraussetzen muss, dass die „internen" Einstellungen auch höherstufig sind; dies führt sie zu einer Locke'schen Konzeption von Internalität ohne Hierarchie (s. ihren Aufsatz „Caring and Internality"). Meine eigene Sichtweise ist, dass die Einstellungen, die Handlungsautorität beanspruchen können und für Selbstbestimmung charakteristisch sind, zumindest in zentralen Fällen höherstufig sind, dass ihre Handlungsautorität in ihrer Locke'schen Funktion und nicht in der Hierarchie gründet - aber dass erst ihre hierarchische Struktur es ihnen ermöglicht und sie dabei unterstützt, diese Locke'sche Funktion übernehmen zu können. Wie ich außerdem noch ausführen werde, denke ich auch, dass das Phänomen der Selbstbestimmung selbst nahelegt, dass die autoritätstragenden Selbstbestimmungsgrundsätze reflexiv sind.

übergreifenden Organisation zurückgeht, so scheint doch ein Bedarf für hierarchische Elemente aufzutauchen, wenn man sich dem Phänomen der Selbstbestimmung zuwendet. Dieser Bedarf entspringt der Vorstellung, dass es für Selbstbestimmung nicht ausreicht, wenn das Handeln durch Festlegungen mit Handlungsautorität mitbestimmt ist; die Handelnde muss vielmehr diese sie leitenden Festlegungen auch auf explizitere Weise befürworten. Wenn man auf die Vorstellung eines im Kopf sitzenden Homunkulus, der diese Befürwortung leistet, verzichten will, so liegt innerhalb der Theorie nun der Schritt nahe, dass die das Handeln leitenden, autoritätstragenden Selbstbestimmungsgrundsätze reflexiv ihre eigene, das Handeln leitende Wirkung unterstützen. Diese Form der Selbstbezüglichkeit ist für Handlungsautorität nicht wesentlich und erklärt sie auch nicht. Denn wenn eine Einstellung, die nicht bereits Handlungsautorität beanspruchen kann, sich selbst stützen würde, so würde sie sich darum noch nicht selbst auch Handlungsautorität verleihen. (Man stelle sich zur Verdeutlichung nur vor, der Wunsch, die Droge aus Frankfurts berühmtem Beispiel zu nehmen, wäre der Wunsch, die Droge gerade aufgrund dieses Wunsches zu nehmen.) Doch sobald man die Handlungsautorität von Selbstbestimmungsgrundsätzen vorrangig aus ihrer zeitübergreifenden Funktion abgeleitet hat, kann man die zusätzliche Zustimmung der Handelnden, die für Selbstbestimmung charakteristisch zu sein scheint, erklären, indem man diese Grundsätze als reflexiv versteht.[60]

Diese absichtsbasierte Theorie kann durchaus zugestehen, dass bestimmte Formen der Inkohärenz zwischen Wertschätzungen und Werturteilen unter sonst gleichen Umständen rational kritisierbar sind und dass sie manchmal der Zufriedenheit einer Person so zuwiderlaufen, dass davon auch die Frage der Handlungsautorität betroffen ist. Die absichtsbasierte Theorie ist auch kompatibel mit der Vorstellung, dass unser Begriff der Selbstbestimmung die - über die Metaphysik der Handlungsautorität noch hinausgehende - Bedingung enthält, dass man das Vermögen besitzen muss, die eigenen Einstellungen, die Handlungsautorität beanspruchen können, in Übereinstimmung mit Einschränkungen zu bringen, die sich aus dem Guten ergeben (auch wenn die absichtsbasierte Theorie diese Vorstellung nicht erfordert).[61] Für die hier vorgestellte Version der absichtsbasierten Theorie kommt es nur darauf an, dass die vorrangige Grundlage der Handlungsautorität in der Locke'schen Funktion liegt, zeitlich ausgedehntes Handeln zu organisieren - und nicht in der Funktion, das Gute aufzuspüren.

Kehren wir noch einmal zu der Person zurück, die nicht-sektiererisch urteilt und vom Ausmaß des vernünftigen Pluralismus sehr angetan ist. Ich nehme an, dass sie mit ganzem Herzen verschiedene Selbstbestimmungsgrundsätze hat, die ihr Leben bestimmen - obwohl sie nicht davon ausgeht, dass andere mit ihr darin übereinstimmen, und obwohl

---

[60] Den Gedanken dieses Abschnitts führe ich etwas weiter aus in meinem Aufsatz „Three Forms of Agential Commitment: Reply to Cullity and Gerrans", S. 335f. Siehe auch „Autonomy and Hierarchy", S. 173-175.
[61] Siehe z. B. Susan Wolf, *Freedom within Reason* (Oxford: Oxford University Press, 1990). Es ist jedoch wichtig sich vor Augen zu führen, dass es mir hier um selbstbestimmtes Handeln und nicht direkt um Zurechenbarkeit geht. Beides ähnelt sehr den beiden Aspekten von Verantwortung, die Watson in „Two Faces of Responsibility", *Philosophical Topics* 24 (1996) erörtert.

sie entsprechende Werturteile unterlässt. Trotz „vollen Bewusstseins der Tatsache, dass vernünftiges Nachdenken nicht konvergieren muss", übernehmen diese Selbstbestimmungsgrundsätze in ihrem praktischen Leben grundlegende Locke'sche organisierende Funktionen – Funktionen, die den Kern von Handlungsautorität ausmachen. Ich sage nicht, dass das immer ganz einfach ist. Ich denke, es gibt eine verbreitete Neigung im Menschen, von dem Gedanken „Das hier ist mein Standpunkt" zu dem Gedanken „Andere Standpunkte sind unvernünftig" überzugehen. Doch hier geht es gar nicht darum vorzutäuschen, dass Selbstbestimmung unter Anerkennung eines vernünftigen Pluralismus einfach ist. Eher geht es zum Teil darum, eine Theorie des Handelns zu entwickeln, die mit dieser Form der Selbstbestimmung kompatibel ist und sie erhellt.

Jedenfalls gelangen wir an dieser Stelle – bei den verschiedenen Zugängen zur Handlungsautorität und ihrem Verhältnis zur zeitübergreifenden Organisation von Denken und Handeln auf der einen Seite, sowie zu der das Gute aufspürenden Funktion auf der anderen Seite – zu einem grundlegenden Unterschied zwischen meiner Auffassung und Watsons, zumindest wenn meine Vermutung über Watsons im weitesten Sinne platonische Auffassung von Handlungsautorität zutreffend ist.[62] Wir gelangen auch – trotz anderer deutlicher Unterschiede – zu einer grundlegenden Gemeinsamkeit zwischen meiner Auffassung und Frankfurts Sicht. Ich gebe Watson in seiner ursprünglichen Kritik an Frankfurts wohl anfänglichem Vorschlag, Handlungsautorität zu verstehen, Recht. Ich bin mit Watson einig darin, dass weder der Begriff des Wunsches noch der Begriff der Hierarchie die grundlegendsten Elemente der Selbstbestimmung ausmachen – auch wenn ich hervorgehoben habe, dass bei selbstbestimmten Akteuren, wie wir es sind, hierarchische Elemente notwendig sind, und dass diese zu Funktionsweisen beitragen, die für Handlungsautorität von großer Bedeutung sind. Ich stimme Watson auch darin zu, dass Wertschätzung ein wichtiger Bestandteil eines Modells der Selbstbestimmung ist, auch wenn mein Verständnis von Wertschätzung vermutlich von seinem abweicht. Doch wenn es um die grundlegende Frage der Handlungsautorität geht – die Frage, warum es der Fall ist, dass die Handelnde hinter ihrem Tun steht und dieses bestimmt, wenn gewisse psychologische Strukturen die Handlung mitbestimmen –, so weicht mein nichtplatonischer, psychologischer Zugang von Watsons vermeintlich platonischem Zugang ab; in dieser Hinsicht atmet mein Zugang eher den Geist Frankfurts.[63]

Übersetzung: Christian Seidel

---

[62] Das ist auch meine Erwiderung auf einen verwandten Einwand von R. Jay Wallace, den er in seiner Rezension von S. Buss und L. Overtons Sammelband *Contours of Agency. Essays on Themes from Harry Frankfurt* in *Ethics* 14 (2004): 810–815, S. 812f. vorgebracht hat.

[63] Ich danke Sarah Buss, John Fischer, Harry Frankfurt, Agnieszka Jaworska, Kasper Lippert-Rasmussen, Manuel Vargas, Susan Wolf, Gideon Yaffe, den Teilnehmern der Diskussionsgruppe „Social Ethics and Normative Theory" an der Stanford University sowie der UCR-Konferenz zu „Action and Values, in Honor of the Publication of Gary Watson's *Agency and Answerability*." Ganz besonders danken möchte ich Dan Speak für seine durchdachten Reaktionen als Kommentator dieses Aufsatzes, als dieser auf der UCR-Konferenz vorgestellt wurde. Ein Teil dieses Aufsatzes habe ich verfasst, während ich Fellow am Center for Advanced Study in Behavioral Sciences war. Ich danke der Andrew W. Mellon-Stiftung für die finanzielle Unterstützung.

John Christman

Autonomie und die Vorgeschichte einer Person[1]

I Einführung

So gut wie jede Einschätzung des Wohlergehens einer Person, ihrer Integrität oder ihres moralischen Status sowie die darauf aufbauenden moralischen und politischen Theorien beruhen entscheidend auf der Voraussetzung, dass die Präferenzen und Werte der Person in einem wichtigen Sinne ihre eigenen sind. Insbesondere sind Natur und Wert politischer Freiheit eng mit der Annahme verknüpft, dass die Handlungen, zu denen man frei ist, solchen Wünschen und Wertvorstellungen entspringen, die wirklich die „Selbstbestimmung" des Handelnden ausdrücken. Wir wissen jedoch auch, dass eine Person sich nicht selbst erschafft, also kein vollständig ausgebildeter, reiner „Wille" ist, der einfach dem Nirgendwo entspringt. Unsere Werte und Präferenzen sind nur durch eine Reihe von Einflüssen erklärbar, die im Verlaufe unserer individuellen Vorgeschichte auf unsere Entwicklung einwirken. Man muss also eine Konzeption von Selbstbestimmung oder Autonomie entwickeln, die zu entscheiden hilft, ob und wann die Werte und Präferenzen, die wir an uns feststellen, jene Bedeutung verdienen, die ihnen moralische und politische Theorien zusprechen.

Im Folgenden werde ich in drei Schritten eine Theorie individueller Autonomie verteidigen: Zuerst argumentiere ich für die Notwendigkeit einer Autonomiekonzeption, in der Autonomie ein wesentlicher Bestandteil menschlicher Freiheit ist; anschließend stelle ich einen einflussreichen Zugang zum Autonomiebegriff vor und zeige auf, welche gewichtigen Einwände dagegen vorgebracht werden können; schließlich werde ich eine neue Autonomiekonzeption entwickeln, die diese Schwierigkeiten vermeidet und auch für sich genommen vertretbar ist. Diese neue Theorie ist insofern besonders, als sie sich mehr auf die Art und Weise konzentriert, auf welche der Handelnde seine Wünsche *erworben hat*, und weniger auf die Haltung, die er zu einem bestimmten Zeitpunkt seinen Wünschen gegenüber einnimmt. Der entscheidende Bestandteil von Autonomie ist meiner Ansicht nach, dass der Handelnde den Prozess der Wunschentstehung oder die Faktoren,

---

[1] Eine Version dieses Aufsatzes wurde im Dezember 1987 an dem Treffen der Eastern-Division der American Philosophical Association in New York präsentiert. Ich möchte Joel Marks für seine dortigen Kommentare danken. Besonders dankbar bin ich Eleonore Stump für zahlreiche Gespräche und Kommentare zu diesem Thema, sowie Richmond Campbell, Robert Young und dem verstorbenen Irving Thalberg für ihre schriftlichen Kommentare zu früheren Entwürfen dieses Aufsatzes. Auch danke ich den Herausgebern des *Canadian Journal of Philosophy* für ihre hilfreichen Anmerkungen.

die die Entstehung des Wunsches verursachten, akzeptiert oder zurückweist – aber nicht, dass der Handelnde sich mit den Wünschen identifiziert. Ich werde dafür argumentieren, dass diese Theorie das Wesen der Selbstbestimmung, die für viele ein Grundbestandteil der Wertstruktur einer freien und gerechten Gesellschaft ist, besser erfasst als andere Theorien.

II Terminologie: Autonomie und Freiheit

Obwohl einige den Ausdruck „Autonomie" in manchen Kontexten einfach synonym mit „Freiheit" verwenden, glaube ich, dass diese Begriffe auf verschiedene, sich allerdings ergänzende Eigenschaften des Lebens und Handelns einer Person Bezug nehmen.[2] Unter „Freiheit" wird üblicherweise die Abwesenheit von verschiedenen Arten von Hindernissen (internen oder externen, positiven oder negativen) verstanden, die zwischen den Wünschen eines Handelnden und der Ausführung seiner Handlungen stehen könnten.[3] Aber selbst wenn man dabei Hindernisse in einem weiten Sinn meint, so verliert diese Charakterisierung von Freiheit etwas Entscheidendes aus dem Blick. Unterschwellige Werbebotschaften können beispielsweise eine Person dazu veranlassen, etwas zu *wünschen*, was sie sonst nicht gewünscht hätte; entsprechend sind die auf diesem Wunsch basierenden Handlungen nicht frei. Allerdings wäre es falsch zu sagen, die Person sei unfrei, weil etwas *diese* Handlung verhinderte – denn sie tat es ja. Ebenso wenig hatte die Person „keine andere Wahl", denn wir können uns vorstellen, dass nichts die Ausführung einer anderen Handlung verhindert hätte. Was sie hingegen unfrei macht ist die Tatsache, dass sie keine andere Handlung *wünschen* würde. Der Wunsch, der ihr Handeln leitete, ist durch die Manipulation unbrauchbar geworden.[4]

Diese Beobachtungen führen zu der Frage nach dem Gegenstandsbereich der Eigenschaft Autonomie. Gerald Dworkin argumentiert beispielsweise dafür, dass Freiheit sich auf einzelne Handlungen bezieht, die zu tun eine Person frei oder nicht frei sein kann, während „die Frage der Autonomie eine ist, die nur mit Bezug auf ausgedehnte Teile des Lebens einer Person beantwortet werden kann. Sie ist ein Bewertungsmaßstab, der für eine ganze Lebensweise gilt."[5] Ich glaube allerdings, dass Dworkin darin irrt, Autonomie auf der grundlegendsten Ebene einfach als die Eigenschaft einer Person oder des gesam-

---

[2] Für einen Überblick über die verschiedenen Autonomiekonzeptionen in der neueren philosophischen Debatte vgl. John Christman, „Constructing the Inner Citadel: Recent Work on Autonomy", *Ethics* 99 (1988) 109–24.

[3] Das ist natürlich der Sinn von „Freiheit", der für moralische und politische Debatten relevant ist. Für eine Diskussion der verschiedenen Konzeptionen von Freiheit in diesem Sinn, siehe W. D. Parent, „Some Recent Work on the Concept of Liberty", *American Philosophical Quarterly* 11 (1974) 149–67. Die Begriffe „interne" und „externe Hindernisse" werden bei Joel Feinberg, *Social Philosophy* (Englewood Cliffs, NJ: Prentice Hall 1973), Kap. 1, erklärt. Feinberg gebraucht die Begriffe „Zwang" und „Hindernis" dort synonym; damit verwischt er aber meiner Ansicht nach gerade den Unterschied, um den es mir geht.

[4] Selbst wenn „interne Hindernisse" zu der Art von Dingen gehören, welche Freiheit verringern, so halten Dinge wie Hypnose oder unterschwellige Botschaften eine Person weder innerlich noch äußerlich von einer Handlung *ab*. Im Gegenteil, sie *zwingen* eine Person zu (einem Wunsch nach) einer Handlung.

[5] *The Theory and Practice of Autonomy* (Cambridge: Cambridge University Press 1988), 16.

ten Lebens von Personen anzusehen. Man denke nur daran, dass Personen in manchen Bereichen ihres Lebens autonom entscheiden, wohingegen sie in anderen Bereichen von äußeren, heteronomen Faktoren zu ihren Entscheidungen gedrängt werden. Eine Person mit einer unkontrollierbaren Phobie kann beispielsweise in den Bereichen ihres Lebens, die von der Phobie nicht betroffen sind, durchaus jene Besonnenheit und Freiheit im Denken an den Tag legen, welche für Autonomie charakteristisch ist. Autonomie als eine Alles-oder-Nichts-Eigenschaft (des Lebens) einer Person aufzufassen lenkt nur davon ab, dass eine Konzeption der autonomen Ausbildung von einzelnen (oder „lokalisierten") Wünschen nötig ist. Autonomie in einem „globaleren" Sinn ist vielleicht einfach die Gesamtsumme davon. Die Eigenschaft, umfassend autonom zu sein, ist dann abhängig von der Autonomie einzelner Präferenzen und Werte.[6] Das alles läuft darauf hinaus, dass Autonomie – auf der Ebene von Präferenzen – eine zusätzliche Komponente einer Konzeption freien Handelns ist: Sie ergänzt die Beschränkungen der üblichen triadischen Auffassung von Freiheit als der Abwesenheit von Hindernissen.[7] Wie ich darüber hinaus aufzeigen werde, ist für die Analyse von Autonomie eine besondere Eigenschaft der *Entstehung* von Wünschen und Überzeugungen[8] vorrangig – und nicht eine Eigenschaft des gesamten Lebens einer Person.

III Das Standardmodell und seine Probleme

Die Entwicklung einer Autonomietheorie möchte ich mit der kritischen Untersuchung eines Modells beginnen, das zuerst von Gerald Dworkin vorgeschlagen wurde. Sein Zugang zu der Frage, wann eine Person autonom ist, – die so genannte „Zwei-Ebenen-Auffassung" des Selbst – basiert auf der Unterscheidung zwischen Wünschen höherer und

---

[6] Vgl. Wright Neely: „Freiheit erschöpft sich nicht darin, dass man tut, was man wünscht; sie erfordert darüber hinaus auch, dass wir etwas über das sagen, was wir wünschen" („Freedom and Desire", *Philosophical Review* 83 [1974] 37). Somit passt die Debatte um Autonomie zu der Debatte um das Problem „endogener Präferenzen" in der Philosophie der Sozialwissenschaften. Vgl. beispielsweise Jon Elster, *Sour Grapes* (Cambridge: Cambridge University Press 1983). Für eine Autonomiekonzeption, die sich einer Reduktion auf den alleinigen Verweis auf Präferenzen widersetzt, siehe außerdem Robert Young, „Autonomy and the Inner Self", wiederabgedruckt in John Christman (Hg.), *The Inner Citadel: Essays on Individual Autonomy* (New York: Oxford University Press), 77–90.

[7] Dies ist vereinbar mit einer Reihe von Behauptungen über die kontingente Beziehung zwischen Autonomie und Freiheit (d. h. dass Freiheit kontingenterweise für die weitere *Entwicklung* personaler Autonomie erforderlich ist): vgl. Robert Young, *Personal Autonomy: Beyond Negative and Positive Liberty* (New York: St. Martin's Press 1986), Kap. 2. Ebenso wenig schließt dies eine Verwendung des Begriffs „Autonomie" aus, mit der Bezug genommen wird auf ein *Recht* auf diese Bedingungen oder das Recht, mit *Respekt* vor der eigenen Fähigkeit, unter solchen Bedingungen zu handeln, behandelt zu werden (tatsächlich ergänzt es diese Verwendungsweise).

[8] Ich verwende an dieser Stelle den Ausdruck „Überzeugung", aber der überwiegende Teil meiner Diskussion betrifft autonome *Wünsche*. Es bleibt offen, ob dieses Modell auch auf die Ausbildung von Überzeugungen angewendet werden kann (siehe aber meine Diskussion dieses Punktes in Abschnitt IV.1 weiter unten). Außerdem meine ich mit „Wunsch" und „Präferenz" in einem weiten Sinne auch „Motiv", „Wert" oder jegliche Einstellung mit „positiver Wertigkeit", die eine Person gegenüber einem Sachverhalt einnehmen kann.

niedrigerer Stufe. Die Objekte von Wünschen niedrigerer Stufe sind Handlungen der Person: Es sind Wünsche, X oder Y zu *tun*; die Objekte von Wünschen höherer Stufe hingegen sind andere Wünsche niedrigerer Stufe: Es sind Wünsche zu wünschen, X oder Y zu tun. Auf dieser übergeordneten Bewertungsebene „identifiziert" sich eine Person mit ihren Wünschen, Zielen und Präferenzen. Dworkins „vollständige Autonomieformel" lautet dementsprechend:

> „Eine Person ist autonom, wenn sie sich mit ihren Wünschen, Zielen und Wertvorstellungen identifiziert und ihre Identifizierung nicht auf eine Weise beeinflusst ist, welche die Person vom Identifizierungsprozess entfremdet. Um die Bedingungen dieser prozeduralen Unabhängigkeit genauer zu erläutern, muss man unterscheiden zwischen solchen Einflüssen, die die reflexiven und kritischen Fähigkeiten von Personen untergraben, und solchen Einflüssen, die diese Fähigkeiten begünstigen und verbessern."[9]

5   Die beiden Bestandteile des Modells heben zum einen die besondere Beziehung einer Person zu ihren „authentischen" Wünschen – Identifizierung – hervor, zum anderen erfordern sie, dass diese Identifizierung selbst nicht manipuliert oder eingeschränkt worden ist.[10]

Ich komme nun auf die hauptsächlichen Schwierigkeiten von Dworkins Konzeption zu sprechen – Defizite, welche die im folgenden Abschnitt vorgeschlagene alternative Theorie meiner Ansicht nach vermeidet. Diese Schwierigkeiten betreffen die Identifizierungsbedingung, die Frage der Entstehung von Wünschen und das „Unvollständigkeitsproblem", wie ich es nennen möchte.

Ein Handelnder identifiziert sich mit einem Wunsch, wenn er darüber kritisch reflektiert und ihn auf einer höheren Ebene billigt. Es gibt allerdings zwei mögliche Lesarten der Identifizierungsbedingung: Entweder versteht man Identifizierung als ein bloßes *Zur-Kenntnis-Nehmen* der Wünsche, die man zu einem gewissen Zeitpunkt einfach in sich vorfindet; oder aber man meint mit dem Begriff auch eine *Bewertung* der Tatsache, dass man diese Wünsche hat. Die erste Auffassung läuft eher auf ein bloßes Urteil darüber hinaus, welche Wünsche ich zu einem gewissen Zeitpunkt habe, aber nicht auf eine Bewertung dieser Wünsche. Galen Strawson spricht diesbezüglich in einem anderen Kontext von „Integration". Nach Strawson identifiziert sich ein Handelnder mit einem Wunsch, wenn aus Sicht des Handelnden „die Beteiligung des Wunsches am Zustande-

---

[9] Dworkin, „The Concept of Autonomy", in R. Haller (Hg.), *Science and Ethics* (Amsterdam: Rodopi 1981), 212. Dworkin hat inzwischen eine neuere Variante dieses Aufsatzes publiziert, in der er einige Aspekte seiner Auffassung zurücknimmt; vgl. *The Theory and Practice of Autonomy*, Kap. 1. Diese überarbeitete Auffassung wird weiter unten behandelt.

[10] Harry Frankfurt schlägt in seinen wohlbekannten Arbeiten zur Willensfreiheit eine ähnliche Konzeption vor. Zwar führt Frankfurt den Begriff „Volition" ein, um diejenigen Wünsche zu beschreiben, die eine Person (als ihren Willen) in ihrer Handlung wirklich umgesetzt haben will; dennoch sind die Bestandteile der Theorie im Grunde gleich. Und wie wir noch sehen werden, gleichen sich auch die Probleme. Vgl. „Freedom of the Will and the Concept of a Person", wiederabgedruckt in John Christman (Hg.), *The Inner Citadel*, 63–76 [in diesem Band S. 37–51; Anm. d. Hg.].

kommen der Handlung (so wie sie in wahren rationalen Erklärungen der Handlungen expliziert werden kann) einfach seine Beteiligung *ist*".[11]

Dieser Auffassung zufolge kann man allerdings einen Wunsch als einen wirklich eigenen *zur Kenntnis nehmen* ganz unabhängig davon, *wie* man zu dem Wunsch gekommen ist. Selbst solche Wünsche, die das Resultat offensichtlich heteronomer Prozesse sind, können als (bedauerlicher) Bestandteil des eigenen Selbst angesehen werden, vielleicht als etwas Unabänderliches, als etwas, mit dem man für eine Weile „bestückt" ist. So kann ich mich ebenso leicht mit diesen *nicht*-autonomen Teilen meines Selbst „identifizieren" wie mit den „authentischeren" Teilen. An dieser Stelle scheint Identifizierung also (einem intuitiven Sinn von) Autonomie zu widersprechen.

In der zweiten Lesart der Identifizierungsbedingung nehme ich nicht nur zur Kenntnis, dass ich einen Wunsch habe, sondern ich heiße dies sogar gut. Um aber auf diese Weise autonom zu sein, müsste ich gewissermaßen (in meinen eigenen Augen) *vollkommen* sein, denn es wäre begrifflich unmöglich, einen autonomen Wunsch zu haben, den ich nicht gutheiße. Außerdem muss diese Konzeption die Auffassung verteidigen, dass an unseren Einstellungen höherer Stufe etwas besonderes ist – etwas, aufgrund dessen wir unsere übrigen Wünsche gutheißen. Eine höherstufige Missbilligung führt nämlich lediglich zu konfligierenden Motivationen auf verschiedenen Stufen.[12]

Dworkin hat erkannt, dass die Bedingung der Authentizität (bzw. Identifikation) zu Problemen führt; in der jüngsten Überarbeitung seiner Theorie entfällt diese Bedingung ganz.[13] Seine neue Auffassung besagt, dass „eine gewisses Fähigkeit, seine Wünsche verändern und sie im Handeln wirksam machen zu können" (17), notwendig für Autonomie sei – ganz unabhängig davon, ob der Handelnde sich mit dem fraglichen Wunsch identifiziert. Eine Identifizierung ist für sich genommen also nicht länger notwendig. Dieser Schritt führt, glaube ich, in die richtige Richtung, aber auch zu einigen Problemen. Denn bei vielen Wünschen, die mir am meisten am Herzen liegen, fehlt mir in gewisser Hinsicht das Vermögen, sie zu unterdrücken oder zu verändern. Der Grund dafür ist, dass sie durch von mir gestaltete und gebilligte Prozesse der Selbstentwicklung äußerst tief in meine Persönlichkeit eingewoben sind. Mein Wunsch, philosophischen Fragen nachzugehen, hat für mich zum Beispiel diesen Charakter. Aber von diesem Wunsch würde ich nicht sagen, dass er nicht autonom ist.[14] Meine Autonomie wäre in diesem Bereich nur

---

[11] Galen Strawson, *Freedom and Belief* (Oxford: Oxford University Press 1986), 245.

[12] Diesen Einwand haben Gary Watson und andere gegen dieses und vergleichbare Modelle erhoben: Mit einigen Wünschen identifizieren wir uns nicht einfach, weil wir sie wünschen, sondern weil wir sie als objektiv wünschenswert ansehen. Das legt nahe, dass die Identifizierungsbedingung zumindest mehrdeutig ist. Vgl. Watson, „Free Agency", in *The Inner Citadel*, 109-22 [in diesem Band S. 52-66; Anm. d. Hg.]. Vgl. auch Irving Thalberg, „Hierarchical Analyses of Unfree Action", in *The Inner Citadel*, 123-36; und Marilyn Friedman, „Autonomy and the Split-Level Self". Für eine weitere (aus meiner Sicht allerdings nicht erfolgreiche) Antwort auf den Einwand, dass die Identifizierungsbedingung äußerst vage ist, vgl. Robert Young, *Personal Autonomy*, 43-7.

[13] Vgl. *The Theory and Practice of Autonomy*, Kap. 1. Allerdings unterscheiden sich die Probleme, die Dworkin dort im Zusammenhang mit der Identifizierungsbedingung anführt, von den hier diskutierten.

[14] Dworkin nimmt zu Unvermögen wie diesen Stellung und merkt an, diese seien mit Autonomie vereinbar

dann fraglich, wenn der Prozess, durch den meine Wünsche entstanden sind, sozusagen gegen meinen Willen abgelaufen wäre.

Kommen wir nun zum schwerwiegendsten Problem. Die Stoßrichtung des Einwands ist diese: Wir können uns eine Person vorstellen, die ein vollständig unterwürfiges Leben führt und sich mit den Wünschen erster Stufe, die solch ein Leben ausmachen, identifiziert. Ihre Sozialisation und die strikte Konditionierung im Verlaufe ihres Lebens haben dazu geführt, dass sie sich vollkommen unterordnet und ein solches Leben als ihre wahre Berufung ansieht. Der hierarchischen Analyse zufolge besteht sie also den Autonomietest, denn ihre Wünsche höherer Stufe sind vereinbar mit ihren Wünschen niedrigerer Stufe. Sie billigt letztere und identifiziert sich mit ihnen. Allerdings ist sie nach Annahme ein manipuliertes Individuum, dessen Lebensweise und Werte nicht wirklich ihre eigenen sind. Ihre Wertvorstellungen sind selbst auf der zweiten Ebene das bloße Ergebnis ihrer Erziehung und Konditionierung.

Wie Irving Thalberg des Weiteren aufgezeigt hat, führt die Bedingung prozeduraler Unabhängigkeit in Dworkins Modell lediglich zu einem unendlichen Regress. Da nämlich jeder Akt der Identifizierung selbst wieder autonom sein muss, erfordert die Theorie einen weiteren Akt der Identifizierung auf einer noch höheren Stufe. Und da dieser Akt auch wieder so ausgeführt werden muss, dass die prozedurale Unabhängigkeit erfüllt ist, muss eine vierte Ebene eingeführt werden, und so weiter. Also kommt es zu einem Regress.[15]

Man könnte versucht sein, diesem Einwand dadurch zu begegnen, dass man die Bedingung prozeduraler Unabhängigkeit fallen lässt; solange eine Billigung zweiter Stufe stattgefunden hat, wäre die Person dann autonom. Daraus folgt jedoch, dass eine Person autonome Wünsche erster Stufe haben kann, obwohl ihre Wünsche höherer Ordnung nicht autonom sind. Dies führt zu einem Problem, das man das „Anfangsproblem" nennen könnte: Das Standardmodell wäre dann auf die These verpflichtet, dass Wünsche trotz fehlender Grundlage autonom sein können. Doch das macht die Entgegnung auf den Einwand offenkundig unhaltbar, denn eine Person kann sicher nicht auf einer niedrigeren Wunschebene autonom sein, wenn eben diese Wünsche das Ergebnis einer Manipulation weiter oben in der Hierarchie von Wünschen sind. Eine Autonomiekonzeption sollte die Eigenschaft der Autonomie deshalb nicht auf eine solche „radikale Wahl" reduzieren.

Entweder also sind die Formen kritischer Reflexion, welche den Wünschen einer Person Authentizität verleihen, autonom oder sie sind nicht autonom. Wenn sie autonom sind, dann geht man in der Autonomiekonzeption einfach einen Schritt zurück und stellt dieselbe Frage auf dieser Stufe noch einmal. Wenn sie hingegen nicht autonom sind, dann stellt sich das Anfangsproblem: Ein Wunsch kann einfach nicht autonom sein,

---

(ibid., 17). Wenn das aber zutrifft, dann ist nicht länger klar, was genau die Bedingungen für die in Frage stehende Fähigkeit sind.

[15] Für eine Diskussion dieses Einwands vgl. Thalberg, 129–35 und Friedman, 22–3. Für eine Vorstufe der hier gegebenen Antwort vgl. John Christman, „Autonomy: A Defense of the Split-Level Self", *Southern Journal of Philosophy* 25 (1987) 281–93.

wenn er durch einen Wunsch gebilligt wurde, der nicht selbst autonom ist. Wenn nun aber gefordert wird, dass die autonomieverleihenden Formen kritischer Reflexion selbst autonom sein müssen, dann müssen sie entweder *auf dieselbe Weise* autonom sein, auf die auch Wünsche niedrigerer Stufe autonom sind; dies führt zum Regressproblem. Oder aber sie müssen auf eine andere Weise autonom sein; dann bleibt man uns eine genauere Erklärung dieser neuen Art und Weise schuldig. Diese letzte Möglichkeit führt somit zum „Unvollständigkeitsproblem", wie man es nennen kann.

Es ist wichtig zu sehen, wie allgemeingültig die Regress-, Anfangs- und Unvollständigkeitsprobleme sind. In *jeder* Konzeption rationalen Handelns, die voraussetzt, dass die den Handelnden motivierenden Wünsche von seinem Willen gebilligt werden müssen, führt die Erklärung dieser Billigung zu einem unendlichen Regress. Denn entweder nistete sich ein Wunsch beim Handelnden ohne dessen Bewusstsein oder Zustimmung ein (und das scheint eine problematische Grundlage für die Rationalität von Handlungen zu sein); oder aber der Handelnde war in der Lage zu beurteilen, ob dieser Wunsch annehmbar war oder nicht. In diesem Fall (auf den hierarchische Zustimmungsmodelle festgelegt sind) beruht das Urteil über den Wunsch auf weiteren Wünschen des Handelnden. Doch dann stellt sich die Frage, ob diese neuen Wünsche vom Handelnden gebilligt werden oder nicht, und so kommt der unendliche Regress von Wünschen zustande.[16] (Man beachte, dass keines dieser Argumente auf der Wahrheit oder Falschheit des Determinismus beruht.)

Untersuchen wir einen letzten Anlauf, das Modell zu retten. Harry Frankfurt hat kürzlich versucht, auf das Regressproblem zu antworten (das sich auch für sein Modell der Person – ein Spiegelbild zu Dworkins Autonomiekonzeption – stellt). Frankfurts Entgegnung verläuft entlang der zweiten oben genannten Möglichkeit: Eine höherstufige Zustimmung zu einem Akt der Identifizierung mit einem Wunsch sei gar nicht notwendig dafür, dass die Identifizierung ein Merkmal der Freiheit (oder, für unsere Zwecke, der Autonomie) der Person ist. Die für diese Identifizierung charakteristische höherstufige Zustimmung muss allerdings *mit Entschiedenheit erfolgen*, um hinreichend für die Autonomie der Person zu sein. Ein Akt der Identifizierung erfolgt „mit Entschiedenheit", so Frankfurt, „genau dann wenn er ohne Vorbehalte geschieht ... [das heißt], wenn er in dem Glauben geschieht, dass ein weiteres, sorgfältiges Nachdenken nicht dazu führen würde, dass [die Person] sich anders besinnt".[17]

Frankfurt fährt mit der Erklärung und Verteidigung dieser Auffassung noch fort, aber dessen ungeachtet erscheint sie nicht besonders vielversprechend zur Lösung des Problems. Wenn Frankfurt mit „entschiedener Zustimmung" meint, dass eine Person einen Wunsch aus ihrer Sicht, mit ihrem Wissen und Präferenzen zu einem bestimmten Zeitpunkt billigt, dann könnte ein vollständig manipuliertes Individuum als autonom bezeichnet werden. Stellen wir uns jemanden vor, der insgeheim durch Hypnose dazu

---

[16] Strawson argumentiert in Kap. 2 in diese Richtung. Er schlussfolgert allerdings, dies zeige, dass freies Handeln begrifflich unmöglich sei. Wenn meine folgenden Argumente zutreffen, dann ist das nicht richtig.

[17] „Identification and Wholeheartedness", in F. Schoeman (Hg.), *Responsibility, Character, and the Emotions* (Cambridge: Cambridge University Press 1987) 27–45, hier: 37.

gebracht wurde, Erdbeeren essen zu wollen. Der Hypnotiseur hat dabei auch die Anweisung gegeben, jedwede die Hypnose betreffende Information zu ignorieren. Solch eine Person würde ihren Wunsch nach Erdbeeren „mit Entschiedenheit" billigen und keine neu erworbene Information könnte sie von ihrem Wunsch abbringen. Doch diese Person ist bezüglich ihres Wunsches nach Erdbeeren klarerweise nicht autonom. Wenn Frankfurt andererseits aber zugesteht, dass es dieser Person trotz ihrer entschiedenen Identifizierung mit dem Wunsch an Autonomie *fehlt*, so wäre Identifizierung nicht länger hinreichend für Autonomie. Die Frage, was die dem Hypnoseopfer fehlende Bedingung für Autonomie denn nun ist, bliebe unbeantwortet. Das ist ein weiteres Beispiel für das Unvollständigkeitsproblem.[18]

In den diskutierten Modellen kann die Frage der Autonomie einfach durch eine *strukturelle* Analyse geklärt werden. Das heißt: Ob die Wünsche einer Person autonom sind oder nicht, stellt man fest, indem man eine „zeitliche Momentaufnahme" der Person macht und fragt, wie sie wohl zu den Wünschen, die sie zu diesem Zeitpunkt hat, steht (oder ob diese Wünsche untereinander integriert sind).[19] Wenn sie sich mit ihnen identifiziert (oder wenn sie kohärent sind), dann bestehen sie den Test; falls nicht, dann ist die Person nicht autonom. Wir haben allerdings gesehen, dass die Identifizierungsbedingung in solchen Kontexten mehrdeutig ist und bei der Beurteilung der Autonomie einer Person nicht überzeugt. Das Problem dabei ist, glaube ich, gerade dieser Zugang über die zeitliche Momentaufnahme der Person. Die diskutierten Einwände legen, so würde ich sagen, nahe, dass für die Bestimmung der Autonomie eines Wunsches die Art seines *Zu-*

---

[18] Eine andere Lesart von „Entschiedenheit" wäre allerdings die folgende: Im Lichte einer „objektiven" Analyse aller relevanten Informationen, die mit dem Wunsch der handelnden Person zu tun haben, muss diese ihren Wunsch nicht weiter überprüfen und bewerten. Das heißt: Ungeachtet dessen, was die handelnde Person *selbst* weiß oder will, gibt es objektiv betrachtet gute Gründe für sie, sich mit dem in Frage stehenden Wunsch zu identifizieren. Dieses Manöver läuft darauf hinaus, den Bedingungen von Autonomie eine „externe" Rationalitätsbedingung hinzuzufügen. Im Endeffekt trennt es aber die Eigenschaft „Autonomie" von den tatsächlichen Entscheidungen und Urteilen realer Personen; damit würde dieser Bestandteil von Freiheit nicht länger die Idee der *Selbst*bestimmung erfassen - jene Idee, die dem Autonomiekonzept zugrunde liegt. In Abschnitt IV.1 weiter unten baue ich diesen Gedanken etwas aus. Dworkin diskutiert und beantwortet diese Einwände in *The Theory and Practice of Autonomy*, 18-20. Meiner Ansicht nach gelingt es ihm aber nicht, seine Theorie gegen den Unvollständigkeitseinwand zu immunisieren.

[19] Integrative Ansätze sind beispielsweise solche, in denen „Autonomie aufgrund eines Prozesses der Integration von hierarchisch angeordneten motivationalen Elementen, Maßstäben und Werten mittlerer Ordnung sowie obersten Prinzipien erreicht wird" (Friedman, 34). Nur wenn diese vollständige Integration erfolgt - wobei für die Zuschreibung von Autonomie keine einzelne Ebene einen besonderen Status einnimmt -, können wir davon sprechen, dass die Person autonom ist. Das Hauptproblem integrativer Ansätze ist aber, dass eine Person so beeinflusst und konditioniert werden kann, dass sie zwar eine kohärente und integrierte Menge von Wünschen besitzt, diese aber vollständig das Ergebnis externer Manipulation ist. Auch hilft es nicht weiter, die Integrationsbedingungen auf das gesamte Leben der Person auszudehnen und zu behaupten, dass eine Person (über ihr gesamtes Leben) nur dann autonom ist, wenn jeder ihrer Wünsche im Einklang mit einem insgesamt kohärenten Lebensplan oder in einer geeigneten Beziehung zum gesamten Charakter der Person steht. Denn wiederum kann eine Person so stark darauf konditioniert worden sein, das tun zu wollen, was die Leute, die sie der Gehirnwäsche unterziehen, von ihr verlangen, dass sie ihr Leben *diesen Anweisungen* folgend weiterlebt, solange kein weiterer Eingriff erfolgt. Ein ganzes Leben kann ebenso „zur Kohärenz" manipuliert worden sein wie eine einzelne Menge von Wünschen.

standekommens ausschlaggebend ist – jene Bedingungen und Faktoren, die während des (möglicherweise recht langen) Prozesses des Werte- oder Wunscherwerbs relevant sind. Und diese Bedingungen haben möglicherweise wenig damit zu tun, wie der Handelnde den Wunsch selbst (qua Wunsch) bewertet.

IV Ein neues Modell

Die Umrisse eines alternativen Modells lassen sich wie folgt motivieren: Stellen wir uns eine Person vor, der es (intuitiv und vortheoretisch) klarerweise an Autonomie mangelt. Ein Freund oder Verwandter hat zwei intensive Wochen auf dem Gelände einer religiösen Sekte zugebracht, betet das Sekten-Credo nun ohne Verstand nach und zeigt nur wenig Anzeichen seines früheren Selbst. Nehmen wir an, dass wir darauf vortheoretisch mit dem Urteil reagieren, dass die Person bezüglich ihrer neuen Einstellungen nicht autonom ist. Was könnten wir zur Rechtfertigung dieses Urteils vorbringen? Ganz allgemein gesprochen müssten wir über die Umstände spekulieren, unter denen die „Charakterveränderung" stattgefunden hat, sowie darüber, was diese Umstände unvereinbar macht mit der Autonomie der Person. Wir müssten weiter mutmaßen, dass sie sich der „Umprogrammierungskur" nicht mit bestem Wissen um deren Inhalt und Auswirkungen unterzogen hat; das heißt, die Kur war nicht Teil eines Selbst-Veränderungsplans, der möglicherweise auch einen Entschluss für einen neuen Lebensstil beinhaltete. Das deutet darauf hin, dass im Hinblick auf die Autonomie das Hauptaugenmerk auf den Entstehungsprozessen von Wünschen liegen muss, insbesondere auf der Frage, was solche Prozesse „manipulativ" macht und von „normalen" Prozessen der Selbstentwicklung grundsätzlich unterscheidet.

Ich möchte also den Fokus der Debatte um Autonomie auf die Bedingungen der Wunschentstehung verschieben. Dies wird dazu führen, dass man eine Identifizierungsbedingung (als solche) gar nicht mehr braucht. Es wird nämlich gar nicht darauf ankommen zu bestimmen, wie der Handelnde einen *Wunsch* zu einem bestimmten Zeitpunkt bewertet. Worauf es stattdessen ankommt ist, was der Handelnde über den *Prozess* denkt, im Laufe dessen er den Wunsch erworben hat – und ob er sich diesem Prozess widersetzt, sobald (oder falls) er Gelegenheit dazu hat. Die Autonomiebedingungen müssen also die Bedingungen dafür angeben, dass der Handelnde am Prozess der Wunschentstehung mitwirkt. Wir müssen uns fragen, ob und aus welchen Gründen die Person sich der Übernahme eines Werts oder Wunsches widersetzte oder widersetzen würde. Außerdem spielt es eine Rolle, ob bei dieser (möglicherweise hypothetischen) Einschätzung der Person irgendwelche Umstände vorliegen, welche ihre Fähigkeit, die eigene Vorgeschichte zu beurteilen, letztlich unterhöhlen. Mit den Bedingungen des neuen Autonomiemodells muss man also versuchen, die Anforderung zu erfassen, dass der Handelnde in der Lage war, sich der Entstehung eines Wunsches zu widersetzen und dies nicht tat. Das legt die folgenden Bedingungen nahe:

(i) Eine Person P ist relativ zu einem Wunsch D autonom, wenn P sich der Entstehung von D nicht widersetzte, als sie sich des Entstehungsprozesses bewusst war,

11

oder wenn P sich dieser Entstehung nicht widersetzt *hätte*, wenn sie sich des Prozesses bewusst gewesen wäre;

(ii) Das Ausbleiben des Widerstands gegen die Entstehung von D war (oder wäre) nicht von Faktoren beeinflusst, die Selbstreflexion hemmen; sowie

(iii) Die Selbstreflexion in Bedingung (i) ist (minimal) rational und findet ohne Selbsttäuschung statt.

Diese Bedingungen werden im Folgenden erklärt und verteidigt. Der Theorie liegt die Idee zugrunde, dass ein Handelnder Autonomie erlangt, wenn er in der Lage ist, Veränderungen und Entwicklungen seines Charakters bewusst wahrzunehmen und zu erkennen, warum diese Veränderungen stattfinden. Diese bewusste Selbsterkenntnis ermöglicht es ihm, sich solchen Entwicklungen zu widersetzen oder sie zu begünstigen. Dabei darf der Handelnde sich nicht selbst täuschen oder irrational (in einem minimalen Sinn) sein. Er muss also frei sein vom Einflussfaktoren, die seine kognitiven Vermögen stören.

Natürlich muss man diese Bedingungen ausführlicher erklären. Wie der zweite Satz in Bedingung (i) bereits andeutet, kann es erstens sein, dass der Test hypothetisch ablaufen muss; manche Individuen mögen sich der Entstehung eines Wunsches vielleicht nicht zu dem Zeitpunkt widersetzt haben, als er entstand – aber sie *hätten* sich der Wunschgenese unter Bedingungen widersetzt, unter denen eben dies möglich gewesen wäre. Eine Person ist sich der Entstehung eines Wunsches „bewusst", wenn sie in der Lage ist, ihre Aufmerksamkeit auf die Prozesse und Bedingungen zu richten, die dazu führten, dass sie diesen Wunsch hat. Das bedeutet, dass eine hinreichend vollständige Beschreibung der gedanklichen Schritte oder der kausalen Prozesse, die zu diesem Wunsch führten, ein möglicher Gegenstand ihrer Überlegungen ist. Diese Art von Reflexivität setzt voraus, dass ein Handelnder sich der Wünsche und Überzeugungen, die ihn zum Handeln motivieren, gewahr werden kann. Nennen wir das die „Transparenz" motivierender Gründe. Damit meine ich die Fähigkeit des Handelnden, sich einen Wunsch oder eine Überzeugung bewusst zu machen – entweder in der Form einer mentalen Repräsentation oder einer Proposition – und sich seine oder ihre Bedeutung zu vergegenwärtigen.[20] Weiter unten werde ich darauf zurückkommen.

Es muss nun mehr darüber gesagt werden, wie diese „Prozesse" beschaffen sind und wie ein Handelnder sie beurteilen kann. Es gibt viele verschiedene Prozesse, die einen Wunsch verändern oder einen neuen Wunsch entstehen lassen können, und sie können auf beliebig vielen Ebenen beschrieben werden. In jedem Fall aber wird ein solcher

---

[20] Herbert Fingarette beschreibt in *Self Deception* (London: Routledge and Kegan Paul 1969) den Akt des „sich seine eigenen Überzeugungen vergegenwärtigen". Das trifft in etwa das, was ich hier im Sinn habe. Für eine kritische Diskussion Fingarettes, vgl. M. R. Haight, *A Study of Self Deception* (Atlantic Highlands, NJ: Humanities Press 1980), Kap. 7. Wer von Freud beeinflusst ist, wird sich gegen diesen Begriff von Transparenz sträuben, denn er ist überzeugt davon, dass ein Großteil unserer motivationalen Struktur uns (ohne Therapie, Traumdeutung oder dergleichen mehr) nicht unmittelbar transparent ist. Ich will das gar nicht bestreiten. Ich behaupte hier lediglich, dass eine Person autonom ist, *insofern* sie unter normalen Bedingungen über ihre Motive nachgedacht hat. Wenn nur eine Therapie dies ermöglicht, dann ermöglicht eben nur eine Therapie Autonomie.

Prozess raum-zeitlich zusammenhängende Ereignisse umfassen, die zu einer neuen oder veränderten Präferenz führen. Einerseits kann der Prozess eine Überzeugungsänderung beinhalten – der Handelnde stößt auf neue Informationen –, wobei die Person die Gründe für die neue Überzeugung sowie das Verhältnis zu bereits Gewünschtem im Prinzip überprüfen kann. Ich könnte beispielsweise erfahren, dass ein bestimmtes Geschäft einen Sonderverkauf für einen Artikel veranstaltet, den ich gerne kaufen möchte. Das erzeugt in mir einen neuen Wunsch, dieses Geschäft aufzusuchen. In diesen Fällen muss der Handelnde den Prozess – einen Überlegensprozess – ohne Irrationalität oder Selbsttäuschung durchlaufen.[21] Wunschveränderungen müssen das Ergebnis von Überlegungen sein, die ohne Inkonsistenzen und logische Fehlschlüsse auskommen. (Möglicherweise sind diese Überlegungen hypothetischer Natur – solche, die der Handelnde angestellt hätte, wenn er seine Aufmerksamkeit auf diese Frage gerichtet hätte.) Wenn sie doch nicht ohne sie auskommen, dann kann der Wunsch, der am Ende entsteht, nicht als wirklicher Ausdruck der Person – so wie sie mit all ihren Überzeugungen, Wünschen und Wertvorstellungen zu einem Zeitpunkt ist – angesehen werden; denn dann hätte der Wunsch lediglich eine *irrige* oder *fehlerhafte* Verbindung mit den vorherigen Überzeugungen und Wünschen.

Bei anderen Arten der Wunschentstehung findet keine Veränderung der Überzeugungen des Handelnden statt. Solche Wunschveränderungen wird man rein kausal erklären müssen. Zum Beispiel ist der Grund dafür, dass ich gerade jetzt ein Bedürfnis nach Nahrung habe, die Tatsache, dass ich seit heute morgen nichts gegessen habe (erweitert um einige mich betreffende physische Tatsachen). Für die Erklärung dieses neuen Wunsches braucht man kein auf Überzeugungen bezogenes Element. Da verschiedene Theorien uneins darüber sind, wie genau solche Übergänge kausal zu erklären sind, ist es in diesen Fällen schwierig, eine genaue Angabe zu machen über die Beschreibungsebene dieser Prozesse, die der Handelnde in Betracht ziehen muss. Ich glaube allerdings nicht, dass diese Angelegenheit für unsere Zwecke geklärt werden muss. Es reicht, wenn der Handelnde sich diesem Prozess – würde er ihn verstehen – nicht widersetzen würde, das heißt, keine entgegenwirkende Handlung einleiten würde. Die Beschreibungsebene kann also jede beliebige sein, solange der Handelnde in der Lage ist, sie in Betracht zu ziehen, und solange sie nicht offensichtlich inkonsistent mit einer nachweisbar wahren Beschreibung auf einer weiteren (tiefer gehenden) Ebene ist. Allerdings sind kausale Prozesse, die in der Erklärung der Wunschentstehung ohne überzeugungsbezogene Schritte auskommen, überwiegend nicht derart, dass der Handelnde sich ihnen hätte widersetzen können, selbst wenn er darauf aufmerksam gemacht worden wäre. Keine noch so detaillierte Information über meine Magen-Darm-Mechanismen ermöglicht es mir, jetzt nicht länger hungrig zu sein. Dementsprechend ist dies kein autonomer Wunsch, denn ich würde es vorziehen, etwas länger ohne dieses quälenden Verlangen nach Nahrung weiterzuarbeiten.

Fassen wir zusammen: Die Prozesse, die auf eine Veränderung der Wünsche des Handelnden hinauslaufen, schließen entweder auch Veränderungen der Überzeugungen ein

---

[21] Jon Elster legt in *Sour Grapes* eine sehr informative Topologie von Meinungs- und Wunschveränderungen vor. Einige dieser Veränderungen nennt er „autonom", andere nicht.

oder nicht. Im ersten Fall ist ein autonom Handelnder jemand, dessen Überlegensprozesse (in einem schwachen Sinn) intern konsistent sind. Das heißt, der in einer neuen Präferenz mündende Überlegungsprozess enthält keine offenkundigen Widersprüche. Wenn der Prozess aber rein kausaler Natur ist – wenn er also keine rein überzeugungsbezogenen Schritte umfasst –, dann hätte der Handelnde sich dem Prozess widersetzen können müssen, wenn er seine Aufmerksamkeit darauf gerichtet hätte – andernfalls ist er in Bezug auf diesen Prozess nicht autonom. In beiden Fällen aber muss die für Autonomie erforderliche Reflexion bestimmte kognitive Vermögen einschließen, die für eine Person mit einer gefestigten und zutreffenden Selbstkonzeption charakteristisch sind.

In all diesen Fällen von Beurteilung und Reflexion müssen bestimmte Normalitätsbedingungen kognitiver Funktionen erfüllt sein, damit eine Person wirklich autonom ist. Ich möchte nun zwei notwendige Bedingungen für angemessene Selbstreflexion genauer herausarbeiten.

1. Rationalität

Viele Streitigkeiten um die Natur und den Gegenstandsbereich von Autonomie drehen sich um die Frage, ob (und in welchem Sinne) ein autonom Handelnder rational sein muss. Die Frage wird durch die vielen verschiedenen vorgeschlagenen und verteidigten Rationalitätsanforderungen verkompliziert. Manche Vorschläge sind „internalistisch", zum Beispiel die Behauptung, dass Individuen rational sind, wenn sie konsistente Überzeugungen und Wünsche haben,[22] oder die Behauptung, dass ein rational Handelnder die geeignetsten Mittel zur Maximierung des erwarteten Nutzens ergreifen wird (vorausgesetzt er hat einen übergeordneten Wunsch nach größtmöglichem Wohlergehen). Andere Anforderungen kann man eher als „externalistisch" bezeichnen,[23] sie sind entsprechend strikter: etwa die Bedingung, dass solche Überzeugungen, die Grundlage für die bedingten Wünsche des Handelnden sind, auf (in einem objektiven Sinne) angemessenen Belegen basieren.

Obwohl ich an dieser Stelle nicht im Einzelnen dafür argumentieren kann, möchte ich die Behauptung verteidigen, dass nur minimale „internalistische" Rationalitätsbedingungen (wie Konsistenz von Wünschen und Überzeugungen) auch plausible Bedingungen

---

[22] Der Ausdruck „konsistente Überzeugungen und Wünsche" ist in verschiedenen Hinsichten mehrdeutig. Mit „Konsistenz von Überzeugungen" meine ich, dass eine Menge von Überzeugungen in einer einzelnen möglichen Welt wahr sein kann (obwohl ich als Konsistenzanforderung, wie im Text erläutert, die Bedingung verwende, dass keine offenkundigen Inkonsistenzen in der Menge der Überzeugungen bestehen). Die Konsistenz von Präferenzen erfordert für gewöhnlich Transitivität, Vollständigkeit und Stetigkeit. Dies sind aber recht strikte Anforderungen, denn die wenigsten Leute haben jemals eine vollständige Rangfolge aller verfügbaren Objekte ihrer Wünsche erstellt. Mit „Konsistenz von Wünschen" meine ich dementsprechend einfach nur die Transitivität dieser Wünsche sowie die Konsistenz der Überzeugungen, auf denen sie (unter Umständen) beruhen.

[23] Die hier beschriebene Unterscheidung entspricht ziemlich genau Richard Brandts Unterscheidung zwischen „subjektiver" und „objektiver" Rationalität; vgl. Brandt, *A Theory of the Good and the Right* (Oxford: Oxford University Press 1979) 72ff.

für Autonomie sind. Denn wenn man mehr verlangte – dass beispielsweise die Überzeugungen (auf denen bedingte Wünsche beruhen) von objektiv relevanten Belegen gestützt werden –, so würde man die Eigenschaft der Autonomie von der ihr zugrunde liegenden Idee der *Selbst*bestimmung trennen. Eine „externalistische" Rationalitätsbedingung für Autonomie impliziert, dass man selbst dann nicht als autonom (und folglich auch nicht als frei) gilt, wenn man aus richtig zustande gekommenen, wohlerwogenen und konsistenten Gründen handelt.[24] Isaiah Berlin drückt diesen Gedanken noch stärker aus: „sobald ich mir diese Ansicht [dass Autonomie ‚externalistisch' verstandene Rationalität voraussetzt] zu eigen gemacht habe, bin ich in der Lage, die tatsächlichen Wünsche von Menschen und Gesellschaft zu ignorieren und Menschen oder Gesellschaften im Namen … ihres ‚wirklichen' Selbst zu drangsalieren, zu unterdrücken, zu foltern – all dies in dem sicheren Wissen, dass das wahre Ziel des Menschen (ob Glück, Pflichterfüllung …), identisch mit seiner Freiheit sein muss – der freien Wahl seines ‚wahren', wenn auch oft verschütteten und sprachlosen Selbst".[25]

In gewisser Hinsicht ist allerdings die Forderung, autonome Personen müssten intern konsistente Überzeugungen und transitive Wünsche haben, selbst zu strikt: Nur wenige von uns haben all ihre Überzeugungen und Präferenzen überprüft und sie an diesem Standard bemessen. Und selbst wenn wir es getan hätte, so hätten nur wenige (wenn nicht gar niemand) von uns diesen Test bestanden. Was die genannte Forderung allerdings einfangen muss ist, dass die autonome Person nicht von *offenkundig inkonsistenten* Wünschen oder Überzeugungen geleitet sein darf. „Offenkundig inkonsistent" sind diejenigen Wünsche oder Überzeugungen, die in klar ersichtlichem Konflikt zueinander stehen, die der Handelnde sich leicht bewusst machen und als miteinander unvereinbar erkennen kann. Diese Idee werde ich weiter unten in der Bedingung, dass der autonom Handelnde sich auch nicht selbst täuschen darf, noch einmal aufgreifen.

Die Forderung nach Konsistenz beinhaltet zudem, dass der Handelnde nicht auf Grundlage falscher Schlüsse oder der Verletzung logischer Gesetze handelt. Wenn ich der Überzeugung bin, dass „p" und dass „wenn p, dann q", aber dennoch eine Sache X wünsche, die auf der Überzeugung fußt, dass „nicht-q", dann ist der Wunsch nach X nicht autonom. Diese Bedingungen sind nicht weniger strikt als beispielsweise die Axiome der klassischen Entscheidungstheorie, wonach der Handelnde rational ist, wenn er die Handlung wählt, die seinen erwarteten Nutzen maximiert. Solange dem Handelnden ein höchstrangiger Wunsch nach Nutzenmaximierung zugeschrieben werden kann, wird er die von mir beschriebene Konsistenz nur erreichen, wenn er die genannten Anforderungen erfüllt.

Andererseits meine ich aber auch nicht, dass Autonomie lediglich die Konsistenz von Wünschen und Überzeugungen über „Mittel" erfordert, ohne etwas über die Zwecke zu sagen, die der Handelnde verfolgen darf. Die letzten Ziele und Zwecke eines Handelnden

---

[24] Diese Frage behandeln Young, *Personal Autonomy*, Kap. 2; Richard Lindley, *Autonomy* (New York: Macmillan 1986) sowie Lawrence Haworth, *Autonomy: An Essay in Philosophical Psychology and Ethics* (New Haven, CT: Yale University Press 1986) Teil 1.

[25] „Zwei Freiheitsbegriffe", in *Freiheit. Vier Versuche* (Frankfurt am Main: Fischer 2006), S. 213.

müssen nämlich auch konsistent mit den übrigen Urteilen, Werten und Überzeugungen sein, denen er sich verschrieben hat. Auf dieser Ebene kann es innerhalb des Handelnden zu beträchtlichen Konflikten kommen.[26]

Ausschließen möchte ich hier allerdings Bedingungen, die über interne Konsistenz hinausgehen und die die Eigenschaft, autonom zu sein, zu einer unbeschränkten und unbestimmten Angelegenheit machen. Wenn ich stets autonomer werden kann, indem ich mehr Belege für meine Überzeugungen sammle, dann möchte man wissen, wann ich „hinreichend autonom" bin, damit die verschiedenen normativen Aussagen über mich, die mit der Frage nach meiner Autonomie verbunden sind, gerechtfertigt sind. Ich weise die externalistische Rationalitätsforderung zurück, weil ich diese Schwelle normaler Autonomie erfassen und verteidigen möchte. Außerdem denke ich, dass die Eigenschaft der Autonomie nicht mit der Eigenschaft, eine „vernünftige Person" zu sein, zusammenfallen darf; denn dann wäre die Idee der Selbstbestimmung ununterscheidbar von der Idee, einfach klug zu sein.

Die Bedingung minimaler Rationalität ist auch besser dazu geeignet zu erklären, was an so genannten „zwanghaften" Wünschen eigentlich „heteronom" ist. Problematisch an zwanghaften Wünschen ist nämlich nicht einfach, dass sie zwanghaft – also zum Zeitpunkt ihres Wirksamwerdens unkontrollierbar – sind, sondern dass sie oftmals in augenscheinlichem Widerspruch zu anderen Wünschen des Handelnden stehen. Um einzusehen, dass nicht der Zwangscharakter allein die Autonomie der Person vereitelt, betrachten wir einen Sprinter, der sich auf den Startschuss in einem Rennen vorbereitet. Der Wunsch, los zu rennen, ist in dem Augenblick unmittelbar nach dem Startschuss in jeder Hinsicht zwanghaft und unkontrollierbar. Allerdings kann man von so einer Person nicht sagen, ihr fehle es an Autonomie, denn der zwanghafte Drang ist Teil eines konsistenten Plans, den die Person unter Bedingungen geschmiedet hat, die den weiter oben erläuterten historischen Test (so wollen wir annehmen) bestanden haben. Man *würde* die Person allerdings tatsächlich als nicht autonom bezeichnen, wenn es zusätzlich der Fall wäre, dass die Person in dem Moment unmittelbar nach dem Startschuss einen weiteren Wunsch hat, *nicht* los zu rennen (etwa wenn sie hört, wie jemand sie schreiend zum Stopp auffordert). In diesem Fall ist der unwiderstehliche Wunsch zu rennen aufgrund dieser Inkonsistenz nicht autonom. Nur wenn es also einen augenscheinlichen Widerspruch in der Menge der handlungsmotivierenden Wünsche gibt, werden zwanghafte Wünsche zum Problem.

Es mag nun so scheinen, als würde ich mit meiner Zurückweisung externalistischer Rationalitätsanforderungen die Möglichkeit vernachlässigen, dass eine Person ihre Autonomie verlieren kann, wenn ihr Zugang zu wahren Informationen von anderen (auf eine Weise, die die Überzeugungen der Person konsistent belässt) bewusst manipuliert

---

[26] Lawrence Haworth (*Autonomy*, Kap. 2) argumentiert beispielsweise dafür, dass „vollständige Rationalität" eine notwendige Bedingung für – wie er es nennt – „normale Autonomie" ist. Vollständige Rationalität schließt mit ein, dass man seine Ziele (und seine Zweck-Mittel-Überzeugungen) im Hinblick auf übrige Überzeugungen, höhere Prinzipien und Werte, zukünftig zu erwartende Präferenzen sowie jetzige Präferenzen über die Zukunft kritisch hinterfragt. Diese Bedingung ist ebenfalls sichergestellt, wenn man offenkundige Inkonsistenzen – wie in meiner Konzeption gefordert – rundum vermeidet.

oder verhindert wird.[27] Auch ist es ganz richtig, dass die Wünsche, die man hat, teils zusammenhängen mit den eigenen Überzeugungen darüber, was verfügbar, möglich oder wertvoll ist. Obwohl ich diese Frage hier nicht vollständig behandeln kann, glaube ich, dass man meine allgemeine Autonomiekonzeption im Großen und Ganzen ohne Veränderung auf die Entstehung von Überzeugungen übertragen kann. Man ist autonom, wenn man seine Wünsche *und* Überzeugungen auf eine Weise erwirbt, die man billigt. Sagen wir, jemand wünscht einen bestimmten Sachverhalt aufgrund einer Überzeugung, die nicht nur falsch, sondern auch das Ergebnis verzerrter Informationen ist, die ihm von einem hinterhältigen Manipulator an die Hand gegeben worden ist. Diese Person ist (vorbehaltlich der anderen von mir diskutierten Bedingungen) nur dann nicht autonom, wenn sie die Umstände der Überzeugungsgenese als nicht hinnehmbar betrachtet. Damit möchte ich lediglich die Ansicht widerlegen, dass man nicht autonom ist, *einfach nur* weil man falsche Überzeugungen hat.

2. Selbstkenntnis

Die zweite kognitive Autonomiebedingung besagt, dass die (möglicherweise hypothetischen) Urteile über die Wunschentstehungsprozesse nicht auf Selbsttäuschung beruhen dürfen. Die Behauptung fußt auf der zugegebenermaßen groben Idee, dass eine Person nur dann wirklich eine „eigene" Entscheidung trifft oder ein „eigenes" Urteil fällt, wenn sie mit jenen beständigen Anteilen ihres Selbst im Einklang steht, die für das betreffende Urteil einschlägig sind. Das bedeutet, dass der Person ihre motivierenden Wünsche und Überzeugungen, die sie zu einem bestimmten Zeitpunkt hat, „transparent" sein müssen. Man muss sie sich relativ einfach bewusst machen und über sie nachdenken können. Deshalb sind Selbsttäuschung oder Faktoren, unter denen Selbstkenntnis unmöglich ist, unvereinbar mit Autonomie: Sie schließen die Möglichkeit tatsächlicher *Selbst*bestimmung aus. Wenn das „Selbst", das „bestimmen" soll, abgesondert, fragmentiert oder sich selbst unzureichend transparent ist, dann bleibt der Prozess der Selbstbestimmung, den man im Begriff der Autonomie zu fassen versucht, aus oder ist unvollständig.

Gemäß M. R. Haights scharfsinniger Studie über Selbsttäuschung umfasst diese (unter anderem) die systematische Verweigerung des Handelnden, sich eine Proposition deutlich bewusst zu machen, von der er – aus anderen, von ihm akzeptierten Gründen – weiß, dass sie wahr ist. Der Handelnde verdrängt aktiv Tatsachen, die mit Propositionen unvereinbar sind, an denen er sehr gern festhalten möchte (wie beispielsweise bei einer Person, die entgegen der Diagnose eines kompetenten Arztes daran glaubt, dass sie nicht an Krebs leide).[28] Die Bedingung der Selbstkenntnis ist der Bedingung minimaler Rationalität also dahingehend recht ähnlich, dass gemäß beiden Bedingungen der Handelnde nicht autonom ist, wenn ihm offenkundig inkonsistente Überzeugungen zugeschrieben werden können. Im Fall der Selbsttäuschung ist diese Inkonsistenz „verdeckt" durch die

---

[27] Für eine Diskussion dieses Punktes vgl. Elster, *Sour Grapes*. Ich danke Richmond Campbell dafür, dass er mich darauf aufmerksam gemacht hat, dass hier ein einschränkender Hinweis nötig ist.
[28] Vgl. Haight, *A Study of Self-Deception*, Kap. 6.

Strategie des Handelnden, seine Aufmerksamkeit nicht auf die verdrängte Überzeugung zu richten. Wenn er sich den Belegen für die verdrängte Proposition voll und ganz stellen würde, würde er den unverblümten Widerspruch, der zwischen den Belegen (zusammen mit der verdrängten Proposition selbst) und der „Geschichte", die er sich selbst zurechtlegt, gleich bemerken.

Außerdem ist diese Bedingung dazu da, Personen auszuschließen, die an ernsten Neurosen, (den meisten Formen von) Willensschwäche oder auch nur Anomie leiden. Wenn diese Umstände zu einer Fragmentierung des Selbst führen, und die kognitiven Mechanismen, mit denen wir uns die uns motivierenden Wünsche und Überzeugungen üblicherweise transparent machen, fehlerhaft sind, dann sind wir nicht autonom. Wahnvorstellungen, Paranoia und weitere psychische Erkrankungen sind mit Autonomie unvereinbar, weil der daran leidende Handelnde nicht dazu fähig ist, konsistente und durchdachte Urteile über die handlungsmotivierenden Wünsche zu fällen. Nach der vorliegenden Konzeption sind beispielsweise Personen nicht autonom, wenn die Verdrängung von Überzeugungen und Wünschen sie in Untätigkeit erstarren lässt, sobald sie sich anderer Handlungsgründe bewusst werden. Dies, glaube ich, ist eine zutreffende (wenngleich nur oberflächliche) Beschreibung vieler Fälle von Anomie und Willensschwäche.[29]

Der Handelnde hat den Autonomietest also bestanden, wenn er sich den Wunschentstehungsprozessen nicht widersetzt hätte und der fehlende Widerstand nicht das Ergebnis von (minimaler) Irrationalität oder Selbsttäuschung ist.

V *Den Regress umgehen*

Man sollte darauf hinweisen, dass die Bedingung, der Handelnde möge „sich der Wunschentstehung nicht widersetzen" zwar die Mehrdeutigkeiten der Identifizierungsbedingung vermeidet; in gewisser Hinsicht aber ist Sich-Widersetzen einfach das Gegenteil von Identifizierung. Der entscheidende Unterschied besteht allerdings darin, dass „Identifizierung" das Verhältnis zwischen der beurteilenden Person und ihren *Wünschen* betrifft, wohingegen „sich nicht widersetzen" das Verhältnis zwischen der Person und dem *Weg*, auf dem sie den Wunsch erwirbt, betrifft. Natürlich ist es möglich, dass eine Person sich einem Wunschentstehungsprozess nicht widersetzt, *weil* sie den fraglichen Wunsch gern haben möchte; für ihre Autonomie kommt es aber darauf an, dass die Person nicht von Wünschen motiviert wird, deren Entstehung nicht von ihr kontrolliert werden kann. Ich habe dafür argumentiert, dass nicht die Tatsache, dass ich den Wunsch billige, entscheidend ist, sondern vielmehr die Tatsache, dass ich unter den gegebenen Umständen Gelegenheit hatte, die *Art und Weise*, wie ich den Wunsch ausgebildet habe, zu billigen.

Es ist an der Zeit hervorzuheben, wie das vorgeschlagene Modell das Regressproblem umgehen kann, das – wie ich zu zeigen versucht habe – alle anderen Autonomiekonzeptionen betrifft, die Bedingungen der Selbsteinschätzung enthalten. Auf den ersten Blick

---

[29] Für eine detailliertere Analyse dieser Umstände und ihres Verhältnisses zu Autonomie, vgl. Robert Young, „Autonomy and the Inner Self", *The Inner Citadel*, 81–9.

scheint es so, als könne auch mein Modell dieses Problem nicht lösen: Ganz gleich, ob eine Person sich dazu entschließt, sich der Entwicklung eines Wunsches zu widersetzen oder sie zu begünstigen, es ist natürlich eine *Entscheidung*, und Entscheidungen sind das Resultat von Wünschen (und Überzeugungen). Also droht abermals ein Regress, denn es stellt sich die Frage, ob der die Entscheidung motivierende Wunsch autonom ist oder nicht. Doch: Die Behauptung, dass alle Autonomiekonzeptionen, die eine Bedingung der Selbsteinschätzung enthalten, in einen Regress führen, beruht auf der Prämisse, dass die Authentizität dieser Einschätzungen, die Autonomie ausmachen, nur unter Rückgriff auf die Wünsche des Handelnden erklärt werden kann.[30] Wie jedoch das vorgeschlagene Modell verdeutlicht, ist dies nicht die einzige Möglichkeit. Denn gemäß diesem Modell wird der Regress bereits auf der ersten Ebene unterbunden. Wenn die Einschätzung der Wunschentstehungsprozesse mit hinreichender Selbstkenntnis und minimaler Rationalität erfolgt, dann ist diese Einschätzung (und der fehlende Widerstand) hinreichend für die Autonomie des Wunsches. Die Regressgefahr ist gebannt, weil ich nicht noch eine weitere Wunschebene annehme, um festzustellen, ob die Person sich der Entstehung des betreffenden Wunsches widersetzt.

Bedingung (ii) soll also die Möglichkeit ausschließen, dass der ausbleibende Widerstand der Person gegen die Entwicklung eines Wunsches *selbst* durch Manipulation herbeigeführt wurde. Denken wir noch einmal an den bereits erwähnten Fall des Sektenmitglieds. Ein Grund dafür, dass wir dazu neigen, ihm Autonomie abzusprechen – obwohl er die Entwicklung seines Wunsches (im Nachhinein) möglicherweise *nicht* ablehnt –, ist, dass wir auch dazu neigen anzunehmen, dass diese Akzeptanz zweiter Stufe ebenfalls ein Ergebnis der Konditionierung ist. Eine autonome Person darf aber in der Zeit, in der sie sich den entstehenden Wünschen widersetzen könnte, keinen Einflüssen unterliegen, die ihr Nachdenken über ihre Wünsche und deren Entstehungsprozesse beeinträchtigen. Damit sind solche Einflüsse gemeint, die die Rationalität und Selbstkenntnis der handelnden Person untergraben, aufgrund derer sie die Entwicklung ihrer Wünsche und Wertvorstellungen kritisch einschätzen kann.

Bei diesen Einflüssen kommt es also darauf an, ob sie sich entscheidend auf die *reflexiven Fähigkeiten* der Person – jene oben diskutierten kognitiven Vermögen zu minimaler Rationalität und Selbstkenntnis (fehlende Selbsttäuschung) – auswirken oder nicht. Diese Fähigkeiten ermöglichen es einer Person, einige Aspekte ihres Selbst sowie die Faktoren, die auf ihre Wünsche und Überzeugungen einwirken, einzuschätzen und zu verändern. Hypnose, einige Drogen, bestimmte Erziehungsmaßnahmen und ähnliches sind solche Dinge, die die Fähigkeit des Handelnden verringern, die Wunsch- und Wertentstehungsprozesse aus seiner Perspektive einzuschätzen. Sein Blick ist sozusagen getrübt. All diese Faktoren können wir „reflexionsbeschränkende Faktoren" nennen, weil sie tendenziell die Fähigkeit des Handelnden schmälern, über seine Wünsche zu reflektieren.

---

[30] David Zimmermann hat auch erkannt, dass diese Prämisse notwendig für das Argument ist, und auch er weist sie zurück; vgl. „Hierarchical Motivation and Freedom of the Will", *Pacific Philosophical Quarterly* 62 (1981) 354–68.

Diese Faktoren beeinträchtigen die normalen kognitiven Prozesse zur Bewertung von und Reflexion über die mentalen Zustande des Handelnden (was von einigen „Meta-Kognition" genannt wird). Sie stören bei der Ausübung der für Autonomie notwendigen Fähigkeiten zu Rationalität und Selbstkenntnis. Wenn man sich die tatsächlich handlungsmotivierenden Wünsche nicht deutlich bewusst machen kann - etwa aufgrund von erzwungener Selbstverleugnung oder dem Unvermögen, seine Aufmerksamkeit auf etwas zu richten -, dann ist die letztgenannte Fähigkeit beeinträchtigt. Die unerbittliche Moralpredigt des Sektenanführers, der seinen Zuhörern soviel Angst und Schrecken einjagt, dass sie außerstande sind, einen Schritt zurückzutreten und über die in ihnen stattfindende Veränderung nachzudenken, ist ein Beispiel dafür. Die dabei angenommenen Wünsche gehen eher auf eine Reduktion von Dissonanz (die aus der Furcht entsteht, den Guru zu verärgern) zurück als auf Gründe, welche die Zuhörer sonst akzeptieren würden. Das Ausmaß an Furcht macht es den Personen unmöglich, in Ruhe über den Prozess der Wunschveränderung (oder die Wünsche selbst) nachzudenken; somit wird Selbstkenntnis unmöglich. Ganz ähnlich bestehen auch zwischen verschiedenen pädagogischen Maßnahmen große Unterschiede hinsichtlich der Fähigkeit der Lernenden, über die auf sie angewandten Erziehungsmethoden und -prinzipien nachzudenken und sie kritisch einzuschätzen. Je sicherer wir (die außenstehenden Betrachter) sind, dass der Lernende an einem solchen Nachdenken gehindert wurde, desto weniger können wir ihm im Hinblick auf die sich ergebenden Wünsche und Werte Autonomie zuschreiben, selbst wenn gegen deren Entwicklung kein Widerstand geleistet wurde.

Auch wenn man oft nicht unmittelbar weiß, ob eine Person in der Lage ist, ungetrübt zu reflektieren, so kann man doch einige Indikatoren dafür benennen, dass reflexionsbeschränkende Faktoren vorliegen oder die für Autonomie erforderlichen Vermögen nicht ausgeübt werden: ein Versagen des Handelnden, sich ein (ansonsten) ins Auge springendes Merkmal eines Sachverhalts oder eines motivierenden Wunsches bewusst zu machen;[31] eine Aufmerksamkeitsschwäche, die ein Erkennen von (ansonsten) offenkundigen Beziehungen zwischen Merkmalen von Objekten oder ihren mentalen Repräsentationen verhindert; misslungene Beurteilungen von (normalen) kausalen und inferenziellen Verbindungen zwischen Objekten oder Propositionen. Diese Indikatoren sind Symptome eines allgemeinen Defekts der für Autonomie notwendigen Fähigkeiten zu Selbstkenntnis und Rationalität.

Dennoch kann man sich folgende Frage stellen: Wenn wir die Natur derjenigen Faktoren, die die Fähigkeit zur Reflexion über die eigenen Wünsche und deren Entstehung einschränken, genauer festlegen können, warum sollte man dies dann nicht zur einzigen Bedingung für Autonomie machen? Oder anders: Warum sollte man nicht lediglich verlangen, dass eine Person genau dann autonom ist, wenn sie nicht den beschriebenen Einflüssen ausgesetzt ist? Gegen diesen Vorschlag spricht, dass Menschen sich oft genug selbst Bedingungen und Einflüssen aussetzen, die ihre reflexiven Vermögen unterhöhlen

---

[31] Eine Diskussion dieses Phänomens im Rahmen einer allgemeinen Theorie der Selbsttäuschung liefert Robert Audi, „Self Deception and Rationality", in M. Martin (Hg.), *Self Deception and Self Understanding* (Lawrence, KS: Kansas University Press 1985) 169-94.

– wobei sie dies auf eine Art und Weise sowie unter Bedingungen tun, die ihre Autonomie gerade besonders deutlich machen. Sie tun dies, um Dinge (oder Gemütszustände) zu erreichen, die anders nicht erreicht werden könnten. Menschen unterziehen sich zum Beispiel einer Hypnose, um mit dem Rauchen aufzuhören; Bestandteil dieser Therapie kann sein, dass der Handelnde schlechter in der Lage ist, die Hypnose selbst neu einzuschätzen, sobald diese wirksam geworden ist (sagen wir, um einem Rückfall vorzubeugen). Solch eine Hypnose ist dann ein reflexionsbeschränkender Faktor in unserem Sinne, doch es wäre falsch, den fehlenden Wunsch zu rauchen deswegen als nicht-autonom zu bezeichnen. Viele Leute würden sich nämlich im Ergebnis als *freier* beschreiben, frei von der fesselnden Sucht. Der Gebrauch „selbstmanipulierender" Methoden zur Wunschveränderung muss dieses Urteil nicht hinfällig machen. Was allerdings tatsächlich *nicht* der Fall sein darf ist, dass *alle* Beurteilungen und Bewertungen der Person und ihrer Zustände das Ergebnis solcher Einflüsse sind. Um ihre Autonomie zu erhalten, muss die Person diesen Faktoren zu irgendeinem Zeitpunkt ausgesetzt gewesen sein, ohne von ihnen beeinflusst worden zu sein.

Während also die Beschreibung der verschiedenen Wunschentstehungsprozesse in gewisser Hinsicht „objektiv" sind (Kognitionswissenschaftler könnten uns beispielsweise erklären, wie sie funktionieren), so ist das Urteil über die Billigung oder Missbilligung dieser Prozesse ein *subjektives*. Wie ich zu meinen Wünschen und Wertvorstellungen gekommen bin, hängt größtenteils nicht von mir ab; aber ob ich weiter auf ihrer Grundlage handle und es versäume, sie zu ändern – ob ich sie autonom mache –, hängt hingegen *durchaus* von mir ab.[32]

Es ist lehrreich, noch einmal zu dem Beispiel zurückzukehren, das dabei half, einige Intuitionen bezüglich Autonomie zu motivieren: das Beispiel vom Freund, der einer „Gehirnwäsche" unterzogen wurde. Das vorliegende Modell untermauert das vortheoretische Urteil, dass eine kritische Betrachtung der Wertveränderungsprozesse nötig ist, um die Intuition zu stützen, dass die Person nach der Veränderung nicht autonom ist. Die entscheidende Einflussgröße, die normale autonomieunterstützende Prozesse von heteronomen unterscheidet, ist, ob der Handelnde in seiner Fähigkeit, über seine mentalen Zustände und die darauf einwirkenden Einflüsse nachzudenken, beeinträchtigt wurde oder nicht. Wenn der Person (bevor Tatsachen geschaffen wurden) bewusst gemacht worden wäre, auf welche Weise die Sektenmitglieder die Veränderung herbeiführen (durch Kontrolle von Schlaf und Nahrungsaufnahme, Kontaktsperren zu Freunden und Verwand-

---

[32] Eine vollständige Verteidigung meiner Autonomiekonzeption würde eine gründliche Auseinandersetzung mit und Kritik von alternativen „nicht-subjektiven" Ansätzen beinhalten, was mit dieser Anmerkung ersetzt werden soll. Ich kann hier kein ausführliches Argument liefern, aber die naheliegende Entgegnung auf den Nicht-Subjektivisten kann man wie folgt formulieren: Man stelle sich irgendeinen Prozess vor, der – so wollen wir einfach festlegen – Autonomie untergräbt; nun kann man sich immer auch eine Person (in einer hinreichend unwahrscheinlichen, hypothetischen Situation) vorstellen, die möchte, dass ihre Entscheidungen auf eben diese Weise entstehen, und bei der dieser Wunsch selbst autonom ist. Daraus folgt, dass man dieser Person nicht einfach Autonomie absprechen kann, nur weil sie unkonventionelle Mittel einsetzt, um das zu erreichen, was sie will – denn für diese Person *ist* der Prozess, der zur Entstehung ihrer Entscheidungen führte, gerade ein Ausdruck ihrer „Selbstbestimmung" von der relevanten Art.

ten, Ausnutzung emotionaler Verletzbarkeiten und dem Spiel mit Ängsten etc.), würde sie sich dann weigern, diese Methoden und ihre Ergebnisse über sich ergehen zu lassen? Und falls sie nach ihrer Veränderung keine Einwände gegen diese Prozesse erhebt, gibt es dann Anzeichen dafür, dass diese Praktiken ihre reflexiven Fähigkeiten zerstört haben? Oder mehr noch: Beruhte die Billigung der Methoden auf inkonsistenten Überzeugungen, Fehlschlüssen oder Selbsttäuschung? Wenn man auch nur eine dieser Fragen bejaht, dann haben wir guten Grund dazu, die Person als nicht-autonom anzusehen. Was diese Prozesse unvereinbar mit Autonomie (und darüber hinaus natürlich verwerflich) macht, ist nicht so sehr die Tatsache, dass der Handelnde seine Wertvorstellungen verändert, oder dass er ständiger Beeinflussung ausgesetzt ist, sondern dass er physisch und psychisch daran gehindert wird, über sich und seine Umgebung nachzudenken.

Man sollte hervorheben, worin das von mir verteidigte Modell vom ursprünglichen Modell Dworkins abweicht. Erstens legt die hier entwickelte Theorie den Akzent auf die *Entstehung* von Wünschen, die – wie ich gezeigt habe – der wahre Dreh- und Angelpunkt der Autonomie ist. Zweitens ist die Identifizierungsbedingung nicht länger erforderlich. Und drittens werden die unzulässigen Faktoren, deren Abwesenheit Autonomie erfordert, genauer beschrieben, um sowohl das Problem des infiniten Regresses als auch das „Unvollständigkeitsproblem" zu umgehen, mit dem Dworkins Modell konfrontiert war.[33]

VI Fazit

Die zentrale Idee des neuen Modells kann in einem (etwas verschnörkelten) Satz ausgedrückt werden: Ein Handelnder ist bezüglich eines Wunsches autonom, wenn er die Einflüsse und Umstände, unter denen der Wunsch zustande kam, billigte oder sich ihnen nicht widersetzte oder – hätte er ihnen Beachtung geschenkt – sich ihnen nicht widersetzt hätte, und wenn dieses Urteil minimal rational und ohne Selbsttäuschung erfolgte oder erfolgt wäre. Eine Implikation dieser Theorie ist, dass jemand sich trotz seiner Wünsche nach Unterwerfung, Erniedrigung oder Bösem als autonom erweisen kann. Ich sehe das nicht als ein Manko des Modells an. Es legt lediglich offen, dass die hier dis-

---

[33] Es mag aufschlussreich sein, diesen Vorschlag mit einer ähnlichen Ansicht zu kontrastieren, wie sie von Robert Young in „Autonomy and Socialization" (*Mind* 89 [1980] 565–76) vorgelegt wurde. Young argumentiert dafür, dass wir Autonomie an den Tag legen, wenn „wir die Möglichkeit haben, entweder frei von Wünschen zu sein, die wir lieber nicht hätten, oder uns mit zuvor nicht bewussten Wünschen zu identifizieren, nachdem uns die Prozesse unserer Sozialisation bewusst geworden sind" (573–4). Mit anderen Worten: Wenn wir uns der Prozesse, die diese Wünsche hervorbrachten, gewahr werden und die Identifizierung mit unseren Wünschen dieses Gewahrwerden überdauert, dann ist die Person bezüglich dieses Wunsches autonom. Diese Konzeption hat viel mit meiner gemeinsam; allerdings vermeide ich den Begriff der Identifizierung und füge weitere Bedingungen hinzu, um dem „Regress-" und dem „Unvollständigkeitsproblem" begegnen zu können. Youngs Konzeption wäre immer noch mit den diskutierten Gegenbeispielen konfrontiert, wenn die Konditionierung sogar so weit reichte, dass sie die Identifizierung mit den Wünschen manipuliert, noch *nachdem* die Person von den Ursprüngen ihrer Wünsche erfährt.

kutierte Autonomiekonzeption „inhaltsneutral" ist.[34] Für eine inhaltsneutrale Konzeption sprechen gute theoretische Gründe, denn wir können uns für jeden beliebigen Wunsch (mag er auch noch so böse, aufopfernd oder sklavisch sein) Fälle vorstellen, in denen der Handelnde *gute Gründe* hat, solch einen Wunsch zu haben. Also können wir uns auch vorstellen, dass die Person in der Ausbildung des Wunsches auf autonome Weise von diesen Gründen geleitet wird; und aus demselben Grund können wir uns vorstellen, dass der Wunsch auf autonome Weise ausgebildet wurde. Wenn wir uns aber – in einer hinreichend unwahrscheinlichen Situation – *jeden beliebigen* Wunsch als autonom ausgebildet denken können, dann kann nicht der Inhalt des Wunsches *selbst* für seine Autonomie ausschlaggebend sein. In Urteilen über Autonomie zählt stets die *Herkunft* des Wunsches.

Man sollte noch berücksichtigen, in welchem Verhältnis die hier vorgeschlagene Konzeption zu den Grundannahmen der traditionellen liberalistischen politischen Theorie steht, insbesondere zu deren „Atomismus". Einige radikale Kritiker des Liberalismus preschen mit der Behauptung vor, unser Charakter werde durch unseren sozialen und politischen Hintergrund geformt und deswegen sei Autonomie in dem liberalistischen, atomistischen Sinne eine gefährliche Illusion. Diese Art von Autonomie sei illusorisch, weil sie voraussetze, dass wir uns außerhalb unserer eigenen Geschichte stellen können und uns selbst beurteilen können; und sie sei insofern gefährlich, als sie als ein Ideal hoch gehalten wird, das – da unerreichbar – nur zur Stützung eines (inakzeptablen) status quo dient. Die letzte Behauptung ist mir sehr sympathisch, insbesondere wenn liberalistische Theorien von falschen oder unrealistischen Annahmen über die Unabhängigkeit der Menschen ausgehen. (Einschlägige Beispiele dafür sind meiner Ansicht nach einige Varianten der Mikroökonomie oder der politische Kontraktualismus Hobbes'scher Prägung, die das Problem der Natur und Genese von Wünschen schlicht ausblenden.) Zu Stützung der ersten Behauptung – dass Personen nicht unabhängig von ihrer kulturellen Umgebung definiert werden könnten und dass sie sich folglich nicht selbst beurteilen können – bedarf es allerdings einer ausgereiften sozialpsychologischen Theorie. In meinem Fall ist das soziale und politische Milieu, dessen Teil ich gewesen bin und noch immer bin, beispielsweise dasjenige der USA. Doch angesichts der derzeit und in der jüngsten Vergangenheit dort vorherrschenden Werte und Politik könnte ich kaum tiefer von dieser Kultur entfremdet sein und ihr gegenüber nur schwerlich noch kritischer sein. Welcher Teil der Kultur ist denn nun so tief mit meinem Charakter verwoben, dass ich nicht in der Lage bin, diesen Aspekt meines Selbst zu beurteilen? Bevor die radikale Autonomiekritik in Gang kommen kann, ist man uns eine überzeugende Antwort auf solche Fragen schuldig. Bis dahin bleibt eine Konzeption von der Authentizität der Wünsche und Werte von Individuen weiterhin ein wesentlicher Bestandteil jeder normativen politischen Theorie, die etwas über diese Individuen aussagt.

Der vorgeschlagene „historische" Zugang zum Autonomiebegriff passt andererseits aber auch zu diesen Abweichungen vom Liberalismus. Meine Behauptung, dass die Ge-

---

[34] Man vergleiche dazu Gerald Dworkins neuere Ausführungen (*The Theory and Practice of Autonomy*, Kap. 2.), in denen er ebenfalls eine „inhaltsneutrale" Konzeption verteidigt.

nese von Wünschen über ihre Authentizität entscheidet, ähnelt der These, dass man zu sich selbst nur vor dem Hintergrund der eigenen sozio-kulturellen Vergangenheit und ihres Einflusses auf die eigene Entwicklung als Person Stellung beziehen kann, weil diese Vergangenheit den eigenen Blickwinkel auf die Welt maßgeblich bestimmt. Meine Auffassung bleibt allerdings insofern „atomistisch", als der Ansatzpunkt für die Bestimmung von Autonomie weiterhin die Sichtweise des Handelnden selbst bleibt. Jeden Versuch, personale Autonomie uneingeschränkt externalistisch oder objektivistisch aufzufassen, lehne ich aus den genannten Gründen ab. Schließlich schlage ich eine Konzeption der Eigenschaft *individueller* Autonomie vor (und nicht der Eigenschaft „idealer" Autonomie oder der Autonomie, die im „wahren Bewusstsein" oder Ähnlichem realisiert ist). Die Frage, ob die von mir genannten Autonomiebedingungen einer großen Gruppe von Menschen durch die Umstände in modernen, patriarchalen, kapitalistischen Staaten systematisch vorenthalten werden, verfolge ich hier nicht weiter. Mein Modell würde aber im Namen der Autonomie eine Politik verlangen, die die Fähigkeiten der Individuen, über die Art und Umstände ihrer Entwicklung als Personen nachzudenken, unangetastet lässt oder begünstigt.

Übersetzung: Christian Seidel

Paul Benson

Handlungsfreiheit und Selbstwert

Die meisten zeitgenössischen Diskussionen (des Vermögens) der Handlungsfreiheit könnte man genauer als Diskussionen freier Handlungen beschreiben. Sie bemühen sich mehr um eine Erklärung dessen, was es heißt, frei zu handeln, als dass sie zu erhellen versuchen, worin die Freiheit des Handelnden besteht. Typischerweise beginnen sie die Konstruktion einer Konzeption freien Handelns damit, dass sie zunächst die verschiedenen Arten von Hindernissen und Beschränkungen feststellen, durch die freie Handlungen verhindert werden. Die Fähigkeiten, die dem handelnden Subjekt freies Handeln ermöglichen, werden dann als diejenigen charakterisiert, die für die Abwesenheit jener Hindernisse garantieren.

In diesem Aufsatz werde ich die meisten gegenwärtigen Theorien der Handlungsfreiheit in Frage stellen, indem ich zeige, dass sie systematisch eine Art der Unfreiheit übersehen, die nichts mit den Hindernissen zu tun hat, um deren Charakterisierung sie sich bemüht haben. Ich werde, genauer gesagt, die These aufstellen, dass ein frei Handelnder einen gewissen Sinn für seinen Wert bzw. Status als handelnde Person haben muss, der nicht schon durch seine Fähigkeit garantiert ist, dadurch frei zu handeln, dass er seinen Willen und seine Handlung reflexiv autorisiert. Die vernachlässigte Dimension der Handlungsfreiheit, die ich untersuchen will, ist in zweierlei Hinsicht lehrreich für die gegenwärtige Diskussion. Sie deckt erstens Schwierigkeiten für „inhaltsneutrale"[1] Ansätze zur Erklärung von Handlungsfreiheit auf, die in der Literatur lange dominierend waren; dabei verdeutlicht sie, in welcher Form die Bedingungen der Handlungsfreiheit normative Komponenten enthalten können, ohne mit den Schwierigkeiten konfrontiert zu sein, die normalerweise mit einer solchen Position verbunden sind.[2] Zweitens bringt

650

---

[1] Der Ausdruck ist geborgt von Christman, „Autonomy and Personal History", *Canadian Journal of Philosophy*, XXI, 1 (1991), S. 22. [S. 129 in diesem Band; Anm. d. Hg.].

[2] Dass es normative, nichtmetaphysische Elemente freien Handelns gibt, hat (in der neueren Literatur) als erstes Susan Wolf in ihrem Aufsatz „Asymmetrical Freedom", *The Journal of Philosophy*, LXXVII, 3 (März 1980): S. 151–66, behauptet. Verteidigt hat sie diese Behauptung in ihrem Buch *Freedom within Reason* (New York: Oxford, 1990). Ich selbst habe diese Behauptung in meinen Aufsätzen „Freedom and Value", *The Journal of Philosophy*, LXXXIV, 9 (September 1987): S. 465–86, „Feminist Second Thoughts about Free Agency", *Hypatia*, V, 3 (1990): S. 47–64, und „Autonomy and Oppressive Socialization", *Social Theory and Practice*, XVII, 3 (1991): S. 385–408, aufgestellt. Ähnliche Thesen finden sich in John Martin Fischers Aufsatz „Responsiveness and Moral Responsibility", in: Ferdinand Schoeman (Hrsg.), *Responsibility, Character, and the Emotions* (New York: Cambridge, 1987), in der Arbeit „Responsibility and Inevitability", *Ethics*, CI, 2 (1991): S. 258–78, von Fischer und Mark Ravizza, sowie in Gary Watsons APA-Vortrag „Responsibility and

sie eine soziale Dimension der Handlungsfreiheit ans Licht, die dazu dienen kann, besser zu erklären, warum Handlungsfreiheit einen profunden, nichtinstrumentellen Wert für handelnde Personen hat.

I Standardfälle unfreien Handelns und prozedurale Bedingungen der Freiheit

Zeitgenössische Theorien der Handlungsfreiheit werden gewöhnlich vor dem Hintergrund einer Reihe von vortheoretisch klaren Standardfällen unfreien Handelns entwickelt.[3] Diese Fälle umfassen Handlungen beziehungsweise Verhaltensweisen, die durch Hypnose veranlasst oder durch psychische Störungen motiviert sind, wie etwa Kleptomanie oder physiologisch bedingte Abhängigkeiten; Handlungen, die ihren Beweggrund in der Androhung von Gewalt haben oder durch soziale Konditionierungen verursacht sind, wie sie George Orwell in seinem Roman *1984* beschreibt; Handlungen oder Verhaltensweisen, die durch direkte chirurgische oder elektrochemische Manipulationen an Gehirnfunktionen hervorgebracht werden; und Handlungen, zu denen der Handelnde durch unterschwellig eingeflößte oder unbewusste Wünsche motiviert wird. Wenn man von der möglichen Ausnahme des Zwangs absieht, haben wir es bei allen diesen Fällen klarerweise mit unfreien Handlungen zu tun (vorausgesetzt natürlich, dass die so beeinflussten handelnden Personen nicht selbst auf diese Weise motiviert werden wollen). Aus diesem Grund hat man sie als die entscheidenden Testkriterien für die vorgeschlagenen Freiheitskonzeptionen verwendet. Die philosophische Einbildungskraft steht so sehr im Bann dieser Fälle unfreien Handelns, dass die konstruktive philosophische Deutung der Natur freien Handelns durch sie geradezu diktiert wird.[4]

Die Standardfälle unfreien Handelns fallen in zwei unterschiedliche Klassen. Die erste Klasse umfasst jene Fälle, bei denen die handelnden Personen nicht in der Lage sind, ihr Verhalten durch ihren eigenen Willen zu lenken beziehungsweise zu regulieren. In diesen Fällen wird der Handelnde daran gehindert, das zu tun, was er tun möchte (oder es zu tun, weil er es tun möchte). Als Beispiel hierfür mag dasjenige Verhalten gelten, das durch einen chirurgischen Eingriff ins Gehirn des Handelnden verursacht wird. Allerdings ist dieser Modus der Unfreiheit für die Freiheitstheorie nicht besonders aussagekräftig, da er nicht nur freies Handeln, sondern Handeln überhaupt auszuschließen scheint.

Normative Competence" (März 1992) und Susan Wolfs Aufsatz „Sanity and the Metaphysics of Responsibility" in: *Responsibility, Character, and the Emotions*.

[3] Es ist bemerkenswert, dass die Konzentration auf die von mir beschriebenen Standardfälle, die vielen Philosophen inzwischen als selbstverständlich erscheint, Nichtphilosophen oftmals seltsam vorkommt. Das Nachdenken über diese Situation hat mich ursprünglich dazu veranlasst, diese Konzentration auf ähnliche Weise in Frage zu stellen, wie ich es in den Abschnitten II und III des vorliegenden Aufsatzes andeute.

[4] Die deutlichste Ausnahme hierzu bildet Wolf. Ihre Konzeption von Freiheit ist geprägt durch zusätzliche Überlegungen zu den mangelhaften normativen Fähigkeiten von Personen, die an einer schweren Geisteskrankheit leiden oder eine benachteiligte beziehungsweise traumatisierte Kindheit hatten (vgl. hierzu insbesondere „Asymmetrical Freedom" und *Freedom within Reason* sowie meine Diskussion solcher Fälle in „Freedom and Value"). Auf Wolfs neueste Freiheitskonzeption gehe ich in Abschnitt IV kurz ein.

Zur zweiten Klasse der Standardfälle unfreien Handelns gehören solche Situationen, in denen jemand zwar so handelt, wie er handeln möchte, aber nicht zu bestimmen vermag, was er will. In solchen Fällen ist der Handelnde daran gehindert, seine handlungswirksamen Motive an dem auszurichten, was ihm am wichtigsten oder wertvollsten ist beziehungsweise am Herzen liegt. Handlungen, die durch Hypnose, Kleptomanie, Sucht oder unterschwellig eingeflößte und unbewusste Wünsche motiviert sind, werden zwar normalerweise durch etwas veranlasst, was der Handelnde will. Aber diese Handlungen sind unfrei, da der Handelnde davon abgehalten wird, den Prozess zu lenken, in dessen Verlauf diese Motive zu seinem Willen werden. (Wir setzen hier natürlich weiter voraus, dass der Handelnde nicht vorher selbst erlaubt hat, dass sein Wille z. B. durch Hypnose beeinflusst wird.) Ebenso kann man die Unfreiheit von Handlungen erklären, die durch unbewusste Wünsche motiviert oder durch massive soziale Konditionierung beeinflusst werden.[5]

Die Standardfälle unfreien Handelns deuten demnach auf zwei primäre Formen der Unfreiheit hin, die hauptsächlich durch zwei Arten von Hindernissen voneinander abgegrenzt werden: solche, die den Handelnden davon abhalten, sein Verhalten durch seinen Willen zu kontrollieren, und solche, die ihn daran hindern, seine Willensbildung an seinen Werten zu orientieren. Die Theoretiker, die sich auf diese beiden Arten von Hindernissen konzentrierten, fassten die Handlungsfreiheit folglich als die Fähigkeit des Handelnden auf, sein Verhalten durch seinen Willen zu lenken und seinen Willen durch Reflexion selbst zu bestimmen; genau die Fähigkeit also, deren Ausübung durch die beiden Hindernisse vereitelt wird. Mit nur wenigen Ausnahmen (auf die ich teilweise später noch eingehe) entsprechen alle wichtigen zeitgenössischen Theorien der Handlungsfreiheit diesem allgemeinen Schema, was auch für die Theorien von Gerald Dworkin, Harry Frankfurt, Wright Neely, Gary Watson und Daniel Dennett gilt.[6]

Zu den Standardfällen unfreien Handelns gehören auch solche Handlungen, die durch die Androhung von Zwang motiviert sind. Sie fügen sich dem von mir skizzierten allge-

---

[5] Eine alternative Erklärung der Unfreiheit von Handlungen, zu der Orwell'sche Systeme sozialer Kontrolle Anlass geben, lautet, dass diese die Kontrolle des Handelnden über seinen Willen unberührt lassen und nur seine Fähigkeit behindern, seinen Willen auf intelligente Weise zu lenken. Wolf etwa argumentiert so. Sie meint, dass solche sozialen Konditionierungen die Freiheit vor allem dadurch beeinträchtigen, dass sie die normative Kompetenz des Handelnden untergraben, nicht aber, indem sie seine Fähigkeit behindern, das zu tun, was ihm am meisten am Herzen liegt (vgl. *Freedom within Reason*, S. 37, 121f., 141f.).

[6] Dworkin, „Acting Freely", *Noûs*, IV, 4 (1970): S. 367-83, und *The Theory and Practice of Autonomy* (New York: Cambridge, 1988); Frankfurt, „Freedom of the Will and the Concept of a Person", *The Journal of Philosophy*, LXVIII, 1 (January 14, 1971): S. 5-20, und „Identification and Wholeheartedness", in: *Responsibility, Character, and the Emotions*; Neely, „Freedom and Desire", *Philosophical Review*, LXXXIII, 1 (1974): S. 32-54; Watson, „Free Agency", *The Journal of Philosophy*, LXXII, 8 (April 24, 1975): S. 205-20 (wiederabgedruckt in: *Free Will*, Watson (Hrsg.) (New York: Oxford, 1982): S. 96-110, worauf ich im Folgenden Bezug nehmen werde) [in diesem Band S. 52-66; Anm. d. Hg.]; und Dennett, *Elbow Room* (Cambridge: MIT, 1984).

Ich habe bereits erwähnt, dass Wolfs Theorie eine Ausnahme darstellt. Theorien, die davon ausgehen, dass der Begriff freien Handelns inkohärent ist, passen offenbar nicht in dieses Schema. Vgl. etwa Richard Double, *The Non-Reality of Free Will* (New York: Oxford, 1991); ich möchte jedoch auf Doubles „autonomy variable account" in Kapitel 2 hinweisen. Dagegen glaube ich, dass inkompatibilistische Theorien zu dem Muster passen. Da sie aber vor allem eine bestimmte Version des Inkompatibilismus als richtig erweisen

meinen Erklärungsschema allerdings nicht problemlos. Man könnte etwa versuchen, die Androhung von Zwang nach dem Vorbild der zweiten Art von Hindernis zu verstehen. Auf den ersten Blick scheint dies auch nicht verkehrt. Dennoch lässt sich die Androhung von Zwang nicht einfach an die zweite Klasse von Fällen angleichen, weil durch sie normalerweise nicht die Fähigkeit des Handelnden blockiert wird, das zu tun, was er für das Beste hält beziehungsweise was ihm am wichtigsten ist.[7] Das Wesen des Zwangs und seine Beziehung zur Unfreiheit müssten eigens behandelt werden, weshalb ich sie im Folgenden unberücksichtigt lasse.

Die Auffassungen von Handlungsfreiheit, die sich der konzentrierten Aufmerksamkeit auf die Standardfälle unfreien Handelns verdanken, haben ein besonders interessantes Merkmal gemeinsam. Sie gehen alle davon aus, dass die Freiheit des Handelnden seinen Zielen, Werten, Überzeugungen und Motiven keine inhaltlichen Einschränkungen auferlegt. Demnach können beliebige Wünsche, Pläne, Werte, Überzeugungen, etc., zur Motivation freier Handlungen beitragen, so lange der Handelnde nur in der Lage ist, seinen Willen effektiv zu lenken und ihn ohne Hindernisse in die Tat umzusetzen.[8] Die Vertreter dieser Theorien nehmen also an, dass die Standardfälle unfreien Handelns implizit zeigen, dass Handlungsfreiheit durch die Angabe inhaltlich neutraler beziehungsweise rein prozedural definierter Bedingungen vollständig analysiert werden kann.[9]

Die prozedurale Konzeption von Freiheit wird etwas verständlicher, wenn wir einen Blick werfen auf die beiden wichtigsten Ansätze zur Analyse der Fähigkeiten eines frei Handelnden, sein Verhalten zu lenken und selbst zu bestimmen. Der *strukturelle* Ansatz geht davon aus, dass der frei Handelnde genau dann seinen Willen zu lenken vermag, wenn die Motive, die ihn zum Handeln bewegen, in einer bestimmten Beziehung zu anderen gleichzeitig vorliegenden psychischen Zuständen des Handelnden stehen. Frankfurt etwa behauptet, die Identifikation des frei Handelnden mit seinen Handlungsmotiven bestehe darin, dass er (zum Teil deshalb) aus diesen Motiven handelt, weil sie im Einklang mit seinen höherstufigen Motiven stehen. Diese Beziehung zwischen Motiven einer höheren Stufe und den Motiven erster Stufe konstituiert nach Frankfurt die Selbstbestimmung des Willens, die garantiert, dass der Handelnde frei handelt.[10] Ganz ähnlich behauptet Watson, dass das Vermögen des frei Handelnden zur Lenkung seines Willens in einer

wollen und nicht daran interessiert sind, die genauen kontrakausalen Fähigkeiten zu bestimmen, die freies Handeln ausmachen, ist es schwierig, dies mit Gewissheit zu sagen. (Dies ist auch einer der Gründe, warum Kompatibilisten inkompatibilistische Freiheitskonzeptionen so rätselhaft finden: Letztere bemühen sich nicht um eine Charakterisierung der reflexiven und evaluativen Fähigkeiten des Handelnden.)

[7] Vgl. Irving Thalbergs Kritik an der Behandlung von Zwang bei Dworkin und Frankfurt, in: „Hierarchical Analyses of Unfree Action", *Canadian Journal of Philosophy*, VIII, 2 (1978): S. 211-25. Vgl. auch *Freedom within Reason*, S. 150, Fußnote 5.

[8] Einige Konzeptionen verlangen zusätzlich, dass die Zustände, die zur Motivation freier Handlungen beitragen, einem gewissen minimalen Rationalitätsstandard genügen müssen. Typisch hierfür ist die von Christman aufgestellte Forderung nach interner Konsistenz; vgl. *op. cit*, S. 13ff. [S. 120 in diesem Band; Anm. d. Hg.].

[9] Vertreter einer inhaltlich neutralen Konzeption sind vor allem an Neutralität im Hinblick auf normative Inhalte interessiert. Die inhaltliche Neutralität solcher Konzeptionen wurde jedoch niemals ausdrücklich auf normative Sachverhalte beschränkt.

[10] Frankfurts Auffassung verlangt von der Identifikation des frei Handelnden mit seinem Willen erster Stufe

Beziehung zwischen seinen Handlungsmotiven und seinem Wertesystem besteht, die so beschaffen ist, dass sein Wille durch die Wertüberzeugungen bestimmt wird, auf die er sich stützt, wenn er überlegt, wie er handeln soll, ganz gleich, was das für Überzeugungen sind.

Während strukturelle Ansätze nur Eigenschaften der „zeitlichen Momentaufnahme"[11] des kognitiven und motivationalen Gesamtzustands des Handelnden in Erwägung ziehen, suchen historische Ansätze inhaltlich neutrale Bedingungen, indem sie sich stattdessen auf die Prozesse konzentrieren, aus denen seine handlungswirksamen Motive resultieren. John Christman (*op. cit.*) zum Beispiel hat eine Theorie entwickelt, der zufolge das Vermögen des frei Handelnden, seinen eigenen Willen zu lenken, davon abhängt, ob er sich den Prozessen seiner Willensbildung tatsächlich nicht widersetzt oder gegebenenfalls widersetzen würde, sofern er nicht (durch Selbsttäuschung oder offenkundig widersprüchliche Wünsche und Überzeugungen) an der Reflexion gehindert wird oder würde. Diese Theorie ist ebenfalls inhaltsneutral, weil es für sie gleichgültig ist, welche Inhalte die Einstellungen des Handelnden haben, so lange seine Willensbildung der Reflexion standhält.[12]

Ich habe in diesem Abschnitt zu zeigen versucht, dass viele Theoretiker durch ihre Konzentration auf die Standardfälle unfreien Handelns zu der Annahme bewogen wurden, die einzigen Ursachen der Unfreiheit lägen in den Hindernissen, die den frei Handelnden von der Kontrolle seines Verhaltens und von der Lenkung seines Willens abhielten. Außerdem gehen viele Theoretiker davon aus, dass eine angemessene Analyse der Fähigkeit zur reflexiven Willens- und Verhaltenslenkung, welche ihrer Ansicht nach für freies Handeln hinreichend ist, inhaltsneutral sein muss. Bemerkenswert ist dabei Folgendes: Die betrachteten Theorien setzen alle voraus, dass der Handelnde notwendigerweise mit bestimmten privilegierten Zuständen oder Komplexen von Zuständen des Willens identifizierbar beziehungsweise in diesen Zuständen präsent ist.[13] Die Frage, was die privilegierten Zustände auszeichnet, wird von den Vertretern struktureller und historischer Erklärungsansätze zwar recht unterschiedlich beantwortet. Aber alle diese Theorien teilen die Annahme, dass man den privilegierten Bereich des Willens unabhängig

---

zudem Entschiedenheit. Sie müsse auf höheren Stufen seines Willens „Widerhall finden". Vgl. zur Diskussion dieser Forderung „Identification and Wholeheartedness".

[11] Vgl. „Responsiveness and Moral Responsibility", S. 105, Fußnote 30.

[12] Obwohl ich Beispiele struktureller und historischer Ansätze gegeben habe, die auf inhaltliche Neutralität abzielen, steht die Unterscheidung von strukturellen und historischen Ansätzen quer zur Unterscheidung von prozeduralen und substanziellen Freiheitskonzeptionen. Darüber hinaus kann es auch hybride Positionen geben, die strukturelle und historische miteinander verbinden. Dworkin etwa hat für eine hybride Position argumentiert; vgl. „The Concept of Autonomy", in: *Science and Ethics*, hrsg. von Rudolph Haller (Amsterdam: Rodopi, 1981) (Wiederabgedruckt in: John Christman (Hrsg.), *The Inner Citadel: Essays on Individual Autonomy* (New York: Oxford, 1989), S. 54-62.

[13] Diese Präsupposition wird von Watson in den folgenden Sätzen anerkannt: „Man könnte unser Wertesystem als unsere Anschauungsweise bezeichnen, als den Standpunkt, von dem aus wir die Welt beurteilen. (...) Das bedeutet, kurz gesagt, dass wir nicht alle unsere normativen Urteile widerrufen können, ohne alle Standpunkte und damit unsere Identität als Handelnde aufzugeben" (*op. cit.*, S. 106) [S. 62 in diesem Band; Anm. d. Hg.].

davon bestimmen kann, welchen Inhalt die Einstellungen des Handelnden aufweisen, und dass die ungehinderte Regulierung handlungswirksamer Motive und Handlungen durch den entsprechenden Willensbereich freies Handeln garantiert.

Im nächsten Abschnitt werde ich dafür argumentieren, dass das Fehlen der in den Standardfällen unfreien Handelns vorliegenden Hindernisse allein freies Handeln nicht schon garantiert. Ich werde zeigen, dass man den Handelnden nicht notwendigerweise mit einem bestimmten Bereich des Willens identifizieren kann, wie es für freies Handeln erforderlich wäre, wenn nicht auch eine bestimmte, inhaltlich nicht neutrale Bedingung erfüllt ist.

II Gaslicht *oder wie man in den Wahnsinn getrieben wird*

Wie es möglich sein soll, dass der Handelnde inhaltlich neutrale Bedingungen der Handlungsfreiheit erfüllt und doch unfrei ist, können wir leichter verstehen, wenn wir uns den Fall einer Person ansehen, die, wie man sagt, „in den Wahnsinn getrieben wird". In dem Film *Gaslicht* aus dem Jahre 1944 spielt Ingrid Bergman die Frau eines von Charles Boyer dargestellten Schurken. Er ist der Mörder ihrer Tante und hat sie nur deshalb geheiratet, weil er in ihrem Haus die wertvollen Juwelen vermutet, die die Tante vor ihrer Ermordung versteckt hat und die er stehlen will. Bergman, die nichts von alledem ahnt, glaubt, Boyer liebe sie wirklich. Dieser nun plant, Bergman so weit zu bringen, bis sie glaubt, sie sei vollkommen verwirrt und desorientiert, und deshalb auch nicht erkennt, was ihr Mann im Schilde führt. Indem er ihr bestimmte Dinge einredet, die Bergman an sich harmlos erscheinen, versucht er, sie von ihren Freunden und Bekannten zu isolieren. Er redet ihr ein, dass sie Dinge verliere, sich nicht mehr an das erinnern könne, was sie noch vor kurzem getan hat, und unter Halluzinationen leide.

Bergmans wachsende Verwirrung und Hilflosigkeit machen deutlich, dass Boyer sie in einem dramatischen Ausmaß ihrer Handlungsfreiheit beraubt hat. Welchen psychischen Schaden Bergman dabei erlitten hat, wird unterschiedlich gedeutet. Eine dieser Deutungen ist für mich von besonderem Interesse. Es ist nämlich nicht ausgeschlossen, dass Bergman der prozedural definierten Fähigkeiten, die viele als hinreichend für die Freiheit ansehen, gar nicht verlustig gegangen ist. Sie ist in der Lage, absichtlich zu handeln; sie ist nicht vollkommen erstarrt, und ihre Körperbewegungen sind nicht bloß „mechanischer" Natur. Auch muss ihr Wille nicht unbedingt von unbewussten, zwanghaften oder anderen unkontrollierbaren Motiven heimgesucht sein. Und der privilegierte Bereich des Willens, der den Standardtheorien zufolge angeblich die Beteiligung des frei Handelnden sicherstellt, ist bei ihr intakt, funktionsfähig und angemessen mit ihrem Verhalten verknüpft.

So könnte sie zum Beispiel in der Lage sein, sich mit ihren handlungswirksamen Wünschen zu identifizieren, indem sie diese vermittelst ihrer höherstufigen Wünsche akzeptiert. Sie fühlt sich zwar äußerst desorientiert, aber sie ist kein rein triebhaftes Wesen (*wanton*) und ist weder unreflektiert noch tief ambivalent. Auch Bergmans Wertesystem könnte als Ganzes erhalten geblieben sein und sie ist möglicherweise immer noch fähig, sich um ihre wichtigsten Angelegenheiten zu kümmern. Sie befürchtet vielleicht, dass einige ihrer Werturteile auf falschen Überzeugungen beruhen, aber sie ertappt sich nicht unbedingt dabei, Dinge zu tun, die sie für falsch hält. Weder muss sie ein Opfer der Selbsttäuschung sein, noch sonst wie irrationale Überzeugungen oder Wünsche haben. Boyer hat ihr in der Tat gute Gründe gegeben, drastische Veränderungen an ihrem Selbstbild vorzunehmen. Obwohl Bergman ihr Verhalten auf reflektierte Weise lenken und selbst bestimmen kann, ist sie keine frei Handelnde, da sie ihrem Handeln völlig entfremdet ist.

Eine inhaltsneutrale Theorie, wie sie Christman vertritt, die sich auf die Prozesse der Entstehung von Motiven beim Handelnden konzentriert, hat gewiss eine Erklärung für Bergmans Unfreiheit zur Hand. Wenn Bergman klar würde, auf welchem Wege sie durch Boyer manipuliert wurde, und sie ungehindert darüber nachdenken könnte, so würde sie sich den auf diesem Wege erworbenen Überzeugungen und Wünschen gewiss widersetzen. Der Fall der Frau, die in den Wahnsinn getrieben werden soll, spricht also nicht gegen die historischen Varianten der prozeduralen Freiheitstheorie. Es ist allerdings unschwer zu erkennen, wie man den Fall modifizieren kann, um die Möglichkeit einer solchen Erwiderung zu blockieren.

Stellen wir uns eine feministische Neuverfilmung von *Gaslicht* vor, in dem sich wie im Original die Selbstwahrnehmung der weiblichen Protagonistin so stark verändert, dass sie in einen Zustand der Hilflosigkeit und Desorientierung gerät. Im Gegensatz zu seinem Vorbild ist hier der Ehemann zu Beginn ein guter Mensch, dem die Interessen seiner Frau am Herzen liegen. Er ist jedoch ein Arzt mit dem medizinischen Kenntnisstand seiner Zeit (des ausgehenden neunzehnten Jahrhunderts); und hier liegt das Problem, denn die Wissenschaftler jener Zeit verstehen die Gesundheit von Frauen nur unzureichend. Er glaubt, dass Frauen, die leicht erregbar, leidenschaftlich und von starker Einbildungskraft sind sowie zu öffentlichen Gefühlsausbrüchen neigen, an einer ernsten psychischen Erkrankung leiden, mit eben den Symptomen, die Bergman im Original an den Tag legt. Ihr Ehemann stellt die übliche Diagnose, und am Ende ist die „hysterische Frau" isoliert und hält sich selbst für wahnsinnig.[14] Würde die Frau in dem veränderten Fall über das, was mit ihr geschieht, nachdenken, so würde sie sich vermutlich der durch die Diagnose bewirkten Änderung ihrer Überzeugungen und Wünsche nicht widersetzen. Denn sie nimmt sich ja selbst aus guten Gründen als inkompetent und ihrem Verhalten entfremdet wahr, aus Gründen, die von anerkannten und vertrauenswürdigen wissenschaftlichen Autoritäten akzeptiert werden, denen sie vertraut. Hier haben wir also den Fall einer handelnden Person, die zwar die vorgeschlagenen prozeduralen Freiheitsbedingungen erfüllt, deren Freiheit jedoch stark eingeschränkt ist.

Wie ist das möglich? Ich behaupte, dass die Frau, die aufgrund der medizinischen Kenntnisse ihrer Zeit zu der Überzeugung kommt, sie sei „geisteskrank", ihre Handlungs-

---

[14] Ich überlasse die weitere Entwicklung der Handlung – den Mord an der Tante, etc. – dem Leser. Einen ähnlichen Fall untersuche ich detaillierter in einem unveröffentlichten Manuskript mit dem Titel „Responsibility and Self-worth". Darin diskutiere ich die *Responsiveness*-Bedingung moralischer Verantwortlichkeit von Fischer und Ravizza. Ich möchte Christman für seine hilfreichen Kommentare zu dem *Gaslicht*-Fall danken.

freiheit verlieren kann, ohne dass ihre Fähigkeit zur Lenkung und Selbstbestimmung ihres Handelns beeinträchtigt wird. Die Ursache dieses Freiheitsverlusts liegt darin, dass sie den Sinn für ihren Status als achtenswert Handelnde verloren hat. Sie hat das Vertrauen in sich verloren, über ihr eigenes Verhalten kompetent bestimmen zu können. Eine solche Person kann nicht nur weiterhin über die Fähigkeit verfügen, ihr Handeln überlegt zu lenken, und diese bisweilen auch anwenden. Sie kann sich dieser Tatsache auch bewusst sein. Dieses Wissen mag ihre Furcht vor der angeblichen Geisteskrankheit sogar verstärken, da sie nicht mehr glaubt, von dieser Fähigkeit einen vernünftigen Gebrauch machen zu können.[15] Der modifizierte Gaslicht-Fall ist nach dieser Deutung deshalb wichtig, weil er zeigt, dass der Handelnde von jedem Bereich des Willens (wie etwa höherstufigen Volitionen, Wertüberzeugungen oder der reflexiven Billigung von Motivationsprozessen) entfremdet sein kann, den eine inhaltsneutrale Theorie als die Grundlage für die Beteiligung des Handelnden am Zustandekommen seiner Handlung auszeichnet. Aus diesem Grund stellt der Fall nicht einfach nur ein weiteres Beispiel für ein Hindernis dar, das den Handelnden davon abhält, von seiner Fähigkeit zur überlegten Bestimmung seines Verhaltens Gebrauch zu machen. Denn bei diesem Fall wird ja gerade die Identifikation der Handelnden mit dieser Fähigkeit durch die veränderte Wahrnehmung ihrer eigenen Handlungskompetenz bedroht.

Der Gaslicht-Fall sollte uns daran erinnern, dass es viele soziale Situationen gibt, die auf ähnliche Weise die Freiheit des Handelns untergraben können. Nehmen wir etwa das Empfinden von Scham. Eine Person empfindet nur dann Scham, wenn ihr Selbstwertgefühl bei veränderter Selbstwahrnehmung deutlich abnimmt. Normalerweise wird diese Veränderung der Selbstwahrnehmung dadurch veranlasst, dass sich die betreffende Person bewusst wird, andere könnten sie in einem erniedrigenden oder entehrenden Licht sehen. Wer sich schämt, fühlt sich bloßgestellt. In seinem Selbstwertgefühl beeinträchtigt, möchte er sich verstecken, ja verschwinden, um seine Schwäche oder Unzulänglichkeit vor dem Blick anderer zu verbergen. Phänomenologisch gesehen haben Schamgefühle die desorientierende Tendenz, denjenigen, der sich schämt, in seinem Handeln und Denken zu stören und zu verwirren. Sie führen häufig dazu, dass er sich hilflos fühlt.[16]

Meines Wissens wurde bisher nicht diskutiert, wie sich das Empfinden von Scham auf die Freiheit des Handelnden auswirkt. Es scheint jedoch sicher, dass die Handlungsfreiheit einer Person durch Scham beeinträchtigt werden kann. Die üblicherweise vorgeschlagenen prozeduralen Bedingungen der Handlungsfreiheit vermögen diesen Sach-

---

[15] Ein ähnlicher Aspekt bei der ursprünglichen Rolle von Bergman verleiht *Gaslicht* seinen ungeheuer dramatischen Charakter. Da Bergman sich eigentlich selbst denken könnte, was Boyer im Schilde führt, ist es umso trauriger, dass sie ihren eigenen kognitiven Fähigkeiten nicht genug Vertrauen schenkt und sich ihrer deshalb nicht bedient.

[16] Diese Bemerkungen sind nicht als Analyse der Scham gedacht. Erhellend wird dieses Phänomen behandelt in John Deighs „Shame and Self-Esteem: A Critique", *Ethics*, XCIII, 2 (1983): S. 225-45; Gabriele Taylors *Pride, Shame, and Guilt: Emotions of Self-Assesment* (New York: Oxford, 1985); Bernard Williams' *Shame and Necessity* (Berkeley: California UP, 1993), Kapitel 4; Sandra Bartkys „Shame and Gender", in: *Feminity and Domination* (New York: Routledge, 1990) und Michael Lewis' *The Exposed Self* (New York: Free Press, 1992).

verhalt dann zu erklären, wenn jemand durch seine Schamgefühle am Nachdenken gehindert oder in seiner Fähigkeit eingeschränkt wird, seine Motive und sein Verhalten zu regulieren. In solchen Fällen fungieren Schamgefühle als eine (oder beide) der allgemein anerkannten Arten von Hindernissen für freies Handeln. Aber Scham kann die Freiheit einer Person auch dann verringern, wenn sie zum Zusammenbruch ihres Selbstwertgefühls als handelndem Subjekt führt. Ebenso wie die Frau, die geisteskrank zu sein glaubt, kann derjenige, der sich schämt, seine reflexiven und evaluativen Fähigkeiten als etwas Fremdes erleben, weil seine angebliche Schande oder Blamage sein Selbstwertgefühl als kompetent Handelndem untergräbt. Aber auch diese Art von Desorientierung muss nicht unbedingt die Fähigkeit der Person zur Selbstbestimmung ihres Willens einschränken.[17]

Schamgefühle beeinträchtigen die Freiheit des Handelnden gewöhnlich nur für kurze Zeit. Wie Sandra Bartky feststellt, kann es jedoch sein, dass sozial und psychisch unterdrückte Menschen fast ihr ganzes Leben an Schamgefühlen leiden (*op. cit.*, S. 96-7). Zu verstehen, wie sich Schamgefühle auf die Freiheit des Handelnden auswirken, könnte uns in einem solchen Fall helfen, den Schaden zu ermessen, den die Opfer von Unterdrückung erleiden.

Ein weiteres anschauliches Beispiel dafür, wie soziale Situationen die Freiheit des Handelns beschränken können, ohne prozedurale Bedingungen zu verletzen, liefert die Sklaverei. Es lässt sich kaum eine Hinsicht vorstellen, in der die institutionalisierte Versklavung von Schwarzafrikanern in den Vereinigten Staaten diese nicht systematisch daran gehindert hat, die prozeduralen Bedingungen der Freiheit zu erfüllen. Dieses Ergebnis darf in seiner Entsetzlichkeit gewiss nicht unterschätzt werden. Allerdings zeigen Untersuchungen der mit der Sklaverei verbundenen psychischen Belastungen, dass der von Sklaven erlittene Freiheitsverlust nicht nur auf die Hindernisse zurückzuführen ist, die sie davon abhielten, das zu tun, was sie am liebsten getan hätten. Die sozialen Mechanismen, die das Funktionieren der Sklaverei gewährleisteten, erfüllten ihre Aufgabe nämlich zum Teil dadurch, dass sie bei den Sklaven den Sinn für die Fähigkeit zerstörten, ihre eigenen Entscheidungen zu treffen und ihr eigenes Leben zu führen.

Ein zentrales Element der Sklaverei in den Vereinigten Staaten bestand darin, dass sie die Sklaven jeglicher sozialer Anerkennung als Handelnde beraubte. Aus der vorherrschenden Perspektive wurde ein Sklave als Unperson angesehen, das heißt, als Wesen, dem jegliche Ehre, persönliche Würde und Verantwortung fehlte.[18] Die Sklaven hatten verinnerlicht, dass sie unabhängig von ihrem Herrn keinerlei soziale Stellung besaßen, weshalb ihnen häufig auch jeder Sinn dafür fehlte, als Urheber ihres eigenen Handelns Achtung zu verdienen. Dies macht Frederick Douglass' berühmten Bericht, wie er sich erfolgreich gegen den Versuch eines Sklaventreibers, ihn auszupeitschen, zur Wehr setzte

---

[17] Die Freiheit wird jedoch nicht immer durch Schamgefühle beeinträchtigt. Unter gewissen Umständen berührt die für Scham wesentliche Reduktion des Selbstwertgefühls das für freies Handeln notwendige Selbstwertgefühl der handelnden Person nicht. Für die Entwicklung dieses Gedankens bedürfte es jedoch einer detaillierten Analyse der Scham.

[18] In seiner umfangreichen interkulturellen Studie zur Sklaverei „Slavery and Social Death" (Cambridge: Harvard, 1982) hat Orlando Patterson herausgefunden, dass die soziale Nichtexistenz für alle Formen der Sklaverei charakteristisch ist.

und sich dabei seines eigenen Werts bewusst wurde, so aufschlussreich im Hinblick auf den tiefgehenden Schaden, der den Sklaven zugefügt wurde.[19] Wenn bei vielen Sklaven die Freiheit des Handelns teilweise dadurch eingeschränkt wurde, dass sie von jeglicher Fähigkeit selbstständigen Handelns, die sie möglicherweise gehabt hätten, entfremdet waren, dann können die prozeduralen Freiheitsbedingungen, die nur jene durch die Standardfälle unfreien Handelns illustrierten Hindernisse aufdecken, nicht hinreichend den Freiheitsverlust erklären, den die Sklaverei bewirkte.

III Das Selbstwertgefühl des frei Handelnden

Die drei Beispiele eingeschränkter Freiheit, die ich zu dem Zweck angeführt habe, die übliche Auswahl von Standardfällen unfreien Handelns infrage zu stellen, geben uns einen Hinweis auf die für freies Handeln erforderliche Art von Selbstwertgefühl. Bevor ich darauf zu sprechen komme, was diese Beispiele gemeinsam haben, möchte ich jedoch zunächst feststellen, was sie voneinander unterscheidet. Die erniedrigten Sklaven haben die Achtung vor ihrer eigenen moralischen Würde als Personen verloren (beziehungsweise nie entwickeln können). Das Opfer in den Gaslicht-Fällen und die Person, die Scham empfindet, würde dagegen normalerweise ihre moralische Selbstachtung nicht vollständig verlieren. Und während die Frau, die verrückt zu werden glaubt, im Hinblick auf ihre Fähigkeit zur Selbsteinschätzung zu Zweifeln neigen wird, wird derjenige, der sich schämt, normalerweise seiner Selbsteinschätzung vertrauen. Das Selbstwertgefühl, an dem es diesen Personen mangelt, ist also von verschiedener Art. Was aber ist ihnen dann gemeinsam und erklärt, warum sie in ihrer Freiheit eingeschränkt sind?

Einen Hinweis auf die Beantwortung dieser Frage gibt uns die Tatsache, dass das fragliche Selbstwertgefühl in allen drei Fällen davon abhängig ist, welche Einstellung andere Personen zum Handelnden haben. Die interpersonale Dimension dieses Selbstwertgefühls wird dadurch unterstrichen, dass es bei jedem dieser Beispiele um Schwierigkeiten des Handelnden geht, an Beziehungen und Interaktionen mit anderen teilzunehmen. Die Frau in der modifizierten Gaslicht-Geschichte glaubt, dass sie sich aufgrund ihrer (angeblichen) psychischen Erkrankung gegenüber anderen Menschen nicht angemessen oder nicht intelligent verhalten kann. Die durch Schamgefühle in ihrer Handlungsfreiheit beeinträchtigte Person verliert den für die Kontinuität ihrer sozialen Beziehungen erforderlichen Sinn für die eigene Achtbarkeit oder Ehrbarkeit. Der Sklave schließlich, der das erniedrigende Bild der anderen, das ihn als Unperson repräsentiert, verinnerlicht, hat das Gefühl, von allen Beziehungen und Institutionen für Personen ausgeschlossen zu sein.

Außerdem fühlt sich die handelnde Person in allen diesen Beispielen unwürdig, mit anderen Beziehungen zu unterhalten, weil diese Beziehungen ihrem Urteil nach mit bestimmten normativen Erwartungen verbunden sind. Die Frau in der Gaslicht-Geschichte zweifelt an ihrer geistigen Fähigkeit, die möglichen Erwartungen anderer erfüllen zu

---

[19] *Narrative of the Life of Frederick Douglass, An American Slave* (New York: Penguin, 1982).

können. Und der Person, die Scham empfindet, wie auch dem erniedrigten Sklaven fehlt es an der Überzeugung, dass sie bestimmten Maßstäben der Respektabilität gerecht zu werden vermag, die ihnen erlauben, an bestimmten Beziehungen teilzuhaben. Wer die von mir beschriebenen Arten von Unfreiheit erleidet, muss natürlich nicht eigens an seine potenziellen Beziehungen zu anderen Menschen denken. Sein Selbstbild ist soweit verändert, dass er sich nicht in der Lage fühlt, eine Vielzahl der normativen Erwartungen zu erfüllen, die seinem eigenen Urteil nach Interaktionen mit anderen Personen regeln.

Die betrachteten Beispiele legen also nahe, dass zu dem für die Freiheit des Handelnden erforderlichen Selbstwertgefühl des handelnden Subjekts die Überzeugung gehört, im Lichte bestimmter, von ihm selbst als legitim erachteter normativer Anforderungen für sein eigenes Verhalten Verantwortung tragen bzw. Rechenschaft ablegen zu können. Dabei werden unterschiedliche Aspekte dieser normativen Kompetenz veranschaulicht, was auch, wie schon bemerkt, die Unterschiedlichkeit der Beispiele erklärt.

Unterstützung findet meine Deutung des für den frei Handelnden notwendigen Selbstwertgefühls in einigen neueren Arbeiten zur Natur des Selbst. Charles Taylor[20] etwa hat die These vertreten, der Besitz einer Selbstidentität schließe die Fähigkeit mit ein, als Reaktion auf die Erwartungen anderer für sich selbst Verantwortung zu übernehmen. Wer ein Selbst besitzt, der hat nach Taylor die Fähigkeit, anderen als Person gegenüber zu treten und sie als Personen zu behandeln; ein Selbst existiere nur innerhalb von „'Geweben des sprachlichen Austauschs'" (*ibid.*, S. 71). Aber auch dann, wenn der Besitz eines Selbst sehr viel mehr umfasst als die Fähigkeit, für das eigene Verhalten in normativ geregelten Beziehungen die Verantwortung zu tragen, ist es doch plausibel anzunehmen, dass man kein Bewusstsein eines eigenen Selbst haben kann, wenn man sich einer solchen Fähigkeit nicht bewusst ist.[21] Ein solches Bewusstsein ist klarerweise mit der Handlungsfreiheit verknüpft. Um als frei Handelnder in den eigenen Handlungen präsent zu sein, muss der Handelnde ein Bewusstsein davon haben, wer er ist, und dieses Bewusstsein seines eigenen Selbst muss sich in seinem Verhalten zeigen können. Wenn also das Bewusstsein des eigenen Selbst das Bewusstsein der Fähigkeit erfordert, für das eigene Verhalten Verantwortung zu übernehmen, dann sollte das freie Handeln auch ein Bewusstsein dieser Fähigkeit erfordern.

Bevor ich weiter erläutere, welche Art von normativer Kompetenz für das Selbstwertgefühl eines frei Handelnden nötig ist, sollte deutlich geworden sein, dass meine bisherigen Darlegungen die in Abschnitt II aufgestellte Hauptthese über diese Komponente der Freiheit untermauern. Wem der nötige Sinn dafür fehlt, dass er die Fähigkeit hat, für die eigenen Handlungen Rechenschaft abzulegen, dessen Freiheit kann auch ohne

---

[20] *Quellen des Selbst: Die Entstehung der neuzeitlichen Identität* (Frankfurt a. M.: Suhrkamp, 1996), Kap. 2.
[21] Ein weiterer wichtiger Unterschied zwischen meiner eigenen Behauptung und Taylors Auffassung des Selbst besteht darin, dass er die Ansicht vertritt, der Besitz eines Selbst impliziere eine bestimmte Art von Wertungen, nämlich „starke qualitative Unterscheidungen" im Hinblick auf den Wert unserer Ziele und Einstellungen (vgl. zum Beispiel *op. cit.*, S. 55). Ich selbst setze keine solche Bedingung für das Identitätsgefühl eines frei Handelnden voraus. Vgl. die sorgfältige Kritik an Taylors Position von Owen Flanagan in seinem Aufsatz „Identity and Strong and Weak Evaluation", in: Flanagan und Amelie O. Rorty (Hrsg.), *Identity, Character, and Morality* (Cambridge: MIT, 1990), S. 37–65.

eines der beiden üblichen Hindernisse eingeschränkt sein. Eine Person, die sich unfähig fühlt, angemessen auf potenzielle normative Forderungen bezüglich ihres Verhaltens zu reagieren, kann durchaus in der Lage sein, ihren Willen in die Tat umzusetzen. Die vorgeschlagene Freiheitsbedingung ist also nicht nur eine triviale Bedingung absichtlichen Handelns. Eine solche Person muss auch nicht unbedingt daran gehindert sein, ihren Willen durch ihre Überlegungen zu bestimmen. Sie kann aus Motiven handeln, die zum Ausdruck bringen, was ihr wichtig ist, und damit einverstanden sein, auf welchem Wege sie diese Motive erworben hat, während sie es sich nicht zutraut, anderen für ihr Handeln Rechenschaft zu geben. Der für freies Handeln nötige Sinn für den eigenen Wert als handelndes Subjekt hat eine soziale Dimension, die den üblichen prozeduralen Freiheitsbedingungen abgeht.

An dieser Stelle bedarf die vorgeschlagene Freiheitsbedingung zweier Klarstellungen. Es mag nämlich zum einen der Eindruck entstehen, als schließe die Deutung des Selbstwertgefühls des frei Handelnden im Sinne normativer Kompetenz eine ganze Reihe von Handelnden aus, die offenkundig frei sind. Es könnte der Eindruck entstehen, dass sie die Freiheit all jener Personen ausschließt, die sich konventioneller sozialer Normen, an denen andere ihr Verhalten messen, entweder nicht bewusst sind oder diese Normen als für sich selbst nicht verbindlich betrachten. Ebenso könnte es so aussehen, als schließe diese Deutung die Freiheit von all jenen aus, die versuchen, sich von den üblichen Formen menschlicher Gemeinschaft und sozialer Praxis zu isolieren. Radikale Nonkonformisten, Einsiedler, extreme Asketen und Amoralisten können jedoch nicht einfach aufgrund ihrer untypischen Einstellung gegenüber den vorherrschenden sozialen Normen als *unfrei* angesehen werden. Wenn es ihnen an dem Wissen, dem Engagement und den sozialen Bindungen mangelt, die eine Voraussetzung dafür sind, dass sie anderen für ihre Handlungen Rechenschaft schulden, dann sind sie vielleicht keine angemessene Zielscheibe für gewisse reaktive Einstellungen (wie Lob und Tadel). Aber es bedeutet nicht, dass dadurch auch ihre Freiheit bedroht ist. Dieselben Handlungen, durch die sie ihren Mangel an Kompetenz in bestimmten normativ geregelten Bereichen an den Tag legen, können trotzdem ihre eigenen authentischen Handlungen sein.[22]

Diese Schwierigkeit wird vermieden, wenn das Bewusstsein des frei Handelnden für seine Fähigkeit, für das eigene Handeln Verantwortung zu tragen, nichts weiter ist als das subjektive Bewusstsein einer normativen Kompetenz, das weder garantiert, dass der Handelnde tatsächlich hinreichend in der Lage ist, für sein Handeln Verantwortung zu übernehmen, noch, dass er sich den Normen verbunden fühlt, in deren Licht ihn andere bewerten. Die von mir vorgeschlagene Bedingung fordert, dass der frei Handelnde sich, ob berechtigt oder unberechtigt, in der Lage sieht, auf Erwartungen zu reagieren, die andere aus seiner Sicht zu Recht an ihn richten. Die Identifikation des Handelnden mit seiner Handlung hängt in der Tat davon ab, welchen Standpunkt dieser einnimmt, und zwar gleichgültig, wie idiosynkratisch und wie weit entfernt von der sozialen Wirklichkeit dieser sein Standpunkt sein mag. Wenn er sich nur als handlungswürdig ansieht, so spielt das Maß, in dem er die Normen, die für ihn gelten, tatsächlich erkennt oder

---

[22] Die Unterscheidung zwischen Freiheit und Verantwortlichkeit wird in Abschnitt IV eingehender diskutiert.

anerkennt, keine Rolle.²³ Das ist völlig vereinbar mit meiner Behauptung, dass die vorgeschlagene Bedingung eine soziale beziehungsweise interpersonale Dimension enthält, die den üblichen inhaltsneutralen Theorien fehlt.

Die zweite Klarstellung zu der von mir vorgeschlagenen Bedingung hängt damit zusammen, dass das Bewusstsein, das eine Person von ihrer normativen Kompetenz hat, mit dem normativen Bereich variiert, in dem sie ihre Kompetenz bewertet. Die drei von mir diskutierten Beispiele veranschaulichen ganz allgemein, wodurch das Selbstwertgefühl des Handelnden bedroht wird, ohne dass die betreffende Bedrohung einem spezifischen normativen Bereich zuzuordnen ist. Die Frau aus der Gaslicht-Geschichte etwa, die glaubt, geisteskrank zu werden, wird vermutlich in keinem normativen Bereich ihrer Fähigkeit vertrauen, für ihr Verhalten Verantwortung tragen zu können. Aber ein Handelnder mag sehr wohl in der Lage sein, innerhalb eines bestimmten Bereichs oder sozialen Zusammenhangs auf normative Erwartungen zu reagieren, während er sich im Hinblick auf andere normative Maßstäbe für inkompetent hält. Außerdem variiert wahrscheinlich in verschiedenen Bereichen auch, welche Art von Kompetenz ein Handelnder von sich erwartet und in welchem Maße. Eine vollständige Darstellung der Komponenten der Freiheit einer Person in einer konkreten Situation ist nach der hier entwickelten Ansicht möglicherweise nur in Bezug auf ganz bestimmte normative Perspektiven möglich.²⁴ Dies bedeutet jedoch nicht, dass die Beurteilung der Freiheit auf bestimmte Bereiche von normativen Maßstäben relativiert werden muss, denn nicht alle Komponenten der Freiheit sind derart relational.²⁵

Ich habe in diesem Abschnitt eine notwendige Bedingung freien Handelns näher ausgeführt, die von den bekannten inhaltsneutralen Ansätzen weder berücksichtigt noch impliziert wird. Es ließe sich noch mehr über die Art von Selbstwert sagen, die durch diese Bedingung gesichert wird, und über ihre Beziehung zu anderen Arten von Selbstwert, wie auch über die Bedeutung dieser Bedingung für unser Verständnis der Kontrolle, die ein frei Handelnder über sein Handeln besitzt, und andere für die Freiheit des Handelns notwendige Elemente des Selbstverständnisses einer Person. Ich habe die vorgeschlagene Bedingung jedoch so weit ausgearbeitet, dass dadurch interessante soziale und normative Dimensionen der Freiheit ans Licht kommen. Dies wird mich im nächsten Abschnitt

---

²³ Das bedeutet jedoch nicht, dass alle Wege, auf denen eine handelnde Person zu einer verzerrten und unvernünftigen Sicht ihrer eigenen normativen Kompetenz kommen kann, mit Freiheit vereinbar sind. Eine weitere Diskussion dieses Punkts müsste die Beziehung untersuchen, die zwischen der vorgeschlagenen Bedingung des Selbstwerts und einer adäquaten Analyse der Fähigkeit des frei Handelnden, seinen Willen zu bestimmen, besteht. Eine solche Untersuchung kann an dieser Stelle nicht unternommen werden.

²⁴ In „Freedom and Value" habe ich ein anderes Argument entwickelt, dessen Schlussfolgerung darin besteht, dass Freiheit ein relationales Phänomen ist.

²⁵ Christman spricht sich gegen Freiheitsbedingungen aus, die auf bestimmte Klassen von Normen relativiert sind, weil diese die Freiheit zu etwas Unbestimmtem machen. In diesem Fall ist es unklar, welche Normen tatsächlich auf den Handelnden zutreffen, beziehungsweise nicht klar bestimmt, welche genauen normativen Erwartungen auf ihn gerichtet sind. Vgl. „Liberalism and Positive Freedom", *Ethics*, CI, 2 (1991): S. 343-59, insb. S. 358. Christmans Einwand berührt jedoch nicht den hier vorgeschlagenen Typ von relationaler Bedingung, da er nur auf solche Auffassungen zielt, die verlangen, dass ein frei Handelnder die Fähigkeit hat, die Standards, die *tatsächlich* für ihn gelten, zu erkennen und zu würdigen.

in die Lage versetzen, genauer zu erklären, was an einer rein inhaltsneutralen Theorie falsch ist und warum eine ganz bestimmte inhaltsspezifische Theorie unbrauchbar ist.

IV Der Verzicht auf inhaltliche Neutralität

Wie ich im ersten Abschnitt dargelegt habe, sind diejenigen Theorien, die sich ausschließlich auf die Standardfälle unfreien Handelns konzentrieren, inhaltlich neutral. Eine solche Neutralität gilt weithin als angemessen. Denn ein Handelnder, der sich nicht frei entscheiden kann, mit welchen Motiven er sich identifizieren will, beziehungsweise ob er bereit ist zu akzeptieren, wie sich seine Präferenzen gebildet haben, kann kaum als gänzlich frei bezeichnet werden. Aber dies ist für die vollständige Inhaltsneutralität nicht genug, wie die vorgeschlagene Bedingung der Freiheit, die vom Handelnden ein bestimmtes Selbstwertgefühl fordert, zeigt. Letztere ist zwar damit vereinbar, dass der frei Handelnde die Freiheit hat, selbst zu bestimmen, was ihm wichtig ist. Sie ist jedoch in einer wichtigen Hinsicht inhaltlich nicht neutral.

Dass der frei Handelnde sich bewusst sein muss, dass er für sein Handeln Verantwortung tragen kann, bedeutet nicht, dass er bestimmte Urteile für wahr halten muss. Dieses Bewusstsein mag durch eine Vielzahl von Überzeugungen vermittelt sein. Die Forderung erlegt den Wünschen, Werten und Plänen des Handelnden auch keine inhaltlichen Beschränkungen auf, da sie allein das Selbstwertgefühl betrifft, das sich aus dem Bewusstsein ergibt, für die eigenen Handlungen Verantwortung übernehmen zu können, unabhängig davon, was dem Handelnden in seinem Handeln am meisten am Herzen liegt. Sie ist dennoch nicht ganz inhaltsneutral. Denn wenn der Handelnde bestimmte Einstellungen hätte, würde dies das erforderliche Selbstwertgefühl (psychologisch, wenn auch nicht logisch) ausschließen. Wenn der Handelnde beispielsweise überzeugt davon wäre, dass nur Personen mit ganz bestimmten Fähigkeiten Verantwortung für ihre Handlungen übernehmen könnten, ihm selbst aber einige dieser Fähigkeiten abgingen, dann würde ihm auch das Selbstwertgefühl fehlen, das er (zumindest im Hinblick auf die für den fraglichen Bereich relevanten Normen) zum Handeln bräuchte. Aus der vorgeschlagenen Bedingung ergeben sich also inhaltliche Einschränkungen für die Einstellungen des Handelnden.

Diese Einschränkungen sind zwar in vielerlei Hinsicht minimal. Das heißt jedoch nicht, dass sie trivial sind. Die üblichen prozeduralen Theorien können derartige Einschränkungen jedenfalls nicht tolerieren. Nach meiner Auffassung kann beispielsweise ein Handelnder, dem die Vorstellung fehlt, dass andere zu Recht Erwartungen an ihn richten beziehungsweise ihn unter bestimmten Umständen zur Rechenschaft für seine Handlungen auffordern, nicht gänzlich frei sein, da ihm das nötige Selbstwertgefühl fehlt. Daraus ergeben sich jedoch, wie ich bereits erklärt habe, keine inhaltlichen Einschränkungen der Normen, die ein Handelnder für angemessen hält.

Es gibt gute Gründe, inhaltsspezifischen Theorien mit Misstrauen zu begegnen.[26]

---

[26] Einige dieser Zweifel finden angemessenen Ausdruck in Dworkins Bemerkung, „dass es eine Spannung gibt

Dies gilt jedoch nicht für die Nichtneutralität der Selbstwert-Bedingung, wie man durch einen Vergleich mit Susan Wolfs „Reason View" sehen kann. Wolf vertritt die These, dass der frei Handelnde „die Fähigkeit" haben muss, „dass Richtige aus den richtigen Gründen zu tun", „die Fähigkeit, in Einklang mit dem Wahren und Guten und auf der Basis des Wahren und Guten zu handeln".[27] Das bedeutet nicht, dass der Handelnde „das Wahre und Gute" zu seinen Werten macht und dass sie ihm am Herzen liegen. Wolf verlangt nur, dass der Handelnde *in der Lage* ist, seinen Willen auf der Grundlage dieser Wertmaßstäbe zu bestimmen (*ibid.*, S. 92). Diese Forderung, so Wolf, beinhaltet, dass man sich in metaethischer Hinsicht auf ein gewisses Maß an Objektivismus festlegt. Die durch „das Wahre und das Gute" gesetzten Maßstäbe dürfen nicht willkürlich und müssen unabhängig von den Überzeugungen, Präferenzen und Entscheidungen, etc. der handelnden Individuen sein, wenn die Fähigkeit des Handelnden, diese Maßstäbe zu erkennen und sich an ihnen zu orientieren, zu seiner Freiheit beitragen soll. Diese metaethische Einschränkung ist jedoch, wie Wolf feststellt, mit verschiedenen Formen des Relativismus vereinbar und erlaubt, dass es für viele normative Probleme eine Vielzahl maximal rationaler Lösungen gibt (*ibid.*, S. 124-6).

Wolfs Erklärungsansatz ist kein inhaltsneutraler. Er erlaubt den frei Handelnden zwar, sich von den Plänen und Werten leiten zu lassen, die sie bevorzugen; er verlangt von ihnen aber auch, dass sie eine Fähigkeit besitzen, die sich ohne Rückgriff auf gewisse von den Anliegen, Urteilen und Entscheidungen der handelnden Individuen unabhängige normative Maßstäbe, die das Handeln rational beschränken, nicht charakterisieren lässt. Die mit Wolfs Position verknüpfte inhaltliche Forderung ist gewiss um einiges schwächer als jene Forderungen, die vom Handelnden verlangen, dass er sich auf bestimmte Ziele oder Werte festlegt. Sie setzt sich aber ähnlichen Einwänden aus. Denn so paradox es ist, zu glauben, dass Freiheit an sich schon die Festlegung auf bestimmte Werte ausschließt, so paradox ist es auch, zu meinen, man könne nicht frei handeln, wenn die eigenen normativen Fähigkeiten die von Wolf angelegten Kriterien der Objektivität nicht erfüllen. Zugegeben: Eine Person, die nicht die rationale Kraft von Maßstäben zu erfassen vermag, die für sie unabhängig von ihren subjektiven Einstellungen gelten, wird auch nicht für die Handlungen verantwortlich sein, die an diesen Maßstäben gemessen werden (sofern sie nicht für ihre Unfähigkeit selbst verantwortlich ist). Aber wenn sie sich ganz mit diesen Handlungen identifiziert, ist sie in ihrem Handeln dennoch gänzlich frei, obwohl sie für ihre Handlungen nicht verantwortlich ist.[28]

---

zwischen Autonomie als einem rein formalen Begriff (bei dem man, inhaltlich gesehen, entscheiden kann, wie man will) und Autonomie als einem substanziellen Begriff (bei dem nur ganz bestimmte Entscheidungen mit Autonomie vereinbar sind). Die Person, die sich dafür entscheidet, das zu tun, was ihre Gemeinschaft, ihr Guru oder ihre Genossen von ihr verlangen, kann der letzten Auffassung zufolge also nicht als autonom gelten. Es scheint also einen Konflikt zu geben zwischen der Autonomie einer Person und ihren emotionalen Bindungen zu anderen Menschen, ihrem Engagement für eine Sache, die ihr wichtig ist, Autorität, Tradition, Expertentum, Führerschaft, und so weiter" (*op. cit.*, S. 12).

[27] *Freedom within Reason*, S. 71.

[28] Ich glaube inzwischen selbst, dass diese Kritik an Wolf auch die von mir in „Freedom and Value" vorgeschlagene Bedingung normativer Kompetenz trifft (obwohl diese schwächer ist als die von Wolf, da sie den

Dies verdeutlicht, wie freizügig die von mir vorgeschlagene nichtneutrale Bedingung ist. Sie verringert den Unterschied zwischen einer rein prozeduralen Auffassung und Wolfs einflussreichem inhaltsspezifischen Ansatz. Wie letzterer geht sie davon aus, dass die Annahme, prozedurale Bedingungen allein reichten aus, um zu erklären, was die Handlung einer Person zu ihrer eigenen Handlung macht, zurückzuweisen ist. Wie in inhaltsneutralen Auffassungen aber spiegelt sich in der von mir vorgeschlagenen Bedingung die Überzeugung, dass die Wünsche, Werte, Lebenspläne und normativen Fähigkeiten einer Person nicht im Namen der Freiheit eingeschränkt werden dürfen.

V Selbstwert und Wert der Freiheit

Ich habe dafür argumentiert, dass sich viele neuere Freiheitstheorien auf Standardfälle unfreien Handelns konzentrieren und dabei übersehen, welche Rolle die Einstellungen des frei Handelnden zu seiner eigenen Handlungswürdigkeit spielen. Das hat es diesen Theorien erleichtert, die - falsche - These zu vertreten, dass die Bedingungen freien Handelns inhaltlich neutral sind. Das den frei Handelnden auszeichnende Bewusstsein der Würdigkeit, sein Handeln selbst zu lenken, hat eine soziale Dimension, die seinem Selbstverständnis substanzielle normative Einschränkungen auferlegt. Zum Abschluss möchte ich die Bedeutung dieser sozialen Dimension der Freiheit beleuchten, indem ich darlege, wie sie zu einem besseren Verständnis des Werts der Freiheit beitragen kann.

Nach prozeduraler Auffassung kommt unserem Bewusstsein, dass wir über die grundlegende Fähigkeit verfügen, zu anderen Personen in Beziehung zu treten, keine unabhängige Bedeutung für unsere Freiheit zu. Es berührt unsere Freiheit nur in dem Maße, in dem es unsere Fähigkeit zur reflexiven Selbstbestimmung unseres Willens (bzw. zur Identifikation mit den Prozessen unserer Willensbildung) stützt, erweitert oder beeinträchtigt. Eine Person kann, wie ich gezeigt habe, auch dann ungehindert von dieser Fähigkeit Gebrauch machen, wenn sie das Gefühl hat, dass ihr diese grundlegende Kompetenz abgeht. Das zeigt ein charakteristisches Merkmal dieser Freiheitsauffassungen auf. Sie gehen implizit davon aus, dass die Beschaffenheit unserer interpersonalen oder sozialen Situation beziehungsweise unseres Verständnisses dieser Situation die Freiheit unseres Handelns nur zufällig berühren kann, indem sie möglicherweise unsere Fähigkeit beeinflusst, in unserem Handeln zum Ausdruck zu bringen, was uns am wichtigsten ist.

Wenn die Vertreter einer prozeduralen Auffassung zu erklären versuchen, warum freies Handeln für Personen normalerweise einen grundlegenden nichtinstrumentellen Wert hat, ist es also nur folgerichtig, dass ihre Erklärungen durch und durch individualistisch sind und allein die Bedeutung der Freiheit für den individuellen Willen handelnder Personen zu verstehen suchen. Die Freiheit des Handelns hilft uns, eine bestimmte Art von

---

Fähigkeiten eines frei Handelnden keine metaethischen Bedingungen auferlegt). Wie wichtig es ist, sorgfältig zwischen Verantwortlichkeit und Freiheit zu unterscheiden, wenn man die normative Kompetenz eines frei Handelnden beurteilt, wird auch in Bernard Berofskys Rezension von *Freedom within Reason* in: *The Journal of Philosophy*, LXXXIX, 4 (April 1992): S. 202–8, und in Watsons „Responsibility and Normative Competence", S. 3, Fußnote 3 betont.

Integrität zu erlangen. Die Fähigkeit, uns auf überlegte Weise mit unseren Motiven und Handlungen zu identifizieren, versetzt uns auch in die Lage, unserem Willen Integrität zu verleihen, das heißt, der Vielzahl konkurrierender Motive und Werte Einheit zu geben, indem man sie langfristigen Plänen, Verpflichtungen und Prinzipien unterordnet. Es ist plausibel zu glauben, dass den meisten Menschen die Fähigkeit zur Integration ihres Willens sehr am Herzen liegt und dass es hierfür gute Gründe gibt. Wenn die verschiedenen Techniken der Beeinflussung unserer Motive wie Hypnose, unterschwellige Werbung und soziale Konditionierung unsere Fähigkeit zur Integration unseres Willens nicht stören würden, so hätten wir vermutlich keinen Grund dafür, so großen Wert darauf zu legen, solche Einflüsse zu meiden. Im äußersten Fall wäre ein Geschöpf, dem diese Fähigkeit gänzlich fehlt, überhaupt kein *Selbst* mehr; und es gibt gewiss gute nichtinstrumentelle Gründe dafür, ein Selbst sein oder bleiben zu wollen.

Den Wert der Freiheit durch ihre Bedeutung für diese Integrität zu erklären, ist ohne Zweifel attraktiv, was nicht zuletzt daher rührt, dass uns eine solche Erklärung so natürlich erscheint. Es würde auch verständlich machen, warum die Frage nach dem Wert der Freiheit so selten ausführlich diskutiert wird.[29]

Es gibt jedoch zumindest zwei gewichtige Gründe zu bezweifeln, dass diese Erklärung allein ganz angemessen sein kann. Erstens ist die Freiheit des Handelnden mit sehr viel mehr Ambivalenz und unlösbaren Konflikten zwischen unseren Motiven verträglich, als dieses Bild vom Wert der Freiheit einzuräumen bereit ist.[30] Unsere Freiheit liegt uns auch dann am Herzen, wenn es uns nicht gelingt, die scharfen Konflikte zwischen unseren Motiven und Werten zu überwinden. Außerdem schätzen wir unsere Freiheit manchmal gerade deshalb, weil sie es uns nicht gestattet, in unserem Willen vollständige Harmonie herzustellen. Wenn wir wirklich hin und her gerissen sind zwischen zwei Verpflichtungen, die wir nicht miteinander versöhnen können, ohne etwas zu unterdrücken, wofür wir selbst stehen, dann sollte die Freiheit, an der uns liegt, etwas von unserer inneren Uneinigkeit aufrechterhalten. Wo es um die Freiheit geht, ist die Authentizität unseres Willens wichtiger als seine Integrität.

Zweitens: Wenn wir davon ausgehen, dass Freiheit eine ganz besondere Bedeutung für *Personen* hat, dann ist es bestenfalls unvollständig, den Wert der Freiheit durch ihren Beitrag zur Integrität des Willens zu erklären, da ein jeder bloß intentional Handelnder auch ein Interesse an der Integrität seines Willens hätte und intentionales Handeln allein noch kein freies Handeln ist. Dieses Problem für die Integritätstheorie könnte das Ergebnis der begrenzten Vorstellung sein, die sich prozedurale Theorien von der Bedeutung der sozialen Situation des Handelnden für seine Freiheit machen. Im Unterschied zu anderen Wesen, die auch intentional handeln, sind sich Personen ihrer Sozialität selbst bewusst,

---

[29] Zu den interessantesten Arbeiten, die den Wert der Freiheit behandeln, gehören Joel Feinberg, „The Interest in Liberty on the Scales", in: *Rights, Justice, and the Bounds of Liberty* (Princeton: University Press, 1980); Wolf, „The Importance of Free Will", *Mind*, XC, 359 (1981): S. 386–405; Dworkin, *The Theory and Practice of Autonomy*, Kapitel 5; und Thomas Hurka, „Why Value Autonomy?", *Social Theory and Practice*, XIII, 3 (1987): S. 361–82.

[30] In Thalbergs Kritik an strukturellen Freiheitskonzeptionen finden sich einige nützliche Bemerkungen dazu, dass eine Theorie der Freiheit beträchtliche Disharmonien in der Motivation erlauben muss (*op. cit.*, S. 224f.).

und es liegt ihnen aus guten Gründen viel daran, ihren Status als Teilnehmer an sozialen Beziehungen und Praktiken in Gänze aufrechtzuerhalten. Das bedeutet teilweise, dass Personen daran interessiert sind, sich als hinreichend kompetent ansehen zu können, damit man ihnen die Verantwortung für ihre Handlungen gibt und für diese Rechenschaft verlangt. Da ein solches Selbstverständnis, wie ich behaupte, zu ihrer Freiheit gehört, könnte dies auch erklären helfen, warum Personen ein Interesse an Freiheit haben, das über ihr Interesse an einem harmonischen Willen hinausgeht. Die Selbstwert-Bedingung könnte zeigen, dass Freiheit deshalb Wert hat, weil sie ein integraler Bestandteil der Selbstachtung ist, die Personen als soziale Wesen besitzen.

Dies bedeutet nicht, dass die Freiheit des Handelns für Personen nur einen instrumentellen Wert besitzt. Wenn Personen ihrer Natur nach soziale Wesen sind, und wenn es zur Natur dieser Sozialität gehört, dass sie in der Lage sind, sich für ihr Verhalten zu verantworten, dann hat dieser Aspekt der Freiheit für Personen einen grundlegenden Wert. Dieses Bild vom Wert der Freiheit wird intuitiv gestützt durch die in Abschnitt II betrachteten Fälle, in denen die (möglichen und tatsächlichen) Einstellungen anderer Personen zum Selbstwert eines Handelnden als handelndem Subjekt eine Rolle bei der Beeinträchtigung seiner Freiheit spielen. Die Frau in dem zweiten Gaslicht-Fall zum Beispiel verliert etwas sehr Wertvolles, wenn sie fürchtet, ihren Verstand zu verlieren, und dies nicht nur deshalb, weil sie ein Interesse daran hat, vernünftig zu urteilen und zu entscheiden. Als eine normale erwachsene Person ist sie auch daran interessiert, ein Bewusstsein ihres Status als ein in sozialen Zusammenhängen handelndes Subjekt aufrechtzuerhalten, ein Subjekt, das würdig ist, in sozial verfassten Kontexten zu handeln und in der Lage, sein Handeln zu verantworten. Dieses Bewusstsein ihres sozialen Selbst wird kompromittiert, wenn man sie dazu bringt, an ihrem Verstand zu zweifeln.

Das von mir bereitgestellte Material reicht für eine vollständige Erklärung des nichtinstrumentellen Werts der Freiheit für Personen nicht aus. Zum einen sind die von mir angegebenen Bedingungen der Handlungsfreiheit keine hinreichenden Bedingungen. Zum anderen habe ich nicht untersucht, wie die Würdigung der Selbstwert-Bedingung die Analyse der Fähigkeit des Handelnden zur Identifikation mit seinem Wollen und Handeln modifizieren könnte. Ich kann hier also nicht erklären, wie groß die Rolle ist, die Erwägungen der Integrität in unserem Verständnis des Werts der Freiheit spielen sollten. Die kurze Diskussion des Werts der Freiheit war dennoch wichtig, da sie uns daran erinnert, dass bei der Freiheit unseres Handelns nicht allein der Charakter unserer Motive beziehungsweise deren Bildungsprozesse auf dem Spiel stehen, sondern auch unsere Identität als Handelnde. Eine Beschädigung unserer Freiheit kann unsere Fähigkeit untergraben, durch unser Handeln zum Ausdruck zu bringen, wer wir sind, sie kann aber auch unser Bewusstsein der eigenen Identität als soziale Geschöpfe beschädigen. Die von mir in diesem Aufsatz herausgearbeitete Bedingung des Selbstwerts ist von Bedeutung, weil sie uns auf diesen sozialen Aspekt des Werts hinweist, den die Freiheit besitzt, einen Aspekt, den die üblichen inhaltlich neutralen Theorien nicht zu erklären vermögen.

Übersetzung: Erich Ammereller

Diana Tietjens Meyers

Personale Autonomie ohne Transzendenz[1]

In der Umgangssprache ist der Begriff der personalen Autonomie mit der Vorstellung von einer Person verbunden, die „nach ihren eigenen Maßstäben lebt" - die nicht „mit der Masse geht". Grob gesagt hat eine autonome Person ein sicheres Gespür für ihre personale Identität (also dafür, wer sie ist) und handelt im Großen und Ganzen dementsprechend. Obwohl personale Autonomie auf komplexe Weise mit verschiedenen anderen Formen der Selbstbestimmung in Beziehung steht - moralische, ökonomische und politische Autonomie eingeschlossen -, werde ich im Folgenden eine von diesen Begriffen losgelöste Konzeption personaler Autonomie betrachten.

Im Einklang mit dem Alltagsverständnis gehe ich davon aus, dass autonome Menschen nicht nur tun, was sie wollen, sondern dass sie vielmehr das tun, was sie „wirklich wollen". Weder werden sie hilflos von ihren Neigungen getrieben, noch befolgen sie automatisch gesellschaftliche Normen. Angesichts dieser Beschreibung ist es nachvollziehbar, dass es manchen Philosophinnen und Philosophen attraktiv erscheint, personale Autonomie als eine Form der Willensfreiheit aufzufassen und autonome Subjekte als Individuen, in deren Handlungen sich ein von allen Spuren der Sozialisation bereinigtes Kern-Selbst ausdrückt. Unter Berücksichtigung der Lehren von Freud und Marx gehe ich davon aus, dass ein solcher ontologischer Ansatz unhaltbar ist.[2] Zwar ist die Annahme vernünftig, dass gesellschaftliche Einflüsse eine mögliche Bedrohung für die Autonomie darstellen und eine Person nicht autonom sein kann, wenn sie nicht in der Lage ist, ein bestimmtes Maß an Kontrolle über ihre Sozialisation auszuüben; die stärkere Behauptung, dass Menschen autonom sind, sobald sie sich von gesellschaftlichen Einflüssen freigemacht haben, ist es jedoch nicht. Es ist nicht nur fraglich, ob Menschen dieses Ziel überhaupt erreichen können; darüber hinaus liefert die Bevorzugung eines von gesellschaftlichen Einflüssen bereinigten Selbst das Individuum diesem Selbst vollständig aus, unabhängig davon, als was sich dieses entpuppen mag. Menschen, die mit unglücklichen Anlagen ausgestattet sind, wären zur Heteronomie verdammt.

Anstelle des ontologischen Ansatzes schlage ich eine prozedurale Sichtweise vor. Meiner Ansicht nach entwerfen Personen ihren Lebensplan dann autonom und führen einzel-

---

[1] Für die Veröffentlichung in diesem Band hat Diana Tietjens Meyers den ursprünglich in *Self, Society, and Personal Choice* erschienenen Text überarbeitet; die dort vertretenen Positionen und Argumente wurden beibehalten. Die Autorin dankt Kristina Grob für ihre Unterstützung bei der Vorbereitung des Manuskripts zur Übersetzung und für den Wiederabdruck. Die vollständige Originalfassung von *Self, Society, and Personal Choice* ist unter http://orion.it.luc.edu/~dmeyers/ verfügbar.

[2] Eine ausführliche Kritik des ontologischen Ansatzes findet sich in *Self, Society, and Personal Choice*, S. 25-41.

ne Handlungen dann autonom aus, wenn sie ein Repertoire von Fähigkeiten zur Selbstfindung, Selbstdefinition und Selbstführung benutzen, um ihre Vorhaben zu entwickeln und sich für ihre Handlungen zu entscheiden (Abschnitt 1). Folglich vollzieht sich Autonomie im Prozess der Selbststeuerung – das heißt, im Zusammenspiel von Vorgängen der Selbstfindung, Selbstdefinition und Selbstführung (Abschnitt 2).

Diese Sichtweise kann einen weiteren Aspekt personaler Autonomie, wie man sie üblicherweise versteht, berücksichtigen – dass personale Autonomie nämlich eine Quelle der Zufriedenheit darstellt. Das Gefühl „mit sich selbst eins" oder „sich treu zu sein" wird oft mit Autonomie in Verbindung gebracht. In meinen Augen ist dieses Gefühl darauf zurückzuführen, dass das „wahre" oder „authentische" Selbst aus der Autonomiekompetenz und verschiedenen ineinandergreifenden Fähigkeiten, Werten, Interessen und Zielen besteht, die sich aus der Ausübung der Autonomiekompetenz ergeben. Diese individualisierte Zusammenstellung von Eigenschaften erhält nach der Autorisierung durch die Fähigkeiten zur Selbstfindung und Selbstdefinition einen hervorgehobenen Status bei der Selbstführung – das heißt, bei der Steuerung des Verhaltens. Aus diesem Grund wird autonomen Personen die Zufriedenheit zuteil, die sich im Gefolge der Selbstdarstellung einstellt. Da das Ausüben von Autonomiekompetenz die Integration der Persönlichkeit zur Folge hat, ermöglicht sie darüber hinaus die Selbstdarstellung in einer großen Bandbreite von Situationen und fördert so ebenfalls die mit dieser einhergehende Zufriedenheit (Abschnitt 3).

Damit basiert meine im Folgenden dargelegte Auffassung personaler Autonomie auf einer bestimmten Auffassung davon, was es genau heißt, dass Individuen die Kontrolle über ihr eigenes Leben haben und daraus Befriedigung ziehen; gleichzeitig wird der Tatsache Rechnung getragen, dass Menschen in zwischenmenschliche und kulturelle Kontexte eingebunden sind, die einen tief greifenden Einfluss darauf ausüben, wer sie sind und was sie wirklich tun möchten.

I Eine prozedurale Auffassung von Autonomie

Indem sie tun, was sie wirklich tun wollen, üben autonome Menschen Kontrolle über ihr Leben aus. Selbstverständlich hat niemand die Kontrolle über alle Umstände, die die eigenen Projekte befördern oder behindern. Autonome Menschen üben jedoch soviel Einfluss wie irgend möglich auf ihr Schicksal aus, insofern sie dazu fähig sind, zum einen innerhalb der situativen Rahmenbedingungen ihr Verhalten ihrem Selbst anzupassen und zum anderen den Spielraum ihrer Möglichkeiten so zu erweitern, dass diese zu ihrem Selbst passen. Wie tun sie das?

Betrachten wir die Fälle von Sharon und Martin. Martin, der Sohn eines Arztes, wurde Zeit seines Lebens darauf vorbereitet, in die Fußstapfen seines Vaters zu treten. Darüber hinaus haben ihm seine Eltern beigebracht, sich tief schuldig zu fühlen, wenn er ihre Erwartungen nicht erfüllt. Als Martin dann das College besucht, schreibt er sich in die Vorbereitungskurse für das Medizinstudium ein. Während seines Studiums schneidet Martin in den naturwissenschaftlichen Kursen hervorragend ab, verwendet aber wenig Mühe auf die allgemeinbildenden Kurse und wählt auf diesem Gebiet die am wenigsten aufwändigen Angebote aus, um damit die obligatorischen Studienleistungen außerhalb seines Hauptfachs zu erbringen. Nichtsdestotrotz erlauben ihm die hervorragenden Ergebnisse seiner Vorbereitungskurse für das Medizinstudium den Besuch der medizinischen Fakultät, an der auch sein Vater studiert hat. Obwohl Martin die medizinische Ausbildung zermürbend findet und oft das Gefühl hat, sich einem überflüssigen Spießrutenlauf nach dem anderen auszusetzen, kommt er nie auf den Gedanken, diese Gefühle näher zu erforschen, geschweige denn seine Berufswahl zu überdenken. Mit vierzig Jahren ist aus Martin ein geachteter und wohlhabender Chirurg geworden.

Sharons Lebenslauf sieht weniger geschmeidig aus. Sharon ist die einzige Tochter eines verwitweten High-School-Tennislehrers, der völlig in sie vernarrt ist. Auch wenn der Vater seine heranwachsende Tochter beim Ausprobieren unterschiedlicher Aktivitäten unterstützt, hofft er dennoch, seine Liebe zum Sport an sie weiterzugeben. Da er sich der mit elterlicher Einflussnahme verbundenen Gefahren bewusst ist, ist er sehr zurückhaltend, was das Verfolgen dieses Ziels betrifft. Trotzdem nutzt er jede Gelegenheit, Sharons ausgeprägtes Talent für Tennis weiter zu entwickeln, und ihr Erfolg in der High-School-Tennismannschaft ist so eindrucksvoll, dass sie dadurch ein Sportstipendium erhält. Dennoch beginnt Sharon ihre College-Ausbildung ohne feste Berufswünsche und freut sich sehr darauf, ihre Möglichkeiten zu erkunden. Trotz des anspruchsvollen Trainings und des vollen Turnierplans, den sie aufgrund ihres Sportstipendiums zu erfüllen hat, nimmt Sharon ihr Studium ernst und probiert Kurse auf verschiedenen Gebieten aus. Zu Beginn jedes Semesters fragt sie sich, welche der zahlreichen Kurse ihr am meisten zusagen und sogar, ob sie etwas ausprobieren sollte, das ihr nicht unmittelbar anziehend erscheint oder das sich vielleicht als zu schwierig für sie herausstellen könnte. Während ihre Ausbildung fortschreitet, beginnt Sharon die scharfe Rivalität unter ihren Teamkollegen als bedrückend zu empfinden und sie fängt an, die einseitige Konzentration aufs Gewinnen, die ihre Trainer von ihr erwarten, zu missbilligen. Gleichzeitig wächst Sharons Zufriedenheit mit ihrem Studium. Nachdem sie die finanziellen Vorteile einer Fortsetzung ihrer professionellen Tenniskarriere gegen ihre anderen Interessen und Werte abgewogen hat und nachdem sie sich beim Referat für Studienfinanzierung Rat über alternative Möglichkeiten der Ausbildungsförderung eingeholt hat, beschließt Sharon letztlich, dass sie nicht professionell Tennis spielen möchte und verlässt die Tennis-Mannschaft. Stattdessen kommt sie zu dem Schluss, dass ihre Talente und Neigungen besser zum Beruf der Physiotherapeutin passen und ihre weiterhin bestehende Zuneigung für den Sport durch eine Spezialisierung auf Sportmedizin ausgedrückt werden kann. Sharons Trainer nehmen den Abschied ihrer besten Spielerin nicht ohne Weiteres hin und versuchen gelegentlich, sie zurück zum Tennis zu locken. In der Gewissheit, die richtige Entscheidung getroffen zu haben, weist Sharon solche Anfragen ohne weiter darüber nachzudenken ab und konzentriert sich stattdessen auf das Ziel, das sie sich selbst gesteckt hat.

Der Kontrast zwischen Martin und Sharon ist lehrreich. Trotz seines sichtbaren Erfolges gibt es nichts an Martins Geschichte, das darauf hindeuten würde, dass er autonom ist. Die schonungslos eindimensionale Sozialisierung, der er ausgesetzt war, und der Unwille, oder – sehr wahrscheinlich – die Unfähigkeit seine Pläne umzugestalten, sprechen für das Gegenteil, nämlich einen Mangel an Autonomie seinerseits. Angesichts des Mangels an Sensibilität gegenüber seinen Reaktionen auf das, was er erlebt, ist es zweifelhaft, ob Martin weiß, was er selbst möchte, und angesichts seines beschränkten Zugangs zum Leben ist es klar, dass er sich nicht auf Selbstdefinition einlässt. Martin mag zwar tun, was er will, aber nichts spricht für die Annahme, dass er das tut, was er wirklich will.

Wenn wir annehmen, dass zum einen Sharons Selbsteinschätzung realistisch war und dass zum anderen ihre Entscheidungen – den frühen Versuchen ihres Vaters, sie in Richtung einer Tenniskarriere zu bewegen zum Trotz – ohne unangemessenen Druck von ihm oder anderen getroffen wurden, dann ist Sharons Verhalten im Gegensatz dazu erkennbar autonom. Sharon stellt sich den Möglichkeiten, die das Leben bietet. Sie gibt nicht vor, zu wissen, was sie will, ohne sich vorher selbst hinterfragt zu haben, und sie ist darauf vorbereitet, ihr Leben so zu führen, wie sie es für richtig hält. Im Gegensatz zu Martins Selbstführung spiegelt diejenige von Sharon zum einen ihre aktive Rolle bei der Gestaltung ihres Selbst und zum anderen die innige Kenntnis ihres sich entwickelnden Selbst wider. Sharon war nicht von Anfang an auf den sportlichen Bereich festgelegt, und es könnte gut sein, dass sich das auch wieder ändert – beispielsweise könnte sie sich auf Geriatrie spezialisieren. Sollte ihre Festlegung jedoch keinen Bestand haben, dann scheint Sharon die Art Person zu sein, die einen solchen Wechsel als eine Möglichkeit zur Erweiterung ihres Erfahrungshorizonts sieht und die eine solche Gelegenheit zur persönlichen Weiterentwicklung ergreift. Sharon verlangt viel vom Leben. Sie erwartet Erfüllung, nicht nur das, was für gewöhnlich unter Erfolg verstanden wird. Was Sharon von Martin unterscheidet und dazu führt, dass wir Sharon Autonomie zuschreiben, sind ihre Lebenseinstellung und die Art, wie sie ihre Entscheidungen trifft.

Mein kurzer Einblick in Sharons Biographie verdeutlicht ein zentrales Merkmal des autonomen Lebensvollzugs. Menschen führen ihr Leben *episodisch* und *programmatisch*. Von autonomer episodischer Selbstführung kann man dann sprechen, wenn eine Person sich in einer bestimmten Situation findet, sich fragt, was sie unter diesen Umständen tun kann – wobei die Optionen vom Rückzug bis zu verschiedenen Arten der Teilnahme reichen können –, und was sie in Bezug darauf wirklich tun möchte; anschließend führt sie dann diejenige Entscheidung aus, zu der diese Überlegungen geführt haben. Autonome programmatische Selbstführung besitzt einen breiten Anwendungsbereich. Bei dieser Form der Autonomie geht es weniger um die Frage „was man zu einem bestimmten Zeitpunkt wirklich tun möchte", sondern eher darum, zu überlegen, „wie man sein Leben eigentlich führen will". Um letztere Frage zu beantworten, muss man bedenken, welche Eigenschaften man besitzt, in welcher Art zwischenmenschlicher Beziehung man stehen, welche Talente man entwickeln, welche Interessen man verfolgen und welche Ziele man erreichen möchte und so weiter. Die Entscheidungen bezüglich dieser Fragen ergeben zusammen mit einer Vorstellung davon, wie man sie umsetzen kann, einen Lebensplan.

Die von Sharon in jedem Semester aufs Neue getroffenen Entscheidungen, sich für eine Vielzahl unterschiedlicher Seminare einzuschreiben, sind Beispiele für episodische Selbstführung. Jede dieser Entscheidungen wurde von Sharon gründlich durchdacht und im vollen Bewusstsein der Vorteile des Ausprobierens und der Kosten des Verzichts auf eine frühzeitige Spezialisierung getroffen. Darüber hinaus schreibt sich Sharon nicht zufällig für diese Seminare ein; sie trifft ihre Entscheidungen planmäßig, basierend auf dem Verständnis sowohl ihrer Bedürfnisse und Interessen als auch ihrer Grenzen. Es gibt also einen guten Grund zu der Annahme, dass Sharons Auswahl ihrer Seminare autonom war und dass ihr Collegeprogramm sie darauf vorbereitet, später eine autonome Berufswahl zu treffen. Obwohl Sharon insofern in die Fußstapfen ihres Vaters tritt, als ihre Beschäftigung mit Sport zu tun hat, gibt es keinen Grund zu glauben, dass dies nicht das ist, was sie wirklich tun will.

Was vom Standpunkt der Autonomie betrachtet daran falsch ist, dass Martin sich in jedem Semester dazu entschließt, die Geistes- und Sozialwissenschaften möglichst zu umgehen und seine Pflichtkurse zu vernachlässigen, ist die Tatsache, dass diese Entscheidungen von einem umfassenden Plan diktiert sind, den Martin unter dem lebenslangen Einfluss seiner Eltern angenommen hat, ohne jemals ernsthaft andere Möglichkeiten in Betracht zu ziehen. Ganz im Gegenteil ist der Studienverlauf, für den sich Martin entscheidet, geradezu dafür geschaffen, eine nochmalige Überprüfung seines beruflichen Strebens zu verhindern. Martins Collegeprogramm ist nicht nur heteronom, sondern es verstärkt auch noch die Heteronomie seiner Berufswahl. Da er sich niemals darauf vorbereitet hat, eine informierte und wohlüberlegte Entscheidung hinsichtlich seiner beruflichen Bildung zu treffen, ergreift Martin nicht die Gelegenheit, seine Studienzeit dazu zu nutzen, sein Ziel zu überdenken.

Nun wäre es jedoch unmöglich, ein autonomes Leben zu führen, wenn Autonomie erfordern würde, jede Handlung durch einen bewussten Entscheidungsprozess freizugeben. Sharon verschwendet ihre Zeit nicht damit, die Zurückweisung ihrer professionellen Tenniskarriere jedes Mal aufs Neue zu untersuchen, wenn sich eine Gelegenheit bietet, der Collegemannschaft wieder beizutreten; sie schlägt diese Angebote einfach aus. Folglich muss eine adäquate Theorie der Autonomie erklären können, wie autonomes spontanes Verhalten möglich ist. Ich gehe davon aus, dass autonome programmatische Selbstbestimmung die Autonomie vieler spontaner Handlungen sicherstellt.

Programmatisch autonome Menschen haben autonome Lebenspläne. Ein Lebensplan ist eine umfassende Vorausplanung verschiedener Vorhaben, eine Konzeption dessen, was eine Person in ihrem Leben tun möchte. Jeder Lebensplan umfasst mindestens eine Aktivität, die eine Akteurin bewusst verfolgen möchte oder einen Wert, den die Akteurin bewusst fördern möchte oder eine emotionale Bindung, die die Akteurin bewusst aufrecht erhalten möchte. Die meisten Menschen wünschen sich jedoch, in den Genuss einer Menge verschiedener Güter zu kommen, und ihre Lebenspläne müssen ihre Energie und Zeit so verteilen, dass diese verschiedenartigen Wünsche befriedigt werden können. Typischerweise verbindet ein Lebensplan eine Ansammlung unsortierter Interessen und Ziele sowohl mit einer Vorstellung davon, wie einige davon befördert werden können, als auch mit ausgearbeiteten Plänen, die die erfolgreiche Verwirklichung von anderen sicherstellen. Folglich sind verschiedene Teile eines Lebensplans mehr oder weniger feinkörnig. Nichtsdestotrotz müssen autonomiebewahrende Lebenspläne beweglich genug sein, um das Aufkommen und die Befriedigung nicht antizipierter Wünsche zuzulassen.

Menschen betrachten ihre Lebenspläne richtigerweise als sich entfaltende Programme, die ständiger Revision unterliegen. Bei genauer Prüfung könnte ein Ziel über Bord geworfen werden; oder, wenn die Zeit für das Ausführen eines untergeordneten Teilplans naht, könnte dieser mit einer präziseren Folge von Schritten ausgefüllt werden, und so weiter. Lebenspläne sind dynamisch. Indem sie jedoch ein gewisses Maß an Ordnung in das Leben von Menschen bringen, versetzen sie diese in die Lage, mehr Wünsche zu haben und eine größere Anzahl ihrer Wünsche zu befriedigen, als wenn diese die Suche nach Zufriedenheit lediglich dem Zufall überlassen würden.

Wie gesagt beinhaltet personale Autonomie, dass man das tut, was man wirklich tun möchte – oder anders gesagt, ein Leben in Übereinstimmung mit dem authentischen Selbst. Lebenspläne können einer Person fremd sein – sie können einem von anderen aufgezwungen werden, oder sie können eine automatische Anpassung an übliche Konventionen darstellen. Lebenspläne können jedoch auch die Wünsche des wahren Selbst artikulieren, sowohl die beständigen als auch gelegentliche. Einen Lebensplan zu formulieren eröffnet Individuen die Möglichkeit, sich zu fragen, was sie wirklich wollen, und sich dann eine Antwort darauf zu überlegen. Wenn sie es schaffen, die richtige Antwort zu finden, dann spiegeln ihre Lebenspläne ihr authentisches Selbst wider. Folglich gewährleistet das Festhalten an gut ausgearbeiteten Lebensplänen bei gleichzeitiger Beachtung der gelegentlichen Notwendigkeit, die Lebenspläne auch anzupassen, dass das Verhalten dieser Menschen mit ihrem authentischen Selbst kongruent sein wird. Daraus ergibt sich, dass Individuen, die ihre Lebenspläne sorgfältig ausgearbeitet haben, weniger anfällig sind für die psychischen Dissonanzen andauernden und unabänderlichen Bedauerns. Auf beide Arten sind Lebenspläne der für Autonomie benötigten Harmonie zuträglich. Da sich Lebenspläne häufig ändern können, unterstützen sie aber auch die für Autonomie kennzeichnende Vitalität und Offenheit für die Möglichkeiten, die das Leben bietet.

Um zu Sharon und Martin zurückzukehren: Da sich Martin erstens als einigermaßen ignorant und uninteressiert erweist angesichts anderer Möglichkeiten, die er vernünftigerweise verfolgen könnte, sich zweitens die Bedeutung seiner negativen Gefühle nicht bewusst macht, und sich drittens nur mit den Erwartungen anderer an ihn beschäftigt, ist sein Ergreifen des Arztberufs nicht autonom. Aus dem Mangel an Autonomie bezüglich seiner Berufswahl folgt nicht, dass Martin auf keine Weise autonom ist – z. B. könnte Martin episodisch autonome medizinische Entscheidungen treffen oder hin und wieder innerhalb seines Berufsstandes autonom einen klaren Standpunkt beziehen; aber es ist offensichtlich so, dass ein großer Teil seines Plans nicht mit seinem Selbst abgeglichen wurde. Im Gegensatz dazu ist Sharons Herangehensweise an Lebenspläne höchst persönlich und aufgeschlossen. Dass Sharon die Unzufriedenheit mit ihren sportlichen Erfahrungen anerkennt und weiß, dass ihr auch andere Berufsfelder offen stehen, bildet die vernünftige Grundlage für ihren Entschluss, sich auf einem anderen Gebiet eine Beschäftigung zu suchen. Zwar ist ihr bewusst, dass ihr Vater enttäuscht sein wird, wenn er von ihrer Abwendung vom Tennis erfährt, aber ihr wurde nicht das Gefühl vermittelt, dass er von ihrer Entscheidung völlig niedergeschlagen sein würde oder dass die Verfolgung ihrer eigenen Ziele einem Verrat an ihm gleichkomme. Obwohl ihre Entscheidung den Gesamtverlauf ihres Lebens betrifft, legen sowohl die Art, auf die sie von Sharon getroffen wird, als auch der Kontext, in dem sie diese trifft, die Vermutung nahe, dass es sich dabei um eine autonome Entscheidung handelt. Wenn Menschen bei der Formulierung ihrer Lebenspläne auf ihre eigenen Fähigkeiten, Neigungen und Gefühle achten und diese Pläne ohne äußeren Zwang wählen, dann sind diese Lebenspläne autonom.

Es könnte nun so scheinen, als ob die große Bedeutung, die ich Lebensplänen beimesse, dazu führe, dass Autonomie einer selbstbewussten, sprachlich gebildeten, intellektuellen Elite vorbehalten ist. Dies ist jedoch eine Fehleinschätzung. Ein Lebensplan sollte nicht als kompliziertes, hochdetailliertes Flussdiagramm angesehen werden, das die ganze Lebenszeit abdeckt. Ein Lebensplan ist vielmehr eine größtenteils schematische, teilweise artikulierte Vision eines lebenswerten Lebens, die auf ein bestimmtes Individuum zugeschnitten ist. Lebenspläne versorgen uns mit wenigen spezifischen Anweisungen und zum größten Teil mit allgemeinen Leitlinien. Akteure erweitern und verfeinern diese, wenn sie das Bedürfnis dazu haben. In der Tat denke ich, dass es beinahe keine gesunde Person ohne Lebensplan gibt – möglicherweise diejenigen Menschen ausgenommen, die ständig grundlegender Lebensnotwendigkeiten entbehren.

Vom Standpunkt der Autonomie aus gesehen ist die Frage aber nicht, ob die meisten Menschen Lebenspläne haben, sondern ob jemand ohne Lebensplan autonom sein kann. Angesichts des enormen Einflusses der Sozialisation können Menschen kaum annehmen, dass ihre erstbesten Impulse ihr wahres Selbst widerspiegeln. Die Alternative dazu, einen Lebensplan zu haben, wäre demnach, das eigene Selbst bei jeder einzelnen persönlichen Entscheidung eingehend zu befragen, und das würde bedeuten, keine zuvor autorisierten Dispositionen und keine bereits bestehenden Grundsätze zu haben. Aber es ist zweifelhaft, ob irgendjemand diese Bedingungen erfüllen kann. Eine solche Praxis würde nicht nur einen unangemessenen Zeitaufwand für das Treffen von Entscheidungen gegenüber dem eigentlichen Handeln erfordern, sondern es wäre darüber hinaus auch nicht klar, was es überhaupt heißen sollte, sein eigenes Selbst zu befragen, wenn sich keine der einzeln getroffenen Entscheidungen jemals zu irgendeinem Lebensplan verfestigen würde.

Das Selbstverständnis einer Person steht in einer wechselseitigen Beziehung zu deren Lebensplänen. Lebenspläne füllen über vorgeplante Verhaltensweisen das Selbstverständnis einer Person mit Inhalt. Dementsprechend führt die wachsende Einsicht in sich selbst, die mit einem sich entwickelnden Selbstverständnis erfasst wird, oft zur Bestätigung, manchmal jedoch zu einer zwangsweisen Änderung eines Lebensplans. Umgekehrt gilt, dass das Ausführen eines Lebensplans oft zu einer Bestätigung, manchmal jedoch auch zur Anpassung des Selbstverständnisses einer Person führt. Ohne Lebenspläne bliebe das Selbstverständnis einer Person, das den Maßstab für ihre Entscheidungen bildet, also ungeprüft und darum brüchig. Vergleichen wir zum Beispiel die missliche Lage einer schwangeren Jugendlichen, die eine olympische Sprinterin werden möchte und Abtreibung für moralisch erlaubt hält, mit der einer schwangeren Jugendlichen, die keine festen Ziele und moralischen Anschauungen hat. Erstere hätte einen klaren Grund für eine möglichst frühe Abtreibung, während die letztere sich vollständig auf ihre Gefühle, Intuitionen und momentanen Argumente verlassen müsste. Da die unmittelbaren Reaktionen einer Person in Situationen, in denen viel auf dem Spiel steht, wahrscheinlich unangemessen gefärbt sind von der eigenen Erziehung und den höchst bedrohlichen Merkmalen dieser Umstände, gibt es wenig Grund zu der Annahme, dass diese Entscheidungen auf richtige Weise das eigene authentische Selbst widerspiegeln. Obwohl die Erschaffung von Lebensplänen ein stückweiser Vorgang ist und kein Lebensplan jede Zufälligkeit abdecken kann, scheinen Lebenspläne unverzichtbar für Autonomie.

Trotzdem ist es notwendig zu bedenken, wie Lebenspläne den Rahmen für autonomes, spontanes Verhalten festlegen. Nachdem sie sich gegen eine professionelle Tenniskarriere entschieden hat, lehnt Sharon spontan alle Angebote ab, wieder ihrem College-Team beizutreten; aber die Tatsache, dass diese Absagen genau zu ihrer programmatischen Berufswahl passen und dass dieser übergreifende Plan nicht in Frage gestellt wurde, machen diese Handlungen ebenfalls autonom. Unter der Voraussetzung, dass Sharon aufmerksam bleibt für eine etwaige Veränderung ihrer Neigungen – dass sie Gefühle von Langeweile und andere Zeichen für Unzufriedenheit erkennen würde –, gibt es keinen Grund daran zu zweifeln, dass ihre spontanen Handlungen ihr wahres Selbst repräsentieren. Genau wie Sharon besitzt auch Martin einen Lebensplan, der seine Entscheidungen leitet; aber Martins Lebensplan ist insofern problematisch, als er diesen weder autonom gewählt noch jemals überdacht hat, obwohl er fühlt, dass er sich willkürlichen Zwängen unterwirft. Da Martin seinen Lebensplan aus Rücksicht auf seine Eltern angenommen hat und da er die Zeichen für seine Unzufriedenheit mit diesem nicht beachtet, bedeutet die Tatsache, dass er in Übereinstimmung mit diesem Plan handelt, überhaupt nichts im Hinblick auf die Autonomie seines Verhaltens. Wenn das spontane Verhalten einer Person mit ihrem gegenwärtigen Lebensplan übereinstimmt, dieser Plan autonom gewählt wurde und autonom in Kraft bleibt, dann gibt es einen guten Grund, dieses Verhalten als autonom anzusehen. Denn es ist genauso ein Ausdruck des authentischen Selbst einer Akteurin wie episodisch selbstbestimmtes Verhalten.

Wenn die ontologische Konzeption von Autonomie falsch ist, und wenn die Konzeption von Autonomie, die sich aus dem Kontrast zwischen Sharons und Martins Geschichten ergibt, korrekt ist, dann ist klar, dass das Hauptproblem für eine Theorie der Autonomie darin besteht, zu erklären, wie autonome Entscheidungen zustande kommen. Für episodische und programmatische Entscheidungen gilt gleichermaßen, dass der Unterschied zwischen einer autonomen und einer heteronomen Entscheidung darin besteht, auf welche Weise eine Person zu dieser gelangt – das heißt, in der Methode, die sie einsetzt oder bei deren Einsatz sie scheitert, und ihre Fertigkeit dabei, diese Methode zu benutzen. Autonome Menschen müssen geneigt sein, ihr Selbst zu befragen und sie müssen dafür entsprechend ausgestattet sein. Genauer gesagt müssen sie dazu in der Lage sein, sich zu fragen, was sie wirklich wollen, benötigen, wichtig nehmen, wertschätzen usw., und darauf eine Antwort zu finden; sie müssen fähig sein, diese Antwort in eine Handlung umzusetzen; und sie müssen fähig sein, sich zu korrigieren, wenn ihre Antwort falsch war. Die Fähigkeiten, die Menschen in die Lage versetzen, diese Selbstprüfung durchzuführen und ihre Entscheidungen auszuführen, machen das aus, was ich „Autonomiekompetenz" nenne.[3] Ob eine Person autonom ist oder nicht, hängt davon ab, ob diese Person die für

---

[3] Ich diskutiere die Fähigkeiten, die Autonomiekompetenz ausmachen, in *Self, Society, and Personal Choice*,

die Autonomiekompetenz notwendigen Fähigkeiten besitzt und erfolgreich einsetzt. Ein authentisches Selbst ist ein Selbst, das Autonomiekompetenz besitzt und das durch das Ausüben dieser Kompetenz entsteht.

Der Unterschied zwischen autonomen und nicht-autonomen Menschen hängt von den Fähigkeiten ab, die ihnen jeweils zur Verfügung stehen, und von der Art und Weise, in der sie ihr Leben gestalten. Einer autonomen Person wird keine unfehlbare Einsicht in ihr inneres Kern-Selbst gewährt, die anderen Menschen nicht zukommt. Es ist eher so, dass sie ein Repertoire von zusammenhängenden Fähigkeiten besitzt und ausübt, die die fließende Interaktion zwischen ihren Charaktereigenschaften, Gefühlen, Überzeugungen, Werten, ihren zeitlich ausgedehnten Plänen und den gegenwärtigen Möglichkeiten, diese Pläne zu realisieren, und ihrem Verhalten ermöglichen. Ihre Fähigkeit, dies zu tun, ist weder rein natürlich noch rein sozial. So ziemlich allen Menschen ist das für Autonomie notwendige Potenzial angeboren. Aber erst durch soziale Interaktion, die die für Autonomie notwendigen Fähigkeiten weiter schult und einübt, lernen sie, sich selbst zu befragen. Darüber hinaus fördern einige soziale Institutionen und Normen die Ausübung der entwickelten Autonomiefähigkeiten von Menschen, während andere systematisch autonomes Denken und Handeln unterminieren. Wie andere Kompetenzen, die Menschen in die Lage versetzen, sich mit wertvollen Aktivitäten zu beschäftigen, lässt auch Autonomiekompetenz sowohl verschiedene Grade erfolgreicher Ausübung zu, als auch, dass der Maßstab ihres Erfolgs sich zum Teil von ihrer übergreifenden Funktion ableitet. Im Folgenden werde ich die Bedeutung persönlicher Ideale für Autonomie skizzieren und eine übergreifende Funktion der Autonomiekompetenz verteidigen.

II Selbstführung und Selbstdefinition

Weder die programmatische Selbstführung noch die Lebenspläne, in denen sich diese ausdrückt, sollten übermäßig mechanistisch aufgefasst werden. Ein Lebensplan ist nicht bloß eine Auflistung von Projekten, ein Stundenplan, der vorgibt, wann sie verfolgt werden, oder eine Menge von Strategien, wie diese auszuführen sind. In dieser Ansammlung von Projekten ist die Konzeption einer wünschenswerten Persönlichkeit enthalten, die mehr oder weniger der Autonomie förderlich ist.

Den Teil eines Lebensplans abzuschließen, bedeutet nicht nur, einen weiteren Punkt zur Liste dessen, was man erreicht hat, hinzuzufügen; die Erfüllung eines bestimmten Plans wird sich in der Persönlichkeit eines Individuums bemerkbar machen, indem einige der Charaktereigenschaften dieser Person geschwächt bzw. gestärkt werden oder dadurch, dass bestimme Verbindungen zwischen diesen Eigenschaften verändert oder neu geschaffen werden. Obwohl Menschen nicht antizipieren können, auf welche Arten ihre Projekte sich auf ihre Persönlichkeiten auswirken, ist es klar ersichtlich, dass autonome programmatische Selbstführung diese Dimension von Lebensplänen nicht außer

---

S. 76–91. Eine Erweiterung meiner Konzeption der Autonomiekompetenz findet sich in verschiedenen späteren Veröffentlichungen.

Acht lassen kann. Es ist nicht nur so, dass die durch die Aktivitäten einer Person geformte Persönlichkeit einen Einfluss darauf hat, welche anderen Dinge diese Person tun kann; darüber hinaus wird diese selbstdefinierte Persönlichkeit zum authentischen Selbst dieses Individuums und damit zum Maßstab für die Autonomie späteren Verhaltens.

Dieser Zusammenhang zwischen Verhalten und Persönlichkeitsbildung beinhaltet nicht, dass autonome Personen verpflichtet sind, jede Art von Persönlichkeit, die zufälligerweise aus ihren Aktivitäten entsteht, auch gut zu heißen. Lebenspläne schließen für gewöhnlich explizite persönliche Ideale ein – Vorstellungen von den Eigenschaften, von denen man denkt, dass eine gute Person sie verkörpert, sowie von zwischen diesen Eigenschaften bestehenden Verbindungen. Die durch die Aktivitäten einer Person geformte Persönlichkeit kann von deren persönlichem Ideal abweichen. Trotzdem folgt aus der engen Verbindung zwischen Verhalten und Persönlichkeitsbildung, dass autonome Personen – Personen, die über die Fähigkeiten der Autonomiekompetenz verfügen – nicht die Verantwortung dafür ablehnen können, was sie geworden sind. Autonomiekompetenz stellt sicher, dass Personen hinreichend reflektiert sind, um persönliche Maßstäbe zu haben, hinreichend im Einklang mit sich selbst sind, um das Übersehen grober Fehler unwahrscheinlich zu machen, und hinreichend erfindungsreich sind, um wirksame Mittel zu finden, Mängel zu korrigieren. Obwohl sie nicht unfehlbar sind, sind ihre Fähigkeiten gut genug entwickelt, um annehmen zu können, dass sie, wenn sie keine Veränderungen vornehmen, so sind, wie sie wirklich sein wollen – zumindest einstweilen. Obwohl ungeliebte Charaktereigenschaften hartnäckig sein können, ohne Eingang ins authentische Selbst zu finden, konstituieren die geliebten und stillschweigend akzeptierten Eigenschaften das authentische Selbst einer Person, die Autonomiekompetenz besitzt.

Es ist ein wichtiger Vorteil der Konzeptualisierung von Autonomie als Kompetenz, dass diese der Tatsache Rechnung tragen kann, dass das authentische Selbst dynamisch ist, und erklärt, wie Individuen über ihr Verhalten die Kontrolle über ihr Selbst erlangen. Autonome Personen können ihr Selbst indirekt gestalten, da sie mit einer Reihe von Fähigkeiten ausgestattet sind, die es ihnen ermöglichen, zum einen ihre eigenen Vorlieben zu verstehen und kritisch zu hinterfragen und zum anderen, auf eine Weise zu handeln, die ihre eigenen Schlüsse darüber widerspiegelt, wie sie handeln sollten. Da aber im Voraus kaum absehbar ist, wie einzelne Handlungen oder Handlungsverläufe die dauerhaften Eigenschaften beeinflussen werden, kann eine isolierte Entscheidung nicht die Kontrolle einer autonomen Person über ihr Selbst ausmachen – selbst wenn sie über Autonomiekompetenz verfügt. Diese Lücke wird durch persönliche Ideale gefüllt, die Bestandteile von Lebensplänen sind. Persönliche Ideale stellen nicht nur allgemeine Richtlinien dar, die in einer ganzen Reihe von Umständen Anwendung finden und so momentanen Impulsen entgegenwirken; sie liefern auch individualisierte Erfolgskriterien und stellen damit einen Ersatz für rein kulturelle Normen dar. Damit ist das Selbst einer Person, die Autonomiekompetenz ausübt, ein authentisches Selbst – eine selbstgewählte Identität, die in den beständigsten Gefühlen und stärksten Überzeugungen einer Person verwurzelt ist, dabei aber der kritischen Perspektive unterworfen, die durch die Autonomiekompetenz ermöglicht wird.

Selbstführung ist von Selbstdefinition nicht zu trennen. Um in Übereinstimmung mit ihrem eigenen authentischen Selbst zu leben, muss eine Person zwei Bedingungen erfüllen: Erstens muss ihr momentaner Lebensplan mit ihrem gegenwärtigen authentischen Selbst im Einklang stehen, und zweitens darf ihr sich entwickelndes Selbst nicht auf Dauer das persönliche Ideal verletzen, das Bestandteil ihres Lebensplans ist. Es ist ein zentraler Bestandteil von Autonomie, dass man dem Ideal gerecht wird, das auf die eigenen Dispositionen, Fähigkeiten und Werte zugeschnitten ist; darum ist es notwendig zu fragen, ob es Einschränkungen bezüglich der Form oder des Gehalts persönlicher Ideale gibt. Ich gehe davon aus, dass es solche Einschränkungen gibt, und dass Autonomie zum Teil aufgrund der Struktur der autonomen Persönlichkeit möglich ist.

III Persönliche Integration

Durch die übergreifende Funktion der Autonomiekompetenz wird festgelegt, welche Fähigkeiten Menschen zu ihrer Verfügung haben müssen und wie sie diese Fähigkeiten einsetzen müssen, um diese Kompetenz erfolgreich ausüben zu können. Diese Funktion besteht natürlich in der Selbststeuerung, das heißt, in der Ausübung der Kontrolle über das eigene Leben, indem man ermittelt, was man wirklich tun möchte und dementsprechend handelt. Da aber die Beschaffenheit der Selbststeuerung rätselhaft ist, ist die eben gegebene Beschreibung der Funktion der Autonomiekompetenz wenig hilfreich. Daher stellt sich unmittelbar die Frage, ob es einen klarer umrissenen Zweck dieser Kompetenz gibt, von dem gezeigt werden kann, dass er die Selbststeuerung unterstützt. Ich möchte darauf bestehen, dass die übergreifende Funktion der Autonomiekompetenz darin besteht, die Integration der Persönlichkeit sicherzustellen. Um Kontrolle über ihr Leben zu haben, aber auch um spontan handeln zu können, ohne diese zu beeinträchtigen, müssen Menschen integrierte Persönlichkeiten besitzen oder, mit anderen Worten, integrierte Motivationssysteme. Da der Begriff einer integrierten Persönlichkeit lediglich eine Strukturierung der Persönlichkeit erfordert, ohne genau festzulegen, welche Eigenschaften diese Persönlichkeit aufweisen muss, sorgt Integration für Stabilität und respektiert gleichzeitig die Einzigartigkeit von Individuen. Damit ist sie hervorragend geeignet, spontanes, aber trotzdem autonomes Verhalten zu erklären.

Ich habe gesagt, dass autonome programmatische Selbstführung – die autonome Formulierung und Ausführung von Lebensplänen – viele spontane Handlungen als autonom ausweist. Falls die Ausführung eines Lebensplans jedoch ein Sammelsurium miteinander konfligierender Eigenschaften oder Ziele erfordert, wird die betreffende Person oft durch Verwirrung und Ambivalenz gelähmt. Darüber hinaus kann eine solche Person selten im Vertrauen darauf handeln, dass die Handlung hinreichend widerspiegelt, wer sie ist. Dementsprechend vertrete ich die These, dass spontane und überlegte Selbstführung nur dann nicht im Widerstreit mit der Persönlichkeit eines Individuums steht, wenn die Selbstdefinition eine integrierte Persönlichkeit schafft und aufrechterhält.

Man könnte meine Ansicht, die erfolgreiche Ausübung von Autonomiekompetenz bringe eine integrierte Persönlichkeit hervor, in Frage stellen, wenn man entweder davon ausgeht, dass unsere Intuitionen über Autonomie von einer weniger anspruchsvollen Konzeption des übergreifenden Ziels der Autonomiekompetenz erfasst werden können, oder davon, dass diese Intuitionen eine anspruchsvollere Konzeption dieses Ziels erforderlich machen. Man könnte einwenden, dass Integration als Ziel zu stark ist – aus dieser Sicht würde bloße geistige Gesundheit für Autonomie genügen. Oder man könnte den gegenteiligen Einwand vorbringen, dass Integration als Ziel zu schwach ist, und, je nachdem, welche Position man vertritt, nur Glück oder Exzentrizität hinreichend für Autonomie seien. Ich will dafür argumentieren, dass wir einerseits am besten verstehen, was Autonomie ist, wenn wir der strukturierenden Funktion der autonomen Persönlichkeit moderate Grenzen auferlegen, dass aber andererseits geistige Gesundheit allein nicht hinreichend für Autonomie ist.

A. *Eine minimalistische Konzeption des Ziels der Autonomiekompetenz*

Nehmen wir einmal an, die übergreifende Funktion der Autonomiekompetenz bestünde in der Aufrechterhaltung einer nicht-psychotischen Persönlichkeit. In diesem Fall wäre es möglich, dass ein autonomes Individuum eine höchst zersplitterte Persönlichkeit besitzt, solange sich diese nicht in multiplen Persönlichkeiten, psychotischen Episoden oder anderen Formen geistiger Störungen auflöst. Stellen wir uns als Beispiel den Sozialarbeiter Stanley vor, der unter vergleichbaren Umständen seine Arbeit manchmal mit glühendem Eifer und Hingabe, hin und wieder jedoch übertrieben bescheiden und nachlässig angeht. Diese regelmäßigen Umkehrungen der Arbeitseinstellung Stanleys sind weder auf Schwankungen seiner Lebensfreude noch auf die Beschaffenheit seiner gesellschaftlichen Umgebung zurückzuführen. Sie sind einfach Produkte von Gemütswechseln. Obwohl er ohne Zweifel neurotisch ist, ist Stanley geistig gesund. Wenn man annimmt, dass er diese Gemütsschwankungen für den akzeptablen Aspekt einer facettenreichen Persönlichkeit hält und sie soweit in Ordnung findet, dann könnte man der Meinung sein, dass Stanley autonom ist.

So wie ich dieses Beispiel gestaltet habe, macht sich Stanley keine Illusionen über seine Gefühle oder sein Verhalten in Bezug auf seinen Beruf. Stanley weiß, dass seine Einstellungen extreme Auswüchse annehmen. Aus diesem Grund scheint er Selbstdefinition und Selbstführung auf der Basis von Selbstwissen auszuüben. Stanley erkennt seine Einstellungen als das, was sie sind, akzeptiert sie und handelt entsprechend. Somit scheint es sich hier um ein paradigmatisches Beispiel für Autonomie zu handeln.

Ich glaube dagegen, dass dieser Schluss einer genaueren Untersuchung nicht standhält. Was seine Arbeit betrifft, so mangelt es Stanley an nachhaltigen Einstellungen, die seiner Persönlichkeit Einheit und seinem Verhalten Beständigkeit verleihen. Dennoch sind seine Einstellungen nicht in einzelne Teile aufgespalten. Er reserviert nicht die eine Sorte von Einstellungen für eine bestimmte Sorte von Situationen, um diese dann in anderen Situationstypen vollständig zu vergessen und dort eine ganz andere Art von Einstellungen zu vertreten. Stanley drückt wissentlich unterschiedliche Einstellungen in identischen Situationen aus. Was könnte es also bedeuten, wenn jemand behauptet, dass Stanley seine widersprüchliche Persönlichkeit akzeptiert? In diesem Fall, so lautet mein

Vorschlag, kann Selbstakzeptanz nur eine Form der selbst-referenziellen Toleranz sein, wenn es sich am Ende nicht sogar um einen Fall selbst-referenzieller Gleichgültigkeit handelt.

Stanley könnte vernünftigerweise denken, dass er schlecht beraten wäre, wenn er versuchen würde, seine Gemütswechsel zu stabilisieren. Vielleicht erkennt er, dass ihm diese Wechsel dabei helfen, angestaute Ängstlichkeit abzubauen. Solch eine Persönlichkeit verträgt sich durchaus mit einem Grad von Autonomie, aber sie zeigt auch, in welchem Ausmaß diese bisher noch nicht erreicht wurde. Menschen können sich vernünftigerweise dazu entschließen, eine solche Fragmentierung für eine gewisse Zeit zu tolerieren, um nicht das psychologische Sicherheitsventil zu blockieren, das diese mit sich bringt. Aber in der Zwischenzeit müssen Menschen, die Autonomie erlangen wollen, versuchen, sich ihrer wirklichen Einstellungen bewusst zu werden, und sich geeignete Maßnahmen überlegen, um den Grund für die Störung zu beseitigen, die die Gemütswechsel verursacht. Anderenfalls gäbe es keinen Grund zu glauben, dass sie ihre authentischen Einstellungen ausdrücken, und es gäbe keinen guten Grund zu bezweifeln, dass sie die Kontrolle über ihr Leben haben.

Stanley kann nicht auf autonome Weise gegensätzliche Einstellungen als etwas billigen, das gleichermaßen Ausdruck dessen sein soll, wer er wirklich ist. Nehmen wir an, dass Stanleys ehrgeizige Momente mit dem Ziel zusammenhängen, sich in seinem Beruf hervorzutun, während seine übertrieben bescheidenen Momente eher dem Ziel dienen, mit seinen Kollegen zurechtzukommen. Unter der Voraussetzung, dass Stanley korrekterweise glaubt, dass sein Ehrgeiz seinen Kollegen missfällt und dass seine übertriebene Bescheidenheit die Aussichten einschränkt, an die Spitze seines Berufsfeldes zu gelangen, sind zwei Schlussfolgerungen möglich: Entweder hat Stanley inkompatible Ziele oder er muss noch einen Zugang zu seiner Arbeit finden, der es ihm erlaubt, das Erreichen beider Ziele sicherzustellen. Wenn Stanleys Ziele miteinander unvereinbar sind, dann ist er nicht autonom, weil er die Frustration eines seiner Wünsche nicht vermeiden kann. Wenn Stanleys Ziele simultan realisierbar sind, aber nicht mit den Mitteln, mit denen er dies versucht, dann ist er nicht autonom, weil er es nicht schafft, seine authentischen Wünsche zu befriedigen. Dementsprechend kann eine fragmentierte Persönlichkeit wie die von Stanley unter gewissen Vorbehalten toleriert werden; als das authentische Selbst einer Person kann man sie dagegen nicht ansehen.

Dennoch gestehe ich der Selbst-Toleranz weiterhin eine Rolle in einem autonomen Leben zu. Es ist klar, dass eine Person über die Zeit hinweg beständige Wünsche haben kann, die nicht vollständig zusammen befriedigt werden können, und dass es eine verarmte Konzeption von Autonomie wäre, die erforderte, dass einer von beiden ausgelöscht würde. Es gibt jedoch einige Konflikte, die mit Autonomie unverträglich sind, selbst wenn sie die betreffende Person nicht beunruhigen. Wenn die Erfüllung gegensätzlicher Wünsche nicht getrennten Sphären oder wechselnden Gelegenheiten zugeordnet werden kann oder wenn einander widerstreitende Wünsche nicht in einem akzeptablen Grad befriedigt werden können, dann kann die Person, die diese Wünsche hat, nicht immer das tun, was sie wirklich tun will. Ob jemand gelassenen Gleichmut im Bezug auf solche miteinander wetteifernden Neigungen erreichen kann oder nicht: ein Mensch, der solche Neigungen besitzt, hat ein authentisches Selbst, das er niemals angemessen ausdrücken kann. Daher kann ein solcher Mensch nicht im vollen Sinne autonom sein.

Dennoch ist es möglich, dass Gemütswechsel nicht das Ergebnis von Angst oder Anzeichen für sich widerstreitende Wünsche sind. Nehmen wir stattdessen an, dass Stanley Wankelmut oder zumindest unvorhersehbare Spontaneität als Bestandteil seines Lebensplans betrachtet. Vielleicht glaubt er, es habe Vorteile, sein Umfeld über sich im Unklaren zu lassen oder er möchte sich einfach nicht mit der Schwerfälligkeit des gesetzten Alters abfinden. In beiden Fällen sind stark wechselnde Einstellungen eine der Grundlagen – wenn nicht gar die dominante Grundlage – der Einheit seiner Persönlichkeit.

Obwohl ich der Meinung bin, dass frei gewählte Unbeständigkeit selten ist – in der Regel wissen sprunghafte Menschen einfach nicht, was sie wirklich wollen –, ist eine solche Persönlichkeit grundsätzlich möglich. Es ist jedoch wichtig zu bemerken, dass dieser Persönlichkeitstyp eine Ausnahme bezüglich meiner Behauptung darstellen würde, dass programmatische Autonomie episodische und spontane Autonomie ermöglicht. Die meisten Lebenspläne haben ihren Ursprung im Wunsch nach Ordnung und werden dann über eine Reihe von Werten, Zielen, emotionalen Verbindungen und ähnlichem aufgebaut. Was Stanleys selbstgewählte Sprunghaftigkeit so besonders macht, ist die Tatsache, dass seine Persönlichkeit um die pauschale Ablehnung des geordneten Strebens nach Zufriedenheit aufgebaut ist. Dementsprechend möchte Stanley tatsächlich launisch sein – aber daraus folgt weder, dass er eine der Handlungen, die er ausführt, wirklich ausführen will, noch, dass er deren Folgen wirklich möchte. Da es keine Handlung und keine Handlungsfolge gibt, die unverträglich mit dem Wert der Sprunghaftigkeit sind, ist es inhaltsleer zu behaupten, dass die autonome Realisierung dieses Werts Autonomie auf die einzelnen Handlungen und Ergebnisse überträgt. Die Einzelheiten von Stanleys Leben – seine unmittelbaren Wünsche und was auch immer aus diesen hervorgeht – werden im Namen des allumfassenden Werts der Sprunghaftigkeit lediglich toleriert. Folglich hat Stanley die Kontrolle darüber, wie sein Leben im allgemeinen aussieht, aber merkwürdigerweise nicht über seine alltäglichen Aktivitäten. Aus diesem Grund ist Stanley nur eingeschränkt autonom.

Eine gesunde, aber trotzdem verworrene Selbstakzeptanz ist keine tragfähige Basis für Autonomie. Dennoch könnte jemand, der für eine schwache Funktion von Autonomiekompetenz argumentiert, behaupten, dass persönliche Integration mehr Beständigkeit verlangt, als für Autonomie tatsächlich notwendig ist. Die Persönlichkeit vieler Menschen ist zumindest teilweise zersplittert. Solche Menschen spielen völlig verschiedene Rollen in verschiedenen Lebensbereichen, obwohl sie nur wenig oder gar kein Bewusstsein von diesen radikalen Brüchen haben. Zum Beispiel könnte die Anwältin Jennifer bei ihren Kollegen den Ruf einer aggressiven, fordernden, gnadenlosen Fuchtel besitzen, bei ihrer Familie dagegen den einer aufmerksamen, geduldigen und sanften Mutter – und sich dieser tiefen Kluft trotzdem nicht bewusst sein. Jennifer ist geistig gesund, auch wenn ihre Persönlichkeit zersplittert ist, und darüber hinaus, so könnte man meinen, gibt es nichts, was sie daran hindert, autonom zu sein.

Im Einklang mit dieser Schlussfolgerung könnte man denken, dass eine zersplitterte Persönlichkeit autonom sein kann, solange sichergestellt ist, dass ein Teil des Selbst die

Befehlsgewalt inne hat und die Rollenwechsel dirigiert. In diesem Fall wäre dieses übergeordnete Selbst das authentische Selbst des Individuums, und das Individuum würde in Harmonie mit diesem Selbst leben.

Doch leider steht ein so konzipiertes „Aufseher-Selbst" in Widerspruch mit einem der offensichtlichsten Merkmale der Zersplitterung. Alle Menschen passen ihren Selbstausdruck den Umständen entsprechend an – die unter miteinander vertrauten Menschen angemessene Offenheit wäre unter völlig Fremden äußerst unpassend. Die den verschiedenen Rollen zugeordneten Wunschmengen, die konstitutiv dafür sind, dass eine Persönlichkeit zersplittert ist, sind jedoch untereinander nicht abwägbar. Ob es nun daran liegt, dass die Ziele, die charakteristisch für die jeweiligen Anteile der Persönlichkeit sind, miteinander unverträglich, aber zwingend sind (Jennifer liebt sowohl ihren Ehemann als auch ihre Arbeit, aber ihr Ehemann hasst ihre Arbeit) oder ob es daran liegt, dass die einzelnen Teile so radikal voneinander abgegrenzt sind, dass kein Vergleich zwischen ihnen möglich ist (bei der Arbeit kann sich Jennifer ihr häusliches Leben nicht klar vorstellen und zu Hause gerät ihr Arbeitsleben aus dem Blickwinkel): Menschen mit zersplitterten Persönlichkeiten können sich keinen Überblick über ihr gesamtes Selbst verschaffen, der es ihnen ermöglichen würde, die relativen Verdienste der einzelnen Wunschmengen gegeneinander abzuwägen. Typische Anzeichen für eine Zersplitterung der Persönlichkeit sind Bestürzung und Verzweiflung über den Affenzirkus, zu dem das eigene Leben geworden ist. Zersplitterte Menschen können zwar den Wunsch nach Veränderung entwickeln, aber ihnen fehlt der feste Grund, von dem aus sie anfangen könnten, ihr Leben zu vereinheitlichen. Ein weiteres gängiges Symptom der Unabwägbarkeit gespaltener Wünsche ist, dass Menschen mit zersplitterten Persönlichkeiten sich häufig gegen diesen Zustand schützen, indem sie das Ausmaß der Transformationen, die sie beim Wechsel von Kontext zu Kontext durchlaufen, einfach ausblenden. Die Perspektive eines übergeordneten Selbst, das wunschgemäß eine in Teile aufgespaltene Persönlichkeit dirigiert, ist also keine, die solchen Menschen zugänglich ist.

Falls eine Person trotz ihrer zersplitterten Persönlichkeit autonom sein soll, dann muss sie erstens eine ihren Persönlichkeitsteilen entsprechende Anzahl von authentischen „Selbsten" haben, und zweitens muss jedes dieser authentischen Selbste in einer auf unterschiedliche Handlungskontexte zugeschnittenen Rolle seinen Ausdruck finden. Es ist jedoch sehr fraglich, ob die zersplitterte Persönlichkeit eine Manifestation multipler authentischer Selbste ist. Menschen werden normalerweise nicht dadurch zersplittert, dass sie in verschiedene Situationen kommen und herausfinden, wie sie sich dort in einer sozial adäquaten Weise ausdrücken. Es ist wahrscheinlicher, dass die Eigenschaften solcher Menschen und die Trennungen zwischen ihnen reaktiv geformt werden. Da die Zersplitterung typischerweise auf die Anpassung an soziale Anforderungen zurückzuführen ist und nicht auf ein planendes Selbst, verdeckt diese das authentische Selbst und verhindert damit, dass Menschen im Einklang mit ihrem authentischen Selbst leben.

Schließlich ist es noch erwähnenswert, dass im Gegensatz zu dem, was man vielleicht erwarten würde, die Zersplitterung der Persönlichkeit verhindert, dass Menschen die Kontrolle über ihr eigenes Leben ausüben können. Man könnte meinen, dass die

Zersplitterung eine bestimmte Art des Umgangs mit sehr verschiedenen Kontexten ist, in denen sich Menschen finden – ob nun mit oder gegen ihren Willen. Indem eine Person eine für jeden dieser Kontexte maßgeschneiderte Rolle spielt, kann sie in diesen viel effektiver funktionieren. Während es unbestreitbar ist, dass Menschen die Kontrolle über ihr Leben verlieren können, indem sie ihre Persönlichkeit unbeugsam in dafür ungeeigneten Situationen durchsetzen, ist Zersplitterung vom Standpunkt der Autonomie aus gesehen ebenfalls keine zufriedenstellende Lösung.

Flexible Anpassung muss nicht in Zersplitterung übergehen. Weder müssen Menschen ihr Selbst ignorieren noch müssen sie die Anpassungen, die sie vornehmen, ins Unterbewusstsein abschieben. Wenn sie das tun, dann verdeckt die daraus resultierende Fragmentierung ihrer Persönlichkeit die Art und Weise, auf die ihr Verhalten in einem Handlungskontext Auswirkungen auf ihre Handlungen in einem anderen haben kann. Die Teile, in die zersplitterte Persönlichkeiten sich und ihre Lebenswelt zerteilen, sind selten undurchlässig. Aber größtenteils nehmen zersplitterte Persönlichkeiten Handlungskontexte nur isoliert wahr und tun so, als ob diese vollständig von allen anderen Kontexten abgeschottet wären. Dieses Problem ist das Gegenteil von dem, das sich bei der freiwillig launenhaften Person gezeigt hatte. Während freiwilliger Wankelmut episodische Autonomie für einen obersten Wert opfert, riskiert Zersplitterung die globale Kontrolle zu Gunsten einer engen situationsspezifischen Kontrolle. Zersplitterte Persönlichkeiten sind bestenfalls geringfügig in der Lage, sich selbst zu führen, da es ihnen zum einen an Selbstwissen mangelt und sie zum anderen ihre Persönlichkeitszüge von den äußeren Umständen bestimmen lassen.

Geistige Gesundheit ist zwar unbestreitbar notwendig für Autonomie, aber es gibt einige weniger schwerwiegende Störungen, die zwar die geistige Gesundheit nicht beeinträchtigen, aber trotzdem schädlich für Autonomie sind. Die Einschränkungen, denen sowohl sprunghafte als auch zersplitterte Personen beim Erreichen von Autonomie unterworfen sind, lassen sich letztlich darauf zurückführen, dass ihnen Gründe für ihre Einstellungen, Gefühle und Verhaltensweisen fehlen. In keinem dieser Fälle erkennt das Individuum die zwischen den verschiedenen Handlungsumständen und Zeitpunkten bestehenden Zusammenhänge. Folglich reagiert keiner von beiden in ähnlicher Weise auf vergleichbare Umstände, mit denen sie in ihrem Leben konfrontiert werden. Stanley reagiert völlig willkürlich auf seine beruflichen Unternehmungen; Jennifer ignoriert systematisch die emotionalen Bedürfnisse ihrer Mitarbeiter, während sie tief besorgt um die ihrer Familienmitglieder ist. Obwohl sich Menschen verändern, hin und wieder sogar dramatisch, hört das, was zu einem bestimmten Zeitpunkt für eine Person ein Grund ist, selten im nächsten Moment auf, für diese Person ein Grund zu sein. Auf jeden Fall sind bestimmte Gründe für eine Person nicht plötzlich vorhanden und gleich darauf wieder nicht. Sich selbst führende Menschen sind nicht einfach dazu getrieben, sich auf die eine oder andere Art zu verhalten. Sie handeln in Übereinstimmung mit ihren eigenen Gründen. Zersplitterte Persönlichkeiten sind in dem Maße unfähig zur Autonomie, in dem sie unfähig sind, Gründe aufrecht zu erhalten; und sie sind in dem Maße unfähig, Gründe aufrecht zu erhalten, in dem sie zersplittert sind.

B. Persönliche Integration als Ziel von Autonomiekompetenz

Im Gegensatz dazu sind integrierte Persönlichkeiten komplex und entwickeln sich, dabei aber immer in Einheit mit sich selbst. Lässt man Heilige und Monster außen vor, dann zeigen integrierte Persönlichkeiten offensichtlich miteinander unverträgliche Eigenschaften, die sich je nach Situation in ganz unterschiedlicher Weise äußern. Menschen mit einer integrierten Persönlichkeit müssen sich in einer hitzigen politischen Versammlung nicht genau so verhalten wie im Bett mit ihrem Partner. Sie sind nicht mit statischen, vorgefertigten Eigenschaften ausgestattet. Dennoch ist eine integrierte Persönlichkeit, insofern sie weder offen widersprüchlich noch zersplittert ist, der Autonomie in einer Weise förderlich, wie es eine bloß gesunde nicht sein kann.

Wenn wir gefragt werden, wie eine Person denn so sei, dann zählen wir eine Menge ausgeprägter und markanter Merkmale auf, die ich im Folgenden als „charakterologische Stränge" bezeichnen werde. Diese Stränge können den Stil betreffende Eigenschaften sein (Lebhaftigkeit oder Melancholie), Tugenden (Geduld), Laster (Arroganz), oder Schwächen (leichte Erregbarkeit); sie können Arten sein, wie man Erfahrungen verarbeitet (sorgfältige Prüfung der Faktenlage oder schnelle Intuition); es können leidenschaftlich vertretene Prinzipien sein („die Umwelt muss vor der Zerstörung durch Giftmüll bewahrt werden"); es können Festlegungen auf eine Rolle sein (der Leiter einer Gruppe), auf eine Karriere (Filmregisseur) oder Bindungen an andere Menschen (die eigenen Kinder). Bei einer integrierten Persönlichkeit sind dieselben charakterologischen Stränge nicht jederzeit deutlich erkennbar – dies ist ein Unterschied zwischen einer integrierten und einer obsessiven Persönlichkeit. Darüber hinaus ist die Verbindung zwischen einem charakterologischen Strang und einem bestimmten Merkmal nicht unveränderlich. Zum Beispiel könnte Erregbarkeit mit Begeisterung über ein neues Spiel oder aber mit der Entschlossenheit, eine Wahl zu gewinnen, verbunden sein. Nichtsdestotrotz werden die verschiedenen Teile des Selbst in einer integrierten Persönlichkeit durch die charakterologischen Stränge vereinigt; dies ist der zentrale Unterschied zu einer aufgespaltenen oder auf andere Weise unverbundenen Persönlichkeit. Charakterologische Stränge bilden das Fundament für die Gründe, die das Verhalten eines autonomen Individuums leiten.

Eine integrierte Persönlichkeit zeigt sowohl Beständigkeit als auch Variabilität. Was ist dann aber der Unterschied zwischen den unterschiedlichen Manifestationen einer integrierten Persönlichkeit und denen einer fragmentierten? Oder anders gefragt, auf welche Weise bleibt eine integrierte Persönlichkeit beständig? Wir können damit anfangen, diese Fragen zu beantworten, indem wir zwei Arten der Beständigkeit ausschließen.

Da die Umstände, unter denen Menschen handeln müssen, sich stark voneinander unterscheiden, kann es keine Bedingung für eine integrierte Persönlichkeit sein, dass es mindestens einen charakterologischen Strang geben muss, der sich in allen Situationen gleichermaßen im Verhalten einer Person zeigt. Selbstverständlich können wir sagen, dass alle integrierten Persönlichkeiten auf sich verändernde Umstände reagieren müssen. Aber diese Eigenschaft würde nicht erklären, was an Integration besonders ist, da man sie ebenso in zersplitterten Persönlichkeiten finden kann. Zudem wäre es kontraproduktiv darauf zu bestehen, dass integrierte Persönlichkeiten ein bestimmtes Merkmal beständig ausdrücken müssen – so wie zum Beispiel Redseligkeit oder Zurückhaltung – da sie dann an einige Situationen, mit denen sie konfrontiert werden, schlecht angepasst wären. Kein charakterologischer Strang, von dem man glaubhaft sagen könnte, dass er eine Persönlichkeit vereinheitlicht, kann in passender Weise unter allen Umständen ausgedrückt werden.

Die Forderung, dass nachfolgende charakterologische Stränge sich überlappen müssen, würde ebenfalls zu einer zu starken Vorstellung von Vereinheitlichung führen, weil die Umstände, unter denen Menschen handeln müssen, sich von einem Moment auf den anderen oftmals tief greifend verändern. Die Idee wäre, Beständigkeit dadurch sicherzustellen, dass das Verhalten einer Person in aufeinanderfolgenden Situationen abgestuft in ein Verhalten übergehen würde, das in jeder neuen Situation passend wäre. Während es unbestreitbar ist, dass die charakterologischen Stränge, die eine integrierte Persönlichkeit in einer Situation entworfen hat, in eine neue Situation übertragen werden, scheint es einer Persönlichkeit dennoch möglich zu sein, integriert zu sein, ohne immer diese Bedingung erfüllen zu können. Besonders wenn eine Person schnell zwischen höchst unterschiedlichen Handlungskontexten wechseln muss, könnte dieses Kriterium nicht erfüllt werden. Die betroffene Anteilnahme, die einer morgendlichen Beerdigung angemessen ist, kann unvermittelt der fröhlichen Jubelstimmung weichen, die zu einer am Nachmittag stattfindenden Hochzeit passt. Sicherlich würden gelegentliche radikale Wechsel eine Persönlichkeit nicht zur Fragmentierung verdammen.

Einer plausibleren Konzeption der Integration zufolge würde gelten, dass in ähnlichen Umständen ähnliche charakterologische Stränge ausgedrückt werden, und, wenn Umstände außerhalb der Kontrolle des Individuums nicht dagegen arbeiten, dass sich der Ausdruck einiger charakterologischer Stränge von einer Situation zur nächsten erstreckt. In einer integrierten Persönlichkeit werden charakterologische Stränge eher ein- und ausgeblendet als einfach nur an- und auszugehen, und einige charakterologische Stränge können wirkliche Konstanten im Verhalten eines Individuums sein. Um der Tatsache Rechnung tragen zu können, dass integrierte Persönlichkeiten manchmal auch dabei scheitern können, solche Verwobenheit zu zeigen, ist es trotzdem notwendig zu bedenken, welche weiteren Beziehungen zwischen den charakterologischen Strängen einer integrierten Persönlichkeit bestehen.

Von diesem Standpunkt aus gesehen ist das Bemerkenswerte an integrierten Persönlichkeiten, dass die charakterologischen Stränge, aus denen sie bestehen, auf unendlich viele verschiedene Arten gruppiert und wieder umgruppiert werden können. Zum größten Teil konfligieren ihre charakterologische Stränge nicht miteinander, und sie sind auch nicht in strikt voneinander getrennte Gruppen gegliedert. Diese Beweglichkeit eröffnet die Möglichkeit einer Überlappung der charakterologischen Stränge einer integrierten Persönlichkeit. Darüber hinaus erklärt sie, warum die integrierte Persönlichkeit selbst dann eine Einheit bildet, wenn die Person, die eine integrierte Persönlichkeit hat, nicht immer in derselben Weise handelt.

Zur Verdeutlichung stelle man sich den Fall von Julia vor. Einer der charakterologischen Stränge von Julia ist ihr ausgeglichenes Gemüt. Julias Unerschütterlichkeit erlaubt es ihr, mit Menschen zusammen zu sein, deren Meinungen sie überhaupt nicht teilt, ohne dabei ihre eigenen Überzeugungen zu verändern; in der gleichen Weise kann sie zwischenmenschliche Konflikte lösen, ohne ihre eigene moralische Beurteilung der Situation aufzugeben. Trotzdem wird Julia manchmal wütend – aber wenn sie das wird, dann fühlt sie normalerweise, dass eine besonnene Reaktion zu milde gewesen wäre angesichts der Schwere des Delikts, das ihre Wut hervorgerufen hat.

Hieran sind zwei Punkte bemerkenswert. Erstens ist Julias Ausgeglichenheit in einer großen Bandbreite von Situationen passend. Es handelt sich um einen charakterologischen Strang, der mit vielen anderen kombiniert werden kann, einschließlich Geselligkeit und Einsicht. Aber zweitens verhindert ihr ausgeglichenes Gemüt nicht, dass Julia gerechtfertigten Zorn ausdrücken kann. Es ist ein zwar dominantes, nicht aber invariantes Merkmal von Julias Persönlichkeit. Da die Verärgerung ein Abweichen von Julias üblicher Ausgeglichenheit darstellt, stellt die letztere Charaktereigenschaft ein gemeinsames Merkmal ihres Verhaltens in verschiedenen Situationen dar, auch wenn diese zeitweise in den Hintergrund treten kann. Also sind die charakterologischen Stränge einer integrierten Persönlichkeit biegsam und zeigen sich in verschiedenen Kombinationen. Indem sie die integrierte Persönlichkeit vereinheitlichen, ohne sie erstarren zu lassen, stellen diese charakterologischen Stränge die Grundlage für die individuelle Identität der autonomen Person dar, und sie versetzen die autonome Person in die Lage, ihre Identität zu entwerfen, während sie in angemessener Weise auf unterschiedliche Situationen reagiert.

Das Ergänzen und Vervollständigen der charakterologischen Stränge einer integrierten Persönlichkeit ist eine selbstbezogene Angelegenheit. Eine integrierte Persönlichkeit verurteilt sich nicht selbst; das heißt, solche Personen entdecken keine Eigenschaften an sich, die sie verabscheuen, aber nicht auslöschen können, und sie sind nicht niedergeschlagen aufgrund der Art, auf die sich diese Eigenschaften in Handlungen ausdrücken. Bei der Skizzierung des obigen Falls von Julia habe ich betont, dass sie ihre Wut nicht als etwas ihr Fremdes und Störendes ansieht. Vielmehr ist es so, dass Julia damit zufrieden ist, dass diese nur dann auftritt, wenn ihre Integrität ernsthaft bedroht ist – oder jedenfalls damit, dass ihre Wut niemals so aus dem Ruder läuft, dass dadurch andere Menschen schlecht behandelt werden oder Julia sich so verhält, dass sie es hinterher bereuen müsste. Wenn das nicht so wäre, könnte Julia keine integrierte Persönlichkeit haben, da sie im Konflikt mit sich selbst stünde. Zusammengefasst kann man sagen, dass Integration voraussetzt, dass die charakterologischen Stränge einer Person zu deren persönlichem Ideal passen.

Um dieser Bedingung zu genügen, müssen Menschen sich nicht ständig einer Selbstprüfung unterziehen – es genügt ihre Bereitschaft, Gründe für Unstimmigkeiten in ihrer Persönlichkeit zu erkennen und nach diesen zu forschen. Außerdem müssen sie sich nicht vollständig der Selbstkritik enthalten – Autonomie besteht weder in vollkommener Einsicht in das eigene Selbst noch darin, durchgängig brillante Entscheidungen bezüglich des eigenen Verhaltens zu treffen. Dennoch müssen integrierte Persönlichkeiten im Allgemeinen mit sich zufrieden sein. Im Gegensatz zu Menschen mit gesunden, aber fragmentierten Persönlichkeiten, sind Menschen mit integrierten Persönlichkeiten fähig, spontan zu handeln, ohne das, was sie tun, ständig zu bereuen.

Zusammenfassend lässt sich sagen, dass das Erlangen einer integrierten Persönlichkeit durch das Ausüben von Autonomiekompetenz nichts anderes bedeutet, als eine Persönlichkeit zu besitzen, die durch charakterologischen Stränge gekennzeichnet ist, welche offen sind für Kombination und Rekombination sowohl untereinander als auch mit verschiedenen Charaktereigenschaften. Einerseits stellt die Bedingung der charakterologischen Stränge sicher, dass autonome Menschen individuelle Identitäten besitzen – dass sich diese Menschen nicht einfach an veränderbare Umstände anpassen. Menschen mit integrierten Persönlichkeiten haben Gründe so zu handeln, wie sie es tun. Auf der anderen Seite stellt die Bedingung der Vermischbarkeit sicher, dass die Identitäten autonomer Individuen es ihnen erlauben, in einem weiten Bereich von Umständen angemessen zu handeln, ohne sich selbst zu betrügen – das heißt, ihr Leben zu kontrollieren, indem sie ihre eigenen Überzeugungen, Wünsche, Werte usw. in passender Weise entwerfen. Gründe, die den charakterologischen Strängen einer integrierten Persönlichkeit entstammen, finden regelmäßig ihren Ausdruck im Leben dieses Individuums. Zusätzlich ist der Besitz einer integrierten Persönlichkeit damit verbunden, dass man mit den eigenen Eigenschaften und den Arten, auf die diese Eigenschaften ihren Ausdruck im Handeln finden, zufrieden ist – ob explizit oder implizit. Diese Bedingung der Selbstbilligung stellt zum einen sicher, dass autonome Individuen, wenn sie sich entschließen zu handeln, nicht versuchen werden, konstitutive Bestandteile ihrer Identitäten zu unterdrücken, und zum anderen, dass autonome Individuen, auch wenn sie spontan handeln, immer das tun, was sie wirklich wollen. Mit anderen Worten: Selbstbilligung, die aus der Ausübung von Autonomiekompetenz entsteht, zeigt an, dass jemand sein Selbst nicht als etwas ihm Fremdes betrachtet und damit, dass das Selbst, das jemand ausdrückt, sein authentisches Selbst ist. Wenn Menschen durch Autonomiekompetenz eine integrierte Persönlichkeit erlangen, dann haben diese Menschen ihre eigenen Gründe.

Charakterologische Stränge müssen die autonome Persönlichkeit vereinheitlichen und unüberlegte Selbstakzeptanz kann sie nicht adäquat vereinheitlichen. Damit ist Integration notwendig für Autonomie. Trotzdem könnte es scheinen, dass Integration ein zu dürftiges Ziel ist, um Autonomiekompetenz zusammenzufassen. Jenseits davon, so könnte behauptet werden, sollte Autonomie so viel Zufriedenheit mit sich bringen, dass autonome Menschen glücklich sind.

C. Maximalistische Konzeptionen des Ziels der Autonomiekompetenz

Ein Grund, aus dem man die Idee, dass Glück das leitende Ziel der Autonomiekompetenz ist, für plausibel halten könnte, ist die Tatsache, dass das Dasein eines autonomen Individuums harmonisch ist. Da Autonomie ja, wie ich eingeräumt habe, die Anpassung an äußere Umstände beinhalten kann, scheint zu folgen, dass autonome Menschen ein Gleichgewicht zwischen ihrem Selbst und ihrer Umwelt herstellen werden, das ihr Glück sicherstellt. Natürlich bestreite ich nicht, dass autonome Menschen glücklich sein können; es ist aber ein Irrtum zu glauben, dass autonome Menschen glücklich sein müssen.

Stellen wir uns ein Künstlerpaar am Anfang des zwanzigsten Jahrhunderts vor. Beide experimentieren mit hellen Farbpigmenten, die sie auf ihre Leinwände in schwungvollen

Streifen aufbringen, und beide stellen ihre Arbeit im Salon des Indépendants aus. Am Tag nach der Ausstellungseröffnung erscheinen die Zeitungsberichte und alle Rezensenten spotten über ihren Ansatz. Ein Kritiker bezeichnet sie verächtlich als „Les Fauves" – die wilden Tiere. Diese Verhöhnung wirkt ganz unterschiedlich auf die beiden Künstler. Maxine ist dadurch gedemütigt; Henri nimmt die Bezeichnung erfreut an und betrachtet es als Bestätigung der revolutionären Kraft seines Werkes. Die fundamentalen Werte dieser Künstler verhindern, dass sie von ihrem gemeinsamen Kurs abweichen. Obwohl sie aufgrund der einhelligen Verurteilung durch die Kritiker niedergeschlagen ist, kann Maxine ihren Stil nicht zum Zweck einer breiteren Zustimmung aufgeben, ohne damit auch ihre künstlerische Integrität aufzugeben. Trotzdem steht die Künstlerin der öffentlichen Demütigung nicht so gleichgültig gegenüber, um nicht davon getroffen zu sein. Klarerweise wird Autonomie nicht Maxines Glück sichern, jedenfalls nicht in der absehbaren Zukunft. Im Gegensatz dazu ist Henri immun gegen den Angriff der Kritiker und kann zugleich seine künstlerischen Werte aufrecht erhalten und glücklich sein.

Unglück kann verschiedene Quellen haben, von denen insbesondere zwei relevant für die Frage der Autonomie sind. Menschen können unglücklich über sich selbst sein, oder sie können unglücklich über ihre Position in der Welt sein (oder beides). Über sich selbst unglücklich zu sein ist unverträglich mit Autonomie. Denn diese Art des Unglücklichseins hat ihre Ursache entweder im eigenen Versagen bei dem Versuch, die Art Person zu werden, die man gerne sein möchte (Versagen bezüglich der Selbstdefinition) oder im eigenen Versagen bei dem Versuch, in Übereinstimmung mit dem eigenen authentischen Selbst zu handeln (Versagen bezüglich der Selbstführung). Da autonome Menschen nicht an chronischem Bedauern leiden, können wir diese Art von Unglücklichsein ausschließen. Aber Unglücklichsein mit der eigenen Position in der Welt ist verträglich mit Autonomie. Denn, ob zu Recht oder zu Unrecht, die Welt könnte ein unwirtlicher Ort für das eigene wahre Selbst sein, und es könnte sein, dass man nicht die nötige Kraft besitzt, sie für sich zu gewinnen. Autonome Menschen könnten unfähig sein, eine hinreichend empfängliche Umgebung zu organisieren, die ihr eigenes Glück garantiert, und Autonomie könnte gerade die Zugeständnisse an die Konventionen verhindern, die Zufriedenheit sicherstellen würden. Folglich ist glücklich zu sein ein zu umfassendes Ziel, um es mit Autonomiekompetenz erreichen zu können.

Nun könnte jemand zustimmen, dass Glück und Autonomie miteinander konfligieren können, aber darauf bestehen, dass dies so ist, weil Glück ein zu banales Ziel ist, um zur Autonomie zu führen. Dieser Ansicht zufolge ist persönliche Integration genauso gering zu schätzen, da sie ein zu alltägliches Ziel darstelle. Um autonom zu sein muss eine Person dieser Position zufolge exzentrisch sein. Wenn sich Menschen nicht sowohl von der Masse als auch von ihrer unmittelbaren Umgebung abheben, haben sie keine Möglichkeit herauszufinden, ob sie nicht gewöhnliche Konformisten sind. Was diese Sichtweise so anziehend macht, ist die Tatsache, dass sie einen klaren Schnitt zwischen Autonomie und Heteronomie macht und darüber hinaus einen Lackmus-Test für Autonomie liefert. Es ist nicht genug, ein Beatnik in Greenwich Village zu sein; um sich als autonom zu qualifizieren, muss man ein Beatnik in Greenwich in Connecticut sein.

Exzentrizität auf diese Weise hervorzuheben, bedeutet, anzunehmen, dass jedes wahre Selbst sich auf erstaunliche Weise von jedem anderen wahren Selbst unterscheidet, oder dass Autonomie einer Elite vorbehalten ist, die ein außergewöhnliches wahres Selbst besitzt. Obwohl es gute Gründe für die Annahme gibt, dass es eine sehr viel größere Bandbreite an wahren Selbsten gibt, als es den Anschein hat, gibt es keinen Grund zu glauben, dass wahre Selbste kaum eine Ähnlichkeit miteinander aufweisen. Schließlich gehören diese Selbste zu einer einzigen Spezies. Darüber hinaus würde die Anforderung, dass autonome Menschen exzentrisch sein müssen, die Gesellschaft als den endgültigen Schiedsrichter für Autonomie festlegen, da niemand autonom sein könnte, ohne gegen gesellschaftliche Konventionen aufzubegehren. Folglich würde Autonomie eine Art umgekehrtes Brandzeichen gesellschaftlicher Unfreiheit auf dem Individuum hinterlassen. Letztlich gibt es keinen Grund dafür, eine elitäre Theorie der Autonomie zu unterstützen, da die Anforderung, dass autonome Menschen exzentrisch sein müssen, im Grunde genommen einer unplausiblen Autonomiekonzeption geschuldet ist. Exzentrizität beweist, dass das Individuum seine Sozialisation überwunden hat, wenn nicht gar, dass es dem Irrsinn verfallen ist. Ob eine solche Überwindung vollzogen wurde, ist aber unerheblich, sobald Autonomie als die Ausübung einer Kompetenz aufgefasst wird.

Menschen können autonom sein, ohne glücklich zu sein, und sie können autonom sein, ohne abnormal zu sein. Dennoch ist Autonomie der Glückseligkeit zuträglich und trägt zur Einzigartigkeit von Individuen bei, denn eine integrierte Persönlichkeit ist sowohl harmonisch als auch unverwechselbar. Während es unbestreitbar ist, dass eine Person gelegentlich autonom handeln kann, ohne eine integrierte Persönlichkeit erlangt zu haben, ist eine solche für ein autonomes Leben erforderlich. Menschen können nur dann dauerhaft ihr Leben kontrollieren und ihr autonomes Selbst ausdrücken, wenn sie durch die Ausübung ihrer Autonomiekompetenz eine integrierte Persönlichkeit aufrechterhalten.

Übersetzung: Andreas Maier

Bernard Berofsky

Die Befreiungstheorie der Autonomie: Objektivität

Das Bild vom autonomen Akteur, das bislang entwickelt worden ist, weist folgende Elemente auf: (1) Freiheit: Ein autonomer Akteur besitzt eine Vielfalt an intellektuellen und körperlichen Fertigkeiten und Fähigkeiten, die ihm die übergeordnete Fähigkeit verleihen, seine Optionen kompetent zu beurteilen. Seine Autonomie wird durch einen starken rationalen Willen gesteigert. (2) Werte: Ein autonomer Akteur besitzt Werte und handelt ihnen entsprechend, aber es ist nicht nötig, dass diese Werte im Sinne der Evaluationskonzeption verstanden werden. Das bedeutet, dass der Akteur nicht notwendigerweise geneigt sein muss, seine Wünsche und Optionen von einem moralischen Standpunkt aus zu bewerten oder mit Blick auf den Wert seiner Motivationen. (3) Rationalität: Ein autonomer Akteur ist grundlegend rational. Er besitzt rationale Fähigkeiten, und ist generell dazu bereit, diese Fähigkeiten beim Entscheidungsprozess einzusetzen, obwohl er auch die Fähigkeit beibehält, sich über rationale Prinzipien hinwegzusetzen, und gelegentlich nach dieser handelt. (4) Unabhängigkeit: Ein autonomer Akteur hält an den Verfahren und Prinzipien, die er seinen Entscheidungen zugrunde legt, fest, weil sie sich im Entscheidungsprozess als zuverlässig erweisen. Unabhängig von ihrem Ursprung, sind sie Gegenstand einer Bewertung, die auf Kriterien basiert, die so objektiv wie nur möglich sind. Obwohl ein autonomer Akteur Beziehungen eingehen kann, die (selbstauferlegte) Beschränkungen enthalten, verzichtet er deshalb weder auf seine grundlegende Fähigkeit noch auf sein Recht zur rationalen Überprüfung. (5) Kontingenz: Gegeben, dass die Vorstellung idealer Autonomie unverständlich ist, muss das Faktum von Kontingenz zugestanden werden. Da alle autonomen Akteure durch ihre Entwicklung begrenzt sind, habe ich Kriterien vorgeschlagen, die bestimmen, in welcher Hinsicht ein Akteur autonomer sein kann als ein anderer. (6) Emotionale und charakterliche Lebenstüchtigkeit: Ein autonomer Akteur, der zufällig keine Werte im Sinne der Evaluationskonzeption besitzt, ist nichtsdestoweniger zu vielfältigen Einstellungen, Emotionen und Charakterzügen in der Lage, selbst wenn er nicht zu moralischen Emotionen und Einstellungen fähig ist. Er ist z. B. fähig zur Liebe, zu Freundschaft, Mut, Großzügigkeit und Vertrauen. Er besitzt Selbstrespekt und Selbstachtung im Sinne von Dispositionen, die sich eher beim Handeln als beim Urteilen zeigen; dazu gehört auch die Disposition, sich auf die Welt stabil, vertrauensvoll, vital und unabhängig einzulassen.

Müssen wir nicht zuletzt auch noch den Begriff der Selbstbestimmung als das wahre Wesen von Autonomie aufführen? Ich glaube jedoch, dass die Probleme, mit denen sich

Philosophen bei der Explikation von Autonomie konfrontiert sehen, davon herrühren, dass sie nicht einsehen, dass sich Autonomie *nicht* einer inneren Erschaffung verdankt. Ungeachtet der Etymologie des Begriffs sollten wir unseren Blick nicht auf die interne Verbindung, nicht auf seinen Ursprung im Selbst lenken, sondern darauf, wie der Akteur in seine Welt eintritt. Im Grunde war dies die Stoßrichtung der ganzen Diskussion bis hierher. Philosophen haben in ihren Beschreibungen des Wesens der Freiheit implizit auch Gründe dafür einfließen lassen, dass Freiheit für uns von Wert ist. Dementsprechend wird uns häufig gesagt, dass Autonomie (oder Freiheit) und Wert eng verflochten seien. Ich glaube, dass eine weitaus bedeutendere Verflechtung weniger zwischen Autonomie und Wert besteht, als vielmehr zwischen Autonomie und der Art und Weise, wie der Akteur mit seiner Umgebung verwoben ist.

Ich habe das verbreitete Gefühl ausgedrückt, dass wir keine größere Freiheit von lohnender Art haben würden, wenn wir in der Lage wären, eine Behauptung zu bestreiten, deren Wahrheit uns geradezu ins Gesicht springt. Obwohl ich diese Sichtweise in Kapitel 6 leicht relativiert habe, möchte ich nun bekräftigen, dass wir uns ebenso wenig vor der damit einhergehenden Notwendigkeit fürchten sollten, uns den anderen Schauplätzen unterzuordnen, in denen wir handeln und unsere Befriedigung finden. Denn dies ist der Weg, auf dem Autonomie erlangt wird.

Autonomie und Objektivität

Wenn ein Kind sich zu behaupten beginnt, erlaubt seine naturgemäße intellektuelle und körperliche Entwicklung eine tiefere und erfülltere Beziehung zur Außenwelt. Sein Handlungsradius vergrößert sich und es kann sich die Welt auf subtilere Weise vorstellen, sodass seine Ziele verschiedenartig werden und es kann auch den Genuss von einigen zurückstellen. Zur selben Zeit identifiziert es sich mit den Charakterzügen, Werten und Prinzipien seiner Eltern. Wenn diese erfolgreich integriert werden, entsteht kein großer Konflikt. Aber es muss den Konflikt bis zu einem gewissen Grad geben, da er unausweichlich diese inkorporierten Elemente gegen diejenigen ausspielt, die durch die eigene Beziehung des Kindes zur Welt entstanden sind. Tatsächlich gründet seine Selbstachtung in einem wachsenden Bewusstsein von der eigenen Fähigkeit, seine Ziele zu formulieren und umzusetzen – ob sie nun introjiziert sind oder nicht; das ist sein Bewusstsein von der eigenen Autonomie.

Eine erfolgreiche Identifikation ist aber klarerweise nicht ausreichend für Autonomie. Der Identifizierungsprozess fügt sich einem anhaltenden Kampf im Laufe der Kindheit und Adoleszenz, bei dem die heranwachsende Person ihre Autorität durchsetzt und die Angemessenheit von eingeschärften Werten und Prinzipien an der Welt, wie sie diese versteht und auffasst, prüft.

Verläuft dieser Prozess erfolgreich, ist sein Ergebnis eine autonome erwachsene Person. Psychologen haben keine Vorbehalte gegenüber dieser Beschreibung, obwohl die Seele dabei letztlich ihren „Ursprung" im Identifizierungsprozess hat. Wenn die introjizierten Werte und Ziele der Autoritätspersonen den Reifungsprozess recht unbeschadet überleben, dann soll es so sein. Wie ich in Kapitel 6 ausgeführt habe, wäre es unvernünftig, noch mehr an Unabhängigkeit zu verlangen wie es die Anhänger idealer Autonomie tun.

Wie wir wissen, muss dieser Prozess bestimmte Bedingungen erfüllen, wenn Autonomie das Ergebnis sein soll. Das Erfordernis von Rationalität erklärt beispielsweise, warum eine dogmatische Person – eine, die auch dann noch an einer Doktrin festhält, wenn eine Vielzahl von Beweisen gegen sie spricht – heteronom ist. Ob dieser Dogmatismus reine Hartnäckigkeit – Beharrlichkeit im Verfolgen eines Ziels, selbst wenn es sehr unwahrscheinlich ist, dass es erreicht wird (und die Person dies weiß) – oder ein echtes Versagen bezüglich der *Kompetenz* ist, er wird leicht in Schwierigkeiten führen. Aber selbst wenn es ein häufiger Fehler ist, mag die Person zu den Menschen gehören, die nicht schlecht auf Widerstand reagieren. Wenn ein Ziel für eine Person sehr wichtig ist, mag sie es zu verfolgen wünschen, selbst wenn andere Ziele dadurch vereitelt werden, oder auch dann noch, wenn sie darin nicht sehr effizient oder kompetent ist.

Dieser Widerstand gegenüber Rückschlägen ist auch für die Erklärung von einigen bemerkenswerten Merkmalen der Zeugen Jehovas und ähnlichen Gruppen hilfreich. Wenn der Dogmatismus bestimmter religiöser Personen oder Mitgliedern von Sekten sich auf Angelegenheiten bezieht, die für den Kern dieser Person absolut zentral gehalten werden, so wird ein Schutzschild gegenüber der Vereitelung anderer Ziele aktiviert, die aus dieser irrationalen, unwissenschaftlichen und rigiden Haltung folgen. Da alle wichtigen Ziele einer solchen Person dieser Kernideologie untergeordnet sind, wird ein Schutz vor dem Scheitern dieser untergeordneten Ziele künstlich gewährt. Wenn die Unterwerfung unter meinen Herrn die Unterdrückung meiner Wünsche, an dem Leben meiner Familie teilzuhaben, verlangt, dann mag ich diese Wünsche gut zu unterdrücken oder zu überdenken versuchen – auf eine Weise, die es mir erlaubt, meine religiöse Suche ohne inneren Konflikt fortzusetzen. Aus diesem Grunde sind wir beeindruckt von Zeugen Jehovas, die in einer rigiden, allumfassenden Ideologie gefangen sind, welche alles an Individualität, die sie besessen haben, unterdrückt, und die in Zeiten großen Drucks diese totale Hingabe und Gewissheit in Gleichmut und Stärke umwandeln.

Zu dem Fehlen von Unabhängigkeit und Kritikvermögen kommt noch hinzu, dass die Zeugen Jehovas eine wichtige Eigenschaft mit rigiden Personen teilen. Beide reagieren auf die Welt eher mit Beschwörung von Prinzipien als mit einer objektiven und offenen Untersuchung der einschlägigen Merkmale dieser Welt. Beide schauen auf die Welt, um Prinzipien, die niemals wirklich einem Test unterzogen werden, bestätigt zu bekommen; die Welt ist für sie ein Ort, um ihre Überzeugungen anzuwenden, nicht zu überprüfen. Diese Neigung ist natürlich von unschätzbarem Wert, um sich vor dem Scheitern der Kernideologie zu schützen. Mit anderen Worten: diesen Personen fehlt, was Shapiro „Objektivität" nennt.

Die Auffassung, dass die Reaktion eines Handelnden auf die Welt von Eigenschaften dieser Welt bestimmt wird, hat sowohl in der Erkenntnistheorie als auch in der Werttheorie eine Rolle gespielt. Nozick (1981: 167–288) war der Ansicht, dass eine Person mit Wissen im Wesentlichen eine ist, deren Überzeugungen das Wahre „aufspüren", womit gemeint ist, dass sie ihre Überzeugungen dem aktuellen Zustand der Welt anpasst; im

Bereich der Werte streben wir auf ähnliche Weise danach, gegenüber den Werten in der Welt empfänglich zu sein, indem wir unsere Reaktionen entsprechend angleichen. Kenntnisreiche und gute Personen richten ihr Innenleben (Überzeugungen, Wünsche, Gefühle) an dem objektiven Zustand der Welt aus. Der Wert eines freien Willens liegt in dieser Fähigkeit, uns nach Werten auszurichten. Eine ähnliche Saite anschlagend, definiert Wolf (1990: 67–93) Freiheit (im Sinne einer Bedingung für moralische Verantwortlichkeit) als die Fähigkeit, sich vom Richtigen leiten zu lassen. Interessanterweise übertragen allerdings weder Nozick noch Wolf dieses Denken auf die *Autonomie*. Beide interpretieren Autonomie als das, was ich ideale Autonomie bezeichnet habe, und Wolf schlussfolgert, wie viele andere auch, dass diese Idee inkohärent sei. Nozick versucht die Implikationen dieser radikalen Idee zu entwirren, das Ergebnis grenzt aber ans Unbegreifliche oder ist zumindest von vernachlässigbarem Wert für ein Verständnis von Autonomie von realen Personen. Wenn Objektivität der Schlüssel zu Wissen und Moralität ist, könnte sie dann nicht auch ein zentraler Bestandteil einer nicht-idealen Autonomie sein?

Das Wesen der Objektivität

Da *jede* Handlung sowohl objektive als auch subjektive Komponenten enthält, müssen wir genauer einen Blick darauf werfen, was die Zwecke des autonomen Akteurs, die sich aus der Welt ergeben, von den Zwecken unterscheidet, welche die rigide Person von den Eltern (oder anderen Instanzen) übernommen hat. Wenn ein junger Musiker zu einer autonomen Person heranreift, trifft es dann nicht auch zu, dass seine Ziele nicht nur aus der „Welt", mit der er täglich konfrontiert ist, kommen? Seine Eltern ermutigten und förderten seine musikalische Weiterentwicklung. Er selbst wurde sicherer durch die Anerkennung seines eigenen (inneren) Talents. Seine musikalische Tätigkeit ist auch teilweise Reflexion von Prinzipien der Ausführung und einer Darbietung, die er sich angeeignet hat und wiederholt anwendet.

Objektivität, wie ich sie charakterisieren würde, ist zum Teil ein epistemischer Zustand, der sich durch das Ausmaß auszeichnet, in dem die Informationsbeschaffung – dies gilt insbesondere für die Wahrnehmung – unabhängig ist von subjektiven Prinzipien und nicht-allgemeinen körperlichen Defekten. Das drückt sich darin aus, dass man Dinge sieht, wie „sie wirklich sind" (oder zumindest so, wie es ein normaler, kompetenter, unparteiischer Betrachter täte) und Facetten der Dinge erkennt, unabhängig davon, ob sie eventuell mit Prinzipien konfligieren, und ohne dass man von körperlichen Mängeln beeinträchtigt ist. In dieser Hinsicht erinnert Objektivität an prozedurale Unabhängigkeit; worum es geht, ist nicht die Art und Weise wie sich die Wahrnehmungsfähigkeit des Akteurs entwickelt hat, sondern es ist vielmehr deren gegenwärtige Zuverlässigkeit, die ihr Objektivität verleiht.

Die Bedingung, dass Objektivität erst dann gegeben ist, wenn der Betrachter die Dinge so sieht wie es ein normaler, kompetenter, unparteiischer Betrachter täte, dient dazu, mit Phänomenen wie optischen Täuschungen umzugehen. Es steht nicht nur fest, dass wir Farbe aus den komplett schwarzen Rillen der Benham-Scheibe aufblitzen sehen, wenn sie sich dreht. Es ist ebenso zutreffend, dass das Wissen darüber, dass es keine andere Lichtquelle als schwarz oder weiß gibt, diese allgemeine, unbeabsichtigte Aussage nicht verändert. Wir mögen dies zu Recht einen Mangel an Objektivität nennen. Aber in diesem Kontext ist dies nicht besonders nützlich, da wir hier nur solche Reaktionen auf die Welt gesondert betrachten wollen, bei denen eine Verzerrung auf das Individuum selbst und nicht auf seine Zugehörigkeit zur menschlichen Spezies zurückgeht. Wären wir dem Unterfangen einer idealen Autonomie gegenüber positiver eingestellt, könnten wir zu Recht die Reaktion auf die Benham-Scheibe als ein Scheitern der Objektivität betrachten, und damit als einen Fall von Heteronomie. (Das heißt nicht, dass unsere Ablehnung idealer Autonomie es uns verbietet, ein falsches *Verhalten* in Reaktion auf die Benham-Scheibe als einen Fall von Heteronomie zu betrachten. Eine Person die *glaubt*, und in diesem Glauben *eine Wette abschließt*, dass die Rillen tatsächlich grün sind, leidet an derselben Art von Unfreiheit und entsprechender Reduktion der Autonomie wie jede andere ignorante Person). Insofern wir es für nötig erachteten, zu Begriffen wie maximale und reale Autonomie zu greifen – beides graduell verstanden und zugeschnitten auf Wesen, die kontingente Ziele und Charaktere haben –, ist die Identifikation von allgemeinen Beschränkungen interessant, aber unwichtig. Es mag unterhaltsam sein, über die größere Autonomie eines Wesens nachzudenken, das nicht-sichtbares Licht „sehen" kann; noch viel spannender aber ist es, zu prüfen, ob wir ein Konzept von Autonomie für menschliche Wesen formulieren können.

Daher ist es sinnvoll, die *nicht*-allgemeinen Einschränkungen zu identifizieren, die durch rein körperliche Zustände verursacht werden. Die farbenblinde Person leidet an einem Zustand, der sich, wie Ignoranz, auf ihre Freiheit und ihre Autonomie auswirken kann. Sie sieht die Dinge nicht so, wie es eine gesunde Person täte, und läuft daher Gefahr, sich unangemessen zu verhalten. Offensichtlich kann und wird dieser Defekt oft minimiert, aber die Tatsache, dass er körperlich hervorgerufen ist, lässt ihn nicht weniger harmlos im Sinne einer potenziellen Beeinflussung unserer Freiheit und unserer Autonomie erscheinen. Eine ähnliche Folgerung ergibt sich im Fall einer vorübergehenden Schwäche wie bei einem Alkoholrausch und starkem Stress. Diese Bedingung unterstreicht wieder den Punkt, dass Autonomie eine Sache der Abstufung ist; jemand mit einem guten Gehör besitzt mehr Freiheit und mögliche Autonomie als jemand mit einem schlechten Gehör.

Es wäre zu einfach zu meinen, dass unsere Reaktionen auf die Welt zweigeteilt werden können, je nachdem, ob sie auf Tatsachen oder Einbildungen basieren. Unsere Interpretationen der Welt sind nicht bloß richtig oder falsch, sondern sind vielmehr in einem Kontinuum zu verorten, das auch mittlere Positionen enthält, wie „übertrieben", „oberflächlich", „vorurteilsbeladen", „fragmentarisch", „dem Kontext unangemessen" und „verzerrt". Wir werden aber das Problem an einer anderen Stelle zweiteilen, indem wir eine etwas willkürlich festgelegte Linie zwischen der Beschreibung des Akteurs, die er von der Welt gibt, und seiner verhaltensmäßigen Reaktion auf diese Beschreibung ziehen. In Bezug auf letzteres wäre eine rigide oder eine anderweitig unangemessene Reaktion auf die Beschreibung des Akteurs ein Scheitern der Objektivität. Bevor wir uns der Verknüpfung von Problemen zuwenden, die im Umfeld dieser Ideen von Angemessenheit und

Flexibilität auftauchen, möchte ich zunächst noch einige Worte zu den Problemen sagen, die den anderen Begriff betreffen, den der Beschreibung des Akteurs.

Offensichtlich setzt die Rede von Objektivität die Möglichkeit von neutralen, objektiv fundierten Beschreibungen der Welt voraus. Das ist nicht der Moment für eine Verteidigung des wissenschaftlichen Realismus. Ich möchte nur den Punkt unterstreichen, dass es offensichtlich eine Verbindung zwischen der Realismus-Relativismus-Kontroverse und den Kontroversen über das Wesen mentaler Krankheit und dem Wesen von Autonomie – sofern letzteres wie bei mir psychologisch charakterisiert wird – gibt. Ein Relativismus bestärkt radikale Konzeptionen von mentaler Krankheit als entweder nicht-existent (vgl. Thomas Szasz 1970) oder als ein Set von angemessenen Reaktionen auf die eigene „Welt" der Person (vgl. R. D. Laing 1969).

Ich möchte also eine kanonische, sachlich richtige oder zumindest gut fundierte Beschreibung der Welt annehmen. Wir beobachten zunächst, dass diese Beschreibung alle echten Perspektiven wie physikalische, chemische, biologische, historische, anthropologische, soziologische usw. enthalten kann. Folglich liegt man nicht falsch, diesen Stuhl als das Modell „Königin Anne" zu beschreiben, gefertigt aus Walnussholz, 5 Kilo schwer, zum Sitzen gedacht, ein Familienerbstück, leicht verfärbt, von Tante Louise begehrt usw. Ferner ist eine unvollständige Beschreibung natürlich nicht notwendigerweise eine ungenaue, und das ist es, worauf es ankommt.

Es gibt aber immer noch eine Vielfalt von Wegen von diesen Beschreibungen abzuweichen, ohne komplett falsch zu liegen. Es wäre praktisch, sich mit dem Kontinuum (zwischen dem rein Faktischen und purer Einbildung) zu beschäftigen, indem man sich auf den hypothetisch normalen, vollkommen kompetenten und unparteiischen („idealen") Beobachter beruft. Aber, selbst wenn wir rein evaluative Reaktionen („wunderschön", „ekelhaft") außer Acht lassen, haben wir keinen Grund, einheitliche Reaktionen bei Adjektiven wie „durcheinander" und „laut" zu erwarten. Das liegt daran, dass sich selbst „ideale Beobachter" unterscheiden können, je nach Umständen oder Kultur. Unterschiedliche Reaktionen auf eine Vielfalt von Themen fechten die Parteilichkeit, Kompetenz, oder Normalität des Beobachters nicht an. Folglich sollten wir nicht Jack, den Bauern, *oder* Jill, die Stadtbewohnerin, als defizient in ihrer Objektivität beurteilen, bloß weil sie zu unterschiedlichen Urteilen über Lärm kommen. Daher wäre es ratsam, einen konservativen Ansatz zu vertreten, demzufolge man von unterschiedlichen Urteilen idealer Beobachter nicht auf fehlende Objektivität schließen kann, wenn es um diese Art von Reaktionen geht.

Dieser Vorschlag setzt voraus, dass man Merkmale eines „idealen Beobachters", die seine Rolle als Entscheidungsinstanz über Objektivität beeinflussen, gesondert betrachten kann. Und wir haben in der Tat verschiedene Arten von Tests für diese Kompetenz. Außerdem sollten wir zu Kenntnis nehmen, dass Normalität nicht so verstanden werden sollte, als ob sie eingeübte Expertise ausschließen würde. Ein normaler Weinexperte besitzt einen hoch entwickelten Geruchssinn, und ein normaler Pilot kann besser sehen als die meisten Menschen.

Unparteilichkeit ist das am schwierigsten zu beschreibende Charakteristikum. Es ist notwendig, aber nicht hinreichend, darauf zu insistieren, dass ein unparteiischer Beobachter desinteressiert sein sollte, sprich: dass er entweder keinen Anteil an einer Sache hat oder seinen Anteil nicht kennt. Denn eine verzerrte Reaktion kann selbst bei einem desinteressierten Beobachter auftreten. Ein frauenfeindlicher Richter hat keinen Anteil an dem Ausgang eines von ihm geleiteten Gerichtsverfahrens gegen eine Frau. Das Urteil, das er verkündet, demonstriert aber seine Parteilichkeit; ob bewusst oder unbewusst – sein Urteil basiert eher auf seiner Antipathie gegenüber Frauen als auf Beweisen.

Es mag vielleicht nicht ausreichen zu fordern, dass es eine Meinungsmehrheit gegen das Urteil des Richters von Seiten anderer normaler, kompetenter Individuen gibt, da Geschlechtsdiskriminierung in einer (ganzen) Gesellschaft verbreitet sein kann. Wenn wir die Objektivität einer ganzen Gruppe zu verurteilen haben, dann sollten wir dies tun, indem wir uns auf die Verzerrungen berufen, die durch eine defekte Umgebung verursacht werden. Und wir finden uns wieder einmal darin wieder, eine Perspektive anzunehmen, aus der dieses Urteil gefällt wurde. Diese Urteile sind manchmal sehr schwierig, und häufig müssen wir auf den Gesamtausgang einer langwierigen Debatte warten, ähnlich wie wir das Protokoll eines langen Gerichtsverfahrens (sorgfältig) studieren müssen. Der Vorwurf von Parteilichkeit oder Irrationalität mag auf subtilen Angelegenheiten beruhen, die selbst für rationale, wissenschaftliche Beobachter schwer zu identifizieren sind. Nur das Geben und Nehmen von informierten, kompetenten und bewussten Mitgliedern der Gesellschaft kann ein zuverlässiges Ergebnis hervorbringen. Die Komplexität dieses Prozesses wird noch vergrößert durch die schlecht definierte Natur von genau der Gruppe, von der das Expertenurteil erwartet wird. Denn die Mitgliedschaft in der Gruppe der idealen Beobachter basiert auf Urteilen, die von der Gruppe selbst gefällt werden.

Vorausgesetzt, dass wir für eine objektive Reaktion nicht benötigen, dass sie von einem bestimmten Standpunkt aus kommt oder dass sie vollständig ist, und vorausgesetzt, dass wir Einstimmigkeit unter den „idealen Beobachtern" benötigen, bevor wir ein Urteil über Nicht-Objektivität aussprechen, kann ich die mangelnde Überzeugungskraft ertragen, die vielen dieser Urteile anhängt. Und der schlecht definierte Charakter der Gruppe der idealen Beobachter zusammen mit den Folgen dieser Ungenauigkeit sind Elemente, mit denen wir ohnehin leben müssen. Denn das Urteil einer „scientific community" darüber, dass eines ihrer Mitglieder ein „Spinner" ist, klärt sich in der Regel über eine gewisse Zeit hinweg, nämlich durch das Wechselspiel von anhaltendem Dialog innerhalb der (unvollkommen definierten) Gemeinschaft und den theoretischen und experimentellen Ergebnissen, die ans Licht kommen.[1]

Ein zweiter Bestandteil von Objektivität ist Flexibilität, die Bereitschaft, das eigene Verhalten, Ansichten und Reaktionen angesichts neuer und relevanter Informationen zu ändern. Eine Person mag ein exzellentes Verständnis von der Welt haben wie sie ist, aber zu bequem sein, sich in ihren Verhaltensweisen zu ändern. Sie sieht, dass die Situation eine neuartige Reaktion verlangt, vielleicht auch eine, die eine fundamentale Änderung in der Zielsetzung mit sich bringt, kann aber nicht die Energie aufbringen, diese Änderung vorzunehmen. In dem Maße, wie unser autonomer Musiker auf innere Signale

---

[1] Die obigen Ausführungen sind als Entgegnung auf Schwierigkeiten gedacht, auf die mich John Christman aufmerksam gemacht hat – wofür ich ihm sehr danke.

reagiert, ist er auch objektiv. Er ist darauf vorbereitet, sein Talent richtig einzuschätzen; er wird nicht nach Bestätigung seiner tiefsten Wünsche über sich selbst aus sein, wo unparteiischere Beobachter nur Wunschdenken sehen. Er ist bereit, die Prinzipien seiner Performance zu überdenken, wenn sein musikalisches Wachstum durch ein möglicherweise zu starres Festhalten an den Dogmen eines Lehrers behindert ist. Und er hört sorgfältig zu, stets bereit, etwas noch einmal anzuhören, und sich durch neue musikalische Quellen inspirieren zu lassen. Obwohl er natürlich mit Selbsteinschätzung beschäftigt sein mag, grübelt er nicht über die Qualität seiner Darbietung und sein Potenzial als professioneller Musiker. Und so wie er ursprünglich von seinen Eltern angetrieben und inspiriert wurde, so ist er nun intrinsisch motiviert. Er steht in großem Kontrast zu dem rigiden Individuum, Shapiros Paradigma einer heteronomen Person. Die Kennzeichen dieser Person sind: Inflexibilität; ein Hang zur ständigen Selbsteinschätzung; ein Mangel an Internalisierung, die sich in dem Gefühl widerspiegelt, dass Werte externe Beschränkungen sind; Starrsinn; mangelnde Spontaneität, und die fehlende Bereitschaft, sich einer fairen Prüfung von Handlungszielen zu unterziehen, welche dauernd als eine Quelle von Behaglichkeit und als Schutz vor Selbstkonfrontation beschworen werden.

Wenn nichts dazwischen kommt, wird eine objektive Person besser informiert sein als eine, die nicht objektiv ist. Die kognitive Dimension von Autonomie, eine Offenheit gegenüber der Welt, wie sie sich einer Person zeigt, die nicht dazu neigt, ihre Wahrnehmungen zu verzerren, damit sich diese als kompatibel mit und als Bestätigung von früher übernommenen Prinzipien erweisen, wird mit höherer Wahrscheinlichkeit Wissen generieren als eine gegenteilige Einstellung. Natürlich gibt es auch andere Bedingungen, die das Ausmaß, in welchem eine Person informiert ist, bestimmen. So muss man tatsächlich relevante Beobachtungen gemacht haben, und man muss die Fähigkeit besitzen, diese angemessen zu interpretieren. Da wir genügend Informationen besitzen müssen, um unsere Entscheidungen kompetent zu bewerten, benötigt Autonomie ein gewisses Maß an relevantem Wissen; allerdings dürfen wir Objektivität als eine Einstellung, die für Autonomie wesentlich ist, nicht mit Wissen, einem Bestandteil positiver Freiheit, verwechseln.

Der Mangel an Objektivität bei schwächenden Neurosen und Persönlichkeitsstörungen wird in der Arbeit von Psychologen unterschiedlicher Traditionen dokumentiert. Obwohl die psychoanalytische Tradition, zu der Shapiro in einem weiteren Sinne zu rechnen ist, durch die kognitive Therapie herausgefordert wurde, bestehen die Vertreter letzterer Denkschule gleichermaßen darauf, Neurotiker als Personen zu charakterisieren, die unangemessen auf die Welt reagieren. A. T. Beck schreibt:

> „Trotz der Ähnlichkeiten, unterscheidet sich die Person mit einer akuten Angstreaktion entscheidend von der Person, die einer tatsächlichen Gefahr ausgesetzt ist. Die Gefahr, die der Patient wahrnimmt, ist nicht existent oder gänzlich unverhältnismäßig. Er ist nicht nur ganz von der Idee der Gefahr gefangen genommen, sondern interpretiert ständig harmlose Reize als Anzeichen von Gefahr" (1976: 81).

In der Tat rückt die Kernidee der kognitiven Therapie – dass nämlich emotionale Störungen kognitive Fehler seien, sprich: falsche Interpretationen der Welt, die vielleicht auf

Fehlern in der Lernerfahrung gründen – den Mangel an Objektivität in das Zentrum geistiger Krankheiten. „Unsere inneren Abläufe können die Signale von außen verdrängen oder um diese kreisen, so dass wir komplett phasenverschoben sind gegenüber dem, was um uns herum passiert. Eine tief greifende oder chronische Diskrepanz kann in Persönlichkeitsstörungen münden" (Beck 1976: 25).

Unangemessenheit ist ein schwieriger Begriff und wir müssen ihn noch zufriedenstellend erklären. Beck merkt an, dass Neurotiker *über*empfindlich gegenüber Reizen sein können. Ein Ehemann kann den Bemerkungen seiner Frau gegenüber zu aufmerksam sein, um darin eine Basis für eine feindselige Antwort zu finden. Die Unangemessenheit dieser Antwort hat mit der Verzerrung von Reizen zu tun, die er auf eine Weise zusammenbringt, welche eher von seinen inneren, ungelösten Konflikten geprägt wird als von einer objektiven Beurteilung seiner Beziehung.

Bevor wir versuchen, diese vagen Bemerkungen zu klären, wird es hilfreich sein, die epistemische Dimension von Objektivität mit der Frage der Rationalität in Verbindung zu bringen. Becks Kommentar zu akuten Angstreaktionen und die gewöhnliche Reaktion auf Phobien lassen vermuten, dass diese Zustände zum Teil Fälle von Irrationalität sind. Da Schlangen und Mäuse nicht so gefährlich sind, wie es die phobische Reaktion vermuten lässt, könnten wir geneigt sein zu folgern, dass phobische Patienten entweder die Wahrscheinlichkeit von Gefahr auf krasse Weise falsch interpretieren oder dass sie ein irrationales Prinzip bei der Entscheidungsfindung anwenden. Eine plausiblere Erklärung hingegen würde es gänzlich vermeiden, deren Verhalten überhaupt als einen Fall von Entscheidungsfindung zu konstruieren. Das Rückzugsverhalten ist eher typisch für eine automatische Reaktion auf einen inneren emotionalen Zustand, hervorgerufen durch den Anblick des relevanten Objekts. Eine von einer Phobie geplagte Person könnte gut die Unwahrscheinlichkeit von Gefahr *einräumen*, würde aber immer noch unter ihrer emotionalen Reaktion leiden, die von der Präsenz des gefürchteten Objekts hervorgerufen wird.

Daher muss die Irrationalität dieser von Furcht geprägten Reaktion auf andere Weise erklärt werden oder wir müssen zumindest die Bedeutung, in welcher die Reaktion „unangemessen" ist, verstehen. Es gibt in diesem Zusammenhang Gefahren bei der Beschwörung des schwächenden Charakters von Phobien. Zum Beispiel wird jemand mit Angst vor Schlangen, der zufällig sein gesamtes (erwachsenes) Leben an der East Side von Manhattan verbringt, wahrscheinlich ganz gut mit diesem „Leiden" zurechtkommen können, während ein Mann mit einer Agoraphobie, der gerade angeheuert wurde, um eine Karawane durch die Wüste zu führen, in großen Schwierigkeiten wäre. Der Bewohner von Manhattan mag genauso irrational sein wie der Karawanenführer, obwohl ein Anlass zur Sorge und ein Grund, eine Behandlung vorzunehmen, nur im letzteren Fall vorliegt.

Wenn man das Verhalten als eine Entscheidung betrachtet, ist man berechtigt, die Reduktion der Furcht oder des Schreckens, die eine Vermeidungsreaktion sicherlich hervorbringen würde, als relevant für den Nutzenkalkül anzusehen. Was das zeigt, ist, in der Tat, dass das Verhalten *nicht* irrational ist – die Vermeidung von Unangenehmen ist klarerweise ein Fall von Rationalität; wenn überhaupt etwas irrational ist, dann muss es die Emotion der Furcht sein, und nicht die Reaktion von Flucht auf diese Emotion. Und dieses Ergebnis lässt sich sowohl auf die voll ausgeprägte phobische Antwort als auch auf die Reaktion einer übertriebenen Furcht (bei der die Person die Macht zur Entscheidung bewahrt) anwenden. Daher kann uns die Theorie *rationaler* Entscheidungen in diesem Kontext überhaupt nichts Nützliches lehren. [...]

Das Scheitern der Objektivität: Die phobische Reaktion

Es wäre vermessen, Objektivität auf eine Weise zu charakterisieren, die uns zu einem psychoanalytischen Zugang zu Geisteskrankheiten verpflichtet. Die Idee von einem erwachsenen Menschen, der gegenüber der Welt – so wie sie ist – offen ist und auf angemessene Weise auf sie reagiert, sollte eine Explikation erlauben, die alternative Erklärungen der Weise, in der emotionale Faktoren Objektivität stören, nicht ausschließt. Um zu sehen, wie wir wohl am besten eine neutrale Beschreibung von Objektivität geben, ist es hilfreich, die zentralen psychologischen Theorien über einen bestimmten Typus des Leids, die Phobie, miteinander zu vergleichen, wobei wir uns auf die Elemente konzentrieren, die die Objektivität betreffen.

Einen typisch psychoanalytischen Bericht über Phobie liefert N. Cameron (1963) mit seiner Beschreibung des berühmten Falls vom „kleinen Hans".

> „Dieser Junge weigerte sich aus lauter Angst vor Pferden auf die Straße zu gehen, genauer gesagt: aus Angst, von ihnen getreten zu werden. Im Laufe der Therapie stellte sich heraus, dass das Pferd den verhassten und gefürchteten Aspekt seines Vaters symbolisiert. Die phobische Lösung stellt sich wie folgt dar. [...] Die Liebe zu seinem Vater wurde bewahrt, während der Hass ihm gegenüber auf Pferde übertragen wurde. Das hatte den zusätzlichen Vorteil, dass das Pferd leicht vermieden werden konnte, während dies mit seinem Vater nicht ginge. [...] Der Junge erwartete primitive Vergeltung von seinem Vater für die ursprüngliche Feindseligkeit, die er empfunden hat. Diese Erwartung wurde ebenfalls übertragen. Sie wurde zur regressiven oralen Furcht, dass die Pferde ihn treten könnten" (294–5).

Wir haben hier also einen bewussten intentionalen Zustand, der durch einen unbewussten intentionalen Zustand erklärt wird, dessen Objekt (Vater, Vergeltung des Vaters) durch das frühere Objekt (Pferde, Treten der Pferde) symbolisiert wird. Nun, unter *Voraussetzung* der bewussten Furcht ist das Vermeidungsverhalten auch ohne die Hilfe der psychoanalytischen Theorie völlig verständlich. Die Theorie ermöglicht uns dann, die bewusste Furcht durch die unbewusste Furcht und deren symbolischer Verknüpfung mit der bewussten Furcht zu erklären.

Häufig heißt es, psychoanalytische Erklärungen lieferten den Grund des Akteurs für eine Handlung, die keinen Grund zu haben scheint. Diese psychoanalytische Erklärung sagt uns, dass Hans Pferde vermeidet, weil er nicht von seinem Vater kastriert werden möchte. Aber beachten wir zunächst, dass wir nicht wissen müssen, warum Hans Pferde meidet, sobald wir wissen, dass er Angst vor ihnen hat. Daher muss die psychoanalytische Theorie die Ratlosigkeit hinsichtlich der Furcht als solche auflösen, und sie tut dies mit Hilfe der symbolischen Verknüpfung und der Überzeugung über die Vergeltung. Aber selbst wenn dies unsere Verständnislosigkeit teilweise aufhebt, lässt es die Frage nach der Irrationalität dieser Überzeugung unbeantwortet. Warum sollte Hans eine solch irrige Überzeugung haben?

Offensichtlich muss der psychoanalytische Zugang zum Ödipuskomplex hinzugezogen werden, um in dieser Frage weiterzukommen. Aber selbst wenn dieser Ansatz die Kastrationsängste des *jungen* Hans angemessen zu erklären vermag, kann seine gegenwärtige Angst vor Pferden nur durch den Hinweis auf diese Kindheitsangst erklärt werden, wenn wir annehmen, dass der Konflikt, inklusive seiner Überzeugung über den Vater, als Kind verdrängt wurde und daher niemals einer späteren rationalen Prüfung unterzogen wurde. Andernfalls würden wir erwarten, dass er gelernt hätte, dass sein Vater gar nicht so ein schlechter Kerl sei. Somit beeinflusste ihn die verknöcherte Überzeugung, in seinem Unterbewusstsein auf eine Art und Weise verfestigt, die er nicht kontrollieren konnte. Seine Freiheit wurde durch den Einfluss einer falschen, schlecht fundierten Überzeugung vermindert. Ihre Wirkung ist schädlicher als ein bewusstes Analogon, denn letzteres kann zumindest noch identifiziert werden, sobald mal eine kritische Reflexion einsetzt.

Wie wir häufiger gesagt haben, impliziert jede Reaktion auf die Welt beides: die Welt und denjenigen, der auf sie reagiert. Um die Schlussfolgerung zu rechtfertigen, dass Hans' Verhalten einen Mangel an Objektivität offenbart, müssen wir erklären, warum wir uns eher auf ihn als auf die Welt konzentrieren. Die psychoanalytische Theorie sagt uns, dass Hans nicht „wirklich" auf Pferde reagiert, sondern dass es vielmehr seine Kindheitsängste sind, auf die er reagiert und die auf Pferde übertragen wurden. Das Pferd ist der „Aufhänger", an dem er seine ödipale Fixierung auslässt. Er vermeidet Pferde letztlich wegen unbewusster intentionaler Zustände (Ängste, Überzeugungen), die in seiner Kindheit gebildet wurden, und die für das Bewusstsein wegen ihres schmerzhaften Inhalts unzugänglich gemacht wurden, und die jetzt durch auslösende Erfahrungen wie die Gegenwart von Pferden aktiviert werden. Wenn Hans' Verhalten wirklich objektiv gewesen wäre, dann wären die tatsächlichen Merkmale von Pferden, die für sein Verhalten kausal von Bedeutung sind, nicht ausgerechnet diejenigen, die sie zum Kandidaten für eine symbolische Repräsentation des Vaters machen würden.

Der starke Einfluss der Kindheit auf das Verhalten als Erwachsener, der von der Psychoanalyse behauptet wird, ermöglicht es, Fehler hinsichtlich der Objektivität zu charakterisieren, ohne den schwächenden Charakter von Phobien und neurotischen Störungen beschwören zu müssen. Der psychoanalytischen Theorie zufolge werden Kindheitserfahrungen *Wesensgründe* oder *anhaltende* Gründe für das Verhalten Erwachsener. Daher stellt diese Theorie die menschliche Freiheit mehr infrage als es andere Theorien tun, darunter solche, die *völlig deterministisch* sind. Die Wünsche, Überzeugungen und Ängste, die gebildet wurden, als die Person noch unkritisch war, *fahren unbeirrt fort* mit ihrer schmutzigen Arbeit. Und da sie auf der unbewussten Stufe tätig sind, kann das Kritikvermögen der Person, wie wir früher schon angemerkt haben, diese Zustände nicht beeinflussen. Sie sind wie genetische Faktoren, Zufälligkeiten, die nicht verändert werden können (es sei denn, die Person unterzieht sich einer Behandlung) und die unsere Autonomie vermindern können.

Obwohl wir Hans' Überzeugung über seinen Vater falsch und irregeleitet nannten, könnte sie keins von beiden sein. Und wenn wir als die relevante Überzeugung des erwachsenen Hans folgende identifizieren: „Mein Vater ist *jetzt* eine Gefahr", könnten wir uns sogar vorstellen, dass *diese* Überzeugung epistemisch fehlerfrei sein könnte. Wenn der Vater des armen Hans ein Küchenmesser mit böser Absicht vor den Augen seines unglücklichen Sohnes geschwungen hat, als die ödipale Phase des armen Jungen begonnen hat, würden wir selbstverständlich schreckliche psychologische Folgen erwarten. Aber der psychoanalytische Zugang nimmt für gewöhnlich an, dass die Überzeugung unabhängig von den üblichen, zuverlässigen Kanälen heranreift. Hans beschwört diese Überzeugung aus seinen eigenen Wünschen und Schuldgefühlen herauf, unabhängig davon, ob die Überzeugung wahr oder gerechtfertigt ist. Und es ist eben dieser Prozess, der den Ausbruch der Phobie erklärt. Auf diese Weise ist die Überzeugung epistemisch belastet hinsichtlich der Unzuverlässigkeit des tatsächlich ablaufenden Prozesses, der zur Bildung der Überzeugung führt. Der Kürze wegen sollen wir solche Überzeugungen als unzuverlässig bezeichnen. Wenn sie aus dem kritischen Überprüfungsprozess ausgeblendet werden, können sie dieselben unglücklichen Wirkungen hervorrufen – selbst wenn sie wahr und zu rechtfertigen sind.

Die Freud'sche Theorie hat eine beträchtliche Zahl an abweichenden Ansätzen hervorgebracht. Wir können daher psychoanalytische Beschreibungen vorfinden, die weiterhin erlauben, allgegenwärtige Urteile über Nicht-Objektivität zu fällen, während sie andere Schlüsselelemente der Freud'schen Perspektive zurückweisen. Die Elemente, die das Scheitern von Objektivität erklären, sind im Wesentlichen die Hartnäckigkeit und die kausale Bedeutsamkeit von unbewussten intentionalen Zuständen, die unzuverlässig gebildet und gegenüber der Revision durch normale Überprüfungsprozesse resistent sind.

Der Vertreter der kognitiven Therapie stimmt mit dem Psychoanalytiker darin überein, dass das „wirkliche" Objekt der Furcht nicht notwendigerweise das offenkundige ist – dasjenige Objekt, von dem der Patient berichtet, dass es seine Vermeidungsreaktion auslöst. Anders als der Psychoanalytiker ist der kognitive Therapeut aber der Meinung, dass die tiefer liegende Furcht für den Patienten zugänglich ist und durch Diskussion und Reflexion entlockt werden kann. Zum Entfernen des „ideenmäßigen Kerns" (Beck 1976: 168) der Phobie ist die Vermittlung einer ausgearbeiteten Theorie, die uns symbolische Interpretationen liefert, nicht nötig. Patienten mit einer Agoraphobie mögen nach einer Befragung offenlegen, dass sie fürchten, von einer Krankheit getroffen zu werden, wo medizinische Hilfe nur schwerlich geleistet werden kann, oder die persönliche Kontrolle zu verlieren und etwas sehr Peinliches in der Öffentlichkeit zu tun.

Zusätzlich zu der Übereinkunft darüber, dass eine gewisse Unterscheidung zwischen offenkundigem und latentem Inhalt nötig ist, räumt der kognitive Therapeut ebenfalls ein, dass im Falle von „Fixierungsphobien" die „konzeptionelle Reifung in Bezug auf diese Furcht in einem frühen Entwicklungsstadium zum Stillstand gebracht wurde" (Beck 1976: 180). Eine normale Kindheitsangst vor Tieren, vor Dunkelheit, oder Ärzten wird von dem Bereich, der dem Lernen durch Erfahrung, Reifung und Reflexion unterworfen ist, ferngehalten.

Beck hat nur wenig zu sagen darüber, warum dies passiert. Er schreibt, dass Eltern diese Ängste verstärken können, besonders dann, wenn sie dieselben Ängste haben. Die Wahrheit einmal außen vor gelassen, bietet die psychoanalytische Theorie zumindest eine Erklärung für das Begräbnis der Furcht in einer Ecke des Geistes, die für die Reflexionen des Individuums unzugänglich ist.

Der Hinweis auf die Verstärkung erinnert an die Erklärung von Phobien, die von der Schule der behavioristischen Therapie geliefert wird. Denn, obwohl letztere auf die Erwähnung kognitiver Elemente verzichtet und sich stattdessen auf traditionelle behavioristische Vorstellungen vom Lernen als klassischer oder operanter Konditionierung stützt, bemüht Becks Erklärung für die *Beharrlichkeit* der Furcht und die entsprechende Entwicklung der Phobie bis ins Erwachsenenalter hinein keine speziellen kognitiven Elemente. Wenn die alleinige Erklärung für die beibehaltene Furcht die Verstärkung durch die Eltern ist, warum können wir sie dann nicht im Sinne des üblichen Konditionierungsparadigmas verstehen? Natürlich ist Beck nicht auf behavioristische Ansichten (z. B. Wolpe 1969) zu dem *Ausbruch* von Ängsten als „versehentliche Konditionierung" festgelegt. Tatsächlich lehnt er die Auffassung ab, dass Phobien durch die Verdrängung der Furcht, die auf ein wirklich furchteinflößendes Objekt gerichtet ist, hin zu einem Reiz, der zufällig gemeinsam mit diesem Objekt präsent ist, entsteht. Der vermeintliche Vorteil dieser Position, nämlich die Fähigkeit bizarre Ängste durch die Tatsache, dass alles Mögliche in der Nähe des furchteinflößenden Objekts sein kann, zu erklären, ist nur ein scheinbarer, sobald wir erst sehen, dass nach ein paar Nachforschungen die Phobien nicht so bizarr sind wie sie zunächst erschienen. Die wirkliche Furcht ist eine gewöhnliche, die *nicht versehentlich* mit der offen zu Tage tretenden Furcht verknüpft ist. Eine Frau fürchtet sich davor, feste Nahrung zu sich zu nehmen, weil sie einmal fast an einem Stück Fleisch erstickt wäre.

Im Falle der kognitiven Therapie haben wir beim Thema der Objektivität eine Ähnlichkeit zu dem psychoanalytischen Ansatz insofern festgestellt, als der phobische Erwachsene von den Ängsten und Überzeugungen geplagt wird, die er beibehalten hat und die er nicht einer kritischen Überprüfung hat unterziehen können. Die Unfähigkeit, unzuverlässige Überzeugungen auszurotten – die ihn offensichtlich stärker beeinträchtigt als bloße Ignoranz – ist ebenfalls eine epistemische Einschränkung seiner Freiheit. Der kognitive Therapeut kann durchaus der Ansicht sein, dass sich Phobien nur sehr schwierig aus eigenen Kräften überwinden lassen, so dass sich seine Ansichten über die Einschränkungen der Freiheit des geplagten Individuums praktisch als dieselben wie die des Psychoanalytikers erweisen. Allerdings schätzt die Psychoanalyse solche Plagen als hartnäckiger ein als die kognitiven Therapeuten, denn der Psychoanalyse zufolge sind die Überzeugungen und Wünsche, die den Zustand erklären, sehr resistent gegen den Versuch, sie sich bewusst zu machen.

Wenn wir uns nochmal in Erinnerung rufen, dass eine phobische Reaktion keine Entscheidung ist, mögen wir uns wundern, warum die Unverfügbarkeit von wichtigen Informationen derart bedeutsam ist. Obwohl es einleuchtet, warum man bei dem Treffen von Entscheidungen zuverlässige Informationen benötigt, greift ein phobischer Mensch nicht auf Informationen zurück, um zu entscheiden, ein Vermeidungsverhalten an den

Tag zu legen. Nichtsdestoweniger kann eine phobische Antwort, wie eine Emotion, hinsichtlich ihrer eigenen Rationalität beurteilt werden, während eine irrationale Emotion eine ist, die auf einer Fehlinformation basiert. Man kann wütend oder betrübt sein, dass P, auch wenn nicht-P der Fall ist. Indem man die Wahrheit erkennt, hofft man daher, dass angemessene emotionale Anpassungen vorgenommen werden. Doch die Tatsache, dass solche Anpassungen nicht immer gemacht werden, mindert nicht die Bedeutung von Informationen. Jegliche Entscheidung hängt von einer Vielzahl von Faktoren ab. Dass ich weiterhin rauche, obwohl ich bestens weiß, dass es meiner Gesundheit schadet, impliziert nicht, dass meine Freiheit nicht durch Ignoranz bezüglich der Folgen von Rauchen für meine Gesundheit gemindert wird. Warum also sollte es nicht für eine Person mit einer Phobie vor Spinnen gleichermaßen wichtig sein, zu wissen, dass Spinnen nicht gefährlich sind, selbst wenn sie weiterhin darunter leidet?[2]

Psychoanalytischen Annahmen zufolge können wir ähnlich vermuten, dass Hans durch einen rein intellektuellen Prozess lernen könnte, dass er Kastrationsangst hat. Wenn dies ihm beispielsweise von einer Person, die er respektiert – vielleicht sein Therapeut – erklärt wird, wird diese Information keine Rolle bei seiner Heilung spielen. Der psychoanalytischen Theorie zufolge erfordert eine erfolgreiche Therapie, dass er aus eigenem Antrieb diese Tatsache *erkennt*.

Ob also die relevanten Informationen und der Zugang zu Zuständen wie Wünsche und Ängste für die Person verfügbar sind oder nicht – sie sind nicht in einer *brauchbaren Form* verfügbar. Für den Psychoanalytiker sind sie im Unbewussten vergraben und bieten auf diese Weise Schutz vor schmerzhaften Emotionen; für den kognitiven Therapeuten hingegen sind die falschen Annahmen, auf denen die phobische Reaktion gründet, nicht in gleichem Maße unzugänglich. Der Therapeut muss von einer Vielfalt an Kognitionstechniken Gebrauch machen, z. B. indem er falsche Annahmen identifiziert, indem er auf Erfahrungen verweist, die dem Patienten zeigen, dass er sich irrt, indem er ungültige Schlussfolgerungen aussondert, und indem er dem Patienten beibringt, wie er aus seinen Erfahrungen lernen kann. Beck gesteht zu, dass bloße „intellektuelle Zustimmung" zur Wahrheit nicht ausreicht und dass Faktoren, die die Einstellungen und Emotionen berücksichtigen, den Übergang zur wirklichen Akzeptanz und den Beginn eines emotionalen Wandels begünstigen können. Die Patientin, die feste Nahrung fürchtet, mag zugeben, dass man nur selten an Nahrung erstickt. Dennoch muss sie vielleicht einen Prozess des Abgewöhnens durchlaufen, bei dem der „automatische Gedanke", der Nahrung und Ersticken miteinander verknüpft, mit diesen Tatsachen konfrontiert wird – in einer unterstützenden Umgebung, die eine erhöhte Aufmerksamkeit und eine objektive Selbstprüfung anregt.

---

[2] Wenn wir annehmen, dass eine Person automatisch von dem furchteinflößenden Charakter eines Objekts zu der Überzeugung, es sei vernünftig, sich zu fürchten, oder zu der Überzeugung, das Objekt sei gefährlich, übergeht, so müsste man leugnen, dass eine solche Person wissen *könnte*, dass Spinnen nicht gefährlich sind. Doch die Tatsache, dass jemand, der unter einer Spinnenphobie leidet, sich so verhält als seien Spinnen gefährlich, impliziert nicht, dass er auch der Überzeugung ist, sie seien gefährlich – seine Bekundungen und sein Wettverhalten belegen dies beispielhaft.

So stimmen beide Positionen darin überein, dass der Patient die Wahrheit „erkennen" muss. Für den kognitiven Therapeuten hat der Mensch, der unter Agoraphobie leidet, eine ziemlich genaue Idee von dem unmittelbaren Grund für sein Verhalten. Er denkt, dass er sich zum Narren macht, wenn er derart exponiert ist. Aber es ist nicht so einfach, ihn von dieser festen Überzeugung zu befreien. Da er die Welt falsch interpretiert, fehlt es ihm an Freiheit, und da diese Neigung fest verankert ist, ist auch seine Objektivität davon berührt – er reagiert unangemessen, weil er Probleme hat, die Dinge so zu sehen, wie sie wirklich sind. Für den Psychoanalytiker stellt sich das Problem noch schwerwiegender dar, weil es dem Patienten an Selbsterkenntnis in zentralen Hinsichten mangelt – der kleine Hans weiß nicht, dass er seinen Vater fürchtet – und weil seine Fähigkeit, die Wahrheit auf therapeutisch brauchbare Weise zu erkennen, davon abhängt, ob die unterdrückten Zustände im Bewusstsein auftauchen.

Beiden zufolge erstickt der Leidende an der Vergangenheit, weil kognitiv fehlerhafte mentale Zustände, die vor langer Zeit erworben wurden und durch Immunität gegenüber dem – gelegentlich durch Reifung und neue Erfahrungen angestoßenen – normalen Prozess der rationalen Überprüfung noch rigider wurden, fortwährend kausal tätig sind. Schon kleinste Merkmale der Reize sind kausal für das Verhalten bedeutsam: Hans reagiert in automatischer Manier auf Anzeichen von Pferden; der phobische Mensch reagiert auf ähnliche Weise auf den bloßen Gedanken an feste Nahrung. Der Reichtum an Erfahrungen löst sich langsam durch einen Filter auf, der nur für Informationen durchlässig ist, die die Furcht oder den Wunsch betreffen („es ist ein Pferd"), und die automatisch von dem Objekt zum Durchschleusen aktiviert werden, dann – zumindest der Psychoanalyse zufolge („es ist mein Vater") – symbolisch transformiert werden und schließlich zunächst die unzuverlässige Überzeugung („mein Vater will mich kastrieren") und dann das Verhalten (Vermeidung) aktivieren. [...]

Wie spielten vorher auf den behavioristischen Ansatz zu Phobien als versehentlicher Konditionierung an. Watson schaffte es, im kleinen Albert eine Furcht vor Ratten zu erzeugen, indem er ein lautes Geräusch mit einer Ratte präsentierte. Nach häufigen Wiederholungen weitete sich Alberts natürliche Furcht vor lauten Geräuschen auf Ratten aus und, so wurde behauptet, aufgrund des Prinzips der Verallgemeinerung auch noch auf andere pelzige Objekte. Es wurde allerdings deutlich, dass das behavioristische Bild unvollständig sein muss, weil es nicht möglich ist, Menschen dahingehend zu konditionieren, dass sie sich vor jedem möglichen Reiz fürchten, der mit dem tatsächlich furchteinflößenden assoziiert wird. Man kann beispielsweise nicht eine Furcht vor hölzernen Enten, Operngläsern und Gardinen erzeugen (vgl. Claridge 1985: 68). Es gibt experimentelle Beweise dafür, dass viele Ängste angeboren sind und dass die Entwicklung der Kindheitsängste einem bestimmten chronologischen Verlauf folgen (vgl. Gray 1971). Es kann demnach also gut sein,

> „dass das menschliche Nervensystem auf bestimmte Weise ‚stark vorprogrammiert' ist, auf bestimmte, sehr spezifische Reize zu reagieren, wie etwa Schlangen, die Gefahr signalisieren und als Ergebnis der Evolution nur noch ansatzweise im Menschen verankert sind und bei manchen Menschen eher eine Handlung bewirken als bei anderen" (Claridge 1985: 69-70).

197 Wir wenden uns nun dem zu, was ich die biologische Theorie von Phobien (und Geisteskrankheit allgemein) nenne.

Der letztere Teil des Zitats spielt auf individuelle Differenzen an, um zu erklären, warum Phobien ungleichmäßig verteilt sind – unter der Annahme, dass ihr behaupteter Ursprung ein gemeinsames Merkmal des menschlichen Nervensystems ist. Hans Eysenck (1967), der seine Arbeit auf einem zentralen Prinzip der Pawlow'schen Theorien aufbaute, argumentierte, dass persönliche Charakterzüge, von denen extreme Formen verschiedene Arten von Geisteskrankheiten darstellen, in individuellen Unterschieden bezüglich der Erregbarkeit des Gehirns begründet sind (die Erregbarkeit selbst wird modifiziert durch eingebaute hemmende Feedback-Schleifen). Folglich erklären Eigenschaften des Nervensystems Ausprägungen des Temperaments wie Ängstlichkeit, Impulsivität und Aggressivität, ebenso wie deren extreme Ausprägungen, die Menschen anfälliger für verschiedene Geisteskrankheiten machen.

> „Diese Gedanken legen zusammengenommen nahe, dass gewisse Aspekte von phobischen Reaktionen möglicherweise gar nicht erlernt sind. Sie mögen einfach nur an erster Stelle aufgetreten sein, weil einige sehr zu Ängstlichkeit neigende Menschen wahrscheinlich eher starke emotionale Reaktionen auf Reize zeigen, die in einem realen, vielleicht evolutionären, Sinne furchteinflößend *sind*; das Verhalten, zu dem sie führen, wird später durch Lernprozesse noch verfeinert" (Claridge 1985: 68).

Gordon Claridge zufolge ist Physiologie selbst für die Erklärung des *Fortbestehens* der Furcht wichtig. Ängstliche Individuen passen sich z.B. extrem langsam an auslösende Reize an. Indem sie die Furcht antizipieren, vermeiden sie deren Quelle und lassen es auf diese Weise zu, dass das Ausmaß an Angst über längere Zeitperioden hoch bleibt. Allerdings gibt Claridge zu, wie seine Bemerkung über die Bedeutung von Lernen nahelegt, dass die Physiologie unzureichend ist, um die Art und Weise zu erklären, in der sich Phobien ausbilden. Zuallererst liegen die Behavioristen damit richtig, die verstärkenden Eigenschaften im Verhalten von Erwachsenen zu unterstreichen, z.B. das offene Zeigen von Furcht, das dann vom Kind imitiert wird. Zweitens liegen die kognitiven Psychologen damit richtig, die verstärkenden Eigenschaften von höheren mentalen Aktivitäten zu betonen, wie etwa die Vorstellungskraft – das gedankliche Verweilen beim gefürchteten Gegenstand verschlimmert beispielsweise die Angst.

Kognitive Elemente spielen eine wichtigere Rolle bei anderen Störungen, z.B. der obsessiv-zwanghaften Neurose. Einige kognitive Psychologen machen einen charakteristischen kognitiven *Stil* in der obsessiven Persönlichkeit ausfindig, insbesondere einen eng fokussierten Stil in der Aufmerksamkeit, der zu Rigidität bei der Vorstellungskraft führt. Die biologische Perspektive fordert uns dazu auf, das physiologische Fundament solcher Differenzen herauszufinden. Claridge beobachtet in diesem Zusammenhang, dass es eine nachgewiesene Verknüpfung zwischen den Mechanismen, die mit der allgemeinen Anregung des Gehirns assoziiert werden, und den Prozessen gibt, die Ausdehnung und Enge der Aufmerksamkeit kontrollieren (1985: 75). Zusätzlich kann womöglich der psychologische Stil von obsessiven Menschen mit der Weise, wie die Funktionen der beiden Gehirnhälften organisiert sind, verknüpft werden. Es ist wohl unnötig darauf hinzuweisen, dass noch genauer herausgefunden werden muss, auf welche Art und Weise genau die Psychologie eines Individuums auf die damit einhergehende Neurophysiologie abgebildet wird.

Es sind nun genügend Details präsentiert worden, um die Ähnlichkeiten und die Unterschiede zwischen der biologischen Perspektive auf Objektivität und den beiden psychologischen Ansätze, die vorher diskutiert wurden, festzustellen. Für die erstere ist der Ausbruch der Angst bestimmt von einer Kombination aus einem genetisch begründeten Charakterzug, der durch evolutionäre Prozesse weiter übertragen wird, und einer Neigung im Temperament, die in Merkmalen der zentralen Nervensystems begründet liegt, und vielleicht einigen zufälligen Begebenheiten der Umwelt. Ein Zusammenbruch von Objektivität lässt sich daran festmachen, welche kausale Rolle der Beitrag, den die Person zur Reaktion beisteuert, im Verhältnis zu dem Beitrag spielt, den das Objekt beisteuert. Die Wahrnehmung des Objekts setzt eine unflexible, automatische Reaktion in Gang. Die furchtsame Reaktion kann nicht anhand von Informationen über die tatsächlich vom Objekt ausgehende Gefahr angepasst werden. Obwohl die Reaktion in einer Gefahr verwurzelt sein kann, die für unsere biologischen Vorfahren eine nützliche Rolle spielte, ist sie nicht länger in einem Verständnis der Welt, wie sie nun ist, begründet. Während die psychologischen Positionen die kausale Rolle der starren (relativ) unzugänglichen mentalen Zustände betonen, weist die biologische Perspektive die wesentlichen kausalen Kräfte dem zentralen Nervensystem zu. [...]

Bezüglich der Frage der *Autonomie* wurde die Position des biologischen Ansatzes bereits im Rahmen der Diskussion von Kontingenz in Kapitel 6 besprochen. Es gibt Begrenzungen, die sich aufgrund des Interesses, das wir an Wandel und Veränderung haben, nachteilig auf unsere Autonomie auswirken können. Im Falle der Geisteskrankheit würden diese Grenzen daher geradezu unausweichlich unsere Autonomie beeinflussen – die meisten Menschen würden es vorziehen, diese Bedingungen loszuwerden. Wir haben den extrinsischen Ursprung eines Charakterzugs von der Fähigkeit zur Veränderung unterschieden, ganz so wie Claridge den Ursprung der phobischen Reaktion oder den Aspekt des Temperaments, der die Tendenz zu einer solchen Reaktion verstärkt, unterscheidet von dem Vermögen diese Reaktion zu ändern – ein Vermögen, das wir besitzen –, und dem Vermögen unser Temperament zu ändern – ein Vermögen, das wir nicht haben. Da uns Claridge zufolge die Freiheit fehlt, unsere fundamentale Disposition zu verändern, würde sich unsere (maximale) Autonomie verringern, wenn wir diese Änderung wünschen würden. Dennoch verfügen wir über ziemlich viel realistische Autonomie ebenso wie über die Freiheit, unser phobisches Verhalten zu ändern.

Aber das gegenwärtige Thema ist die enger gefasste Frage der Objektivität. Alle Reaktionen auf die Welt hängen zum Teil von unserer körperlichen und psychologischen Verfassung ab. Die drei Theorien, die wir untersucht haben, postulieren zusätzliche Bedingungen, die unsere Reaktion eingrenzen. Ich benutze den Begriff „eingrenzen" an Stelle von „bestimmen", weil die Bedingung eine interne ist, die den Reagierenden davor bewahrt, seine Reaktion angesichts relevanter Informationen, die vom Objekt ausgehen, anpassen zu müssen. Nach der psychoanalytischen Theorie verändern Informationen über Väter und Pferde nicht die unzugängliche Überzeugung, welche die phobische Reaktion und das Vermeidungsverhalten erklärt. Gemäß der kognitiven Therapie verändern Informationen über die Wahrscheinlichkeit von Ersticken nicht den sich automatisch einstellenden Gedanken, der feste Nahrung mit Ersticken verbindet. Der biologischen Perspektive zufolge verändern Informationen über die Gefahr von Mäusen nicht die genetisch bestimmte Angstreaktion.

Obwohl wir einige psychologische Standpunkte zu dem Ursprung von Phobien untersucht haben, gibt es selbstverständlich noch andere Theorien. Ferner treten Schwierigkeiten auf, wenn wir die Vorgehensweisen prüfen, mit der jede Theorie ihre Ideen auf Geistesstörungen ausdehnt, die nicht Phobien sind. Folglich ist die obige Diskussion in zumindest diesen beiden Hinsichten stark begrenzt. Dennoch sind wir in der Lage gewesen, bei zentralen Theorien, die aus einem breiten Spektrum ausgewählt wurden, die gemeinsame Auffassung herauszuarbeiten, dass Hindernisse für die Objektivität durch innere Zustände geformt werden, welche früh im Leben als Antwort auf eine gewöhnliche Kindheitssituation unzuverlässig gebildet werden und die auf eine Weise hartnäckig fortbestehen, die diese Zustände der Überprüfung durch Erfahrung und dem Einfluss von neu erworbenen Informationen entzieht. Obwohl diese Zustände kausal tätig sind, rufen sie eine Unempfänglichkeit gegenüber den individuellen Unterschieden unter den Objekten hervor, auf die sie gerichtet sind, und behindern damit eine flexible Reaktion. Nennen wir solche Zustände „rückwärts-gerichtet". Insofern die Spielarten dieser allgemeinen Idee bei jeder (der genannten) Theorie auch auf andere Erscheinungsformen von Geisteskrankheit angewendet werden, braucht es uns nicht zu beunruhigen, dass rückwärts-gerichtete psychologische Zustände eine Besonderheit von Phobien sind.

Die Betonung des Temperaments durch den biologischen Ansatz spiegelte sich in Teilen der psychoanalytischen Literatur in den Bemühungen wider, die Bedeutung von Charakterstilen für das Verstehen von Geisteskrankheiten in den Fokus zu rücken. Shapiro hat die Psychoanalyse dafür kritisiert, dass sie sich vorrangig mit instinktiven Trieben, Reizen und Spannungen als etwas beschäftigt, das die Entwicklung, die Art und Weise, wie wir uns anpassen und verteidigen, sowie einen neurotischen Stil entscheidend bestimmt – und dabei eine natürlich strukturierte psychische Ausstattung ausblendet, die der Erfahrung Gestalt verleiht und sie organisiert und die zusammen mit Einflüssen der Umwelt und biologischen Trieben dabei hilft, einen bestimmten Stil, psychologisch zu funktionieren, zu entwickeln. Dieser Stil, der sowohl ein kognitives als auch affektives Element umfasst, hilft die „Wahl der Neurose" oder die charakterliche Pathologie eines Individuums zu erklären. Einen Gegensatz zu dem rigiden Charakter, den wir bereits beschrieben haben, bildet der eher „fließende" Typ, wie beispielsweise der impulsive Typ (von dem der Psychopath eine Variante ist) oder der hysterische Typ.

In Kapitel 4 sprach ich kurz über den impulsiven Stil und stellte dort fest, was nun als ein Mangel an Objektivität von Seiten der impulsiven Person bezeichnet werden kann. Denn, nochmals, eine Person, die von Launen beherrscht wird und der es an der Ausbildung von langfristigen Sympathien fehlt, wird wahrscheinlich ein enges und gestörtes Verständnis von den Gegenständen ihres Interesses haben, weil sie nur darauf achtet, was in diesem Moment relevant für die Befriedigung ist. Ich erwähne dies, um den Einwand abzuwehren, dass das Bild von einem autonomen Akteur, das hier vorgestellt wird, eines von einer Person sei, die nur von einem Augenblick zum anderen Augenblick lebe, stets offen für kurzzeitige Befriedigung, und stets bereit, langfristige Verpflichtungen aufzukünden, sofern sie den Genüssen des Hier und Jetzt im Wege stehen.

Die Fähigkeit zur Spontaneität ist sehr wertvoll, doch sie geht nicht notwendigerweise mit den kognitiven und affektiven Defiziten eines impulsiven Menschen einher. Der impulsive Mensch ist auf paradigmatische Weise heteronom, weil er *im Allgemeinen* unfähig ist, zu planen und einen Grad an Aufmerksamkeit aufrecht zu erhalten, der wesentlich ist für intelligente Überlegung, – ihm fehlt es an kritischem Vermögen oder Rationalität. Ebenso schwierig wie die Entscheidung darüber, wann eine Überlegung „abgeschlossen" ist, wird ein stark abgekürzter Entscheidungsfindungsprozess wahrscheinlich eine unpassende Zusammenstellung von Angaben aufweisen – darunter solche, die der Person zwar bekannt sind, aber nicht wirklich von ihr übernommen wurden – oder ein unzureichendes Vorgehen, das eine Vielzahl an Formen annehmen kann. Die Unangemessenheit des Vorgehens kann auf die grundsätzlichste Weise so charakterisiert werden: Der impulsive Mensch wird sich aufgrund seines kognitiven Stils selbst verletzen oder seine Wünsche durchkreuzen.

Die analoge Schwächung seiner affektiven Prozesse zeigt sich an der Erfahrung der Motivation, insbesondere im Fehlen eines Sinns für Überlegtheit und im Fehlen der Neigung, eine Laune erst nach einer kontrollierten Einschätzung in eine Handlung zu übersetzen. Stattdessen wird die Laune abrupt ausgelebt, ohne jemals in eine Intention verwandelt worden zu sein, und schon gar nicht in eine vernünftige. Verständlicherweise wird der impulsive Mensch keine tiefen oder bedeutsamen Beziehungen eingehen.

Schwieriger ist es, einen Mangel an Autonomie im affektiven Bereich zu identifizieren, da es dem Impulsiven stets möglich ist, Autonomie relativ zu seiner eigenen Veranlagung für sich in Anspruch zu nehmen und darauf zu bestehen, dass sein besonderer affektiver Stil perfekt zu jemandem passt, der einfach nicht an anhaltenden und tiefen Beziehungen interessiert ist. Das Problem wurde im vorigen Kapitel erkannt, wo wir einräumten, dass die Heteronomie von Psychopathen – einem Typ von impulsiven Menschen, deren Amoralität gravierende soziale Probleme erzeugt – zum Teil in einem Entwicklungsdefizit begründet liegt, welches die Entwicklung von Affekten oder Emotionen auf eine Weise hemmte, die wir zu beschreiben versprachen. Wir werden dieser Verpflichtung im nächsten Kapitel nachkommen.

Zuvor stellten wir eine Hürde für Objektivität fest, die auf verschiedene Weisen von konkurrierenden psychologischen Denkschulen zugegeben wird, nämlich die rückwärtsgerichteten psychologischen Zustände. Es gibt offensichtlich Hemmnisse von einer intellektuellen Art wie Einschränkungen bezüglich der Intelligenz, des Gedächtnisses und der Wahrnehmungsfähigkeiten. Und wir haben eben gesehen, dass es Hemmnisse für die Objektivität von einer dritten Art gibt, nämlich Charakterstile. Bei der Würdigung der verzerrenden Rolle von subjektiven *Prinzipien* in unserer ursprünglichen Beschreibung von Objektivität, versäumten wir aber, ebenso die verzerrende Rolle von subjektiven *kognitiven Stilen* anzuerkennen. Der Grund dafür, dass es dem impulsiven Menschen nicht gelingt, gegenüber der Welt, wie sie ist, offen zu sein, ist nicht irgendein Prinzip, sondern vielmehr, dass er die Dinge auf eine Weise angeht, die Ignoranz gegenüber allem anderen – abgesehen von einem eng begrenzten Bereich von Erfahrungen – fördert.

Obwohl psychoanalytische Heilungsgeschichten kaum verfügbar sind, gibt es mutmaßliche Beispiele wie das vom kleinen Hans. Aber wir können so gut wie nichts an unserem grundlegenden Temperament oder an unserem Charakterstil verändern. Obwohl Claridge angesichts der unterschiedlichen Möglichkeiten, die einer Person mit einer allgemeinen Disposition zur Verfügung stehen, nicht gänzlich skeptisch gegenüber einer behavioristischen Modifikation eingestellt ist, erinnert uns Shapiro daran, dass es grundlegende kognitive und affektive Stile gibt, die die Objektivität direkt beeinträchtigen können, und damit auch die Fähigkeit zur mündigen Autonomie. Obwohl jedes angeborene Charakteristikum potenziell die Autonomie einfach deshalb begrenzen kann, weil es nicht geändert werden kann, sind einige angeborene Charakteristika *ihrem Wesen nach* autonomiebegrenzend, weil sie die definierenden Merkmale von Autonomie unmittelbar stören. Wir wissen, dass dies auf Charakteristika zutrifft, die mit dem kritischen Vermögen zu tun haben, wie etwa eine niedrige Intelligenz; und wir realisieren nun, dass es noch subtilere Formen der Einschränkung gibt.

Ein hypothetisches Beispiel wird uns helfen, unsere Ideen zur Bedeutung von Objektivität besser darzulegen.

Jean wird Maler und erachtet diese Tätigkeit als sein Lebenswerk. Sie erfüllt ihn mit tiefster Befriedigung und er käme nicht auf die Idee, sie aufzugeben. Er wurde Maler, weil seine Grundschullehrerin, Ms. Webster, seine anfänglichen Bemühungen in diese Richtung lenkte, und er begann sein frühe künstlerische Ausbildung, um ihr zu gefallen. Folglich ist der Wunsch, Ms. Webster zu gefallen, dem Wunsch, Maler zu sein, *hinsichtlich der Erklärung* vorgeordnet. Während sich aber Jeans Interesse und Übung entwickeln, verliert sich seine ursprüngliche Motivation, und der Charakter sowie die Grundrisse seiner erwachsenen Tätigkeit sind stattdessen fortan von gegenwärtigen Eigenschaften dieser Tätigkeit bestimmt. Was Jean *konkret* tut, ist nicht durch sein Verhältnis zu Ms. Webster bestimmt. Die Objekte, die er malt, sein Stil, seine damit verbundenen Tätigkeiten, hängen mit diesem Ursprung nicht zusammen. Die Kindheitserfahrung ist ein Grund *in fieri* (ein vollziehender Grund), nicht ein Grund *in esse* (Wesensgrund) für seine Malerei. Seine frühe Verliebtheit in Ms. Webster hat keine Relevanz mehr für seine Tätigkeit oder deren Charakter.

Sein Bruder George, auf der anderen Seite, ebenfalls verliebt in Ms. Webster und dazu angehalten, das Leben eines Malers aus diesem Grunde zu verfolgen, fährt als Erwachsener damit fort, die Leinwände als einen Weg zu benutzen, diese frühen Kindheitssympathien aufzuarbeiten. Alle seine Objekte ähneln oder symbolisieren Ms. Webster, seine bevorzugten Farben sind diejenigen ihrer Kleider, und sein Stil ist derjenige, den sie gutheißt. Die Bedeutung dieser frühen Erfahrung hält also über ihre rein anfängliche Rolle hinweg an. Georges Entwicklung als Künstler ist erschwert, weil er unfähig ist, die Mittel seiner Welt auf eine Weise zu nutzen, die ihm den Gebrauch seiner Talente für die Bildung neuartiger künstlerischer Reaktionen erlauben könnte. Georges Psychotherapeut, aber nicht der von Jean, sagt ihm, dass seine Malerei ein Weg sei, seinen anhaltenden

Wunsch, seiner Lehrerin zu gefallen, zu erfüllen. Er beschreibt Georges Aktivität in der Sprache von Gründen: Er versucht Ms. Webster zu gefallen; der Grund, warum er dieses Kleid blau malt, ist, weil Ms. Webster ein blaues Kleid trug usf.

George mag dies bestreiten, und er mag, wie Jean, sein Vertieftsein in diese Welt als sein Wesen betrachten. Aber unabhängig von Georges Einschätzung der Bedeutung von Malerei für ihn persönlich, mag sein Therapeut indirekte Quellen ausfindig machen, die seine Hypothese hinsichtlich der *Gründe*, aus denen George malt, bestätigen – etwa in Georges Verhalten und Gefühlen, inklusive des Verhaltens und der Gefühle (und vielleicht auch Träume), die nicht deutlich mit der Malerei verbunden sind. Somit durchdringen die Folgen der Kindheitserfahrung, die vor der Therapie niemals einer rationalen Reflexion unterzogen wurden, eine Vielzahl an Facetten seines erwachsenen Daseins, und behalten aus diesem Grunde ihre Bedeutung.

Während Jean immer stärker in sein Leben eintaucht, müssen wir uns den Merkmalen seiner erwachsenen Existenz und seiner Beziehungen zuwenden, wenn wir sein Werk verstehen wollen; denn diese werden die relevanten kausalen Merkmale sein. Jean wird also sein Leben nicht ändern, wenn er diese frühe Beziehung aufarbeitet und alle Überreste von romantischen Gefühlen für seine Lehrerin abwirft. George hingegen könnte stark betroffen sein von einer deutlichen Veränderung in den Spuren, die diese Beziehung hinterlassen hat. Denn für George ist die Bedeutung seiner Kunst der Bedeutung seiner Gefühle und Wünsche, die er für Ms. Webster bewahrt hat, untergeordnet. Es gibt eine Fragilität in Georges Karriere. Wie vertieft er auch in seine Malerei sein mag, wie bedeutend sie ihm auch *erscheinen* mag, ist es nicht klar, dass sein Interesse eine „erfolgreiche" Psychotherapie überstehen wird. Denn in seinem Berufsleben hat er nicht wirklich auf die Situationen – so wie sie sich darstellen – reagiert. Jean wählt die Farbe Blau, weil sie ihm passend zu den umgebenden Farben und dem Objekt erscheint, George wählt die Farbe Blau, weil sie die Lieblingsfarbe von Ms. Webster ist. Was geschähe wohl, wenn ihnen nichts daran läge, Ms. Webster zu gefallen?

Für jede dieser beiden Personen trifft es zu, dass die Bedeutung des eigenen Lebens als Maler von diesen frühen Erfahrungen „abhängt". Allerdings ist der Unterschied in der Natur dieser Abhängigkeit entscheidend. Bei Georg durchdringt die Bedeutung der Kindheitserfahrung weiterhin sein berufliches Leben und daher müssen wir beim Versuch zu verstehen, warum er das tut, was er tut, auf diese Erfahrungen eingehen. Nicht so bei Jean.

Jeans Identifikation mit seiner künstlerischen Welt ist echt; bei Georges Identifikation ist das nicht der Fall, zumindest nicht vollständig. Jeans Berufswahl ist autonom; die von George nicht.

George hat ein ähnliches Problem wie die rigide Person. Er handelt noch immer aufgrund von Kindheitsphantasien und Bedürfnissen. Er hat die Stufe zum Erwachsensein noch nicht erklommen. Er reagiert eher auf innere Stimmen als auf äußere Bedingungen. Der Schlüssel ist hier Objektivität, so wie wir sie vorher charakterisiert haben – als die Fähigkeit, die Welt (die eigenen mentalen Zustände eingeschlossen) als das zu sehen, was sie ist, und auf sie angemessen zu reagieren.

(Jean und George repräsentieren zwei Extreme. Die reale Welt, immer etwas vager als unsere Kategorien, weist zweifellos Menschen auf, die einem Spektrum zwischen diesen beiden Fällen zugehören.)

Die Angemessenheit der Reaktion

Indem wir uns auf Objektivität als ein Schlüsselelement von Autonomie konzentriert haben, charakterisierten wir sie insbesondere als eine Neigung, auf die Welt zu reagieren, wie sie ist (oder wie sie einem unvoreingenommenen Erwachsenen mit intakten Fähigkeiten erscheinen würde). Allerdings reagieren Menschen unterschiedlich auf dieselben Reize, selbst wenn sie mental und körperlich gesund sind. Ist Objektivität mit *jeder* Form von Reaktionen vereinbar? Falls nicht, wie definieren wir „angemessene" Reaktionen? Wir würden viel zu viel von unserer Theorie erwarten, wenn wir z. B. davon ausgehen würden, dass alle exzentrischen Reaktionen als von einem rückwärts-gerichteten Zustand bestimmt erklärt werden könnten.

Ist es auf ähnliche Weise ein Problem für den objektiven Ansatz, dass er den *Quellen* unserer Motivationen keinerlei Beschränkungen auferlegt? Falls wir – unter dem Einfluss von inkompatibilistischen Argumenten, die die Freiheit von Personen bestreiten, deren Wünsche auf normalem Wege entstehen d. h. durch externe Quellen von Vererbung und Umwelt – von einem autonomen Akteur verlangen, dass seine Wünsche nicht durch die wirkliche Welt bestimmt oder begrenzt werden, dann könnten sie [sc. die Quellen der Motivation; Anm. d. Übers.] völlig verrückt, sogar unmöglich sein oder, falls möglich, dann komplett albern sein. Fiona*, eine autonome Akteurin, könnte ihr gesamtes Leben damit verbringen, zu versuchen, die Vorzüge von Tattoos von zerdrückten Trauben anzupreisen.

Was ich hier unterstreichen möchte, ist, dass Autonomie als solche uns kaum Beschränkungen auferlegt. Ja, eine autonome Person muss unabhängig, genügend rational, und im Besitz von wichtigen Freiheiten und persönlicher Integrität sein. Ich würde nun noch Objektivität dieser Auflistung hinzufügen, aber diese Ergänzung erlaubt es uns nicht automatisch, exzentrische Personen als heteronom einzuordnen.

Wir sollten nicht die Möglichkeit unterschätzen, dass Fiona irrational ist. Es kann gut sein, dass dieses eigentümliche Vorhaben z. B. mit einem oder mehreren Zielen, die von ihrer Gemeinschaft geteilt werden, verknüpft ist. Dann gäbe es eine Handhabe für einen kritischen Austausch. Wenn dieses Projekt z. B. in dem Gedanken begründet liegt, dass solche Tattoos schön seien, hätten wir einen Ansatzpunkt für einen ästhetischen Dialog. Und das Ergebnis einer solchen Begegnung könnte durchaus auch eine rationale Korrektur der Zielsetzung sein. Ein ähnliches Ergebnis könnte bei einer Vielzahl an Szenarien herauskommen, in denen Fiona sich einer Umschulung oder Sozialisation unterzieht und damit auf ihre Bestürzung über die Isolation, unter der sie leidet, reagiert. Aber auch wenn sie *nicht* von ihrem Weg abweicht, wenn sie ein exzentrischer Mensch

---

* [Im Original steht „Ferne" – der Lesbarkeit halber wird ein gebräuchlicherer weiblicher Vorname bevorzugt; Anm. d. Übers.]

bleibt, sogar ein extrem exzentrischer, können wir diese Entwicklung nicht automatisch als fehlende Autonomie deuten.

Eine gewisse Form neurotischer Persönlichkeit stellt eine andere Schwierigkeit für diesen Ansatz von Objektivität dar. Wenn die zentrale Idee von Objektivität das Vertieftsein eines Akteurs in eine Situation ist, die er angemessen einschätzt und auf die er angemessen reagiert, was sollen wir dann von Gideon halten, einem sehr feinfühligen, furchtsamen Menschen, der, im Bemühen, von anderen gemocht zu werden, nervös versucht, deren Bedürfnisse und Reaktionen zu antizipieren, so dass er alles tut, wovon er glaubt, dass er sich damit bei ihnen einschmeicheln kann? Gideon ist *allzu sehr* in die Gegenwart vertieft, aufgrund seines verzweifelten Bedürfnisses danach, geliebt zu werden, verbunden mit der Angst, nicht liebenswert zu sein. Und er mag tatsächlich damit einen gewissen Erfolg verbuchen. Menschen wie er sind, falls sie nicht ihre Nervosität übertragen, ausgezeichnete Gastgeber, weil sie gegenüber den Bedürfnissen und dem Wohlergehen der Gäste wachsam sind. Wenn sie nicht Liebe wecken, dann doch zumindest Dankbarkeit.

Aber hier liegt ein Fehler in der „genauen Einschätzung", der kognitiven Komponente von Objektivität, vor. Während Gideon den Bedürfnissen und Reaktionen Anderer gegenüber sehr feinfühlig sein mag, und während er tatsächlich nicht „liebenswert" sein mag, irrt er sich doch häufig über die Weise, wie er diese Unzulänglichkeit korrigieren kann. Er erhält Bewunderung, wenn er in Wirklichkeit Liebe möchte. Zweitens ist Gideon unflexibel. Er akzeptiert nicht die Tatsache, dass es gar nicht dieses extremen Verhaltens bedarf; dass die Menschen, die sich um ihn sorgen, es vorziehen würden, wenn er entspannen würde und auch auf seine eigenen Bedürfnisse Rücksicht nehmen würde. Seine Reaktionen sind im grundlegendsten Sinne unangemessen – sie sind darauf ausgerichtet, ein Ziel zu erreichen, das sie aber nicht erreichen werden, weil sie auf falschen Überzeugungen beruhen.

Wir können natürlich diese Mängel an Objektivität durch solche ergänzen, die auf den eigentlichen Gründen für Gideons Verhalten basieren. Es kann sein, dass er sich nicht nach der Liebe seiner Freunde und Bekannten sehnt, sondern nach der Liebe eines Elternteils, der ihn abgelehnt hat. Wie George reagiert er nicht auf sein gegenwärtiges Umfeld, sondern vielmehr auf eine frühere Phase seines Lebens. Er ist das Opfer eines zurückschauenden Zustands.

Es gibt noch weitere Formen exzessiver Empfindsamkeit oder Flexibilität, die lediglich auf den ersten Blick diesem Ansatz Probleme bereiten. Eine fähige Schauspielerin, die an Lampenfieber leidet – im Unterschied zu einer, die rational auf eine furchteinflößende Situation reagiert – reagiert über, da sie selbst, nicht ihre Umgebung, sich daran hindert, das zu tun, was sie kann und was sie tun will. Da ihre Reaktion sie daran hindert, ein wichtiges Ziel zu erreichen, basiert die Unangemessenheit der Reaktion einfach auf deren Irrationalität. Auf dieser Skala können wir sie dann als heteronom beurteilen. Alternativ könnten wir ihr Scheitern auch als ein Versagen ihres Könnens verstehen, weil sie nicht in der Lage ist, ihre Entscheidung, am Rande ihrer Leistungsfähigkeit zu spielen, erfolgreich umzusetzen.

Ein anderes Beispiel für unbeherrschte Feinabstimmung ist das Phänomen, das Jon

Elster „Ausbildung adaptiver Präferenzen" (1989: 170) nennt. Einige Personen passen ihre Präferenzordnungen auf der Basis ihrer Überzeugungen über die Durchführbarkeit ihrer Optionen an, um sich gegen Frustration abzusichern. Sie erlangen Zufriedenheit, indem sie lernen, genau das zu wollen, wovon sie gelernt haben, dass es für sie verfügbar ist. Und wenn sie nicht gerade die Situation falsch wahrnehmen, um diese Anpassung zu bewirken, so machen sie sich auch nicht eines Fehlers hinsichtlich epistemischer Objektivität schuldig. (Der Fuchs in der französischen Fabel z. B. macht sich dieser Art von Fehler schuldig, weil er sich dazu bringt, die Trauben nicht zu wollen, weil „sie zu grün sind").

Die Art und Weise, in der diese Form von Präferenzbildung die Autonomie einer Person untergräbt, ist subtil, da sie weder Durchkreuzung noch Zielverhinderung umfasst, wie im Falle des Lampenfiebers oder einer allzu einschmeichelnden Persönlichkeit. Der springende Punkt dieser Verhaltensweise, die Rangordnung der eigenen Präferenzen an den Zustand der Welt anzupassen, liegt natürlich genau darin, diese unbefriedigenden Resultate zu vermeiden.

Trotz der Vermutung, dass epistemische Fehler nicht unbedingt darin involviert sind, mag es doch vielversprechend sein, einen Fehler an Objektivität anzuführen. Die Person reagiert nicht auf die „Welt", insofern sie nicht auf die intrinsischen Eigenschaften des möglichen Objekts der Begierde reagiert. Das heißt, die Stärke der Präferenz wird nicht von der Einschätzung des Befriedigungspotenzials des Objekts bestimmt. Der Grund für die Stellung des Objekts ist ein extrinsischer – nämlich die Wahrscheinlichkeit, das Objekt zu erreichen.

Diese Strategie scheitert jedoch, da wir extrinsischen Erwägungen häufig eine solche Rolle zugestehen. Wir mögen uns für eine Modifikation unserer Präferenzordnungen als Ergebnis eines Inputs aus religiösen oder moralischen Quellen entscheiden. Wenn ich auf eine Option verzichte, von der ich weiß, dass sie höchst lustvoll ist, weil ich die damit verbundene Handlung als schändlich betrachte oder weil ich glaube, dass ich sonst gegen den Willen Gottes verstoßen würde, bin ich nicht notwendigerweise heteronom, wenn ich so handele. Wenn das zutrifft, was ist dann daran falsch, meine Präferenzen auf der Basis einer anderen Form von extrinsischen Faktoren anzupassen? Aus dem Blickwinkel der Autonomie lautet die Antwort „nichts". Aber es kommt entscheidend darauf an, dass die Art und Weise selbstbewusst gewählt sein muss. Wenn der Akteur autonom diese Weise der Präferenzbildung auswählt, mag er sich der übertriebenen Ergebenheit oder Fügsamkeit schuldig machen, dies sind allerdings andere Fehler. In einem *bona-fide*-Fall von Heteronomie ist sich die Person nicht bewusst oder nur vage bewusst, dass ihre Präferenzen auf diese Weise gelenkt worden sind, und sie erinnert daher an die Person, deren Charakterstil oder Temperament einen starken Einfluss auf ihr Verhalten ausübt – auf eine Weise, die sie ablehnen würde, wenn sie sich selbst die Gelegenheit dazu geben würde. Bei der Diskussion von Kontingenz in Kapitel 6 habe ich eingeräumt, dass viele unserer Reaktionsweisen im Hinblick auf die Autonomie begrenzt sind; aber ebenso habe ich eine Haltung als besonders wichtig hervorgehoben, der zufolge wir regelmäßig überprüfen, auf welche Art und Weise wir uns zu der Welt in Beziehung setzen. Das ist natürlich zentral für Autonomie.

Um den allerletzten Verweis auf das Individuum zu integrieren, müssen wir Angemessenheit als einen kausalen Begriff auffassen und ihn ins Verhältnis zum Individuum setzen. Eine angemessene Reaktion auf eine Situation ist jede Reaktion von A, die von A gewählt würde und die nicht von einem rückwärts-gerichteten Zustand geleitet wird (wobei wir uns A als autonom vorstellen, d. h. als eine Person, die persönliche Integrität, adäquate Rationalität, Freiheit, Unabhängigkeit, und die Merkmale von Objektivität, die unabhängig davon identifiziert worden sind, besitzt). Dabei ist zu beachten, dass wir nicht sagen, dass nur autonome Personen angemessen reagieren können, sondern vielmehr, dass eine angemessene Reaktion eine ist, die gewissermaßen von dem Akteur gebilligt würde, unter der Annahme, dass man ihn sich unter Bedingungen realisierter Autonomie vorstellt. Eine Modifizierung muss allerdings noch vorgenommen werden. Angemessenheit variiert nämlich je nach Informationslage des Akteurs. Eine Person mag auf eine Weise reagieren, die wegen Unwissenheit unangemessen erscheint. Obwohl sich dieser Fehler nachteilig auf ihre Freiheit und daher auf ihre Autonomie auswirkt, scheint es natürlicher zu sein, zu sagen, dass die Reaktion dennoch angemessen ist angesichts *ihrer* epistemischen Umstände. Da wir Objektivität und Rationalität verlangen, wissen wir, dass die hypothetische Wahl vom jemanden getroffen werden würde, der offen der Welt gegenüber ist, wie sie ist, und der die Angaben in Übereinstimmung mit rationalen Prinzipien verwertet. Und ich bestehe ebenfalls darauf, dass die hypothetische Reaktion aus einer Reflexion heraus entsteht, die sachlich, sorgfältig, erschöpfend und zuverlässig ist (in dem Sinne, dass Reaktionen über die Zeit hinweg einheitlich ausfallen, wenn ähnliche Bedingungen vorherrschen). […]

Literatur

Beck, A. T. (1976). *Cognitive Therapy and the Emotional Disorders.* New York: Meridian.
Cameron, N. (1963). *Personality Development and Psychopathology: A Dynamic Approach.* Boston: Houghton Mifflin.
Claridge, G. (1985). *Origins of Mental Illness.* Oxford: Basil Blackwell.
Elster, J., (1989). „Sour Grapes – Utilitarianism and the Genesis of Wants." In Christman, J. (1989). *The Inner Citadel.* New York: Oxford University Press, S. 170–88.
Eysenck, H. J. (1967). *The Biological Basis of Personality.* Springfield: Charles C. Thomas
Gray, J. A. (1971). *The Psychology of Fear and Stress.* New York: McGraw-Hill.
Laing, R. D. (1969). *The Divided Self.* New York: Pantheon Books.
Nozick, R. (1981). *Philosophical Explanations.* Cambridge: Harvard University Press.
Szasz, T. (1970). „The Myth of Mental Illness." In *Ideology and Insanity.* Garden City: Anchor Books.
Wolf, S. (1990). *Freedom within Reason.* New York: Oxford University Press.
Wolpe, J. (1969). *The Practice of Behavior Therapy.* New York: Pergamon Press.

Übersetzung: Magdalena Hoffmann

Marina A. L. Oshana

Personale Autonomie und das soziale Umfeld

In neueren philosophischen Arbeiten wird die Frage nach personaler Autonomie getrennt von den Fragen nach Willensfreiheit und moralischer Verantwortlichkeit betrachtet. Ich möchte zu dieser Diskussion etwas beitragen. Im Besonderen möchte ich die These verteidigen, dass personale Autonomie, verstanden als Selbstgesetzgebung, ein sozial-relationales Phänomen ist. Damit meine ich, dass Autonomie ein Zustand von Personen ist, der sich zu großen Teilen aus den externen, sozialen Beziehungen konstituiert, die Personen untereinander eingehen (oder aus dem Fehlen von bestimmten sozialen Beziehungen).[1]

Diesem sozialen oder externalistischen Ansatz werde ich Theorien gegenüberstellen, die ich „internalistische" oder „psychologische" Theorien der Selbstbestimmung nenne. Kurz gesagt nehmen internalistische Theorien die Perspektive der Person ein, deren Selbstgesetzgebung zur Debatte steht, um Autonomie festzustellen. Solche Ansätze sind insofern kartesisch, als sie personale Autonomie von spezifischen psychologischen Bedingungen ableiten. Ob eine Person als selbstbestimmt gilt oder nicht, hängt nicht von dem ab, was in der Welt um die Person herum geschieht, sondern von dem, was sich in ihrem Kopf abspielt.

Ich werde damit beginnen, eine Reihe von allgemeinen Intuitionen darüber anzugeben, was wir meinen, wenn wir sagen, eine Person sei selbstbestimmt. Ich denke, dass diese Intuitionen auch von denjenigen akzeptiert werden, die eine andere Auffassung von Autonomie vertreten als ich, wie zum Beispiel die Internalisten. Von diesen Intuitionen werde ich über den ganzen Aufsatz hinweg Gebrauch machen.

Anschließend werde ich die internalistischen Autonomietheorien detaillierter besprechen. Auch wenn internalistische Ansätze derzeit recht beliebt sind, halte ich sie für ungenügend. Denn ein Internalist betrachtet eine versklavte oder gefesselte und geknebelte Person als autonom, sofern bestimmte psychologische Bedingungen erfüllt sind. Demgegenüber spricht ein Externalist dieser Person Autonomie ab und behauptet, dass es kontraintuitiv wäre, die Person als autonom zu charakterisieren.

Im dritten Abschnitt werde ich verschiedene Fallbeispiele vorstellen, die die Unzulänglichkeiten der internalistischen Ansätze aufzeigen sollen. Darauf aufbauend werde ich eine Reihe von Bedingungen für einen externalistischen oder sozialen Ansatz von

---

[1] Zu denen, die Autonomie ebenfalls unter einem sozialen Blickwinkel analysieren, gehören auch Lawrence Haworth, in Autonomy: An Essay in Philosophical Psychology and Ethics, 1986 (New Heaven: Yale University Press), und Diana Meyers, in Self, Society, and Personal Choice, 1989 (New York: Columbia University Press).

Autonomie vorschlagen. Im fünften und letzten Abschnitt werde ich die Konsequenzen und Vorteile der sozialen Sichtweise untersuchen. Mein Ziel ist es zu zeigen, dass eine sozial-relationale Konzeption von Autonomie philosophisch befriedigender und intuitiv attraktiver ist als die verschiedenen internalistischen Ansätze.

1: Intuitionen über Autonomie

Allgemein ausgedrückt ist eine autonome Person eine Person, die sich selbst leitet. Eine autonome Person setzt sich bestimmte Ziele, anhand derer sie ihr Leben führen will, und sie kann diese Ziele verfolgen und in Handlungen umsetzen. Darüber hinaus formuliert sie die Ziele vor dem Hintergrund ihrer Werte, Wünsche und Überzeugungen, die sich bewusst und zwanglos entwickelt haben. Man kann solche Werte als der Person eigen bezeichnen, auch wenn sie den Einfluss von externen Faktoren widerspiegeln. Des Weiteren kann eine autonome Person ihre Ziele verfolgen, ohne auf die Urteile Dritter über die Richtigkeit und Bedeutung der Ziele angewiesen zu sein. Auch wenn die autonome Person zum Erreichen der Ziele möglicherweise die Hilfe anderer benötigt, bestimmt allein sie, welche der Ziele am wichtigsten sind.

Alles in allem legen diese Intuitionen nahe, dass eine autonome Person ihre Entscheidungen, ihre Handlungen und ihren Willen kontrolliert.[2] Das Phänomen der Kontrolle kann man auf verschiedene Weise verstehen. So könnte die Idee etwa schwach interpretiert werden. Einige Philosophen argumentieren zum Beispiel, dass eine Person die Kontrolle über ihre Entscheidungen, ihre Handlungen und ihren Willen selbst dann behält, wenn sie unter Bedingungen handelt, die ihre Selbstbestimmung aushöhlen. Eine Person, die beispielsweise aufgrund von Drogensucht, Zwang, untergeordneter Stellung oder Willensschwäche nichts anderes als eine bestimmte Handlung auszuführen vermag (Drogen konsumieren, einem Dieb Geld überlassen, einen militärischen Befehl ausführen oder eine Diät aufgeben), kann trotzdem als jemand angesehen werden, der seine Handlung kontrolliert, wenn sie die Handlung ohnehin unabhängig und aus freien Stücken ausgeführt hätte. Demnach ist Kontrolle auch ohne alternative Möglichkeiten und unter Umständen möglich, die hinreichend für die Handlungen einer Person sind.[3] Es ist diese Art von Kontrolle, die Internalisten häufig in den Vordergrund stellen.

Ich bin der Auffassung, dass personale Autonomie eine striktere Interpretation von „über Kontrolle verfügen" erfordert. Wie die folgenden Fallstudien zeigen werden, kann

---

[2] Die Wahrheit dieser Behauptung ist vereinbar mit dem physikalischen oder psychologischen Determinismus. Ein Erwachsener mag nicht mehr metaphysische Kontrolle über die Welt haben als ein Kind, und dennoch macht es Sinn von dem Erwachsenen zu sagen, er könne seine Handlungen kontrollieren und habe gewisse Souveränitätsrechte, während dies für das Kind nicht gilt. Die Idee der Kontrolle über ihre eigenen Entscheidungen legt zwar nahe, dass eine Person fähig sein muss, ihren gegenwärtige Lebenswandel ändern zu können, wenn sie sich dazu entschließt. Aber diese Fähigkeit zu haben schließt den Determinismus nicht aus, solange man auf eine Weise determiniert sein kann, die Raum für diese Fähigkeit lässt.

[3] Für diese schwache Auffassung argumentiert Harry Frankfurt in „Coercion and Moral Responsibility", 1973, in Ted Honderich, Hg., Essays on Freedom of Action, 63–86 (London: Routledge & Kegan Paul) sowie in seinem Aufsatz „Three Concepts of Free Action, 2", 1975, Proceedings of the Aristotelian Society, Supp. Vol. 40, 113–25.

eine Person auf unabhängige Weise zu genau den gleichen Wünschen kommen, die sie auch unter Bedingungen hat, in denen sie ihr Handeln nicht kontrolliert. Ein solches Zusammentreffen mag sogar Zufall sein, doch wirkt es sich nicht förderlich für die Autonomie der Person aus.[4] Wenn wir sagen, eine Person handle selbstbestimmt, weil sie ihre Handlungen und Entscheidungen kontrolliert, dann sagen wir damit mehr, als dass die Handlungen der Person ihren eigenen Präferenzen und Werten entsprechen. Wir sagen damit, dass die Person die Fähigkeit hat zu bestimmen, wie sie leben soll. Autonom zu sein heißt nicht einfach, authentische Werte zu haben, sondern sein Leben nach diesen Werten zu führen. Und genau dies verlangt nach Kontrolle über die äußeren Umstände.

Eine geläufige Art, diese Intuitionen zu verstehen, ist die Idee, dass Autonomie dasjenige Gut ist, welches von paternalistischen Eingriffen nicht respektiert wird. Eine autonome Person mag Ratschläge und sogar Anweisungen Dritter beachten, und ihre Entscheidungen und Handlungen mögen von etwas außerhalb ihrer selbst angeregt werden. Aber niemand darf für die Person entscheiden oder handeln, und die Meinungen anderer darf nicht die einzige Quelle sein, aufgrund welcher die Person darüber urteilt, ob ihre Entscheidungen und Handlungen richtig und legitim sind.

Die selbstbestimmte Person darf in ihren Handlungen und Entscheidungen nur geringsten Eingriffen ausgesetzt sein. Eingriffe können psychischer oder physischer Natur sein, und sie können genauso aus dem Innern der Person wie von außen her kommen. Dazu gehören die bekannten autonomiegefährdenden Faktoren wie Zwang, Manipulation und Unterwerfung unter den dominanten Willen einer anderen Person ebenso wie interne, aus der Person erwachsene Phänomene wie die Vereinnahmung durch Begierden oder physische Triebe, psychische Neurosen oder Willensschwäche. Denn Personen, die unter solchen Phänomenen leiden, fehlt es an physischer Fähigkeit, emotionaler Festigkeit oder Willensstärke, um ihre Entscheidungen, ihre Handlungen und ihren Willen zu kontrollieren, ganz egal, wie sehr sie es sich auch anders wünschen.

2: *Internalistische Auffassungen von Autonomie*

Welche Art von Autonomietheorie wird diesen Intuitionen gerecht? In den letzten Jahren lag der Fokus der Diskussion auf internalistischen Interpretationen von Selbstbestimmung. In internalistischen Modellen wird davon ausgegangen, dass man personale Autonomie nur in Abhängigkeit von der strukturellen und/oder der historischen Beschaffenheit der psychischen Zustände und Dispositionen einer Person sowie deren Beurteilung durch einen Akteur zuschreiben kann. Am einflussreichsten ist Gerald Dworkins „hierarchische" Konzeption der Selbstbestimmung – eine Theorie über „interne, psychologische Freiheit",[5] wie er es ausdrückt. Gemäß Dworkin lässt sich der Zustand personaler

---

[4] In diesem Sinne diskutiert Irving Thalberg in seinem Aufsatz „Hierarchical Analyses of Unfree Action", (1978, Canadian Journal of Philosophy, Vol. 8, Nr. 2) kluges Verhalten in Zwangslagen.
[5] Dworkin, „Acting Freely", 1970, Nous, Vol. 9: 367-83.

Autonomie am besten erklären, wenn man auf eine zweistufige Psychologie zurückgreift, in der „Präferenzen [eines Akteurs] bezüglich des Wunsches, X zu tun" vorkommen.[6]

Dworkin behauptet, dass Akteure dann autonom sind, wenn sie sich mit den handlungsmotivierenden Wünschen niedriger Stufe nach kritischer Prüfung und Bewertung durch Wünsche höherer Stufe „identifizieren". Dies ist die Bedingung der „Authentizität". Außerdem fordert er, dass diese Identifikation mit den Wünschen unter den Bedingungen der „prozeduralen Unabhängigkeit" geschieht. Damit ist gemeint, dass jeder Faktor, der die reflexiven und kritischen Fähigkeiten einer Person beeinflusst, diese Fähigkeiten nicht behindert, sondern unterstützt und verbessert. Zusammengenommen machen Authentizität und prozedurale Unabhängigkeit „die vollständige Autonomieformel" aus.[7]

Zuletzt hat Dworkin die Identifikationsbedingung durch die Voraussetzung ersetzt, dass die selbstbestimmte Person das Vermögen zweiter Stufe besitzt, ihre Motivationen erster Stufe zu bewerten und - falls nötig - abzuändern. Dieses „Vermögen, die Frage aufzuwerfen, ob ich mich mit den Gründen, nach welchen ich handle, identifiziere oder ob ich sie ablehne",[8] ist entscheidend für Autonomie. Denn indem dieses Vermögen ausgeübt wird, „legen Menschen ihr Wesen fest ... und übernehmen die Verantwortung dafür, so zu sein, wie sie sind".[9]

Das hierarchische Modell wurde in verschiedenen internalistischen Varianten vertreten. Gary Watson hat eine „platonische" Theorie freien Handelns in die Debatte ein-

---

[6] Dworkin, „The Concept of Autonomy", in Science and Ethics, hg. von Rudolph Haller (Radopi Press, 1981). Wiederabgedruckt in The Inner Citadel, hg. von John Christman (New York: Oxford University Press, 1989). Alle Verweise erfolgen auf diesen Text. Dworkin entwickelt seine Auffassung in The Theory and Practice of Autonomy (New York: Cambridge University Press, 1988). Auch Frankfurt vertritt die hierarchische Konzeption, allerdings zielt er eher darauf ab, die Art von Freiheit zu charakterisieren, die für moralische Verantwortung relevant ist. Möglicherweise ist Frankfurt der Ansicht, dass diese Spielarten der Freiheit - das heißt, freies Handeln, freies Entscheiden und freies Wollen - Autonomie angemessen erfassen. (Vgl. seinen Aufsatz „Identification and Wholeheartedness" in The Importance of What We Care About [Cambridge: Cambridge University Press, 1988], S. 170-71.) Dass Dworkin das hierarchische Modell nutzt, um eine Theorie von Autonomie zu konstruieren, legt nahe, dass auch Frankfurt diesen Schritt machen kann. Allerdings behauptet Frankfurt, dass die Art von Freiheit, die für Verantwortlichkeit erforderlich ist, nicht die Fähigkeit einschließen muss, anders handeln zu können; in dieser Hinsicht unterscheidet sich seine Konzeption von meiner - und auch von Dworkins - Konzeption personaler Autonomie.

[7] Dworkin, 1989, S. 61. Dworkins Autonomiekonzeption und seine Verwendung der Bedingung prozeduraler Unabhängigkeit sind in dem von mir definierten Sinne internalistisch. Auch wenn prozedurale Unabhängigkeit erfordert, dass die externe Umwelt des Handelnden frei von Einflüssen ist, die die Fähigkeit des Handelnden einschränken, seine Handlungsgründe niederer Stufe zu bewerten, so geht es Dworkin doch nur um die Auswirkungen, die diese externen Umstände auf die psychische Verfassung des Handelnden haben. Es kommt ihm aber nicht auf etwas in der äußeren Umwelt selbst oder deren Verhältnis zum Individuum an. So spielt es beispielsweise für sich genommen keine Rolle, ob das Individuum gezwungen oder manipuliert wurde. Was zählt, ist, dass das Individuum nicht auf eine Weise betroffen ist, die seine kritischen und reflexiven Fähigkeiten beeinträchtigt. Daher erfordert prozedurale Unabhängigkeit, so wie Dworkin sie versteht, lediglich, dass die psychischen Vermögen einer Person nicht beeinträchtigt werden. Seine Autonomiekonzeption bleibt daher trotz der Bedingung der prozeduralen Unabhängigkeit internalistisch.

[8] Dworkin, 1988, S. 15.

[9] Dworkin, 1988, S. 20 und 108. Lawrence Haworth problematisiert diese Vermögensbedingung in „Dworkin on Autonomy", Ethics 102 (Okt., 1991), 129-39.

gebracht, wobei freies Handeln ähnlich wie personale Autonomie verstanden werden kann.[10] Watson fasst das Vermögen zu freien Handlungen als eine Eigenschaft von rationalen Personen auf, die von dem, was sie wertschätzen, mindestens so stark (wenn nicht sogar stärker) motiviert werden, wie von dem, was sie wünschen. Autonomie verlangt ausdrücklich nach einer harmonischen Integration von Wertesystem und Motivationssystem des Akteurs.

In jüngerer Zeit hat John Christman dafür argumentiert, dass Autonomie von der Entwicklung der psychischen Zustände einer Person und der Teilnahme der Person an diesem Prozess abhängt. Christman bestimmt Autonomie als den „tatsächlichen psychischen Zustand der Selbstbestimmung, definiert als das Vermögen, selbstbestimmt zu sein."[11] Er argumentiert dafür, dass dieser Zustand besteht, wenn die psychische Beschaffenheit einer Person über die Zeit hinweg keinen Faktoren ausgesetzt ist, welche die Person auf „illegitime" Weise beeinflussen. Illegitim sind diejenigen Einflüsse, welche die Fähigkeit einer Person beeinträchtigen zu beurteilen, auf welche Weise ihre handlungsleitenden Wünsche entstehen.

Der Ausschluss von Illegitimität – und damit die Bestimmung von Autonomie – erfolgt durch einen viergliedrigen Test: Faktoren, die außerhalb der Person liegen, dürfen nicht die einzige Ursache der Präferenzen der Person sein; der Prozess, der zur Ausprägung von Wünschen führt, und die Faktoren, die diesen Prozess beeinflussen, müssen für die Person „transparent" sein; wenn die Person ihre Wünsche abändern möchte, sobald sie die Wirkungsweise der Wünsche erkannt hat, muss sie dies auch tun können; und die Person muss rational sein, das heißt, ihre Wünsche müssen konsistenten Überzeugungen entspringen.[12]

Internalistische Theorien haben etwas für sich. Unzweifelhaft sind die psychischen Merkmale einer Person – einschließlich ihrer Dispositionen und Charakterzüge – relevant dafür, dass die Person grundsätzlich die Möglichkeit zur Selbstbestimmung hat.[13] Außerdem bietet der internalistische Ansatz einen Weg, mit dem Bedenken umzugehen, Selbstbestimmung erfordere auch Selbsterschaffung oder vollständige Kontrolle über das eigene Leben. Denn unabhängig davon, ob der kausale Determinismus wahr ist, scheint es schwierig zu sein, diese Bedingung zu erfüllen. Wir sind in der Tat in vielfacher Weise voneinander abhängig und unterliegen verschiedenen äußerlichen Einflüssen. Und es ist nicht klar ersichtlich, dass all diese Einflüsse Autonomie unterminieren.

---

[10] Watson, „Free Agency", Journal of Philosophy, Vol. 72, Nr. 8, 1–24 [in diesem Band S. 52–66; Anm. d. Hg.].

[11] Christman, 1989, S. 5–6. Vgl. auch „Autonomy: A Defense of the Split-Level Self", 1987, Southern Journal of Philosophy, Vol. 25, Nr. 3, S. 281–293, sowie „Autonomy and Personal History", 1991, Canadian Journal of Philosophy, Vol. 20, Nr. 1, 1–24 [in diesem Band S. 109–130; Anm. d. Hg.].

[12] Ebenso wie bei Dworkins Bedingung der prozeduralen Unabhängigkeit könnte man auch Christmans entwicklungsbezogenen oder „historischen" Kriterien individueller Selbstbestimmung für externalistische Kriterien halten. Allerdings verstehe ich Christmans Auffassung internalistisch, weil er die psychische Beschaffenheit einer Person als entscheidend für ihre Autonomie ansieht.

[13] Über die strukturellen und historischen Kriterien, die Internalisten üblicherweise anführen, hinaus, spielen auch Veranlagungen eine wichtige Rolle für Autonomie. So macht es beispielsweise einen Unterschied, ob eine Person gefügig und leicht beeinflussbar oder ob sie willensstark und souverän ist.

Dworkins hierarchischer Ansatz verzichtet auf diese vermeintliche Bedingung, indem sie darauf aufmerksam macht, dass die Autonomie der Person gewährleistet ist, so lange nichts geschieht, das die „strukturelle" Integrität ihrer psychischen Beschaffenheit beeinträchtigt. Autonomie setzt nicht voraus, dass sich die Wünsche und Werte einer Person unter von ihr vollständig kontrollierten Bedingungen entwickeln. *Dass* eine Person durch Zwang, Manipulation, Täuschung oder ganz normale Sozialisation beeinflusst wird, ist unwichtig. Was zählt sind die Auswirkungen, die diese Faktoren auf ihr Vermögen haben, sich in einer prozedural unabhängigen Weise mit ihren handlungswirksamen Wünschen zu identifizieren.

Ähnlich argumentiert auch Christman, dass Autonomie nicht darin bestehen kann, völlig unabhängig von den zahlreichen externen Einflüssen zu sein, die eine echte Selbsterschaffung unmöglich machen. Vielmehr liegt das Unterscheidungskriterium zwischen einer autonomen und einer nicht-autonomen Person darin, dass die Einflüsse, die auf die Psyche des Handelnden wirken, bei einer autonomen Person weder ihre reflexiven Fähigkeiten einschränken noch ihre Vermögen beeinträchtigen, die Art und Weise ihrer Motivationsentstehung zu billigen oder zu missbilligen.

Aber die internalistische Auffassung von personaler Autonomie ist nicht frei von Problemen. Zwei Konsequenzen sind besonders hervorzuheben.

Erstens wird in internalistischen Theorien Autonomie von Wünschen oder Werten faktisch mit Autonomie von Personen gleichgesetzt, so als ob das, was von ersteren ausgesagt werden kann, auch von Person ausgesagt werden könnte. Diese Angleichung deutet einen Bedarf für eine alternative Selbstbestimmungskonzeption an. Das Problem ist nämlich nicht nur, dass den Internalisten hinsichtlich anderer Dinge als Wünschen ein angemessenes Verständnis des Zustands personaler Autonomie fehlt. Problematisch ist vielmehr auch, dass sie behaupten, für die Autonomie einer Person käme es nur auf ihren psychischen Haushalt an, und sie nach keinen weiteren Anforderungen Ausschau halten. Allerdings ist es auch nicht so, als würden Internalisten etwas anderes als die Autonomie von Personen – wie zum Beispiel psychologische Freiheit schlechthin – zu erklären versuchen. Es ist geradezu charakteristisch für den Internalisten, dass er versucht, die Autonomie von Personen durch die Autonomie von psychischen Zuständen zu erklären.

Doch wie die Fallbeispiele zeigen werden, gibt es keinen naheliegenden Übergang von einer Autonomiekonzeption, die psychische Zustände oder Fähigkeiten zum Gegenstand hat, zu einer Konzeption der Autonomie von Personen. Auch wenn der Status einer Person als selbstbestimmtes Wesen teilweise von ihrer Psychologie abhängt, so sind Autonomie von Personen und Autonomie von psychischen Zuständen von grundsätzlich verschiedener Art; und insofern Autonomie von verschiedenartigen Gegenständen ausgesagt werden kann, unterscheiden sich auch die jeweiligen Bedingungen für Autonomie. Auf jeden Fall bin ich nicht an Autonomie in Bezug auf die Wünsche oder Vorgeschichte einer Person und die Umstände, die diese ermöglichen, interessiert. Vielmehr geht es mir um Autonomie von Personen – und zwar von Personen, die bestimmte Wünsche haben und bestimmte Handlungsmöglichkeiten verfolgen.

Zweitens sind Menschen mit dem gleichen psychischen Haushalt gemäß internalistischen Theorien *ipso facto* gleichermaßen autonom (oder nicht-autonom). Eine „externalistische" Theorie, wie ich sie vorlegen werde, bestreitet, dass personale Autonomie ein Zustand ist, der ausschließlich auf psychischen Zuständen oder Dispositionen superveniert. Nach externalistischer Auffassung ist es möglich, dass zwei Personen alle bisher diskutierten psychologischen und historischen Bedingungen erfüllen, sich aber trotzdem hinsichtlich ihres Status als autonome Wesen unterscheiden – und dieser Unterschied muss mit unterschiedlichen sozialen Umständen erklärt werden. (Die Fallstudie von Harriet im folgenden Abschnitt wird diesen Punkt verdeutlichen.) Über die subjektiven, psychologischen Eigenschaften, die für Autonomie notwendig sind, hinaus gibt es objektive, soziale Kriterien, nach welchen wir beurteilen, ob eine Person autonom ist. Diese externen Kriterien sind unabhängig vom internen Zustand einer Person.

Den von mir favorisierten externalistischen Ansatz habe ich „sozial-relational" genannt, um ihn den internalistischen Ansätzen gegenüberzustellen. Damit will ich aber nicht implizieren, dass den internalistischen Ansätzen eine relationale Komponente fehlt und sie aus diesem Grund fehlerhaft sind. Mein Einwand gegen internalistische Ansätze von Autonomie ist nicht, dass sie neben der psychischen Beschaffenheit einer Person keine relationalen oder „interaktiven" Eigenschaften oder Fähigkeiten berücksichtigen. Vielmehr besteht mein Einwand darin, dass diese Ansätze ausschließlich subjektiv sind. Einzig und allein der psychische Zustand einer Person – insbesondere die strukturelle und historische Beschaffenheit ihrer Urteile und Wünsche – ist wesentlich für ihre Autonomie.

Der psychologische Schwerpunkt internalistischer Theorien spiegelt die Überzeugung wider, dass die Autonomie einer Personen zu wahren heißt, das zu wahren, was man metaphorisch als „innere Zitadelle" bezeichnen kann. Diese Metapher lädt geradezu zu der Annahme ein, dass Individuen einen (vermutlich psychischen) Wesenskern haben, der unabhängig von der Welt existiert, unantastbar ist und aufgrund dessen Autonomie garantiert wird. Dieses Element wird häufig „das wahre Selbst" oder „das wirkliche Selbst" genannt.[14]

Ich glaube nicht, dass die Vorstellung einer inneren Zitadelle unser Verständnis von personaler Autonomie weiterbringt. Erstens ist die Existenz eines solchen Bestandteils von Individuen fragwürdig und bedarf erheblicher argumentativer Stützung; zumindest brauchen wir zunächst eine Erklärung, was dieses „wahre Selbst" eigentlich sein soll. (Vielleicht ähnelt es dem, was Kant „Wille" nennt?) Zweitens ist es kontraintuitiv, dass das „wahre Selbst" etwas ist, das einer Person als einer von der Welt getrennten Entität zukommt, wie dies die Metapher nahelegt. Sofern ich darin richtig liege, dass sich die Autonomie einer Person in ihrer Interaktion mit anderen Personen manifestiert, beschreibt die Metapher der inneren Zitadelle die Situation eines selbstbestimmt Handelnden nur unzureichend.

---

[14] Sowohl Charles Taylor als auch Gerald Dworkin machen von der Idee eines „wahren" oder „wirklichen" Selbst Gebrauch; gegen diese Begrifflichkeit sind diverse Einwände von Isaiah Berlin, Marilyn Friedman und Susan Wolf vorgebracht worden.

3: Fallbeispiele

Die folgenden vier Fallstudien zeigen, dass es Personen, die in bestimmten Situationen heteronom sind, genau deshalb an Autonomie mangelt, weil ihnen Merkmale fehlen, die nur eine soziale Theorie der Selbstbestimmung aufnehmen kann. Jedes Fallbeispiel soll die externalistische Intuition bekräftigen, dass Autonomie mit Einschränkungen inkompatibel ist – und zwar sogar dann, wenn diese Einschränkungen selbst gewählt sind und eine freie, rationale Entscheidung widerspiegeln. Die ersten drei Fälle beschreiben Personen, welche die verschiedenen internalistischen Kriterien für Autonomie zwar erfüllen, aber unseren allgemeinen Intuitionen über Selbstbestimmung dennoch nicht genügen. Zur Vereinfachung betrachte ich eine hybride, internalistische Theorie mit den folgenden Autonomiekriterien: zweistufige Identifikation mit den handlungswirksamen Wünschen, Integration von Motivations- und Wertesystem sowie die historisch korrekte Ausbildung der Einstellungen. Der vierte Fall beschreibt Personen, denen es an Autonomie mangelt, die aber dennoch die Verfügungsgewalt über diesen Mangel haben.

Fall #1: *Freiwillige Sklaverei*

Betrachten wir die Situation eines zufriedenen Sklaven. Wir nehmen erstens an, dass er seine Entscheidung, ein Sklave zu werden, autonom getroffen hat, insofern sie die von den Internalisten aufgestellten Bedingungen für psychische Autonomie erfüllt. Er hat willentlich seine Rechte aufgegeben und sich unter Bedingungen frei von jeglichen Faktoren, welche die Autonomie der Entscheidung hätten beeinträchtigen können, dafür entschieden, ein Sklave zu sein. Zweitens setzen wir voraus, dass das Leben als Sklave vereinbar ist mit seinen Werten und dass es seiner Auffassung von seinem Wohlergehen entspricht. Welche Rolle spielen diese Tatsachen bei der Bestimmung der Autonomie des Sklaven (wenn sie überhaupt eine spielen)? Ist seine Autonomie dadurch garantiert, dass sein psychischer Haushalt geschlossen und stimmig ist und dass er auf prozedural unabhängige Weise zu seinen Wünschen gelangte? Verwandelt die Tatsache, dass er zufrieden oder einverstanden mit seiner Situation ist, einen Zustand, der seine Autonomie scheinbar verletzt, in einen Zustand, der Autonomie nicht verletzt?

Es ist sicherlich möglich, dass eine Person eine Vorstellung vom eigenen Wohlergehen hat, in dem ein Interesse an Autonomie nicht vorkommt.[15] Streng religiöse Personen etwa glauben möglicherweise, dass ihren Interessen am besten gedient ist, wenn sie die Anweisungen ihrer Führer befolgen, ohne diese zu hinterfragen. Solche Personen werden Selbstbestimmung nicht schätzen oder anstreben. Zudem können auch Personen, die Selbstbestimmung schätzen und wünschen, aber die Hoffnung aufgegeben haben, diese jemals zu erreichen, Auffassungen ihres Wohlergehen haben und Projekte verfolgen, die ihre Lage endlos fortsetzen. Beispielsweise könnten solche Personen glauben, dass es in ihrem eigenen Interesse sei, in ihrer dysfunktionalen häuslichen Situation zu verharren anstatt das Risiko von Frustrationen und Herausforderungen einzugehen, das

---

[15] Joseph Raz diskutiert solche Fälle auf S. 390–391 in The Morality of Freedom (Oxford: Clarendon Press, 1986).

ein selbstbestimmtes Lebens mit sich bringt.[16] Nicht jedermann schließt also ein autonomes Leben in die für sein Wohlergehen wesentlichen Ziele mit ein; und umgekehrt wird Autonomie auch nicht dadurch gewährleistet, dass eine Person das erreicht, von dem sie glaubt, dass es in ihrem eigenen Interesse liegt.

Die wichtigste Frage ist nun die: Ist die Person, die ihre eigene Versklavung anstrebt – die wissentlich, willentlich und aus freien Stücken ein Leben in Gefangenschaft wählt – und deren Auffassung ihres Wohlergehens sich darin realisiert, infolgedessen auch autonom? Ich behaupte, dass sie es nicht ist. Zwar erklärt sich der Sklave einverstanden mit der Situation, in der er sich befindet, aber das, womit er sich einverstanden erklärt, ist eben ein Verlust an Freiheit.[17] Und auch wenn der Sklave ungehindert seine Konzeption des „guten" Lebens verfolgen kann, so ist doch das, was er sich darunter vorstellt, und das Leben, das er tatsächlich führt, ein Leben, das nur wenige oder gar keine der oben bereits beschriebenen Intuitionen erfüllt. Und damit ist es ein Leben fehlender Autonomie.[18]

Denn es spielt keine Rolle, ob der Sklave seine Gefangenschaft aus freien Stücken gewählt hat und ob er glücklich oder unglücklich darüber ist, ein Sklave zu sein. Sobald er ein Sklave ist, hat er keine Autorität mehr über jene Teile seiner sozialen Rolle, die seinen Willen und seine Lebensführung beeinflussen.[19] Ein Sklave *zu sein*, bedeutet, dass es nicht mehr länger in seinen Händen liegt zu bestimmen, *wie* er leben soll. Dem Sklaven ist die Möglichkeit verwehrt, sich selbst als eine unabhängige Person anzusehen, die die von ihm verfolgten Projekte „willentlich, planend und kontrollierend" mitgestaltet. Stattdessen ist er „in die Vorhaben von jemand anderem ... eingespannt, als wäre er eine bloße Naturgewalt, wie ein Lasttier oder wie Wasserkraft."[20]

---

[16] Beide Personen unterscheiden sich von der Person, die glaubt, ein Leben zu Diensten anderer sei das Erfüllendste. Diese Person könnte nämlich fremdnütziges Verhalten höher bewerten als eigennütziges und dennoch ihre eigene Autonomie als wichtig und vereinbar mit ihren Diensten für andere ansehen.

[17] Wie Isaiah Berlin bemerkt, kann die Einwilligung in einen Verlust der Freiheit diesen Verlust nicht wettmachen oder umkehren: „Wenn ich in meine Unterdrückung einwillige oder mich in Distanz und Ironie mit ihr abfinde – bin ich dann weniger unterdrückt? Wenn ich mich in die Sklaverei verkaufe, bin ich dann weniger Sklave? Wenn ich Selbstmord begehe, bin ich dann weniger tot, weil ich mir das Leben aus freien Stücken genommen habe?" Berlin, „Zwei Freiheitsbegriffe", in: Freiheit. Vier Versuche (Frankfurt am Main: Fischer, 2006), S. 246.

[18] Der Sklave könnte natürlich selbstbestimmt sein im Hinblick auf jene Aktivitäten und Beziehungen seines Lebens, über die er weiterhin die Kontrolle behält – etwa in seinem Status als Ehepartner, Geschwister oder Elternteil. Hinsichtlich gewisser Handlungen und Rollen – „lokal" – autonom zu sein macht den Sklaven allerdings nicht auch schon zu einer autonomen Person, die ein „global" autonomes Leben führt. Ich gestehe überdies zu, dass man in verschiedenen Graden autonom sein kann, insofern die Bedingungen für Autonomie in verschiedenem Maße erfüllt sein können. In Abschnitt 4 weiter unten gehe ich auf diesen Punkt ein.

[19] In diesem Sinne bemerkt Alfred Mele, dass einer Person, die auf autonome Weise einen bestimmten Zustand gewählt hat, dennoch Autonomie im Hinblick auf ihr Verharren in diesem Zustand fehlen kann; eine angemessen autonome Vorgeschichte der Entscheidung könnte also für den fortgesetzten oder andauernden Zustand der Autonomie nicht ausreichen.

[20] Jeremy Waldron, The Right to Private Property (Oxford: Clarendon Press, 1988), S. 302. Auch wenn Waldron an dieser Stelle von Eigenheiten spricht, die die Selbstbehauptung des Menschen gegenüber der Natur ausmachen sollen, geht er doch davon aus, dass Autonomie Selbstbehauptung beinhaltet.

Es ist möglich, dass der Sklave gar nie so behandelt wird, dass der Mangel an Selbstbestimmung offensichtlich wird. Aber weshalb sollte solch eine Offensichtlichkeit notwendig sein? Der Sklave könnte die Befehle seines Besitzers jederzeit befolgen und als Belohnung hierfür nie bestraft werden (angenommen natürlich, dass der Sklavenhalter vernünftig ist). Nichtsdestotrotz sind Unterwürfigkeit, Degradierung, Erwartung von Bestrafung und Abhängigkeit vom Wohlwollen des Besitzers sehr greifbare, wirkliche Charakteristika der Lage des Sklaven, ganz gleich ob die Bestrafung jemals vollzogen wird oder nicht. Ein Sklave zu sein bedeutet, dass er je nach Laune des Besitzers jederzeit bestraft oder misshandelt werden könnte. Folglich ist die Tatsache, dass er nicht autonom ist, eine Tatsache, welche die gegenwärtige Situation betrifft; und die Wahrheit dieser Tatsache hängt ab von der Wahrheit bestimmter kontrafaktischer Behauptungen.

Dass der Sklave *zufrieden* ist, ist kein Zeichen dafür, dass er selbstbestimmt ist. Der Sklave kann beispielsweise schon zufrieden sein, nur weil die Aufgaben, die er bewältigen muss, weniger knechtisch sind als diejenigen von anderen Sklaven. Und dafür ist er dankbar. Er kann auch zufrieden sein, weil sein Besitzer ihm die Gelegenheit gibt, Lesen und Schreiben zu lernen – eine beneidete und wertvolle Fähigkeit. Aber die Tatsache, dass es ihm besser geht als den meisten anderen Sklaven und dass er seine Situation schätzt, heißt nicht, dass er frei ist. Der Mangel an Autonomie zeigt sich teils gerade darin, dass er die Fähigkeit zu lesen und zu schreiben als ein Geschenk betrachtet, für das er dankbar sein muss. Im Gegensatz dazu betrachtet ein freier Mensch – selbst wenn er dafür dankbar wäre – diese Fähigkeit eher als etwas, auf das er ein Anrecht hat.

Was haben die Internalisten zur Autonomie des zufriedenen Sklaven zu sagen?[21] Dworkin schreibt dazu:

> „Wenn wir Autonomie als die Fähigkeit verstehen, kritisch darüber nachzudenken, welche Art von Mensch man sein will, und dafür die Verantwortung zu übernehmen, dann ... beinhaltet die Idee von Autonomie nichts, was jemanden daran hindern könnte, zu sagen: ‚Ich will die Art von Mensch sein, die gemäß den Befehlen von anderen handelt. Ich verstehe mich selbst als ein Sklave und billige die entsprechenden Haltungen und Wünsche. Meine Autonomie besteht darin, ein Sklave zu sein.'
>
> Wenn das kohärent ist – und ich bin der Auffassung, dass es das ist –, dann kann niemand auf der Grundlage von Autonomie gegen die Sklaverei argumentieren".[22]

Aber ist es wirklich kohärent? Dworkin behauptet, dass man nicht dafür argumentieren kann, dass freiwillige Versklavung Autonomie gefährdet, weil sie durch den Charakter der Freiwilligkeit vereinbar ist mit Autonomie. Aber Dworkins Argument ist aus folgenden Gründen unzureichend: Erstens beruht es zu stark auf der Annahme, Wahlmöglichkeiten seien hinreichend für Autonomie. Doch Wahlmöglichkeiten garantieren Autonomie nicht, denn die Person, die die Wahl hat, kann gezwungen worden sein, die

---

[21] Christman (1987) spricht dem Sklaven Autonomie mit der Begründung ab, er habe eine ungeeignete psychische Vorgeschichte durchlaufen. Meine Bedenken gegenüber Christmans Lesart habe ich in „Autonomy Naturalized", Midwest Studies in Philosophy, Vol. XIX (1994), 76–94 dargelegt.

[22] Dworkin, „Paternalism: Some Second Thought", S. 111, in Rolf Sartorius, Hg., Paternalism, 1983 (Minneapolis: University of Minnesota Press), S. 105–111.

Wahl zu treffen – und zwar innerhalb eines begrenzten Handlungsspielraums, der keine Autonomie zulässt; man denke nur an Sophies Entscheidung.[23] Und da eine Person aus freien Stücken ein Leben wählen kann, in welchem ihr Selbstbestimmung verwehrt bleibt, garantiert die Wahlentscheidung selbst noch nicht, dass die Wahlentscheidung zu einer Situation führt, in der die Person auch autonom ist.

Natürlich ist die Person, die sich für die Versklavung entscheidet, (zumindest teilweise) verantwortlich für den daraus resultierenden Mangel an Autonomie. Aber die Autonomie fehlt ihr eben solange sie ein Sklave bleibt, denn die Person ist Zwängen ausgesetzt und verbleibt in einem Zustand der Folgsamkeit, Unterwürfigkeit und Abhängigkeit.

Dies führt zu einem weiteren Punkt. Es ist auf jeden Fall *möglich*, dass sich eine Person auf autonome Weise für ihre Nicht-Autonomie entscheidet; der Fall des religiösen Anhängers ist ein plausibles Beispiel dafür. Dennoch kann hinterfragt werden, ob eine Person, die glaubt, Knechtschaft sei ihrem Wohlergehen zuträglich, und die aufgrund dieser Überzeugung Knechtschaft anstrebt – die sich also für jene Option entscheidet, die ihr Autonomie verwehrt – überhaupt von Anfang an als autonom bezeichnet werden kann. Thomas Hill zum Beispiel erinnert an Rousseaus Gedanken, dass bereits der bloße Gedanke, man könne der Versklavung (oder analog der Folter oder Gefangenschaft) zuzustimmen, inkohärent ist, weil er beinhaltet, dass die Person „eine konditionierte sklavische Mentalität aufweist, die eine [solche] Einwilligung bedeutungslos macht." Hill argumentiert dafür, dass „die Zustimmung einer Person andere nur dann von ihren Pflichten entbindet, wenn sie auf autonome Weise gegeben wurde. Und eine Einwilligung, die aus der Unterschätzung des eigenen moralischen Status [als ein Mensch, dem bestimmte Rechte zustehen] resultiert, wurde nicht auf autonome Weise gegeben."[24]

Auch wenn ich mit ihm nicht gleicher Meinung bin, so verdient Hills Gedanke Beachtung. Denn wenn Hill recht hat, dann ist es unwahrscheinlich, dass wirklich autonome Wünsche – Wünsche, die die hybriden Bedingungen der Internalisten erfüllen – Wünsche nach nicht-autonomen Zuständen sind. Eine Person, die autonom ist oder zumindest die internalistischen Kriterien für psychische Autonomie erfüllt, wird stets Situationen wünschen, in denen sie autonom ist. Ebenso ist der Wunsch nach Nicht-Autonomie ein hinreichendes Anzeichen dafür, dass es der Person an Autonomie oder einer autonomen psychischen Verfassung mangelt. Kurz gesagt beruht Autonomie (oder eine autonome psychischen Verfassung) darauf, eine bestimmte Art von Wünschen zu haben. Ich möchte diesen Punkt nun aber beiseite schieben und bei der nächsten Fallstudie auf ihn zurückkommen. An dieser Stelle ist erst einmal folgendes wichtig: Wenn Hills Einwand zutrifft, dann bringt dies Probleme für Dworkins Behauptung mit sich, der Wunsch des Sklaven sei mit dessen Autonomie vereinbar.

Schließlich legt Dworkins Analyse nahe, dass die Fähigkeit, kritisch und auf prozedural unabhängige Weise zu überlegen, hinreichend für Autonomie ist. Doch die Fähigkeit, kritisch zu überlegen, sich selbst prüfend zu hinterfragen und auf Grundlage dieser Beur-

---

[23] William Styron, Sophie's Choice, 1979.
[24] Thomas Hill, „Servility and Self-Respect", in Autonomy and Self-Respect (Cambridge: Cambridge University Press, 1991), S. 15.

teilung an sich zu arbeiten, stellt nicht sicher, dass jeder Zustand, der aus der Ausübung dieser Fähigkeiten resultiert, auch ein Zustand personaler Autonomie ist. Denn in Wahrheit hängt die Autonomie einer Person ab von Gegebenheiten, die über die Beschreibung ihrer psychischen Beschaffenheit hinausgehen; und so ist es wohl immer noch möglich „auf der Grundlage von Autonomie gegen die Sklaverei [zu] argumentieren".

Fall #2: Die unterwürfige Frau

Betrachten wir nun eine Frau, deren Rolle als Ehegattin und Hausfrau ihr weniger Beachtung und Unabhängigkeit einbringt als sie verdient und unter anderen Umständen auch erlangen könnte. Stellen wir uns vor, dass diese Frau – nennen wir sie Harriet – sich wünscht, so unterwürfig zu sein. Ich setze voraus, dass Harriet vernünftig und mündig ist und wir keinen Grund zur Annahme haben, sie habe versäumt, über ihren Wunsch für diesen Lebensstil so nachzudenken, wie es erforderlich wäre. Ebenso wenig haben wir Grund anzunehmen, dass sie ihre Beweggründe nicht im nötigen Maß abgewogen hat. Harriets Handlungsgründe sind konsistent, drücken ihre Werte aus und sind historisch auf die richtige Weise zustande gekommen. Sie besitzt ausreichend Informationen über die vergangenen Ereignisse, die ihren Charakter und ihre Wünsche geformt haben, sie hat diesen Ereignissen gegenüber eine kritische und reflektierte Haltung eingenommen und wünscht sich nicht, diese zu verändern. Ich nehme sogar an, dass Harriet mit ihrem Leben zufrieden ist. Es gibt nichts, das sie sich mehr wünscht und wertschätzt als Unterwürfigkeit. Folglich hat sie keine Wünsche höherer Ordnung, die ihrem Willen irgendwie entgegenstehen.

Wenden wir uns nun wieder Hills Unbehagen bezüglich Personen zu, die sich für ihre Nicht-Autonomie entscheiden. Im Gegensatz zu Hill möchte ich bestreiten, dass der Inhalt von Harriets Wünschen und Präferenzen dafür verantwortlich ist, dass es ihr an Autonomie fehlt. Jemandes Wünsche – nach religiöser Aufopferung, Versklavung, Unterwürfigkeit, Macht – können sicherlich als Indikator für seine Fähigkeit zu Selbstbestimmung angesehen werden, und einige Wünsche begünstigen Autonomie mehr als andere. Aber ein bloßer Wunsch nach Nicht-Autonomie beinhaltet nicht, dass die Person, die diesen Wunsch hegt, nicht autonom ist. Ich kann mir wünschen, den nicht-autonomen Zustand der Hypnose zu erleben und gleichzeitig in meinem Wunsch autonom sein.

Ebenso wenig muss ein solcher Wunsch zwingend aus einem autonomiefeindlichen Umfeld heraus entstehen. Natürlich, falls Harriets Wunsch nach Unterordnung auf einen sozial verstärkten Glauben an ihren untergeordneten Status zurückgeht, dann könnte man glauben, dass ihre Entscheidung nicht autonom war. Das Fehlen von Autonomie könnte dann auf eine Vorgeschichte zurückgeführt werden, die Harriets Autonomie untergräbt. Aber wir haben vorausgesetzt, dass Harriet keine solche Vergangenheit hatte.[25]

---

[25] Von solchen Wünschen zu glauben, sie wären angemessen für eine autonome Person, hieße – wie Diana Meyers bemerkt –, den unerwünschten Zuständen, aus denen diese Wünsche hervorgehen, zu erliegen. Vgl. für eine verwandte Diskussion ihr Buch Self, Society, and Personal Choice.

Trotz der Tatsache, dass Harriets Wünsche möglicherweise bedauernswert sind, erfüllt sie die internalistischen Bedingungen für Autonomie.[26]

Harriets Mangel an Autonomie geht also nicht auf ihre beklagenswerten Wünsche zurück. Doch ebenso wenig wird ihre Selbstbestimmung dadurch garantiert, dass sie die internalistischen Kriterien erfüllt. Harriet hat die „richtige" psychische Verfassung. Nichtsdestotrotz fehlt es ihr an Autonomie – und zwar nicht, weil sie unterwürfig sein will, sondern weil sie unterwürfig ist. Der Grund für den Mangel an Autonomie liegt in ihren zwischenmenschlichen Beziehungen und den sozialen Institutionen ihrer Gesellschaft.

Nehmen wir an, dass die sozialen Beziehungen, die Harriet in ihrer Rolle als Hausfrau eingeht, ihr einen kleineren finanziellen Spielraum, weniger Selbstvertrauen, emotionale Sicherheit und Möglichkeiten für ihre intellektuelle und kreative Entwicklung bieten, als sie in anderen Beziehungen haben könnte.[27] Zudem gibt es in Harriets Leben keine wirtschaftlichen und politischen Institutionen, die Hausfrauen mehr Einfluss geben.

Harriets Leben ähnelt dem Leben, das wir für gewöhnlich mit einer durchschnittlichen Frau in einer fundamentalistisch-islamischen Gesellschaft verbinden. Sie hat wenige Handlungsmöglichkeiten und nur einen geringen Einfluss auf ihre soziale Stellung. Obwohl Harriet „ihren Willen beherrscht" und obwohl sie ein Leben im Einklang mit ihren Wünschen führt, werden ihre „Entscheidungen" fast ausschließlich durch Urteile und Empfehlungen anderer geleitet. Zusammengenommen impliziert das alles, dass Harriet nicht autonom ist. Doch in einer internalistischen Theorie würde sie trotz ihrer Unterwürfigkeit als autonom gelten.

Wir können den Fall noch klarer machen, indem wir davon ausgehen, dass Harriets Rücksicht auf andere nicht nur jegliche Rücksicht auf die eigenen Bedürfnisse übertrifft, sondern diese auch verdrängt und ersetzt. Wir können annehmen, dass Harriet sich als eine Person ansieht, die sich ausschließlich den Bedürfnissen anderer widmet und deren eigene Tätigkeiten, Bedürfnisse, Vorlieben und Interessen keinen eigenständigen, von ihrer Bedeutung für andere unabhängigen Wert haben. So kann man Harriet als jemanden beschreiben, der systematisch den eigenen Ratschlag missachtet und nicht selbstgeleitet handeln kann.

Allerdings muss man sie nicht zwingend so beschreiben; denn das Fehlen von Autonomie geht weder auf mangelnde Selbstachtung noch darauf zurück, dass ihr andere keine

---

[26] Dementsprechend möchte ich jenen Auffassungen widersprechen, wonach es Harriet an Autonomie mangelt, weil sie etwas wünscht, das sie nicht wirklich wollen würde, wenn sie nur in vollem Besitz ihrer Fähigkeiten wäre – Auffassungen, die das Fehlen solcher Wünsche als Anzeichen fehlender kritischer Reflexion oder mangelnder psychischer Gesundheit ansehen. (Susan Wolf und Marilyn Friedman argumentieren in diese Richtung; vgl. Wolf, „Sanity and the Metaphysics of Responsibility", in Schoeman, 1987. Friedmans Auffassung ist zu finden in „Autonomy and the Split-Level Self", 1986, Southern Journal of Philosophy, Vol. 24, Nr. 1.) Meiner Ansicht nach können Rationalität und die kritische Bewertung der eigenen Motive eine Person zu einer Reihe von Wünschen führen – manche sind abscheulich, manche bewundernswert – und das garantiert einzig und allein, dass Wünsche bei klarem Verstand ausgebildet worden sind.

[27] Das Verhältnis zu ihrem Ehemann beispielsweise ist – obwohl annehmlich – ein Verhältnis der Ungleichheit. Sie trifft keine der wesentlichen finanziellen Entscheidungen, sie entscheidet nicht über Zeitpunkt oder Ort des gemeinsamen Urlaubs und auch nicht über den Wohnort etc.

Beachtung schenken. Selbstachtung und respektvolle Behandlung durch andere können es zwar wahrscheinlicher machen, dass eine Person autonom ist; aber keines von beiden ist konstitutiv für Selbstbestimmung.[28] Selbstverständlich beeinflusst das Selbstbild einer Person deren Entscheidungen, Tätigkeiten und Wünsche. Und wenn das Gefühl der eigenen Unzulänglichkeit die Person ständig dazu veranlasst, „Entscheidungen zu treffen, sich Erniedrigungen oder Misshandlungen unterzuordnen"[29] – Entscheidungen, die damit einhergehen, dass die Person schlechte Behandlung durch andere einfach hinnimmt –, dann macht dies Autonomie unmöglich.

In ähnlicher Weise ist Selbstachtung auch notwendig, andere dazu anzuregen, einem mit der gleichen Einstellung des Respekts entgegenzutreten. Eine Person beispielsweise, die ihre eigenen Werte nicht einhält oder über inkonsistente Wertvorstellungen verfügt, lässt keine Bindung an diese Werten erkennen und kann so auch nicht erwarten, dass andere ihre Wertbekundungen ernst nehmen. Dies kann zur Folge haben, dass andere diese Person als der Selbstbestimmung unfähig ansehen, nur weil sie scheinbar nicht in der Lage ist, ein Wertesystem aufrecht zu erhalten. Nichtsdestotrotz entscheidet die Tatsache, dass sich eine Person selbst achtet (oder dies eben nicht tut), nicht über ihren Status als selbstbestimmtes Wesen.

Die Unzulänglichkeit internalistischer Ansätze wird deutlich, wenn man Harriet einer selbstbestimmten Hausfrau gegenübergestellt. Sowohl Harriet als auch diese zweite Frau, die ich Wilma nenne, besitzen die von den Internalisten propagierten Eigenschaften. Beide besitzen strukturell-kohärente psychische Haushalte und sie können beide Gründe für ihre Handlungen angeben, die konsistent sind, ihre Werte ausdrücken und sich historisch auf die richtige Weise entwickelt haben. Aber nehmen wir an, Wilmas zwischenmenschliche Beziehungen und die sozialen Institutionen, die ihr Leben beeinflussen, ermöglichen es ihr, ihre Entscheidungen zu kontrollieren. Sie führt ihr Leben vor dem Hintergrund verschiedener Möglichkeiten, die ihr allesamt ökonomische Unabhängigkeit und die Gelegenheit zur Selbstentfaltung geben. Auch wenn sich Wilma selbst möglicherweise als eine Person ansieht, die sich nach den Bedürfnissen anderer richtet, so wird sie von ihren Mitmenschen doch als jemand behandelt, dessen Bedürfnisse und Wünsche Achtung verdienen, und dieser Verdienst wird durch ihre soziale Situation noch verstärkt. Während also beide Frauen anderen zu Diensten sein wollen, ist allein Harriet unterwürfig. Wilma kann als autonom angesehen werden, Harriet hingegen nicht.

---

[28] Sie garantieren auch nicht, dass eine Person selbstbestimmt wird. Die Person, die sich selbst achtet, mag bessere Voraussetzungen haben, um sich widrigen Umständen zu widersetzen; aber widrige Umstände zu bewältigen ist nicht hinreichend für Autonomie. Der Häftling eines Konzentrationslagers könnte beispielsweise der Ansicht sein, dass seine Selbstachtung noch gewahrt bleibt insofern er im Geiste über grauenhaft unmenschliche Zustände triumphiert. Doch es scheint absurd zu behaupten, dass diese Person autonom ist.

[29] Hill, 1991, S. 6. Hill fügt hinzu, dass „die Pflicht, Unterwürfigkeit zu unterlassen eine Pflicht ist, eine bestimmte Haltung gegenüber anderen einzunehmen; eine solche Pflicht verliert ihren Sinn, wenn man sie isoliert versteht" (ibid., S. 17). Das legt nahe, dass Selbstachtung als Gegenteil von Selbsterniedrigung ein wesentlich relationales Phänomen ist und es nicht um die Einstellung einer Person zu sich selbst geht.

Fall #3: Der Wehrdienstverweigerer

Betrachten wir einen Wehrdienstverweigerer (WDV), der lieber das Gefängnis wählt, als seine pazifistischen Prinzipien aufzugeben. Einmal angenommen, der WDV identifiziert sich mit seiner Entscheidung, die zudem mit seinen Werten größtmöglich übereinstimmt. Nehmen wir sogar an, dass er sich den Gefängnisaufenthalt selbst aufbürdet. Aber da die Haft dem WDV die Kontrolle über sein tägliches Leben entzieht und es vom Ermessen und Willen anderer abhängig macht, ob er seine Ziele erreicht und wie er sein Leben führt, muss der WDV als „nicht autonom" eingestuft werden. Doch Internalisten behaupten nicht nur, dass der WDV auf autonome Art und Weise entscheidet, sondern auch, dass er autonom bleibt – insofern nämlich die psychischen und historischen Kriterien erfüllt sind. Zwar mag der WDV anderen „Respekt" abnötigen und für seine Standhaftigkeit oder für seine Prinzipientreue bewundert werden – vielleicht sogar von denjenigen, die ihn eingesperrt haben. (Auf ähnliche Weise könnte auch der Sklave bewundert werden.) Aber diese Art von Respekt wird den Eingekerkerten nicht autonom machen.

Die folgende Analogie hilft möglicherweise dabei, die externalistische Beurteilung des Sklaven, der Hausfrau und des WDV verständlicher zu machen. Nehmen wir an, ein Staat wird von einer fremden Macht besetzt und kontrolliert. Der Staat wehrt sich nicht gegen diese Besetzung. Der Kongress beschließt nach dem Einmarsch sogar, die fremde Macht willkommen zu heißen, und verabschiedet ein vernünftiges Maßnahmenpaket für die Besetzung. Die Bürger leiden während der Besatzung niemals an Not oder Elend. Gemäß eines internalistischen Ansatzes gälte dieser Staat als autonom, weil er Herr seines eigenen Willens ist: Der Staat hat ungeachtet der politischen Situation außerhalb seines Machtbereichs eigene Ziele gefasst und gebilligt. Ein Externalist hingegen würde behaupten, dass es sinnvoller ist zu bestreiten, dass dieser Staat selbstbestimmt ist, wo er doch dem Diktat einer fremden Macht untersteht. Nicht dem Diktat anderer zu unterstehen ist Teil dessen, was es heißt, selbstbestimmt zu sein. Und dies gilt bei einem Staat genauso wie bei einem Sklaven.

Fall #4: Der Mönch

Es ist möglich, den momentanen Zustand der Autonomie aufzugeben, ohne die Kontrolle über diesen Zustand zu verlieren. So kann beispielsweise ein Mönch, der ein Leben unter dem Diktat einer Ordensgemeinschaft wählt und dabei auf seine Autonomie verzichtet, doch das Vermögen behalten, seine Autonomie zu einem späteren Zeitpunkt wiederherzustellen. Angenommen, der Mönch kann jedes Jahr entscheiden, ob er im Orden verbleiben und sein Leben weiterhin in einer Weise führen will, die ihm einen größeren Freiheitsbereich vorenthält. Selbst wenn der Orden ihn ansonsten zwingen kann, in einer bestimmten Art zu handeln, so kann der Mönch das Machtverhältnis über ihn doch jährlich aufkündigen – ganz so, wie Individuen auch die gesetzliche Befugnis haben, bestimmte rechtliche Verträge aufzulösen.[30] Anders als der Sklave hat der Mönch einer

---

[30] Die Aufkündigung des Vertrags kann natürlich eine Vertragsstrafe nach sich ziehen, die hinreichend hoch ist,

Bedingung zugestimmt, die ihm jährlich die oberste Verfügungsgewalt über sich sichert; und in dieser Hinsicht ist er unabhängig.

In der Zwischenzeit liegt die Verfügungsgewalt allerdings bei den Klostervorstehern, denn das tägliche Leben des Mönchs wird von ihnen bestimmt. Also impliziert die Tatsache, dass der Mönch seinen nicht-autonomen Status jährlich aufheben kann, nicht, dass er selbstbestimmt ist. Doch im Lichte seiner sozialen Beziehungen kann der Mönch die Selbstbestimmung wiedererlangen, indem er einfach seine Entscheidung, sich dem Ordern zu unterwerfen, rückgängig macht. Im Gegensatz dazu ist der Sklave in einer anderen sozialen Lage – eine Lage, die es ihm unmöglich macht, seine Stellung aufzukündigen.[31]

Ich sollte ausdrücklich darauf hinweisen, dass für die Autonomie einer Person nicht das Zeitintervall entscheidend ist, in welchem sie sich selbstbestimmt (oder nicht selbstbestimmt) verhält. Wie ich weiter oben festgehalten habe, ist es nicht die vorhandene oder ausbleibende lokale beziehungsweise gegenwärtige Kontrolle, die jemandem Selbstbestimmung gibt oder nimmt.[32] Genauso wie jemand, der ab und zu lügt, eine ehrliche und jemand, der gelegentlich betrübt ist, eine glückliche Person sein kann, kann auch eine Person autonom sein, in deren Leben nicht-autonome Momente vorkommen. (Beispielsweise könnte die Person unter einer akuten Grippe leiden.) Ebenso wenig ist der Mönch (oder der Sklave) selbstbestimmt, auch wenn er gelegentlich einige Aspekte seines Lebens kontrolliert. Mich interessiert hier ein umfassender, globaler Sinn von Autonomie – die Idee der selbstbestimmten Lebensführung und die Vorstellung von Autonomie im Sinne eines umfassenden Zustands von Personen und nicht im Sinne eines vergänglichen Charakterzugs.[33]

Fassen wir einige der Schlussfolgerungen aus den Fallstudien noch einmal zusammen: Autonomie erfordert mehr als nur die Werte einer Person und ihre Auffassung von Wohlergehen zu wahren. Es bedarf mehr als nur der Fähigkeit, einen Lebensplan zu entwerfen und zu befolgen. Und es verlangt auch mehr als das Vermögen, seine Vorgeschichte zu billigen. Ebenso wenig wie die Abhängigkeit von anderen einer Person

---

um Autonomie zu erschweren oder gar zu verhindern. Und selbstverständlich ist der Inhalt des Vertrags von Bedeutung, wenn es um die Einschätzung der Autonomie geht.

[31] Man denke nur an Odysseus' Anordnung, seine Besatzung solle ihn mit Gewalt zurückhalten, wenn ihre Reise sie in die Nähe der Sirenen-Gesänge bringen würde. Während er gefesselt und gebändigt ist, wird seine Autonomie beschnitten, denn es fehlt ihm dann die Kontrolle über sein Schicksal (und natürlich hat er auch keine Befehlsgewalt über Schiff und Besatzung mehr). Doch die Situation des Odysseus unterscheidet sich von der des willigen Sklaven (und ähnelt eher der des Mönchs) in folgender Hinsicht: Er gibt sein Recht, über seine Lebensführung selbst bestimmen zu können, nicht auf; keine der von ihm erwägten Zukunftsoptionen bleibt ihm verschlossen, denn sein Verhältnis zur Besatzung ermöglicht ihm unverändert, zu dem vereinbarten Zeitpunkt wieder die Kontrolle zu übernehmen.

[32] Vgl. Anmerkung 19.

[33] Die Unterscheidung zwischen „global" und „lokal" zu erklären, ist eine schwierige Angelegenheit, und ich werde hier nicht versuchen, dieses Problem zu lösen. Eine ganz ähnliche „global/lokal"-Unterscheidung führt zu Problemen für eine Tugendethik: Man muss den lokalen Sinn von Ehrlichkeit (zu einem gewissen Zeitpunkt die Wahrheit zu sagen) unterscheiden von der auf einem Charakterzug beruhenden Disposition, die Wahrheit zu sagen – das heißt: eine ehrliche Person zu sein.

gleich die Selbstbestimmung nimmt, verleiht ihr die Bewunderung anderer Autonomie. Autonomie hat vielmehr etwas mit dem zu tun, was Abhängigkeit und Bewunderung für die Person in ihrem täglichen Leben mit sich bringen. Ein selbstbestimmtes Individuum muss in der Lage sein, seine Handlungsgründe zu beurteilen – und zwar in einer in sozialer und psychischer Hinsicht uneingeschränkten Weise. Darüber hinaus müssen die Entscheidungen, die jemand trifft, und die Ziele, die er als relevant für seine Lebensführung ansieht, einer Reihe von annehmbaren Alternativen entspringen; und die Person muss in der Lage sein, ihre Entscheidungen ohne unangemessene soziale oder psychische Kosten umzusetzen.

4: Die Bedingungen personaler Autonomie

Die vorangegangenen Fallstudien deuten die Notwendigkeit der folgenden Bedingungen für Autonomie an. Zusammen genommen sind sie hinreichend für Autonomie. Ich bin der Ansicht, dass Personen mehr oder weniger autonom sein können und dass nicht jeder in gleichem Maße autonom sein muss, um als autonom zu gelten. Aber damit eine Person autonom ist, müssen all diese Bedingungen zu einem bestimmten Grad erfüllt sein. Demnach gibt es eine bestimmte Schwelle für Autonomie. Im Rahmen dieses Aufsatzes kann diese Schwelle nicht ausreichend diskutiert werden. Allerdings sollte es offensichtlich sein, dass ich der Meinung bin, dass die Erfüllung der internalistischen Bedingungen für Autonomie hinsichtlich Wünschen weit unterhalb dieser für Autonomie erforderlichen Schwelle angesiedelt ist.

Bedingung #1: Kritische Reflexion

Erstens setzt Autonomie voraus, dass die Person mental zur kritischen Reflexion fähig ist, wie dies Internalisten annehmen. Meiner Ansicht nach reflektiert eine Person dann kritisch, wenn sie bei der Beurteilung ihrer Motive, ihrer Handlungen sowie ihres Umfeldes, in welchem sich jene entwickeln, den Standpunkt einer dritten Partei einnimmt. Damit beurteilt die Person diese Dinge so, wie sie die Motive, Handlungen und das Umfeld einer anderen Person auf ähnlichem Entwicklungsstand beurteilen würde. Wenn die Person ihre Motive aufgrund dieser Bewertung als ihre eigenen akzeptiert – wenn sie sich mit ihnen identifiziert –, dann sind sie authentisch. Wenn sie sich nicht damit identifiziert, dann bedürfen die Motive möglicherweise einer Anpassung oder Bereinigung.[34]

---

[34] In diesem Sinne bemerkt Waldron (1989, S. 305), dass Autonomie die Fähigkeit beinhaltet, „von seinen gegenwärtigen Wünschen zurückzutreten und auf irgendeine Weise – auf Grundlage einer wohlüberlegten Konzeption des Guten – zu bestimmen, von welchen Wünschen und Präferenzen man motiviert werden möchte …Wenn dies einmal geschehen ist, so sind Wahl, Entscheidung und Handlung nur eine Frage der Reaktion auf Werte und Wünsche, die diese reflexive Vorzugsbehandlung genossen haben …". Selbstverständlich müssen wir nicht alle unsere Motive einer solchen Beurteilung unterziehen, um als autonom zu gelten. Lediglich die für die Lebensführung einer Person bedeutsamen Wünsche müssen kritisch reflektiert werden.

Bedingung #2: Prozedurale Unabhängigkeit

Um autonom zu sein, darf eine Person nicht von anderen in einer Art beeinflusst oder eingeengt werden, die Autonomie einschränkt. Dass eine Person vermittels kritischer Reflexion zu bestimmten Ansichten über die auf sie einwirkenden Einflüsse kommen kann, reicht für ihre Autonomie noch nicht aus. Denn eine Person kann fälschlicherweise zu dem Schluss kommen, dass sie nicht in einer Art beeinflusst wurde, die ihre Autonomie gefährdet, auch wenn sie in Wahrheit tatsächlich so beeinflusst worden ist.

Daraus ergibt sich die Notwendigkeit einer Bedingung der prozeduralen Unabhängigkeit (PU). Für Dworkin ist PU dann erfüllt, wenn die kritischen Vermögen einer Person nicht auf eine Art beeinflusst wurden, welche die Authentizität der von den kritischen Vermögen gebilligten Motive unterminiert. Dworkin will mittels PU die Integrität der kritischen Vermögen einer Person garantieren. Gleichzeitig möchte er aber neutral bleiben hinsichtlich der Arten von Situationen und Einflüssen (extern oder intern), die eine solche Integrität fördern.

Ich hingegen glaube nicht, dass eine Ausformulierung von PU in dieser Weise neutral sein kann. Denn wenn eine Person ihre Wünsche unter den Bedingungen von PU bewertet, dann muss das Umfeld frei sein von Einflussfaktoren, die die psychische Integrität der Person zerstören und die Person in ihren Beziehungen zu anderen unfähig machen. So muss das Umfeld beispielsweise frei von Zwängen und Manipulationen sein. Allgemein gesprochen schließt PU bestimmte (eher offen gehaltene) historische und sozial-relationale Standards der Zulässigkeit in die Kriterien für personale Autonomie ein. Meiner Auffassung nach beschreiben diese Standards auf substanzielle Weise, wie sich das autonome Individuum zu anderen in der Welt in Beziehung setzt.

Bedingung #3: Ein verfügbarer Bereich relevanter Optionen

Der selbstbestimmten Person muss eine ausreichende Auswahl an Möglichkeiten offen stehen.[35] Es reicht nicht, wenn eine Person ihre Situation als eine ansieht, der sie auch dann zustimmen würde, wenn sie keine anderen Möglichkeiten hätte. Denn die Tatsache, dass die Person ihre Entscheidung als annehmbar betrachtet, bedeutet nicht, dass ihr Entscheidungsspielraum annehmbar war. Wenn eine Person sich nur für die Nicht-Autonomie entscheiden kann, so ist ihre Auswahl einfach nicht groß genug. Der Person muss daher auch die Option offen stehen, sich nicht zu unterwerfen. Ebenso wenig ist die Auswahl zwischen Optionen ausreichend, wenn die Entscheidungen allesamt auf Nötigungen (ökonomischen, emotionalen usw.) oder körperlichen Bedürfnissen beruhen.

---

[35] Diese Bedingung hat Raz (1986, S. 373–378) vorgeschlagen; allerdings formuliert er sie stärker als es meines Erwachtens notwendig wäre. Um autonom zu sein und autonom zu leben, so behauptet Raz, muss eine Person einen Spielraum von Optionen haben, „der es ihr ermöglicht, ihr Leben lang Tätigkeiten nachzugehen, die zusammengenommen alle Vermögen ausüben, die Menschen ihrer natürlichen Anlage nach auszuüben geneigt sind, und [sie muss] für jedes dieser Vermögen [auch die Möglichkeit haben], die Entfaltung dieses Vermögens abzulehnen."

Das soziale Klima muss die Tatsache berücksichtigen, dass Menschen keine rein animalischen Wesen sind; sie sind Individuen, deren physisches und emotionales Wohlergehen von der Fähigkeit abhängt, ihren Körper und ihren Geist vielseitig und kreativ einzusetzen. Darüber hinaus müssen die Optionen „real" sein – eine Person muss tatsächlich hoffen können, sie auch verwirklichen zu können; außerdem müssen die Möglichkeiten für den weiteren Lebensweg der Person bedeutungsvoll sein.[36]

Bedingung #4: Sozial-relationale Eigenschaften

Um autonom zu sein, muss eine Person in der Gesellschaft eine Reihe von zwischenmenschlichen Beziehungen eingehen, die es ihr ermöglichen, ihre Ziele in einem sozial und psychisch sicheren Umfeld zu verfolgen. Damit meine ich, dass der soziale Hintergrund einer Person (der auch soziale Institutionen einschließt) so beschaffen sein muss, dass die folgenden Bedingungen erfüllt sind:

a. Die Person kann sich selbst gegen psychische oder physische Angriffe verteidigen, wenn dies notwendig ist (oder eine solche Verteidigung wird ihr zugesichert).
b. Die Person kann sich selbst wehren, wann und wo immer versucht wird, sie ihrer Grundrechte und ihrer wirtschaftlichen Rechte zu berauben (oder eine solche Verteidigung wird ihr zugesichert).
c. Die Person muss nicht die Verantwortung tragen für Bedürfnisse, Erwartungen und Schwächen anderer Personen, es sei denn, dies wurde vereinbart oder kann von ihr aufgrund einer bestimmten Funktion vernünftigerweise erwartet werden.[37]
d. Die Person kann Werte, Interessen, Bedürfnisse und Ziele haben und realisieren, die sich von denen derjenigen Menschen unterscheiden, welche Einfluss und Macht über sie besitzen – ohne dabei behindert zu werden oder Repressionen zu riskieren, die sie von ihren Vorhaben abbringen.

Auch wenn nur die vierte Bedingung personaler Autonomie explizit als „sozial-relational" zu bezeichnen ist, so können auch die Bedingungen 1 bis 3 so charakterisiert werden, dass sie externe Umstände und Beziehungen jenseits des psychischen Haushalts einer

---

[36] In diesem Aufsatz ist eine zufriedenstellende Analyse dieser Bedingung (insbesondere des Begriffs „Option" sowie der Frage, was es heißt, eine Option ergreifen zu können) nicht machbar. Ich verlasse mich hier auf die Intuition, dass man sinnvollerweise von Handlungsoptionen sprechen kann, auch wenn man hinsichtlich der Wahrheit des Determinismus und des Prinzips alternativer Möglichkeiten unentschlossen ist. Natürlich ist es nicht notwendig für Autonomie, dass eine Vielzahl von Alternativen jeder nur erdenklichen Art besteht. Denn zumindest durch seine körperlichen, intellektuellen, geographischen und finanziellen Grenzen sowie durch die Tatsache, dass man diesen Planeten mit anderen Wesen bewohnt, denen man gewisse Gefälligkeiten schuldet, ist man ja in seinen Entscheidungen eingeschränkt. Doch nichts davon muss meine Autonomie begrenzen.

[37] Ein Elternteil ist beispielsweise verantwortlich dafür, die Bedürfnisse der Kinder zu befriedigen; und von einer Anwältin wird erwartet, dass sie dem Bedürfnis ihres Klienten nachkommt.

Person als wesentlich für Selbstbestimmung auszeichnen. Alle Bedingungen tragen somit zu einer Konzeption von Selbstbestimmung bei, die sich von einer Konzeption psychischer Freiheit deutlich unterscheidet.[38]

Die Behauptung der Externalisten ist, dass eine sinnvolle Beschreibung von Autonomie auf ein bestimmtes Umfeld außerhalb der Person, um deren Selbstbestimmung es geht, zurückgreifen muss. Zusammengenommen sollten die vier Bedingungen hinreichend sein, um sicherzustellen, dass eine Person autonom ist – dass sie unabhängig ist in Angelegenheiten, die ihre Lebensführung sowie die ihr wichtigen Projekte betreffen; dass sie nicht gefangen ist durch soziale Hindernisse oder durch psychische und physische Behinderungen, die sie davon abhalten, ihre Ziele zu formulieren und zu verfolgen; und dass sie in der Lage ist, sich selbst zu stützen, ohne sich auf das Urteil und den Willen anderer verlassen zu müssen.

Man beachte, dass die Erfüllung dieser Bedingungen nicht sicherstellt, dass eine Person zu einem bestimmten Zeitpunkt ihres Lebens oder im Hinblick auf eine bestimmte Funktion autonom ist. Man könnte all diese Bedingungen erfüllen und somit ein autonomer Akteur sein, aber momentan durch eine Krise zu stark durcheinander gebracht worden sein, um sich selbstbestimmt zu verhalten. Die Rolle der genannten Bedingungen – im Speziellen die der letzten beiden – besteht nicht darin, die Mittel zur Kontrolle der eigenen unmittelbaren Situation zu klären, sondern darin aufzuzeigen, was im Leben von Menschen wie dem Sklaven, der unterwürfigen Hausfrau, dem Gefangenen und dem Mönch fehlt. Wie ich bereits festgehalten habe, ist personale Autonomie eher eine beständige Eigenschaft einer autonomen Person als ein flüchtiges Merkmal.

5: Warum braucht man eine soziale Autonomiekonzeption?

Teil 1. Die Konsequenzen einer externalistischen Analyse

Aus dem von mir befürworteten externalistischen Ansatz ergeben sich folgende Konsequenzen. Erstens verschiebt sich das Hauptaugenmerk von der Autonomie der Wünsche oder Werte zur Autonomie von Personen. Auch wenn der psychische Zustand einer Person ihr Vermögen zur Selbstbestimmung beeinflusst, so ist die tatsächliche Autonomie einer Person zumindest teilweise eine Funktion von sozialen Beziehungen und Umständen, die von den psychischen Zuständen unabhängig sind.

Zweitens kann personale Autonomie nicht allein unter Bezugnahme auf die Vorgeschichte einer Person oder auf die Vorgeschichte ihrer psychischen Zustände bestimmt werden – selbst wenn eine historische Autonomiekonzeption den sozial-relationalen Hintergrund der Person einbezieht. Internalisten, die eine historische Konzeption vertreten, versäumen in aller Regel, die Bedingungen, unter denen sich ein geeigneter psychischer Haushalt entwickeln muss, so zu erörtern, dass das sozial-relationale Umfeld der Person

---

[38] Ich möchte Richmond Campbell für den Ratschlag danken, die externalistische Natur der ersten drei Bedingungen besonders hervorzuheben.

hinreichend berücksichtigt ist. Die „reflexionsbeschränkenden Faktoren" und die „unzulässigen Einflüsse" beispielsweise, anhand derer Christman die Autonomie von Personen bestimmt, enthalten nicht mehr als verschleierte Verweise auf soziale Beziehungen, die auf die psychischen Fähigkeiten einer Person einwirken.[39]

Dennoch haben die Internalisten wahrscheinlich bestimmte soziale Faktoren und Einflüsse im Hinterkopf, wenn sie von angemessenen und unangemessenen Einflüssen sprechen. Doch selbst wenn dem so ist: Für den Internalisten zählen allein Tatsachen, die die Vorgeschichte der psychischen Verfassung einer Person betreffen – Tatsachen über die Entwicklung der Fähigkeit, über die eigenen mentalen Zustände nachdenken, sie umformen und sich damit identifizieren zu können. Meine Behauptung hingegen lautet: Sofern die Vorgeschichte einer Person für deren Autonomie bedeutsam ist, steht doch weitaus mehr zur Debatte als ihre psychische Vorgeschichte. Historisch relevant für die Autonomie des Mönchs ist doch beispielsweise die Erlaubnis des Ordens, dass der Mönch den Orden verlassen kann, wenn er es für angebracht hält. Und historisch relevant für die mangelnde Autonomie Harriets ist ein Muster von sozialen Praktiken, die Harriet eher zur Untertanin als zur Herrscherin ihres Lebens gemacht haben.

Aber es gibt noch eine grundlegendere Schwierigkeit für historische Autonomiekonzeptionen. Diese besteht darin, dass die Vorgeschichte nur insofern für Autonomie maßgebend ist, als sie in der Gegenwart zu einem bestimmten Zustand führt. Die Tatsache, dass die Vorgeschichte einer Person einen optimalen Nährboden für Autonomie bietet und damit frei von autonomiebeschränkenden Faktoren ist, ist nur dann für die Autonomie der Person von Belang, wenn die Vorgeschichte auch jene Art sozialer Beziehungen und psychischer Stabilität mit sich bringt, die sich für Selbstbestimmung eignet. Zwar mag die Vorgeschichte einer Person zur Fähigkeit, ein selbstbestimmtes Leben zu führen, etwas beitragen, aber sie macht die Autonomie einer Person nicht aus.

Eine dritte Konsequenz des sozialen Ansatzes besteht darin, dass die autonome Person in einem weniger atomistischen Licht betrachtet wird, als dies von einer internalistischen Theorie der Selbstbestimmung zu erwarten wäre. Kants Autonomietheorie beispielsweise ist insofern atomistisch, als dass bei ihm die Wurzel von Autonomie im Willen einer rationalen Person liegt. Was außerhalb einer Person in ihrem sozialen und phänomenalen Umfeld geschieht, hat keinerlei Bedeutung.[40] Dem gegenüber ist meine

---

[39] In Wahrheit vermeidet Christman soziale Autonomiekriterien mit externen Komponenten, die eine Beeinträchtigung der Selbstbestimmung sicherstellen. Um „die Idee der Selbstbestimmung [zu] erfassen – jene Idee, die dem Autonomiekonzept zugrunde liegt", so argumentiert Christman, müsse die Rationalität eines autonomes Akteurs durch eine Menge „subjektiver" Kriterien definiert werden, die dem Handelnden intern sind. Christmans Konzeption ist somit auf zwei Weisen internalistisch: Zum einen sind keine externen Rationalitätskriterien zulässig; und zum anderen hängt Autonomie von der psychischen Beschaffenheit des Handelnden ab. Siehe Christman (1991), Anm. 18 und 23, S. 9 und 14 respektive [S. 116 und 120 in diesem Band; Anm. d. Hg.].

[40] Berlin merkt an: „Kants freier Mensch ist für seine innere Freiheit nicht auf öffentliche Anerkennung angewiesen."; das Bedürfnis der Menschen nach Anerkennung innerhalb von sozialen Sphären „ist hingegen ganz an das Verhältnis gebunden, das [sie] zu anderen unterhalte[n]; [...] als jemand oder als niemand fühle ich mich, je nachdem welche Position und Funktion ich innerhalb des gesellschaftlichen Ganzen einnehme; es ist

Auffassung von Autonomie sozusagen heteronom, weil ich Autonomie zu einer Eigenschaft mache, die Personen angesichts ihrer sozial-relationalen Position zukommt.

Die Tatsache, dass Autonomie ein Phänomen ist, das am besten relational verstanden werden kann, heißt nicht, dass eine Person nur in einem interpersonalen Kontext autonom sein kann. Menschen können selbstverständlich auch fernab von anderen Personen ihre Entscheidungen treffen und ihr Leben führen. Ein Robinson Crusoe zum Beispiel, der niemals mit anderen interagiert hat, kann durchaus als autonom gelten. Doch seine Autonomie hängt immer noch davon ab, dass er nicht versklavt wird oder dergleichen mehr. Teilweise bezeichnen wir Menschen als autonom (oder als nicht-autonom), indem wir uns ihre externen Umstände genauer ansehen.

Teil 2. Die Funktion des sozialen Schwerpunkts

Die sozialen Beziehungen einer Person tragen sowohl kausal als auch materialiter zum Zustand der Autonomie bei. Internalisten würden vermutlich zugestehen, dass günstige soziale Beziehungen kausal zur Autonomie beitragen. Denn einmal angenommen, eine Person weist keinerlei psychische Schwäche auf, die ihrer Autonomie selbst in der günstigsten sozialen Lage im Weg stehen könnte; dennoch erhöht sich unter geeigneten sozialen Umständen die Wahrscheinlichkeit, dass der Person psychische Autonomie zukommt. Die wesentlichen psychischen Merkmale der Selbstbestimmung – die Fähigkeit zu rationaler, reflexiver Bewertung und zur Identifikation mit den eigenen Motiven – gedeihen förmlich, wenn eine Person ungehindert mit anderen interagiert.

Aber da Internalisten psychologische Freiheit als hinreichend für Selbstbestimmung ansehen, neigen sie dazu, sozialen Beziehungen nicht mehr als bloß eine kausale Rolle zuzugestehen. Geeignete soziale Verhältnisse bilden zwar den Hintergrund, vor dem Personen die psychischen Fähigkeiten für ein autonomes Leben entwickeln können. Doch Internalisten sind der Ansicht, dass eine Person sich nicht zwangsläufig auch in diesen sozialen Verhältnissen befinden muss, um die erforderlichen psychologischen Bedingungen für Autonomie zu erfüllen.

Die Fallbeispiele zeigen allerdings auf, dass die Erfüllung der psychologischen Bedingungen schlicht und einfach nicht hinreichend für Selbstbestimmung ist. Wir können die Wünsche einer Person auch dann als autonom bezeichnen oder sagen, dass eine Person autonom bezüglich ihrer Wünsche ist, wenn die Person selbst gar nicht autonom ist (genauso wie wir auch die Wünsche einer Person als befriedigt bezeichnen können, selbst wenn die Person selbst es nicht ist). Wir weigern uns, den Sklaven und andere als autonom anzusehen, weil sein externes Umfeld es ihm unmöglich macht, selbstbestimmt zu sein.

Nicht dem Diktat anderer unterworfen zu sein, nicht ernsthaft eingeschränkt zu sein oder keine ausreichende Bandbreite an Optionen zu besitzen, ist möglicherweise für die Erfüllung der internalistischen Bedingungen lediglich kausal notwendig – notwendig,

---

dies die ‚heteronomste' Situation, die man sich vorstellen kann". Vgl. seinen Aufsatz „Zwei Freiheitsbegriffe", S. 317f., Anm. 22.

um sozusagen ein „rationaler Planer" zu sein. Doch um autonom zu sein, sind diese Bedingungen wesentliche notwendige Bedingungen. Neben der wie auch immer gearteten Funktion, in der soziale Bedingungen ein der Selbstbestimmung förderliches Umfeld schaffen, ist ein zwangsfreier sozialer Kontext demnach teilweise konstitutiv für Selbstbestimmung – er trägt „materialiter" etwas dazu bei.

Teil 3. Die Vorteile eines sozialen Augenmerks auf Autonomie

Der Internalist könnte den Einwand erheben, dass hier zwei unterschiedliche Begriffe von Autonomie zur Debatte stehen und ich die beiden vermischt habe. Denn während der Internalist Autonomie anhand psychologischer Bedingungen (mit den Kriterien aus dem zweiten Abschnitt) definiert, könnte er sagen, ich hätte einen anderen Begriff von Autonomie entwickelt. Vielleicht würde er zugestehen, dass eine externalistische Analyse in bestimmten Kontexten nützlich sein kann; er wird daran festhalten, dass die internalistische Konzeption von Autonomie für sich genommen Berechtigung hat. Es sei weder inkohärent noch unangebracht, Autonomie auf kartesische Weise zu analysieren.

Um seinen Einwand zu stützen, kann der Internalist darauf verweisen, dass er meine Intuitionen über Selbstbestimmung nicht teilt. Er geht davon aus, dass personale Autonomie sich in der Integrität der „inneren Zitadelle" erschöpft; so kann der Internalist argumentieren, dass eine Person, die unterjocht ist oder kontrolliert wird – sei es durch natürliche, sei es durch künstliche Einflüsse –, dennoch autonom sein kann, und zwar hinsichtlich einer wohlstrukturierten oder wohlentwickelten Menge von Wünschen oder hinsichtlich weiterer innerer Dispositionen zu Autonomie. Dementsprechend wird der Internalist seine Autonomiekriterien durchaus als angemessen betrachten: Autonomie ist ein Zustand, der auf psychischen Zuständen superveniert; vorhandene oder fehlende sozial-relationale Umstände sind – falls überhaupt relevant – lediglich nützlich um zu erklären, was für die Ausübung von Autonomie notwendig ist (wobei Letzteres verstanden wird als Wirksamwerden der psychischen Zustände).

Vielleicht sind hier tatsächlich unterschiedliche Begriffe von Selbstbestimmung im Spiel. Doch ich bezweifle dies. Eher denke ich, dass der Internalist die anfangs erläuterten Intuitionen über Selbstbestimmung akzeptieren würde und dass sein Ziel, genauso wie dasjenige des Externalisten, darin besteht, eine Autonomiekonzeption zu entwickeln, die diesen Intuitionen gerecht wird. Ich halte die Intuitionen für stichhaltig; meines Erachtens zeigen sie auf, dass das Ziel der Analyse etwas ist, bei dem man mit größerer Berechtigung als bei einem rein psychischen Zustand auch wirklich von „Selbstbestimmung" sprechen kann.

Insofern die Fallstudien aufzeigen, dass Autonomie im Leben bestimmter Personen fehlt, kann man auch sagen, dass Autonomie die Kontrolle über die externen Umstände, einen ausreichenden Spielraum von Entscheidungsmöglichkeiten und die Abwesenheit von ernsthaften Einschränkungen voraussetzt. Während der Internalist diese Konsequenzen missachtet (oder sie bestenfalls umgeht), sieht der Externalist ihnen ins Auge. Daher verschafft die philosophische Arbeit, die eine sozial-relationale Theorie von Selbstbestimmung zu leisten imstande ist, dieser einen theoretischen Vorteil gegenüber einem eher psychologisch gehaltenen Ansatz.

Eine sozial-relationale Theorie hat insbesondere drei Vorteile. Der erste Vorteil besteht darin, dass ein solcher Ansatz unseren Status als soziale Wesen berücksichtigt. Isaiah Berlin bemerkt zum Wunsch nach sozialer Anerkennung und Brüderlichkeit: „Mein individuelles Selbst kann ich nicht von meiner Beziehung zu anderen oder von jenen Eigenschaften meiner selbst ablösen, die sich aus ihrer Haltung zu mir ergeben."[41] Und Joel Feinberg schreibt: „Ein menschliches Wesen zu sein, heißt, Teil einer Gemeinschaft zu sein, ... seinen Platz in einer bereits funktionierenden Gruppe einzunehmen. Wir entwickeln ein Bewusstsein unserer selbst als Teil eines fortlaufenden sozialen Prozesses, ... der durch reziproke Bindungen, gemeinschaftliche Traditionen und Institutionen bestimmt ist."[42]

Man könnte einwenden, dass eine Konzeption von Autonomie, wie ich sie hier vorschlage, Autonomie nur in einem eher engen Bereich sozialer Umstände ermöglicht. Infolgedessen könnte mein Ansatz als zu restriktiv erachtet werden, um von größerem Nutzen zu sein. Wie dem auch sei, ich glaube, dass die Konzeption von Autonomie, die ich beschrieben habe, am überzeugendsten ist. Zu beachten ist überdies, dass Autonomie auch in Kulturen hoch eingeschätzt werden kann, in welchen es nur einigen wenigen Privilegierten vergönnt ist, autonom zu sein.

Ein internalistischer Ansatz mag angemessen sein, um gewisse Fragen zu beantworten, die mit unserem Status als verantwortliche Akteure zu tun haben. Der zweite Vorteil einer sozialen Autonomiekonzeption ist es aber, dass sie bessere Dienste leistet, wenn es um Fragen geht, die mit unserem Status als moralische Akteure im Allgemeinen zu tun haben. Dies ist deshalb der Fall, weil Moral, genauso wie Autonomie, ein Phänomen mit sozialem Geltungsbereich und sozialer Wichtigkeit ist. „Moralisch" aufgeladene Ereignisse – wie die Verletzung personaler Autonomie, der Schutz gegen und die Strafe für solche Verletzungen – hängen ab von der sozialen Stellung einer Person relativ zu ihren Mitmenschen. Und es scheint zutreffend zu sein, dass eine Person zuallererst in dem von mir dargelegten Sinne selbstbestimmt sein muss, um auch moralisch autonom beziehungsweise autonom hinsichtlich der Prüfung und Aneignung eines moralischen Normensystems sein zu können.

Der dritte Vorteil einer sozial-relationalen Konzeption besteht darin, dass sie recht einfach erklären kann, wie Personen selbstbestimmt sein können, auch wenn sie „externen" oder „gemeinschaftsbezogenen" sozialen Tugenden nachkommen, die Autonomie scheinbar einschränken. Dazu gehören Loyalität, Gehorsamkeit gegenüber Institutionen mit Autorität und eine Bindung an moralische, epistemische und weitere Korrektheits- und Objektivitätsstandards, die Verhalten und Denken bestimmen. Obwohl auch eine internalistische Konzeption möglicherweise erklären kann, wie Autonomie in diesen Umständen möglich ist, erklärt eine soziale Theorie dies auf natürliche Weise. Denn da autonom zu

---

[41] Berlin, 2006, S. 238, meine Hervorhebung [sic; Anm. d. Hg.]
[42] Joel Feinberg, Harm to Self, Bd. 3 von The Moral Limits of Criminal Law (New York: Oxford University Press, 1986), S. 46–47. Siehe auch Raz, 1986, S. 394.

sein in paradigmatischen Fällen gerade heißt, dass sich eine Person in einem bestimmten sozialen Geflecht befindet, sind Moral und andere soziale Tugenden einfach eine natürliche Begleiterscheinung von Autonomie und autonome Personen können sie daher leicht in ihr Leben integrieren.

Wenn man Autonomie unter dem sozial-relationalen oder „externen" Blickwinkel betrachtet, so möchte ich abschließend festhalten, dann ergibt sich meines Erachtens eine Autonomiekonzeption, die aussichtsreicher ist als internalistische Theorien. Auch eine externalistische Konzeption ist mit vielen Problemen und Fragen konfrontiert, die die internalistischen Ansätze beschäftigen. Doch ich unterscheide mich von den Internalisten in meiner Überzeugung, dass die grundlegenden Bestandteile der Selbstbestimmung ihrer Natur nach sozialer Art sind.

Frühere Versionen dieses Aufsatzes wurden an der University of California, Davis, der Temple University, und der California State University, San Bernardino präsentiert. Mein Dank gebührt David Copp, John Martin Fischer, Ishtiyaque Haji, Tony Roy, Richard Wollheim und verschiedenen Gutachtern für ihre Kommentare.

Übersetzung: Christian Seidel & Christian Brönnimann

Christian Seidel

Kommentierte Auswahlbibliographie

Überblicksdarstellungen

Buss, S.: „Personal Autonomy". In: *The Stanford Encyclopedia of Philosophy.* Hrsg. von E. N. Zalta. Stanford, CA: The Metaphysics Research Lab, CSLI, 2008. URL: http://plato.stanford.edu/entries/personal-autonomy/.
<small>Einführender, eher systematisch orientierter Übersichtsartikel, der sich vor allem auf die handlungstheoretischen Aspekte des Autonomiebegriffs konzentriert; teilweise Überlappungen mit der Debatte um Willensfreiheit und Handlungskausalität.</small>

Christman, J.: „Autonomie". In: *Handbuch der Politischen Philosophie und Sozialphilosophie.* Hrsg. von S. Gosepath, W. Hinsch und B. Rössler. Berlin/New York: de Gruyter, 2008, S. 96–102.
<small>Eine kompakte Einführung in den neueren Stand der Debatten um die praktische Autonomie von Personen, um den an Kant orientierten Begriff von Autonomie und um die politische Funktion des Autonomiebegriffs; verschiedene einschlägige Begriffe und Konzeptionen werden überblicksartig ins Verhältnis gesetzt.</small>

- „Autonomy in Moral and Political Philosophy". In: *The Stanford Encyclopedia of Philosophy.* Hrsg. von E. N. Zalta. Stanford, CA: The Metaphysics Research Lab, CSLI, 2009. URL: http://plato.stanford.edu/entries/autonomy-moral/.
<small>Gut lesbarer Überblicksartikel, der die Diskussion um personale Autonomie im Vergleich zu dem Eintrag von Buss breiter abbildet. Der Schwerpunkt liegt auf der Rolle des Autonomiebegriffs in der politischen Philosophie.</small>

- „Constructing the Inner Citadel: Recent Work on the Concept of Autonomy", *Ethics* 99 (1), 1988, S. 109–124.
<small>Überblicksartikel der Debatte um das hierarchische Modell in den 1970er und 1980er Jahren; diskutiert auch ansatzhaft, inwiefern es überhaupt einen einheitlichen Autonomiebegriff gibt und wie Autonomie sich zu anderen Werten verhält.</small>

- „Introduction". In: *The Inner Citadel. Essays in Individual Autonomy.* Hrsg. von J. Christman. New York/Oxford: Oxford University Press, 1989, S. 3–23.
<small>Die Einleitung zu Christmans Sammelband stellt die von Frankfurt und Dworkin ausgehende Debatte um hierarchische Autonomiekonzeptionen übersichtlich dar; hilfreich ist die Systematisierung der grundlegenden Einwände gegen das hierarchische Modell.</small>

Pohlmann, R.: „Autonomie". In: *Historisches Wörterbuch der Philosophie.* Hrsg. von J. Ritter. Bd. 1. Darmstadt: Wissenschaftliche Buchgesellschaft, 1971, S. 701–719.
<small>Vor allem historisch orientierter Übersichtsartikel; zeichnet die ideengeschichtliche Bedeutung des Autonomiebegriffs auch außerhalb der Philosophie nach.</small>

Anthologien

Betzler, M. und B. Guckes, Hrsg.: *Autonomes Handeln. Beiträge zur Philosophie von Harry G. Frankfurt.* (= Sonderband Deutsche Zeitschrift für Philosophie, 2). Berlin: Akademie Verlag, 2000.
<small>Überwiegend deutschsprachige Auseinandersetzungen mit den einflussreichen Arbeiten Harry Frankfurts. Berücksichtigt dabei sowohl Frankfurts frühere Position als auch die späteren Entwicklungen und zeigt Verbindungen zwischen einer von Frankfurt inspirierten Autonomiekonzeption und weiteren handlungstheoretischen Problemen auf.</small>

Bratman, M. E.: *Structures of Agency. Essays.* Oxford: Oxford University Press, 2007.
Sammlung von Bratmans jüngeren Aufsätzen, in denen er die Funktion von Selbstbestimmungsgrundsätzen in einer Theorie menschlichen Handelns aus verschiedenen Blickwinkeln auslotet.

Buss, S. und L. Overton, Hrsg.: *Contours of Agency. Essays on Themes from Harry Frankfurt.* Cambridge, MA/London: MIT Press, 2002.
Eine inhaltlich äußerst ergiebige Auseinandersetzung mit Frankfurts früheren und späteren Arbeiten (samt Frankfurts Repliken). Insbesondere die Beiträge von Bratman, Velleman, Watson und Moran sind für die im vorliegenden Band vereinigten Diskussionsstränge um Autonomie relevant.

Christman, J., Hrsg.: *The Inner Citadel. Essays in Individual Autonomy.* New York/Oxford: Oxford University Press, 1989.
Dieser Sammelband vereinigt einige inzwischen klassisch gewordene Aufsätze (u.a. Feinbergs Unterscheidung verschiedener Sinne des Autonomiebegriffs). Neben einigen Arbeiten, die sich begrifflichen und methodischen Fragen widmen, liegt der Schwerpunkt auf der Diskussion des hierarchischen Modells sowie auf der Einbettung der Autonomiedebatte in Fragen der Moralpilosophie und der politischen Philosophie.

Christman, J. und J. Anderson, Hrsg.: *Autonomy and the Challenges to Liberalism.* Cambridge/New York: Cambridge University Press, 2005.
Widmet sich der Rolle von Autonomie im liberalen Staat. Diskutiert werden: die mit verschiedenen Autonomiekonzeptionen verbundenen Auffassung vom individuellen Selbst; die Probleme, die sich bei der Ausübung von Autonomie im sozialen Umfeld ergeben können; die Ausrichtung öffentlicher Politik am Ideal personaler Autonomie; und die Rolle von Autonomie bei der Begründung einer liberalistischen politischen Ordnung.

Frankfurt, H. G.: *Freiheit und Selbstbestimmung.* Hrsg. von M. Betzler und B. Guckes. Akademie Verlag, 2001.
Dieser Band enthält die wichtigsten Aufsätze aus Frankfurt 1988 und Frankfurt 1999 in deutscher Übersetzung; die lesenswerte Einführung der Herausgeberinnen gibt einen kritisch-analytischen Überblick über Frankfurts Gesamtwerk.

- *Necessity, Volition, and Love.* Cambridge/New York: Cambridge University Press, 1999.
Dieser Band enthält Frankfurts spätere Arbeiten zu personaler Autonomie, die die Bedeutung von unveränderlichen und wesensbestimmenden Einstellungen hervorheben; Autonomie wird dabei eng an die durch den Willen strukturierte Essenz einer Person gebunden.

- *The Importance of What We Care About. Philosophical Essays.* Cambridge/New York: Cambridge University Press, 1988.
Sammlung der einflussreichen früheren Aufsätze Harry Frankfurts, die für die Autonomiedebatte lange Zeit prägend waren. Der Schwerpunkt liegt auf dem Problem der Identifizierung, dem hierarchischen Modell und seinen Erweiterungen in Reaktion auf die entgegengebrachte Kritik.

Kühler, M. und N. Jelinek, Hrsg.: *Autonomy and the Self.* Philosophical Studies Series, 118. Dordrecht/Heidelberg: Springer, 2013.
Dieser Band versammelt Beiträge, die unterschiedliche Zusammenhänge zwischen personaler Autonomie und der Idee des Selbst in den Blick nehmen (insb. die Rolle von Charakterzügen und sozialen Faktoren).

Mackenzie, C. und N. Stoljar, Hrsg.: *Relational Autonomy: Feminist Perspectives on Autonomy, Agency, and the Social Self.* New York/Oxford: Oxford University Press, 2000.
Betrachtet Autonomie (und allgemeiner: menschliches Handeln) aus feministischer Perspektive; dabei ergeben sich sog. „relationale" Autonomiekonzeptionen, welche die soziale Interdependenz in den Vordergrund rücken. Ein Teil der Beiträge widmet sich der Anwendung von relationalen Autonomiekonzeptionen in spezifischen Kontexten (wie biomedizinische Ethik oder Meinungsfreiheit).

Oshana, M. A. L.: *Personal Autonomy in Society.* Aldershot: Ashgate, 2006.
Sammlung aktuellerer Aufsätze von Oshana, die die soziale Dimension von Autonomie betonen. Der zugrunde liegende Autonomiebegriff ist dabei – im Gegensatz zu Frankfurt, Bratman und auch Christman – weniger handlungstheoretisch orientiert und an mentalen Zuständen ausgerichtet und betrachtet Autonomie eher als eine Eigenschaft, die auf eine Person als Ganzes zutrifft.

Taylor, J. S., Hrsg.: *Personal Autonomy. New Essays on Personal Autonomy and Its Role in Contemporary Moral Philosophy.* Cambridge: Cambridge University Press, 2005.
Der Band enthält wichtige neuere Aufsätze zu personaler Autonomie und fokussiert dabei vor allem auf Fragen, die mit Problemen des Selbst, der Verbindung von Autonomie und Verantwortung sowie der Rolle von Autonomie in der angewandten Ethik und in der politischen Philosophie zu tun haben. Die Einleitung des Herausgebers vermittelt einen guten Überblick über die jüngere Entwicklung des handlungstheoretischen Strangs der Debatte.

Kommentierte Auswahlbibliographie

Abhandlungen

Baumann, P.: *Die Autonomie der Person.* Paderborn: Mentis, 2000.
Eine gründliche und klare Behandlung dreier Aspekte von Selbstbestimmung (Autonomie im Meinen, im Wollen und im Handeln), die ein Bild von der Autonomie der gesamten Person zeichnet.

Benn, S. I.: *A Theory of Freedom.* Cambridge/New York: Cambridge University Press, 1988.
In dieser wenig beachteten Arbeit wird Autonomie im Sinne eines Charakterideals konzipiert und in eine umfassendere Freiheitskonzeption eingebettet.

Berofsky, B.: *Liberation from Self. A Theory of Personal Autonomy.* Cambridge/New York: Cambridge University Press, 1995.
In dieser detail- und kenntnisreichen, stark von psychologischer Forschung inspirierten Studie (aus der auch der hier abgedruckte Beitrag von Berofsky stammt) weist der Autor die einflussreiche Idee eines Selbsts, von dem aus sich Autonomie verstehen lässt, zurück.

Christman, J.: *The Politics of Persons. Individual Autonomy and Socio-historical Selves.* Cambridge/New York: Cambridge University Press, 2009.
In diesem neueren Buch führt Christman verschiedene Stränge seiner Arbeit zu personaler Autonomie zusammen und entwickelt auf der Grundlage einer sozial-historischen Konzeption des Selbsts eine Auffassung individueller Autonomie im Kontext liberaler, pluralistischer Gesellschaften.

Conly, S.: *Against Autonomy: Justifying Coercive Paternalism.* Cambridge/New York: Cambridge University Press, 2012.
Dieses Buch diskutiert die Frage, welchen Wert Autonomie insbesondere im politischen Kontext hat; gegen die liberale Tradition argumentiert Conly dafür, dass der Staat bzw. die Gesellschaft in vielen Fällen durchaus zu paternalistischen Eingriffen zum Wohl seiner Bürgerinnen und Bürger gerechtfertigt ist.

Cuypers, S. E.: *Self-Identity and Personal Autonomy.* Aldershot: Ashgate, 2001.
Entwickelt in Auseinandersetzung mit Frankfurts frühen und späteren Arbeiten eine Theorie personaler Autonomie als einem Bestandteil einer „analytischen Anthropologie".

Dworkin, G.: *The Theory and Practice of Autonomy.* Cambridge/New York: Cambridge University Press, 1988.
Ein klassischer Ausgangspunkt der Debatte, der eine hierarchische Autonomiekonzeption verteidigt und die Unterscheidung zwischen prozeduraler und substanzieller Unabhängigkeit einführt. Zudem werden im zweiten Teil angewandte Fragen (wie informierte Zustimmung und Paternalismus) diskutiert.

Friedman, M.: *Autonomy, Gender, Politics.* (= Studies in feminist philosophy). Oxford: Oxford University Press, 2003.
Einflussreiche Formulierung einer relationalen Autonomiekonzeption aus einer *gender*-Perspektive.

Haworth, L.: *Autonomy. An Essay in Philosophical Psychology and Ethics.* New Haven/London: Yale University Press, 1986.
Interessante, allerdings wenig beachtete Abhandlung, die handlungstheoretische und normative Aspekte der Autonomiedebatte zusammenbringt; ausgehend von einer psychologisch und hierarchisch inspirierten Autonomiekonzeption greift Haworth auch die Frage des Erwerbs von Autonomie über die Zeit auf.

Henning, T.: *Person sein und Geschichten erzählen.* (= Quellen und Studien zur Philosophie, 90). Berlin/New York: Walter de Gruyter, 2009.
Eine neuere analytisch geprägte Arbeit, in der Autonomie in eine narrative Konzeption von Personalität eingebettet wird.

Hildt, E.: *Autonomie in der biomedizinischen Ethik. Genetische Diagnostik und selbstbestimmte Lebensgestaltung.* Frankfurt a. M.: Campus, 2006.
Umfassende Arbeit zur Bedeutung personaler Selbstbestimmung in medizinischen Zusammenhängen, insbesondere im Arzt-Patienten-Verhältnis und bei prädiktiver genetischer Diagnostik.

Lindley, R.: *Autonomy.* Atlantic Highlands, NJ: Humanities Press International, 1986.
Greift zahlreiche Problemkomplexe im Zusammenhang mit Autonomie auf (z. B. Rationalität, Neutralität, Willensschwäche, Respekt, Liberalismus, Emanzipation, Autonomie bei Kindern und psychischen Störungen), handelt diese allerdings wenig systematisch ab. Eignet sich eher zur explorativen Problematisierung einzelner Aspekte als zur vertieften Diskussion.

Mele, A. R.: *Autonomous Agents. From Self-Control to Autonomy.* New York/Oxford: Oxford University Press, 1995.
In dieser genauen handlungstheoretischen Arbeit wird Autonomie ausgehend von dem Phänomen der Selbstkontrolle verstanden und mit der Willensfreiheitsdebatte verknüpft. Die Argumentationsfigur der „psychologischen

Zwillinge" motiviert dabei eine historisch-externalistische Konzeption, die zwischen Autonomie hinsichtlich der Ausbildung, des Besitzes und des Einflusses einer Einstellung auf das Verhalten unterscheidet und im Kontrast zu Christmans hier abgedruckter Konzeption zu lesen ist.

Meyers, D. T.: *Self, Society, and Personal Choice.* New York: Columbia University Press, 1989.
Meyers entwickelt eine prozedurale Autonomiekonzeption, die die Rolle der Sozialisierung besonders hervorhebt. Der in dem hier abgedruckten Beitrag eingeführte Begriff der Autonomiekompetenz wird dabei weiter expliziert.

Raz, J.: *The Morality of Freedom.* Oxford: Clarendon Press, 1986.
Dieses Standardwerk der politische Philosophie widmet sich vor allem den Themen politische Autorität, politische Freiheit und politische Neutralität; dabei legt Raz' einflussreiche Argumentation für einen autonomiebasierten Perfektionismus eine eigenständige Autonomiekonzeption frei, die am Ende des Buches explizit wird.

Sher, G.: *Beyond Neutrality. Perfectionism and Politics.* Cambridge/New York: Cambridge University Press, 1997.
Wie Raz verteidigt auch Sher einen perfektionistischen Liberalismus auf der Grundlage von Autonomie; seine Autonomiekonzeption ist dabei allerdings eher von Kant inspiriert.

Wolf, S.: *Freedom within Reason.* New York: Oxford University Press, 1990.
Obwohl der Fokus dieses Buchs eher auf dem Verantwortungbegriff liegt, ist Wolfs Verteidigung der These, ein verantwortlicher Akteur sei man aufgrund der (rationalen) normativen Vermögen, dem Wahren und Guten gemäß handeln zu können, auch in der Autonomiedebatte prominent aufgegriffen worden.

Young, R.: *Personal Autonomy. Beyond Negative and Positive Liberty.* Beckenham: Croom Helm, 1986.
Diskutiert vor allem das Verhältnis von Autonomie und (positiver und negativer) Freiheit. Young versteht Autonomie zuvorderst als das Charakterideal, Urheber seiner Umwelt zu sein, ohne dem Willen anderer unterworfen zu sein.

Aufsätze

Baumann, H.: „Reconsidering Relational Autonomy. Personal Autonomy for Socially Embedded and Temporally Extended Selves", *Analyse und Kritik. Zeitschrift für Sozialtheorie* 30 (2), 2008, S. 445-468.
Verdeutlicht anhand der Debatte innerhalb relationaler Autonomiekonzeptionen die Bedeutung einer diachronen Perspektive auf Autonomie.

Benson, P.: „Autonomy and Oppressive Socialization", *Social Theory and Practice* 17 (3), 1991, S. 385-408.
Analysiert die Mechanismen, mit denen bestimmte gesellschaftliche Einflüsse Autonomie untergraben, anhand der Sozialisierung von Frauen, wendet diese Analyse gegen hierarchische Konzeptionen und macht Autonomie an der Fähigkeit zur Wahrnehmung tatsächlich bestehender Handlungsgründe fest. Im Gegensatz zu Bensons hier abgedrucktem Aufsatz spielt der Selbstwert der Person keine zentrale Rolle.

Betzler, M.: „Authenticity and Self-governance". In: *Emotions, Ethics, and Authenticity.* Hrsg. von M. Salmela und V. Mayer. Amsterdam/Philadelphia: John Benjamins, 2009, S. 51-67.
Der Beitrag befasst sich mit der Frage, wie man Authentizität als Bedingung von Autonomie so verstehen kann, dass nicht ausgeschlossen wird, dass autonome Personen sich verändern (können).

Blöser, C., A. Schöpf und M. Willaschek: „Autonomy, Experience, and Reflection. On a Neglected Aspect of Personal Autonomy", *Ethical Theory and Moral Practice* 13 (3), 2010, S. 239-253.
Arbeitet heraus, welche Bedeutung unser Umgang mit neuen Erfahrungen im Hinblick auf Autonomie hat.

Bratman, M. E.: „Identification, Decision, and Treating as a Reason", *Philosophical Topics* 24 (2), 1996, S. 1-18.
In Auseinandersetzung mit Frankfurt weist Bratman auf die Bedeutung einer bestimmten Einstellung (etwas als Grund ansehen) für das Problem der Identifizierung mit den eigenen Motiven hin. Wichtige Vorarbeit zu seiner späteren Autonomiekonzeption, in der diese Idee in Form „zeitlich ausgedehnter" Selbstbestimmungsgrundsätze zentral wird.

Buss, S.: „Autonomy Reconsidered", *Midwest Studies in Philosophy* 19, 1994, S. 95-121.
Weist die weit verbreitete Vorstellung zurück, Autonomie manifestiere sich in der Aneignung von oder Identifizierung mit Handlungsmotiven; für Buss zeigt sich Autonomie stattdessen in einer bestimmten Art, eine Präferenz ausgebildet zu haben: Die nichtrationalen Einflüsse in der praktischen Deliberation müssen konstitutiv für den Charakter einer Person oder kompatibel mit einem guten, gelungenen Leben sein.

Double, R.: „Two Types of Autonomy Accounts", *Canadian Journal of Philosophy* 22 (1), 1992, S. 65-80.
Dieser provokante Aufsatz hinterfragt die Möglichkeit „objektiver" Bedingungen von Autonomie (die von der Zustimmung der betreffenden Person unabhängig sind) und versucht, eine „subjektive" Autonomiekonzeption zu verteidigen.

Ekstrom, L. W.: „A Coherence Theory of Autonomy", *Philosophy and Phenomenological Research* 53 (3), 1993, S. 599-616.
Versucht das in hierarchischen Autonomiekonzeptionen auftretende Regressproblem (in Analogie zum erkenntnistheoretischen Kohärentismus) durch eine Kohärenzbedingung zu lösen.

Feinberg, J.: „Autonomy". In: *The Inner Citadel. Essays in Individual Autonomy.* Hrsg. von J. Christman. New York/Oxford: Oxford University Press, 1989, S. 27-53.
Feinberg unterscheidet in diesem Aufsatz verschiedene Bedeutungsfacetten des Autonomiebegriffs; insbesondere die Unterscheidung zwischen Autonomie als Vermögen, als Ausübung des Vermögens, als Charakterideal und als Recht hat dazu beigetragen, die Komplexität des Autonomiebegriffs offenzulegen.

Kristinsson, S.: „The Limits of Neutrality: Toward a Weakly Substantive Account of Autonomy", *Canadian Journal of Philosophy* 30 (2), 2000, S. 257-286.
Kritische Diskussion inhaltsneutraler Autonomiekonzeptionen. Führt die Unterscheidung zwischen stark substanziellen und schwach substanziellen Autonomietheorien ein und argumentiert für eine Konzeption letzterer Art, in der Autonomie unvereinbar ist mit bestimmten Formen der Zurückhaltung und Ergebenheit.

Ladenson, R. F.: „A Theory of Personal Autonomy", *Ethics* 86 (1), 1975, S. 30-48.
Verteidigt das Recht auf freie Meinungsäußerung unter Rückgriff auf eine Autonomiekonzeption, die auf dem Vermögen der Vernunft basiert und von Dewey inspiriert ist.

Lehrer, K.: „Reason and Autonomy", *Social Philosophy and Policy* 20 (2), 2003, S. 177-198.
Spürt auf Grundlage einer internalistischen Autonomiekonzeption der Frage nach, welchen Rolle der Vernunft im autonomen Handeln zukommt. Autonomie wird dabei nah an der Willensfreiheitsdebatte diskutiert.

May, T.: „The Concept of Autonomy", *American Philosophical Quarterly* 31 (2), 1994, S. 133-144.
Unterscheidet zwei verschiedene Autonomieverständnisse (Autonomie als Autarkie vs. Autonomie als „Selbst-Regierung") und argumentiert dafür, dass Letzteres den praktischen Ansprüchen an den Autonomiebegriff besser gerecht wird. Anhand der Steuermann-Metapher verdeutlicht May, dass es für Autonomie auf die aktive, gestalterische Auseinandersetzung mit Einflüssen der Umgebung ankommt.

Mele, A. R.: „History and Personal Autonomy", *Canadian Journal of Philosophy* 23 (2), 1993, S. 271-280.
Eine Kritik des in diesem Band abgedruckten Beitrags von Christman, in dem die Grundlage für die in Mele 1995 entwickelte Autonomiekonzeption gelegt wird.

Nedelsky, J.: „Reconceiving Autonomy: Sources, Thoughts and Possibilities", *Yale Journal of Law and Feminism* 1 (1), 1989, S. 7-36.
Nedelsky arbeitet die ambivalente Haltung zum Autonomiebegriff heraus, die sich aus feministischer Perspektive ergibt, und diskutiert, wie man den Autonomiebegriff im rechtlichen Kontext seiner liberalistischen Wurzeln entledigen müsste.

Oshana, M. A. L.: „Autonomy Naturalized", *Midwest Studies in Philosophy* 19, 1994, S. 76-94.
Diskutiert die internalistischen Theorien von Dworkin, Watson und Christman ausgehend von den Adäquatheitsbedingungen, dass die für Autonomie konstitutiven Eigenschaften empirisch zugängliche, natürliche Eigenschaften sein müssen und der sozialen Situiertheit von Personen Rechnung tragen müssen.

Raz, J.: „When We Are Ourselves: The Active and the Passive", *The Aristotelian Society Supplementary Volume* 71, 1997, S. 211-227.
Raz versucht zu klären, was es heißt, hinsichtlich des eigenen Tuns und Lebens aktiv zu sein; in diesem Sinne autonom ist man für Raz dann, wenn man von sich selbst glaubt, in seinem Tun auf Gründe zu reagieren. Im Gegensatz zu Raz politisch motivierter Konzeption von Autonomie als einem Ideal, die er im Kontext von *The Morality of Freedom* ausbuchstabiert (Raz 1986), ist dieser Autonomiekonzeption handlungstheoretisch ausgerichtet.

Richardson Henry, S.: „Autonomy's Many Normative Presuppositions", *American Philosophical Quarterly* 38 (3), 2001, S. 287-303.
Leitfrage dieses Aufsatzes ist das Verhältnis von Autonomie und Normativität. Richardson weist auf die im Autonomiebegriff enthaltenen normativen Vorannahmen hin und argumentiert so gegen inhaltsneutrale Theorien und für eine Konzeption, wonach es für Autonomie darauf ankommt, dass eine Person aus – aus ihrer Sicht – guten Gründen handelt.

Santiago, J.: „Personal Autonomy: What's Content Got to Do With It?", *Social Theory and Practice* 31 (1), 2005, S. 77-104.
<blockquote>Wendet sich gegen die prozeduralen und substanziellen Theorien gemeinsame Idee, Autonomie habe etwas mit der Autorisierung von Handlungsmotiven eines bestimmten Inhalts zu tun, und betont stattdessen die Weise, wie Personen mit ihrer sozialen Umgebung interagieren. Auch der umfassende Blick auf die Debatte macht diesen Aufsatz sehr lesenswert.</blockquote>

Seidel, C.: „Personale Autonomie als praktische Autorität", *Deutsche Zeitschrift für Philosophie* 59 (6), 2011, S. 897-915.
<blockquote>Dieser Aufsatz argumentiert dafür, personale Autonomie als eine normative Idee aufzufassen, die eine Form praktischer Autorität ausdrückt; als Grundlagen dieser Autorität – und damit als Bedingungen für personale Autonomie – werden Mündigkeit, Wehrhaftigkeit und Mitsprache vorgeschlagen.</blockquote>

Westlund, A. C.: „Rethinking Relational Autonomy", *Hypatia* 24 (4), 2009, S. 26-49.
<blockquote>Versuch, eine konstitutiv-relationale (im Gegensatz zu einer kausal-relationalen) Autonomiekonzeption gegen den Einwand zu verteidigen, sie sei auf zu starke Wertannahmen verpflichtet.</blockquote>

Wolf, S.: „Sanity and the Metaphysics of Responsibility". In: *Responsibility, Character, and the Emotions.* Hrsg. von F. Schoeman. Cambridge/New York: Cambridge University Press, 1987, S. 46-62.
<blockquote>In dieser Vorarbeit zu Wolf 1990 argumentiert die Autorin dafür, dass ein gesunder Verstand im Sinne der Fähigkeit, die Welt in Überzeugungen und Wertvorstellungen richtig zu erfassen, eine Bedingung für Verantwortlichkeit ist, mit der sich metaphysische Schwierigkeiten mit dem Verantwortungsbegriff überwinden lassen. Einflussreiche Wiederbelebung der Idee, dass Autonomie mit Objektivität verknüpft ist.</blockquote>

Young, R.: „Autonomy and Socialisation", *Mind* 89 (356), 1980, S. 565-576.
<blockquote>Geht der Frage nach, ob die Sozialisierung von Personen überhaupt mit ihrer Autonomie vereinbar ist. Der verwendete Autonomiebegriff ist sehr facettenreich, aber unsystematisiert.</blockquote>

Quellenangaben

Benson, Paul, „Handlungsfreiheit und Selbstwert". Übersetzung von „Free Agency and Self-Worth", *The Journal of Philosophy,* 91, 12 (1994), S. 650–668.
© With kind permission of The Journal of Philosophy

Berofsky, Bernard, „Die Befreiungstheorie der Autonomie: Objektivität". Gekürzte Übersetzung von „The liberation theory of autonomy: Objectivity", in: ders., *Liberation from Self. A Theory of Personal Autonomy,* Cambridge: Cambridge University Press, 1995, Kap. 8, S. 182–209 & Anm. S. 256.
© Cambridge University Press 1995, translated with permission

Bratman, Michael E., „Drei Theorien der Selbstbestimmung". Übersetzung von „Three Theories of Self-Governance", in: ders., *Structures of Agency. Essays,* Oxford/New York: Oxford University Press, 2007, Kap. 11, S. 222–253.
© By permission of Oxford University Press, USA

Christman, John, „Autonomie und die Vorgeschichte einer Person". Übersetzung von „Autonomy and Personal History", *Canadian Journal of Philosophy,* 21, 1 (1991), S. 1–24.
© Canadian Journal of Philosophy, reprinted by permission of Taylor & Francis Ltd, www.tandfonline.com on behalf of Canadian Journal of Philosophy

Frankfurt, Harry G., „Willensfreiheit und der Begriff der Person". Übersetzung von „Freedom of the will and the concept of a person", *The Journal of Philosophy,* 68, 1 (1971), S. 5–20. Die von Jens Kulenkampff besorgte Übersetzung wurde dem Band Peter Bieri (Hg.), *Analytische Philosophie des Geistes,* Königstein: Hain, 1981, S. 287–302 entnommen.
© Mit freundlicher Genehmigung der Verlagsgruppe Beltz

Frankfurt, Harry G. „Die schwächste Leidenschaft". Übersetzung von „The Faintest Passion", in: ders., *Necessity, Volition, and Love,* Cambridge/New York: Cambridge University Press, 1999, Kap. 8., S. 95–107.
© By permission of The American Philosophical Association

Meyers, Diana Tietjens, „Personale Autonomie ohne Transzendenz". Dieser Text wurde von Diana Tietjens Meyers speziell für diesen Band zusammengestellt. Er basiert größtenteils auf ihrem Buch *Self, Society, and Personal Choice,* New York: Columbia University Press, 1989.

QUELLENANGABEN

Oshana, Marina A. L., „Personale Autonomie und das soziale Umfeld". Übersetzung von „Personal Autonomy and Society", *Journal of Social Philosophy*, 29, 1 (1998), S. 81-102.

Watson, Gary, „Freies Handeln". Übersetzung von „Free Agency", *The Journal of Philosophy*, 72, 8 (1975), S. 205-220.
© With kind permission of The Journal of Philosophy

Personenregister

Ammereller, E., 66, 80, 148
Aristoteles, 70
Arpaly, N., 8, 9, 35
Ayer, A. J., 37

Bartky, S., 138, 139
Bartuschat, W., 71
Beauchamp, T., 32
Beck, A. T., 178, 179, 182-184, 195
Benson, P., 26, 27
Bergman, I., 136-138
Berlin, I., 52, 65, 121, 202, 204, 216, 219
Berofsky, B., 28, 29, 146
Betzler, M., 15, 18, 33, 83
Bieri, P., 63
Blackburn, S., 84
Bonitz, H., 70
Boyer, C., 136-138
Brandt, R., 120
Bratman, M. E., 22-24, 27, 83, 91, 105, 106
Brönnimann, C., 220
Bublitz, J., 32
Buss, S., 24, 99, 108

Cameron, N., 180, 195
Campbell, R., 109, 123, 215
Childress, J., 32
Chisholm, R., 48, 49
Christman, J., 14, 18, 19, 25, 26, 29, 33, 110-112, 114, 131, 134, 135, 137, 143, 177, 195, 199-201, 205, 216
Claridge, G., 185-187, 190, 195
Cohen, J., 92-97
Conly, S., 33
Crusoe, R., 217
Cullity, G., 99, 107

Dagger, R., 33
Dennett, D., 133
Descartes, R., 70, 71, 196, 218
Double, R., 99, 133
Douglass, F., 139, 140
Dworkin, G., 7, 14, 17, 21, 32, 110-116, 128, 129, 133-135, 144, 147, 198-200, 202, 205, 206, 213
Dworkin, R., 33

Elster, J., 111, 119, 123, 194, 195
Eysenck, H., 186, 195

Fasciati, F., 36
Feinberg, J., 10, 110, 147, 219
Fingarette, H., 118
Fischer, J. M., 8, 82, 108, 131, 137, 220
Flanagan, O., 141
Frankfurt, H. G., 17-23, 25, 63-65, 81-83, 87-89, 95-97, 99, 102-104, 106-108, 112, 115, 116, 133, 134, 141, 197, 199
Freud, S., 60, 118, 149, 182
Friedman, M., 113, 114, 116, 202, 208

Gärdenfors, P., 98
Gerrans, P., 99, 107
Gibbard, A., 84
Glendower, O., 73, 74
Gray, J. A., 185, 195
Griffin, J., 8
Guckes, B., 18, 83

Haight, M. R., 118, 123
Haji, I., 220
Hampton, J., 92
Haworth, L., 121, 122, 196, 199
Heißsporn, 73

Hill, T., 195, 206, 207, 209
Hobbes, T., 53, 129
Hoffmann, M., 36, 195
Honderich, T., 197
Housman, A. E., 67
Hume, D., 20, 54–56
Hurka, T., 147
Hussain, N., 100

Jaworska, A., 103, 106, 108
Jeffrey, R., 65

Kant, I., 8, 9, 12, 13, 32, 67, 68, 202, 216
Kerstein, S., 32
Kühler, M., 36
Kulenkampff, J., 51

Laing, R. D., 176, 195
Lewis, M., 138
Lindley, R., 121
Lippert-Rasmussen, K., 108
Locke, J., 100–108
Löschke, J., 36

Mackenzie, C., 30
Maier, A., 170
May, T., 8
Meggle, G., 48
Mele, A., 25, 204
Merkel, R., 32
Meyers, D. T., 27, 28, 196, 207
Mill, J. S., 14
Montaigne, M., 68

Neely, W., 65, 111, 133
Neufeld, B., 92
Nida-Rümelin, J., 15
Nietzsche, F., 66
Nozick, R., 173, 174, 195

Odysseus, 211
Orwell, G., 132, 133
Oshana, M., 30, 31
Overton, L., 99, 108
Özmen, E., 15

Penner, T., 55
Perry, R. B., 56

Pettit, P, 101
Piper, M., 35
Platon, 20, 54–56, 58, 63, 65, 88–90, 95, 100, 102–105, 108, 199

Quine, W. V. O., 94

Ravizza, M., 8, 131, 137
Rawls, J., 33, 92
Raz, J., 101, 203, 213, 219
Roemer, J. E., 92
Rorty, A. O., 141
Rousseau, J.-J., 8, 9, 206
Roy, T., 220

Sartorius, R., 205
Scheffler, S., 101
Scherrer, N., 36
Schleiermacher, F., 55
Schneewind, J., 13
Schoeman, F., 115, 131, 208
Schöne-Seifert, B., 33
Seidel, C., 35, 36, 108, 130, 220
Seidl, H., 70
Shakespeare, W., 74
Skorupski, J., 93, 96, 97
Smart, J. J. C., 53
Smith, M., 93, 94, 101
Sokrates, 66
Speak, D., 108
Spinoza, B., 71
Spitzley, T., 12, 36
Stoecker, R., 12, 36
Stoljar, N., 30
Strawson, G., 112, 113, 115
Strawson, P. F., 37
Stroud, B., 84
Stump, E., 109
Styron, W., 206
Sumner, W., 8
Szasz, T., 176, 195

Tappolet, C., 84
Taylor, C., 141, 202
Taylor, G., 138
Taylor, J. S., 8, 81
Thalberg, I., 109, 113, 114, 134, 147, 198

Timmermann, J., 9

Vargas, M., 108
Velleman, J. D., 22, 82, 87, 102
Vlastos, G., 55

Waldron, J., 204, 212
Wallace, R. J., 101, 108
Watson, G., 20–22, 25, 27, 81–88, 90–92, 95, 97, 99, 102–108, 113, 131, 133–135, 146, 185, 199, 200
Westlund, A., 93

Wiesemann, C., 33
Williams, B., 138
Wolf, S., 12, 107, 108, 131–133, 145–147, 174, 195, 202, 208
Wollheim, R., 220
Wolpe, J., 183, 195

Yaffe, G., 100, 102, 103, 108
Young, R., 109, 111, 113, 121, 124, 128

Zalta, E., 24
Zupan, D., 34

Sachregister

Abhängigkeit, 11, 29, 72, 132, 191, 198, 205, 206, 211, 212
Absicht, 40, 51-54, 62, 66, 76, 77, 79, 89, 95-101, 104, 105, 136, 142, 147, 180-182, 189
— absichtsbasierte Theorie, 104, 105, 107
Affekt, 56, 59, 71, 72, 76, 77, 137, 165, 186, 188-190
Aggression, 11, 13, 162, 186, *siehe auch* Affekt
Akrasia, *siehe* Willensschwäche
Akzeptanz, 12, 16, 24, 25, 33, 37, 65, 76, 77, 79, 80, 85, 97, 110, 125, 126, 136, 137, 144, 160, 184, 193, 196, 212, 218, *siehe auch* Billigung, Zustimmung
Alternative, *siehe* Option
Ambivalenz, 21, 35, 46, 47, 58, 62, 71-76, 79, 80, 136, 147, 159, 162-164, 175
Anfangsproblem, 19, 21, 24, 114
Angst, 57, 70, 126, 128, 161, 162, 178-181, 183-188, 193, *siehe auch* Phobien
Atomismus, 129, 130, 216
Authentizität, 7, 14, 15, 20, 21, 25, 27, 35, 36, 112-114, 125, 129, 130, 142, 147, 150, 154, 156-159, 161-163, 168, 169, 198, 199, 212, 213
Autonomie, *passim*
— Autonomieformel, 112, 199
— Autonomiekompetenz, 27, 28, 36, 150, 156-160, 162, 165, 168-170
— Bedingungen, 117, 123, 130, 203, 216, 218
  — Authentizitätsbedingung, 14, 15, 20, 21, 25, 27, 35, 36
  — externe, *siehe* Externalismus

— historische, 19, 25, 36, 74, 101, 109, 117, 122-124, 129, 130, 135, 137, 140, 143, 151, 152, 156, 176, 185, 198, 200-205, 207, 209-211, 213, 215, 216
— hybride, 135, 203, 206
— Identifikationsbedingung, 35, 112, 113, 116, 117, 124, 128, 199
— Integrationsbedingung, 116
— interne, *siehe* Internalismus
— Kontrollbedingung, 14, 15, 27, 36
— Rationalitätsbedingung, 116, 120, 121
— Selbstwert-Bedingung, 145, 148
— sozial-relationale, 17, 30, 31, 196, 197, 202, 209, 213-215, 217-220
— Begriff, 109, 116, 129, 216
— Kernbegriff, 11, 34-36, 178
— Schwellenbegriff, 10, 122, 212
— Einschränkung, 11, 12, 21, 24, 35, 190, 198, 207, 216
— Förderung, 11, 12, 24, 127
— globale, 10, 27, 111, 164, 204, 211
— Ideal, 9, 10, 102, 129, 130, 171, 173-175
— Konzeption, 16, 17, 31, 34, 36, 92, 109-111, 114, 115, 117, 123-125, 127, 129, 170, 196, 198, 199, 201, 215, 216, 218-220
— platonische, 20, 54-56, 63, 65, 88-90, 95, 100, 102-105, 108, 199
— relationale, 30, 35, 202, 217
— Standardmodell, 111, 114, 136
— strukturelle, 18, 19, 24, 63, 88, 116, 134, 135, 147, 198, 200-202
— substanzielle, 13, 16, 25, 26, 30, 31, 33, 36, 135, 145, 213
— Kritik, 129
— lokale, 10, 30, 111, 204, 211

Sachregister

Autorisierung, 14, 16, 18, 19, 21, 23, 131, 150, 155
Autorität, 7, 12, 16, 19–24, 26, 27, 35, 78, 83, 88, 89, 100–102, 105–107, 137, 145, 172, 204, 219

Befreiungstheorie, 28, 171
Begierde, 54, 55, 58–61, 66, 194, 198, *siehe auch* Affekt
Behaviorismus, 183, 185, 186, 190
Behinderung, 10, 34, 60, 74, 178, 199, 214, 215
Beweggrund, *siehe* Motiv
Bewertung, *siehe* Wertung
Beziehung, 9, 17, 19, 28–32, 35, 37, 45, 49, 54, 57, 59, 64, 67, 69, 80, 99, 111, 112, 116, 126, 134, 135, 140, 141, 143, 146, 148, 149, 152, 155, 166, 171, 172, 179, 189, 191, 194, 196, 204, 208, 209, 211, 213–217, 219
Billigung, 12, 13, 19, 22, 24, 26, 77, 83, 98, 99, 112, 114–116, 123, 124, 127, 128, 138, 161, 201, 205, 211, *siehe auch* Akzeptanz, Zustimmung
Bindung, 30, 47, 64, 142, 145, 153, 165, 209, 219

Charakter, 9, 14, 29, 66, 73, 74, 113, 116–118, 129, 138, 148, 157, 158, 165–168, 171, 172, 175, 177, 179, 181, 184, 186–190, 194, 200, 205, 207, 211

Determinismus, 26, 48, 50, 52, 53, 65, 66, 115, 181, 197, 200, 214
Diskriminierung, 177
Dogmatismus, 173, 178

Eingriff, 7, 8, 10, 32, 33, 36, 116, 132, 198
Einstellung, 9, 11, 14–17, 19, 20, 22–30, 44, 56, 61, 71–73, 75–78, 83, 84, 87–89, 91, 93–102, 104–107, 111, 113, 117, 135, 136, 140–142, 144–146, 148, 160–162, 164, 171, 178, 184, 203, 209
Emanzipation, 12
Emotion, 11, 27, 32, 33, 35, 39, 40, 58, 66, 69–71, 76, 77, 79, 115, 128, 131–133, 137, 138, 140, 145, 146, 150, 151, 153–158, 160, 162, 164, 171, 172, 174, 178–180, 184, 186, 189, 191, 195, 198, 208, 209, 213, 214
Enhancement, 32–34
Entfremdung, 11, 23, 24, 26, 48, 57, 85, 86, 112, 129, 137, 138, 140
Enthaltsamkeit, 57, 90, 91
Entmündigung, 7
Entscheidung, 9, 10, 12, 16, 20, 30, 32–34, 36, 38, 44–47, 49, 53, 64, 66, 72–75, 77, 91, 92, 102, 103, 110, 111, 114, 116, 117, 121, 123, 125, 127, 139, 145, 151–156, 158, 165, 167, 171, 176, 178–180, 183, 184, 188, 189, 193, 195, 197, 198, 203–214, 217
Entscheidungstheorie, 54, 121
Entschiedenheit, 19, 21–24, 34, 41, 47, 64, 71–75, 79, 115, 116, 135, 156, 165, 203, 214
Entwicklung, 17, 25, 26, 28, 36, 54, 58–60, 70, 75, 109–112, 117, 118, 123–128, 130, 137, 139, 141, 142, 171, 172, 182, 183, 185, 188–190, 192, 193, 200, 207, 208, 212, 216
Erniedrigung, 16, 97, 128, 138, 140, 141, 209
Erziehung, 10, 31, 61, 114, 125, 126, 156
Ethik, 8, 31, 33, 67, 71
— angewandte Ethik, 32–34
Expressivismus, 84, 88
Externalismus, 16, 17, 20, 25, 27–31, 35, 110, 116, 120–122, 130, 178, 192, 196, 197, 199–203, 210, 213–220

Feminismus, 30, 131, 137, 177, 207–210, 215
Festlegung, 23, 24, 55, 64, 65, 90–99, 103–107, 145, 152, 165
Fixierung, 181, 182
Fragmentierung, 123, 124, 161, 164–167
Freiheit, 28, 33, 45, 46, 48, 49, 51–53, 55, 61, 62, 65, 66, 74, 75, 81, 83, 88, 109–111, 115, 116, 121, 131–148, 170–172, 174, 175, 178, 181, 183–185, 187, 192, 195, 198, 199, 201, 204, 210, 215–217, *siehe auch* Willensfreiheit
— der Entscheidung, 12, 34

— der Handlung, 26, 46, 48, 62, 63, 66, 131–134, 136–138, 140, 141, 148
Freiwilligkeit, 22, 30, 32–34, 50, 51, 91, 92, 99, 103, 104, 164, 203–205, 211
Fremdbestimmung, 11, 21

Gefühl, *siehe* Emotion
Gehorsam, 16, 219
Gemütswechsel, 160–162, *siehe auch* Ambivalenz
Geschichte, *siehe* Autonomie, Bedingungen, historische
Gesellschaft, 68, 100, 110, 121, 147–149, 160, 170, 177, 208, 214, 216
Gespaltenheit, *siehe* Ambivalenz
Getriebener, *siehe wanton*
Glück, 8, 33, 46, 121, 160, 168–170, 204, 211
Grund, 9, 11–15, 23, 28–30, 35, 55–57, 59, 61, 65, 74, 84, 88, 91, 99, 104, 116–119, 121, 123, 124, 126, 129, 137, 145, 147, 155, 161, 164, 165, 168, 180, 181, 185, 190, 191, 193, 194, 199, 207, 209, 212
Grundsatz, 23, 24, 28, 95–99, 105–107, 155
— Selbstbestimmungsgrundsatz, 96–103, 105–108

Handlungsalternative, *siehe* Option
Handlungsautorität, 23, 83, 84, 86–90, 95, 98–108
Handlungsspielraum, *siehe* Option
Heteronomie, 19, 111, 113, 122, 127, 128, 149, 153, 156, 157, 169, 173, 175, 178, 189, 192–194, 201–203, 206, 207, 211, 213, 217
hierarchisches Modell, 18, 19, 23, 47, 48, 63–65, 71, 72, 75, 78, 81–84, 86–91, 95, 97–99, 102–108, 111, 113–116, 125, 134, 136, 138, 198, 199, 201, 203, *siehe auch* Anfangsproblem, Regressproblem, Unvollständigkeitsproblem
Hypnose, 110, 115, 116, 125, 127, 132, 133, 147, 207

Identifikation, 12, 16, 19–22, 24, 25, 30, 32, 35, 36, 44, 47, 58, 60, 63–65, 71, 75, 78, 79, 83, 86, 88, 89, 110, 112–117, 124, 128, 134, 136, 138, 142, 144–148, 172, 175, 177, 181, 182, 184, 189, 191, 195, 199, 201, 203, 210, 212, 216, 217
Identität, 15, 16, 23, 31, 44, 62, 71, 78, 88, 100, 104, 135, 141, 148, 149, 158, 167, 168
Individualität, 13, 14, 30, 96, 109, 130, 146, 150, 158, 167, 168, 173, 186, 188, 200, 219
Inhaltsneutralität, 16, 19, 24–26, 30, 33, 36, 129, 131, 134–138, 143–146, 148, 213
Inkompatibilismus, 133, 134, 161, 192, 203
Integration, 27, 102, 112, 116, 147, 150, 159, 160, 162, 165–170, 172, 195, 200, 203, 220
Integrität, 14, 102, 109, 147, 148, 167, 169, 192, 195, 201, 213, 218
Intention, *siehe* Absicht
Interaktion, 30, 140, 141, 157, 202, 217
Internalisierung, 100, 178
Internalismus, 15–17, 19, 20, 24–31, 35, 103, 106, 110, 120, 122, 134, 172, 196–203, 205, 206, 208–210, 212, 215–220
Introjektion, 172
Irrationalität, 15, 26, 54, 55, 61, 70, 72, 79, 84, 118, 119, 124, 137, 173, 177, 179, 181, 184, 192, 193, *siehe auch* Rationalität, Willensschwäche

Kindheit, 29, 132, 172, 181, 182, 185, 188, 190, 191
Kleptomanie, *siehe* Zwang, innerer
Kognition, 19, 20, 70, 73, 76, 77, 80, 118, 120, 123–126, 135, 138, 178, 182–186, 188–190, 193
Kognitivismus, 84
Kohärenz, 16, 75, 84, 104, 116, 205, 209
Kompatibilismus, 52, 53, 65, 107, 108, 134, 178
Konditionierung, 26, 44, 60, 61, 114, 116, 125, 128, 132, 133, 147, 183, 185, 206
Konflikt, 35, 47, 58, 61–63, 67, 71, 72, 76, 82, 86, 90, 91, 98, 113, 121, 122, 145, 147, 159, 161, 166, 167, 169, 172–174, 179, 181
Konformismus, 35, 142, 169
Konsistenz, 26, 120–122, 124, 134, 200, 207, 209

234

Kontextabhängigkeit, 8, 9, 14, 31, 32, 34–36, 97, 110
Kontrolle, 11–15, 24, 27, 36, 50, 68, 73, 74, 124, 127, 133, 135, 143, 149, 150, 158, 159, 161–164, 166, 168, 170, 181, 182, 186, 189, 197, 198, 200, 201, 204, 209–211, 215, 218
Konvergenz, 92–96, 103, 108

Lebensplan, 27, 61, 79, 116, 146, 149, 152–159, 162, 211
Leidenschaft, 11, 13, 21, 54, 58, 60, 61, 66, 67, 137, 165
Leihmutterschaft, 32
Liberalismus, 14, 16, 33, 92, 129, 143

Manipulation, 35, 55, 110, 132, 133, 147
Metaethik, 84, 88, 145, 146
Metaphysik des Handelns, 83, 86, 87, 97, 101, 102, 104, 107, 131, 197
Mönch, 210, 211, 215, 216
Moral, 13, 14, 44, 45, 109, 110, 140, 149, 167, 174, 194, 206, 219, 220
Motiv, 8, 12, 13, 15–17, 24, 32, 38, 41, 42, 44, 47, 52–54, 56, 58–63, 65, 66, 71, 78–83, 85, 87, 95, 97–99, 103, 111, 113, 115, 116, 118, 122–127, 132–139, 142, 144, 147, 148, 159, 171, 178, 189, 190, 192, 199–201, 203, 207, 208, 212, 213, 217

Neurose, 124, 160, 178, 179, 181, 186, 188, 193, 198
Normativität, 8–10, 12, 14–16, 18, 19, 21–23, 31, 32, 35, 61, 62, 88, 91, 92, 97, 102, 104, 108, 122, 129, 131–135, 140–143, 145, 146
Normen, 142–144, 149, 157, 158, 219

Objektivität, 12, 13, 24–26, 28, 29, 113, 116, 120, 121, 127, 130, 145, 171–185, 187–195, 202, 219
Option, 17, 19–21, 30, 32, 34, 74, 75, 86, 152, 171, 172, 194, 201, 205, 206, 208, 213, 214, 217, 218
Organhandel, 32, 34

Paternalismus, 7, 16, 33, 36, 198

Persönlichkeit, 27, 33, 113, 150, 157–168, 170, 186, 193, 194
Phobie, 52, 111, 179–188
Plan, 25, 27, 96, 98, 101, 103, 105, 134, 144, 145, 147, 151, 153, 155–157, 163, 189, 204, 218
Planungstheorie, 96, 105
Pluralismus, 92–96, 100, 103, 107, 108
Präferenz, 45, 54, 56, 71, 72, 75, 109, 111, 112, 115, 119–122, 144, 145, 194, 198–200, 207, 212
— adaptive, 111, 119, 194
psychische Krankheit, 124, 132, 136–139, 143, 160, 178–180, 186–189, 195
Psychoanalyse, 60, 61, 178, 180–185, 187, 188, 190
Psychologie, 14, 53, 55, 82, 89, 90, 94, 95, 100–102, 104, 108, 144, 161, 172, 176, 178, 180, 182, 186–189, 196–199, 201, 202, 217–219
Psychotherapie, 32, 40, 118, 127, 178, 180, 182–185, 188, 190, 191, 195

Rationalität, 12, 14, 17, 21, 25, 26, 28, 33, 54–56, 58, 61, 70, 71, 85, 91, 93, 96, 107, 113, 115, 116, 118, 120–123, 125, 126, 128, 134, 145, 171, 173, 177, 179–181, 184, 185, 189, 191–193, 195, 200, 203, 208, 216–218
Realismus, 84, 176
Realität, 17, 25, 28, 29, 61, 68, 73
Reflexion, 17, 18, 20, 22, 25–27, 31, 38, 44, 47, 54, 60, 80, 82–84, 86, 87, 89, 90, 92, 95–101, 106, 112, 114, 115, 118–120, 125–127, 133, 135, 137, 138, 142, 147, 152, 154, 158, 159, 161, 174, 181–183, 189, 191, 195, 206–208, 212, 213, 216
Reflexivität, 16, 21, 22, 24, 26, 71, 76, 78, 99, 106, 107, 112, 118, 125, 126, 128, 131, 134, 135, 138, 139, 146, 199, 201, 212, 217
Regressproblem, 18, 19, 21–24, 26, 77, 83, 114, 115, 124, 125, 128, 166
Rigidität, 173–175, 178, 185, 186, 188, 191

Sekte, 94, 100, 117, 125–127, 173

Selbst, 14, 16, 19, 30, 75-78, 111, 113, 116, 117, 121, 123-125, 129, 141, 147-150, 152, 154-159, 161-165, 167-170, 172, 202, 210, 219
Selbstachtung, 27, 140, 148, 171, 172, 208, 209
Selbstakzeptanz, 161, 162, 168
Selbstbehauptung, 86, 204
Selbstbestimmung, *passim*
Selbstbestimmungsgrundsatz, *siehe* Grundsatz
Selbstbild, 14, 17, 18, 38, 76, 97, 137, 141, 209
Selbstdefinition, 32, 150, 152, 157, 159, 160, 169, 200, 201
Selbstentfaltung, 28, 209
Selbstentwicklung, 113, 117
Selbsterkenntnis, 26, 118, 123, 125, 126, 160, 164, 185
Selbstführung, 150, 152, 157-160, 169
— episodische, 152, 154, 156, 162, 164
— programmatische, 152, 153, 156, 157, 159, 162
Selbstfindung, 150
Selbstgesetzgebung, 7, 13, 196
Selbstkonstitution, 97, 99
Selbstkontrolle, 7, 11, 13, 15, 21, 25, 48
Selbstliebe, 67, 79
Selbstreflexion, 25, 26, 118, 120
Selbststeuerung, 23, 27, 98, 99, 106, 150, 159
Selbsttäuschung, 17, 24-26, 28, 60, 62, 67, 70, 73, 80, 118, 119, 123-128, 135, 137
Selbstverständnis, 27, 120, 124, 125, 140, 143, 146, 148, 152, 155, 178
Selbstvertrauen, 17, 25-28, 32, 70, 208
Selbstverwirklichung, 92
Selbstwahrnehmung, 137, 138
Selbstwert, 19, 26, 131, 138-146, 148
Selbstzufriedenheit, 75
Sklaverei, 16, 30, 129, 139-141, 196, 203-207, 210, 211, 215, 217
Sozialisierung, 21, 114, 128, 149, 151, 155, 170, 192, 201
Sterbehilfe, 32
Subjektivität, 19, 24-28, 120, 127, 142, 145, 174, 189, 202, 216
Sucht, 11, 40, 43-47, 50-52, 71, 72, 133

— Alkohol, 11, 53, 60, 66, 175
— Drogen, 18, 40, 41, 43, 44, 50, 51, 60, 63, 107, 125, 197
— Nikotin, 59, 78, 127, 184
Synchronismus, 19, 23, 30

Täuschung, 26, 39, 47, 67, 68, 70, 71, 79, 80, 118, 121, 174, 201
Triebhaftigkeit, 15, 55, 66, 97, 188, 198

Überlegung, *siehe* Reflexion
Überzeugung, 54, 58, 62, 68, 74, 76-78, 80, 84, 93, 97, 111, 118-125, 128, 134, 135, 137, 141, 144-146, 157, 158, 167, 168, 173, 174, 180-185, 187, 193, 194, 197, 200, 202, 206, 220
Unabhängigkeit, 7, 11, 12, 30, 129, 171, 173, 192, 195, 197, 198, 204
— prozedurale, 21, 31, 112, 114, 135, 137-140, 142, 144, 146, 174, 199-201, 203, 206, 213
— substanzielle, 16, 207, 209, 211, 215
Unglück, 149, 169, 182, 204
Unterdrückung, 7, 16, 17, 19, 29, 31, 113, 121, 131, 139, 147, 168, 173, 185, 204
Unterwürfigkeit, 30, 114, 205-209, 215
Unterwerfung, 16, 128, 173, 198, 211, 213, 217
Unvollständigkeitsproblem, 19, 21, 23, 26, 112, 115, 116, 128
Urteil, 20, 21, 27, 57-62, 65, 66, 71, 77, 79, 84, 86, 88, 91, 93, 94, 96, 97, 100, 106, 112, 115-117, 122-124, 127-129, 135, 140, 141, 144, 145, 148, 171, 176, 177, 182, 197, 202, 208, 215

Veränderung, 14, 16, 17, 22, 28, 32, 33, 76-78, 82, 89, 90, 113, 117-119, 123, 125-128, 137, 138, 141, 156-158, 163-168, 175, 181, 187, 188, 190, 191, 207
Verantwortung, 8, 26, 35, 49-53, 55, 107, 137, 139, 141-146, 148, 158, 174, 196, 199, 205-207, 214, 219
Verdrängung, 123, 124, 179, 181, 183, 208
Vermeidungsverhalten, 17, 21, 22, 47, 53, 56, 64, 74, 79, 161, 179, 180, 182, 183, 185, 186, 188, 194

Vernunft, 12–14, 28, 29, 43, 47, 53–55, 60, 64, 71, 72, 74, 82, 92–96, 98, 100, 101, 104, 107, 108, 117, 122, 138, 143, 148, 149, 154, 161, 173, 184, 189, 205, 207, 208, 210, 214
Volition, 18–22, 42–48, 63–65, 71, 82, 83, 87, 89, 112, 138

wanton, 18, 22, 42–46, 50, 63–65, 78, 79, 89, 136
Wert, 7–10, 13, 16, 20, 21, 25, 27–29, 32–36, 54–62, 66–68, 74, 75, 79, 85, 86, 88, 92, 95, 109–111, 114, 116, 117, 122, 125, 126, 129, 131–134, 140–142, 144–148, 150, 151, 153, 157, 159, 162, 164, 168, 169, 171–174, 178, 197, 198, 201, 203, 207–212, 214, 215
— Wertesystem, 20, 21, 61, 62, 66, 84, 85, 87, 88, 135, 136, 200, 203, 209
Wertschätzen, 21, 23, 55, 56, 58–62, 84–88, 91, 92, 94–96, 99, 103–105, 107, 108
Wertung, 18, 20, 26, 45, 55, 57–59, 65, 66, 78, 94, 112, 126, 127, 134, 139, 141, 171, 176, 199, 208, 212, 217
Werturteil, 20–23, 58, 60, 81–86, 88, 90–96, 99, 100, 103, 105–108, 135, 137, 138
Wille, 7, 8, 10, 13, 16–22, 34, 40–58, 60, 62, 63, 68, 71–75, 79, 80, 82, 83, 85, 86, 92, 94, 95, 99, 103, 109, 112, 114, 115, 131–136, 138, 139, 142, 143, 145–148, 158, 164, 171, 194, 197, 198, 202, 204, 207, 208, 210, 215, 216
Willensakt, 73
Willensbestimmungen, 46
Willensbildung, 73, 133, 135, 146
Willensfreiheit, 12, 17, 35, 45, 46, 48–51, 63, 74, 81–83, 112, 149, 174, 196, 199
Willenskonflikt, 47, 71, 72, 76, *siehe auch* Ambivalenz

Willensschwäche, 11, 12, 55, 66, 124, 197, 198
Willensstärke, 12, 198, 200
Willensstruktur, 17, 38, 43, 63, 76
Willkür, 42, 47, 64, 69, 145, 156, 164, 175
Wohlergehen, 8, 92, 109, 120, 193, 203, 204, 206, 211, 214
Wohlinformiertheit, 32–34
Wunsch, 7, 11, 14, 15, 17–28, 38–50, 53–61, 63–66, 71, 73, 74, 78–85, 87–89, 92, 97, 99, 103, 106–130, 132–137, 144, 146, 153, 154, 161–163, 168, 171, 173, 174, 178, 181–185, 187, 189–192, 197–203, 205–209, 212, 213, 215, 217–219
— handlungswirksamer, 17, 18, 40, 41, 50, 53, 63, 65, 83, 133, 135, 136, 201, 203
— Wunschentstehung, 25, 47, 109, 117–119, 123–125, 127, *siehe auch* Autonomie, Bedingungen, historische
— Wunschhierarchie, 82, 84, 86, 88, 99, 102, 103, 114, 125
— Wunschveränderung, 119, 126, 127
Wut, 58, 68, 167, 184, *siehe auch* Affekt

Zorn, 11, 97, 167, *siehe auch* Affekt
Zurechnungsfähigkeit, *siehe* Verantwortung
Zustimmung, 24, 26, 28, 32, 33, 88, 95, 107, 115, 169, 184, 204, 206, 213, *siehe auch* Akzeptanz, Billigung
Zwang, 126, 199, 205
— äußerer, 11–13, 22, 26, 27, 30–32, 110, 132–134, 155, 197, 198, 201, 206, 210, 213, 218
— innerer, 11, 12, 15, 22, 24, 26, 50, 53, 55, 66, 122, 132, 133, 136, 165, 186
Zweifel, 14, 24, 47, 49, 50, 70, 71, 78, 105, 140, 144, 147, 148, 156, 160, *siehe auch* Ambivalenz
Zwiespalt, *siehe* Ambivalenz

→ Mehrwertsteuer → ich bin nicht (17.500,00 €)
   hat Tino hat probleme!

Falls ich nicht weiß wie viel ich
   verdiene, eventuell mehr
   als 17.500,00 € dann
   freiwillige MwSt.
   ↳ dann muss Tino bezahlen!

→ Wenn nicht angeben, und
   dann doch über 17.500,00 €
   kann ich mich an Firma wenden
   ob sie mir rückwirkend MwSt. bezahlt.
   Wenn nicht, muss ich bezahlen.